D1689039

Wolfgang Frühwald
Das Talent, Deutsch zu schreiben

Wolfgang Frühwald
Das Talent, Deutsch zu schreiben
Goethe – Schiller – Thomas Mann

DuMont

© 2005 DuMont Literatur und Kunst Verlag, Köln
Alle Rechte vorbehalten
Ausstattung und Umschlag: Groothuis, Lohfert, Consorten (Hamburg)
Gesetzt aus der Adobe Garamond
Gedruckt auf säurefreiem und chlorfrei gebleichtem Papier
Satz: Fagott-Ffm
Druck und Verarbeitung: Clausen & Bosse, Leck
Printed in Germany
ISBN 3-8321-7895-3

INHALT

Sprachen der Wissenschaft oder
Über die Verwandtschaft von Poesie und Wissenschaft   7

GOETHE UND SCHILLER IN DER GESCHICHTE
Das Talent, Deutsch zu schreiben.
  Über die Sprache Goethes   43
Südlicher Himmel.
  Die italienischen Tagebücher der Familie Goethe   95
Friedrich Schiller – der Schwabe   127
Die Praxis ästhetischer Erziehung.
  Schiller, Goethe und Ludwig I., König von Bayern   160
»Die Einheit des Menschengeschlechtes«.
  Alexander von Humboldt und der Jenaer
  Kosmopolitismus   199
Büchmann und die Folgen.
  Zur sozialen Funktion des Bildungszitats in der
  deutschen Literatur des 19. Jahrhunderts   222
»Die gesunde Vollständigkeit«.
  Über Zahnlücken, Zahnschmerzen und Zahnersatz
  in der deutschen Literatur von Goethe bis Grass   254

THOMAS MANN IN SEINER FAMILIE
»Der christliche Jüngling im Kunstladen«.
  Milieu- und Stilparodie in Thomas Manns Erzählung
  »Gladius Dei«   283

Thomas Manns »Moses-Phantasie«.
　Zu der Erzählung »Das Gesetz«　315
Eine Kindheit in München.
　Die Familie Mann und das Genre der Inflationsliteratur　334
Goethe im Exil.
　Zur Rezeption eines Klassikers in finsteren Zeiten　357
Katia Mann: Ungehaltene Rede an die Nachgeborenen　394

　Zu den Abbildungen　416
　Drucknachweise　419
　Namenregister　421

Sprachen der Wissenschaft oder Über die Verwandtschaft von Poesie und Wissenschaft

1. Sprachverwirrung

Daß die Wissenschaften, gleich welcher Disziplin oder welcher Spezialisierung sie zugehören mögen, auf die sprachliche Form ihrer Mitteilungen nicht verzichten können, scheint ein unumstößliches Faktum. Wissenschaft nämlich hat es grundlegend mit Öffentlichkeit und jener öffentlichen Ergebnis-Mitteilung zu tun, die sie allein der Kritik, der Prüfung, der Anerkennung von Fachgemeinschaften und Öffentlichkeit unterwerfen. Auch stark formalisierte Sprachen, wie die der Mathematik, kommen nicht umhin, sich im Gespräch einer Sprache zu bedienen, die kommunikativ in dem Sinne ist, daß sie von den Partnern verstanden wird, so daß überhaupt ein vermittelndes Gespräch zustande kommt. Je weiter die Kreise der Mitteilbarkeit gezogen sind, um so weiter entfernt sich die Sprache von Fachlichkeit und Spezialisierung und geht über in eine sprachliche Verständigung, die dann aber die wissenschaftliche Präzision in (der auch dem Autor selbst zugänglichen Verständlichkeit) der Übersetzung reduzieren muß. Gewinn und Verlust halten sich in solchen Vorgängen die Waage, weil die Übersetzung fachwissenschaftlicher Ergebnisse (in eine dem *gebildeten* Laien verständliche Mitteilung) immer zugleich eine Kontrolle dieser Ergebnisse ist. Dies bedeutet, daß die Wissenschaft (jede einzelne Disziplin) über unterschiedliche Sprachen in unterschiedlichen Spezialisierungs- und Informationsgraden verfügen muß, wenn sie jene Öffentlichkeiten erreichen will, von denen ihre Existenz abhängt.[1]

Harald Weinrich hat deshalb zwei Grundgebote für alle wissenschaftlichen Erkenntnisse formuliert: das Veröffentlichungsgebot zunächst, welches das Rezeptions- und Kritikgebot erst ermöglicht. »Denn etwas wissen und es wissenschaftlich wissen [heißt es in seinem auf die gleichnamige Abhandlung Karl Voßlers bezogenen Essay ›Sprache und Wissenschaft‹], ist nichts wert, wenn es nicht auch den anderen Wissenschaftlern bekannt gegeben wird. Alle wissenschaftlichen Erkenntnisse sind daher einem allgemeinen Veröffentlichungsgebot unterworfen, und kein privates Wissen oder Geheimwissen darf sich wissenschaftlich nennen. Das Gebot der Veröffentlichung ist jedoch mehr als ein bloßes Mitteilungsgebot; es ist nämlich in seiner striktesten Form nur dann erfüllt, wenn ein Forschungsergebnis *allen* anderen Angehörigen der wissenschaftlichen Population, die es je für relevant halten können, zugänglich gemacht wird.«[2] Das Gebot, die gewonnenen Ergebnisse einer Denk- und Experimentiergemeinschaft mitzuteilen, die beliebig groß, aber auch beliebig klein sein kann (jedoch größer als eins sein muß), besteht im Grundsatz auch für formalisierte Sprachen; selbst dann, wenn deren »Rückübersetzung« in allgemein verständliche Sprache oder deren Umschreibung durch Standardsprache nur schwer gelingen mag. »Translation begins at home«, zitiert Aleida Assmann den Sprachwissenschaftler Willard van Orman Quine, um zu verdeutlichen, daß wir ständig versuchen, uns das Unverständliche verständlich zu machen, indem wir, jeder nach seiner Denkstruktur und seinem Sprachvermögen, »es aus einer schwierigen in eine leichtere Sprache oder aus einem langen Text in kurze Sätze übersetzen«.[3]

Zu denen, die auf komplizierte und komplexe wissenschaftliche Problembeschreibungen reagieren, gehören die Dichter. Seit dem letzten Drittel des 20. Jahrhunderts ist eine (in romantischer Tradition stehende) Wendung der modernen Literatur zu »intelligibler Dichtung« zu beobachten, die sich in vielen Nationalsprachen äußert. Hans Magnus Enzensberger nennt als Beispiele dafür die dänische Dichterin Inger Christensen, die »in ihrem epischen ›alfabet‹ auf die Zahlentheorie und die kombinatorische Analysis« zurückgreift, den deutschen Lyriker und Essayisten Durs Grünbein, bei dem Neurowissenschaften, Physiologie und Molekularbiologie poetische Texte stimulieren, die britische Autorin Lavinia Greenlaw, die »sich in ihrer Poesie von Ideen aus der Biologie, der Kommunikationstheorie und der Wissenschaftsgeschichte inspirieren« läßt; er zitiert Lars Gustafsson, Alberto Blanco und Miroslav Holub und hätte auch sich selbst ohne weiteres in diese Beispielreihe aufnehmen können.[4] Die von Enzensberger aus G. H. Hardy's Buch »A Mathematician's Apology« (1967) entnommene Anekdote über den englischen Romantiker Samuel Taylor Coleridge, »der die Chemievorlesungen in der Royal Institution zu besuchen pflegte«, faßt das Verhältnis von moderner Poesie und Wissenschaft über das gemeinsame Medium der Sprache schlaglichtartig zusammen. Als man Coleridge fragte, warum er sich die Mühe mache, diesen Chemievorlesungen zu folgen, soll er geantwortet haben: »Um meinen Vorrat an Metaphern anzureichern.« In Hardy's Buch wird als Zeuge der Anekdote der Genetiker Steve Jones angeführt, der »diesen Gebrauch wissenschaftlicher Erkenntnis zu mißbilligen [schien]; er hätte ein stringenteres Verfahren bevorzugt. Andererseits [fügt Hardy hinzu]: Was wäre die Wissenschaft ohne ihre Metaphern?«

Im Grunde also sind Physik und Poesie urverwandt, weil sie beide von all dem handeln, »was der Fall ist«. Das aber ist nach dem berühmten Beginn von Wittgensteins »Tractatus logico-philosophicus« das Ganze der Welt. Nur – die Welt ist nicht nur »alles, was der Fall ist«[5], sie ist, unter dem Blickwinkel der modernen Physik, mehr als das, was Wittgenstein meinte, und die Quantenphysik ist auch darin urverwandt mit der Poesie. »Die Welt ist alles [schreibt Anton Zeilinger], was der Fall ist, und auch alles, was der Fall sein kann.«[6] Und sie ist, fügen wir unter der Perspektive der Kunst hinzu, auch alles, was der Fall *sein könnte*; dort nämlich, wo die Poesie Menschen erschafft, wie sie die »bittere Erde nicht hegt«.[7] So schließt das berühmte, von Wissenschaft und Poesie gleichermaßen gerne zitierte Diktum von Niels Bohr Physik und Poesie (durch den Gebrauch der lebendigen, sich entwickelnden und niemals ruhenden Sprache) eng zusammen. »Es ist falsch zu denken«, meinte Niels Bohr, »es wäre Aufgabe der Physik herauszufinden, wie die Natur beschaffen ist. Aufgabe der Physik ist vielmehr herauszufinden, was wir über die Natur sagen können.«[8] Für die Entwicklung der Sprache, für die Überschreitung ihrer Grenzen, die Verbesserung und Präzisierung ihrer Ausdrucksfähigkeit sind Poesie und Literatur (als nahezu seismographische Erkenntnisinstrumente) wie kein anderer Wertbereich in Leben und Geschichte des Menschen zuständig. Das nämlich, was der Fall *sein kann*, hängt vor allem von der Erweiterung jener Sprachgrenzen ab, in welche auch die Wissenschaften eingebunden sind. In vielen Deutungswissenschaften drängen daher die Interpretationen der Wirklichkeit auf Erweiterung der Quellenbasis und damit auch des Textbegriffes, der nicht mehr auf sprachliche Texte allein, auf Urkunden, Akten, Literatur beschränkt bleibt, sondern Bilder, Architektur, vom Menschen gestaltete Landschaften etc. einbezieht. Daß mittelalterliche Kirchen auf dem Hintergrund der biblischen Botschaften des Alten und des Neuen Testamentes zu lesen sind, daß Städte und Landschaften zu lesen sind wie ein aufgeschlagenes Buch, ist der Mediaevistik, den Kunstwissenschaften und den Philologien ein vertrautes Phänomen. Auch menschliche Körper, ihre kulturelle Zurichtung, ihr (nicht nur modischer) Wandel in den Erscheinungsformen der Geschichte werden inzwischen als Texte interpretiert. Doch kommt es bei diesen Versuchen immer darauf an, aus welcher Perspektive die Deutung geschieht. Für Kunstwissenschaftler etwa sind auf Gemälden in der Maltradition andere Strukturen sichtbar und sprechend als für Historiker. Diese versuchen, Gemälde eher als Zeugen einer Zeit zu lesen, sie wie Textquellen zu interpretieren und auszulegen.[9]

Heute kennen wir allerdings in vielen exakten Wissenschaften Vorgänge und Probleme von solcher Komplexität, daß sie weder durch sprachlich-metaphorische Beschreibung noch durch komplizierte Beispielrechnungen oder Formeln gelehrt und verständlich gemacht werden können. Die Lösung und Veranschaulichung solcher Probleme wird daher vielfach in Computer-Visualisierungen gesucht, die sich neben Theorie und Experiment zu einer dritten Methode wissenschaftlichen Arbeitens zu entwickeln scheinen. Das Vordringen der Bildkommunikation auch im standardsprachlichen Bereich, wo die zunehmende Internationalisierung von Informationen *allgemeine* Verständlichkeit erfordert und die englische Verkehrssprache (zum Beispiel zur Belehrung eines mit unterschiedlichsten Schriftsystemen vertrauten Flugpublikums und reisefähiger Analphabeten) keineswegs ausreicht, scheint eine Parallelerscheinung zum Vordringen der Bildkommunikation in den Wissenschaften zu sein. Damit reicht die Bildkommunikation inzwischen von der bloßen Gefahren- und Verhaltensbeschreibung über die Unterhaltung bis zur komplexen Problemdarstellung. Ob das 21. Jahrhundert auch deshalb ein Jahrhundert der Völker am *pacific rim* sein wird, weil diese Völker es, wie die Chinesen und die Japaner, unter dem Eindruck der rasanten Entwicklung elektronischer Medien aufgegeben haben, ihre Bildzeichen-Schriften in Laut- und Buchstabenschriften zu übersetzen, ist des Nachdenkens wohl wert. Wer die Zukunft gewinnen wolle, lautet eine Erkenntnis der vergleichenden Sprachforschung, müsse heute nicht Englisch oder Spanisch lernen, sondern Tamil, Hindi oder Mandarin. Dies seien zu Beginn des 21. Jahrhunderts die am schnellsten wachsenden Sprechergruppen der Welt.

Mit dem Kommunikationsgebot der Wissenschaft korrespondiert – auch das hat Harald Weinrich verdeutlicht – deren Publikationsgebot. Wissenschaftliche Erkenntnisse werden nämlich nur in der Gemeinschaft von Wissenden und an diesen Erkenntnissen Interessierten als richtig oder falsch erkannt, verbreitet und weiterentwickelt. Doch ist *tacit knowledge*, der persönliche, dem einzelnen wenig bewußte Wissensüberschuß gegenüber den in schier unendlichen Brechungen allgemein verfügbaren Informationen, zu einem bedeutsamen, kaum erforschten Wettbewerbsfaktor in der Konkurrenz der Wissensindustrien geworden. Dieses persönliche, in der jeweiligen Situation zu aktualisierende Wissen kann auch darin bestehen, die jeweils vorhandenen, aber in der Wüste der undurchdringlichen Datengebirge verborgenen Informationen schneller zu finden als andere und situationsgerecht anzuwenden, so daß es sich bei solchem Wissen mehr um Methoden- und Systemwissen als um die Anhäufung von Fakten und Inhalten handelt. Zumindest die Geisteswissenschaften kennen dabei die Versuchung, sich mit dem Privatwissen zu begnügen, von dem aus der Schritt zur publikationsreifen Darstellung relativ weit ist, weil bei diesen Wissensformen die Ergebnisse nicht der Beschreibung vorausliegen, sondern sich erst während der Beschreibung entfalten. Die prozeßhaft-sprachliche Form des Erkenntnisgewinns unterscheidet die theoretischen Fächer (nicht nur der Geisteswissenschaften) von den experimentell verfahrenden Fächern grundlegend. Bei letzteren geht, in ungleich gravierenderer Weise als in der Theorie, das Ergebnis der Beschreibung voran, so daß vermutlich resultathaft verfahrende (experimentelle) Wissenschaften von prozeßhaft verfahrenden (theoretischen) zu unterscheiden sind und diese Differenz gewichtiger ist als die zu Beginn des 20. Jahrhunderts gefundene Unterscheidung von nomothetisch verfahrenden Natur- und idiographisch verfahrenden Geisteswissenschaften.

2. Sprachverluste

Seit der raschen Entwicklung der Molekularbiologie und der Ausgestaltung der Computer-Simulation zu einer leistungsfähigen wissenschaftlichen Methodik ist deutlich geworden, daß eine Untersuchung der Wissenschafts-Sprachen in ihrer jeweils schriftlichen Form kaum ausreicht, um *die* Sprache der Wissenschaft zu erfassen. Die Sprachen des Labors, des Versuchsstandes, der Kongresse, der mehr oder weniger wissenschaftlichen Pausengespräche, die schnelle E-Mail-Kommunikation und ihre zwischen schriftlicher und mündlicher Mitteilung liegenden Sprachformen müßten zusätzlich und ergänzend untersucht werden. In den Geistes- und Sozialwissenschaften stehen bei allen Umfragen über die Methoden der wissenschaftlichen Recherche, die von denen der poetischen Vorarbeiten kaum unterschieden sind, noch immer jene informellen Unterrichtungen an erster Stelle, die im Zeitalter digitalisierter Information und des (allerdings anarchisch desorganisierten) Internet altmodisch und überholt anmuten. Sie kommen aber der Bequemlichkeit der Menschen entgegen und tragen viel dazu bei, die wegelosen Datengebirge mit einem scheinbar bequem befahrbaren Wegenetz zu überziehen. Je stärker die Fülle der Informationen anwächst,[10] um so größer ist die Neigung zu deren Reduktion, der Versuch, dem Unmöglichen, eben der Totalerfassung einschlägiger Forschungsergebnisse, auszuweichen. Harald Weinrich hat einen häufig benutzten, aber selten eingestandenen Informationsweg beschrieben, den der Kollegenbefragung. Er will sich dabei weniger die Mühe der Recherche ersparen, weil solche Nachfragen nur dann sinnvoll sind, wenn bereits ein bestimmtes Vorwissen angesammelt ist, sondern bedient sich der von den befragten Kolleginnen und Kollegen, Fachleuten auf dem gemeinsamen Forschungsgebiet, bereits erfolgten Informationsreduktion, der Scheidung von Wichtigem und Unwichtigem.[11] Die Gefahren dieses Informationsweges liegen auf der Hand, sie weisen in Richtung der Mehrung von Mainstream-Forschung, doch sind sie vermutlich nicht größer als die Gefahren der Irrung bei der Bestimmung der dicht übereinander gelagerten Informationsschichten, für deren Durchdringung die intelligenten Suchwerkzeuge noch nicht ausreichen.

In den Natur- und Lebenswissenschaften, in denen die Computer-Abfrage zum unentbehrlichen Hilfsmittel geworden ist, scheint die Sprache dort an eine natürliche Grenze zu stoßen, wo sie sich der Methodendarstellung verweigert, und dies auch bei Verfassern, welche die Sprache beherrschen und Intransparenz nicht anstreben. Es gibt inzwischen Ergebnisse und Versuchsmethoden, die selbst für die auf gleichem Gebiet arbeitenden Arbeitsgruppen nicht mehr so transparent beschrieben werden können, daß sie ohne weiteres reproduziert und damit auf Richtigkeit und Valenz überprüft werden können. Viele Experimentatoren berichten von Erfahrungen mit einer gleichsam natürlichen Verständigungsschranke bei der Beschreibung komplexer Versuchsanordnungen, die schriftsprachlich nicht geöffnet werden kann, sondern sich nur durch *hands on experience* erschließen läßt. In der wissenschaftstheoretischen Literatur ist diese Erfahrung als *natural excludability*, als die Erfahrung eines naturgegebenen Ausschlusses vom vollständigen Verständnis komplexer Forschungsergebnisse bekannt.[12] Dieser Ausschluß vom Verstehen wird nicht durch die Fortentwicklung der Wissenschaftssprache behoben, auch nicht durch deren Formalisierung, er kann aber durch einen Wechsel des Mediums der Verständigung (von der Publikation zur persönlichen Zusammenarbeit) wenigstens teilweise behoben werden. Das ist übrigens eine Erfahrung, welche Mathematikern seit langem geläufig ist. In keiner wissenschaftlichen Disziplin scheint mir das Bedürfnis zum persönlichen, lang andauernden nachdenklichen Gespräch ausgeprägter als in der Mathematik. Daher rührt es, daß Mathematiker stets auch große Wanderer und Bergsteiger sind, daß sie den Prozeß des Nachdenkens gleichsam »ambulant« organisiert haben, daß sie die Gemeinschaft des internationalen Gespräches suchen und pflegen, weil sich schwierige Theorien offenkundig nur in solchen Gesprächen entwickeln und klären lassen. Im professionellen Wissen von Organisationen der Wissenschaftsförderung ist diese Erfahrung aufbewahrt. Dort gibt es die Redensart, Reisekosten seien die Großgeräte der Mathematiker.

In der Konsequenz der durch jeden Informationsschub komplexer werdenden Welt liegt es, daß auch nicht-sprachliche Erfahrungsmedien gesucht werden, die in Konkurrenz zur sprachlichen Verständigung treten und sie an Intensität der Erfahrung übertreffen. Jede sprachliche Formulierung nämlich distanziert die Wirklichkeit des Erlebens, weil sie ein rationalisierendes Element in sich trägt und die unmittelbare Erfahrung nachträglich in Worte zu fassen sucht. Die *Cyberspace*-Technik, das heißt die Technik der Datenhandschuhe oder der Datenanzüge, die auch als *VR*-Technik, das heißt als die Technik der *virtual reality* bekannt geworden ist, kennen wir bisher eher durch sexuellen Mißbrauch als durch den wissenschaftlichen Gebrauch.»Als Anwendungen solcher Cyberspace-Systeme wird die Weltraumforschung genannt, wo ein Kosmonaut an Bord seiner Workstation bleiben kann, um gefährliche Reparaturen [im Weltraum] außerhalb durch einen Roboter ausführen zu lassen, gelenkt durch die unmittelbare Tast- und Sehwahrnehmung des Kosmonauten in der virtuellen Realität einer simulierten Außenwelt.«[13] Diese Technik funktioniert auch am Simulator über große Entfernungen hinweg, wo die am jeweils institutseigenen Simulator, in den USA, in Rußland, in Indien, in Deutschland arbeitenden Astronauten innerhalb weniger Minuten nicht nur die zwischen ihnen liegende geographische Entfernung vergessen, sondern auch das Faktum, daß sie in simulierten, nicht in realen Situationen zusammenarbeiten. Gesprochen wird zum Beispiel von der »virtuellen Molekularwelt des Chemikers, in der er Moleküle anfassen, fühlen und sehen kann«. Die Schnittstelle zwischen Mensch und Maschine verschwindet im virtuellen Raum, das heißt in einem scheinbar unendlichen Raum, der nur im Computer existiert. Klaus Mainzer hat aus diesen Entwicklungen geschlossen, daß der Mensch nach Muskel- und Verstandeskräften »nun auch Einbildungskraft, Phantasie und Gefühle« technisch verstärken und verändern könne. Er zitiert Überlegungen von Jaron Lanier, die kaum von der Hand zu weisen sind: »Nehmen wir mal an, man könnte mit einer Zeitmaschine zu den ersten Wesen zurückgehen, die eine Sprache erfanden, zu unseren Vorfahren irgendwann, und könnte ihnen VR-Anzüge geben. Hätten sie dann je die Sprache erfunden? Ich glaube kaum, denn sobald man die Welt irgendwie verändern kann, verfügt man damit über äußerste Macht und Ausdrucksfähigkeit. Beschreibungen würden sich dagegen ziemlich beschränkt ausnehmen.«[14] Die wissenschaftlichen Phantasien, die sich im Umkreis der Interaktion von menschlichen Gehirnen mit rechnenden Maschinen entfalten, dringen zum Teil heute weiter in Neuland vor als die vorhandene Science-Fiction-Literatur. In der Verschränkung realer Experimente mit den Utopien der Welt selbständig denkender Maschinen werden »Science-Fiction-Versionen denkbar, in denen Astronauten ihren Originalkörper zurücklassen und zu fernen Sternen aufbrechen«.[15]

Wir wissen, daß sich die Evolution (zumindest bisher) anders entschieden hat, wir sind bei Denk- und Kommunikationsvorgängen auf Sprache, auf differenzierte und präzisierende Sprache angewiesen und machen täglich mit Friedrich Nietzsche die Erfahrung, daß alles, was wir aussprechen, »grau und kalt« wird. Damit ist die Sprache der Wissenschaft nicht nur dem Kommunikations- und dem Publikationsgebot unterworfen, sondern auch den Geboten der Grenzüberschreitung und der Wahrhaftigkeit. Die alte Weisheit *natura non facit saltus* (die Natur macht keine Sprünge) kann auch anders interpretiert werden als durch das aristotelische *natura nihil frustra facit* (die Natur tut nichts vergeblich), nämlich im Sinne des schon von Adalbert Stifter entdeckten »sanften«, das heißt des immer gleichen, gleich gültigen und gegenüber dem Menschen gleichgültigen Gesetzes, in das erst der Mensch, das mit Bewußtsein und Reflexionsvermögen ausgestattete »Sprachtier«, den Begriff der Katastrophe eingeführt hat. Ob freilich das »sanfte« Gesetz der Evolution auch für deren zweite Phase gilt, für die durch menschliche Eingriffe hervorgerufene Evolutionsbeschleunigung, ist zweifelhaft. Die Geschichte des menschlichen Entdecker- und Erfindungsgeistes nämlich scheint sich durchaus in Sprüngen (vorwärts und rückwärts) zu vollziehen, wobei vielleicht Geologen darin keine neue Qualität der Evolution, sondern nur deren Zeitraffer-Version erkennen werden. Der kulturelle Wandel allerdings sollte von der natürlichen Evolution entschieden getrennt bleiben, weil sich diese Evolution auch dann weiter (vielleicht beschleunigt) vollziehen wird, wenn der kulturelle Wandel weit vorauseilt und auf die Erkenntnisse der Evolutionslehre keine Rücksicht nimmt. Die Verschränkung von natürlicher Evolution und kulturellem Wandel erst bedingt den komplexen Zustand der modernen Welt, der durch die begriffliche Gleichsetzung unzulässig verkürzt würde.

Wenn dies alles zutrifft, dann ist die Rückbindung des im engen, notwendig spezialisierten Zirkel entstandenen Wissens an die größere Denk- und Versuchsgemeinschaft, idealiter an die *universitas* (die Gesamtheit) der Wissenschaft, notwendig, weil die über Zukunft und Wohlfahrt der Menschheit entscheidenden Erkenntnisfortschritte meist an den Bruchzonen zwischen den tradierten Fächern und Disziplinen gewonnen wurden und werden; dann ist auch der lauter werdende Ruf nach Transparenz und Rückübersetzung sich gerne im Dunkel spezialisierter Geheimsprachen verbergender Wissenschaften verständlich. Denn spätestens seit der Entwicklung von Molekularbiologie und Informationstechnologie bestimmen hochspezialisierte wissenschaftliche Erkenntnisse in rasch zunehmendem Maße auch den Alltag der Menschen. Der Versuch einer Übersetzung von komplizierten und komplexen Forschungsergebnissen in verständliche Sprache, das heißt zumindest der Versuch zur Lehrbarkeit gewonnenen neuen Wissens, ist schon deshalb geboten, weil die gesellschaftliche Kontrolle von Wissenschaft nicht dadurch gewährleistet wird, daß Gewerkschafts- und Parteienvertreter an den Entscheidungs-und Beratungsgremien der Wissenschaftsorganisationen beteiligt werden, sondern durch das immer wache und wach zu haltende Interesse von Studierenden in einer Universität genannten Institution, die sich durch die Abschottung ihrer Disziplinen durch esoterisch-hermetische Sondersprachen selbst in Frage stellt. Das Problem der modernen Universität ist auch eines der Sprachen ihrer Fächer. Das Problem der oftmals als babylonisch empfundenen Verwirrung der Fachsprachen, das unsere Universitäten befallen hat, wäre durch die Anstrengung der Übersetzung komplexen Wissens in den Zustand der Lehrbarkeit für Studentinnen und Studenten zum Teil bereits gelöst. Der Rückgang der Vorlesung als einer tradierten Form des akademischen Unterrichts, als der vorläufigen, universitätsinternen Mitteilung von Forschungsergebnissen, ist deshalb nichts anderes als eine Flucht vor dem Notwendigen. In diesen Vorlesungen nämlich ist Ort und Zeit für *Übersetzung*, so daß gerade die Anfängervorlesungen von erfahrenen älteren Forscherinnen und Forschern gehalten werden sollten, um den Funken der Begeisterung weiterzugeben, der sie vermutlich einst selbst zur Wissenschaft geführt hat.

3. Das Englische als Wissenschaftssprache

Die Frage nach der Verbreitung des Englischen als der vorherrschenden Sprache wissenschaftlicher Publikationen ist dann zweitrangig, wenn diese Forderung nicht unterschiedslos für alle Disziplinen gelten soll, auch für solche, die sich damit nur den Anschein von Internationalität geben wollen. Die Entwicklung in den Natur- und den Lebenswissenschaften ist an einem Punkt angekommen, von dem aus die vorherrschende Verwendung des Englischen als einer international verständlichen Kommunikationssprache, einer verbindlichen Gelehrtensprache, wie es das Latein des Mittelalters oder das Französische im 17. und 18. Jahrhundert gewesen sind, nicht mehr rückgängig zu machen ist. In diesen Wissenschaftsbereichen sind global agierende, nahezu nationalitätenlose Wettbewerbsgemeinschaften entstanden, mit gleicher Fachsprache, allgemein anerkannten, nach Einfluß und Ansehen (*impact*) geordneten Publikationsorganen, gleichem Publikationsverhalten, gleichen Qualitätsstandards und in etwa gleichmäßig verteilten Zugriffsmöglichkeiten zu publizierten Forschungsergebnissen. Diese Forschergruppen treffen in unterschiedlichen Kulturkreisen und Ländern auf sehr unterschiedliche Wertgemeinschaften mit jeweils unterschiedenen ethischen, sozialen, politischen, kulturellen, wirtschaftlichen und religiösen Vorstellungen und sind geneigt, solche Differenzen nur unter dem Blickwinkel der Wettbewerbsverzerrung wahrzunehmen. Durch diese Art von globaler Gemeinschaftsbildung, die nicht im Grundsatz, aber in ihrer Ausdehnung neu ist in der Geschichte der Wissenschaften, wurde ein relativ traditionsloses Land, wie es die USA als ein neuzeitliches Einwanderungsland nun einmal sind, zum führenden Land in vielen Wissenschaftsbereichen, vor allem in den Lebenswissenschaften. Das aber bedeutet: Nicht Shakespeares Englisch übernahm die Definitionshoheit im Reich natur- und lebenswissenschaftlicher Begriffsbildung, sondern die amerikanische Fähigkeit zur Bildung von Neologismen und zu einem um Traditionen wenig bekümmerten, kommunikativen und leicht eingängigen Sprechen, das sich mit Rudimenten aus anderen Weltsprachen leicht verschmelzen läßt. Züge eines imperialen Denkens sind nicht zu übersehen.

Dabei ist die (englische) Arbeits*sprache* Symptom einer Arbeits*weise*, die im Team erfolgt und erfolgen muß, weil nur das Team in der Lage ist, die vielen Einzelteile der Untersuchung zu einem Ganzen zusammenzufügen, und die Nachbargruppen, gleichgültig an welch abgelegenen Orten der Welt sie auch arbeiten mögen, stets so aufmerksam im Blick haben kann, daß Wettbewerb *und* Zusammenarbeit zugleich gewährleistet sind.«Selbst dort, wo Naturwissenschaftler miteinander konkurrieren«, meint George Steiner, »wo sie in ihrem Bemühen um intellektuelle Priorität und materielle Vorteile (den Nobelpreis, das Patent) ausgesprochene Rivalen sind, kommunizieren sie miteinander in einem ›Cyberspace‹ wechselseitiger Wahrnehmung, die den heutigen tatsächlichen Netzen informationeller Unmittelbarkeit um tausend Jahre voraus ist. Die Entwicklung von Naturwissenschaft und Technologie ist umgekehrt proportional der Entwicklung von Einsamkeit verlaufen.«[16] Daß gegenüber dieser Art des Arbeitens und des Fortschreitens von einem »Fortschritt« in Poesie und Kunst kaum gesprochen werden kann, begründet die erstaunliche und zugleich die tiefe Differenz zwischen den beiden Weisen des Denkens, der intellektuellen und der ästhetisch-künstlerischen. Und trotzdem ist der Raum gegenseitiger Aufmerksamkeit auch in den Künsten vorhanden, arbeiten die Poeten und die Künstler in einem Raum gegenseitigen Kennens, der nicht nur die Zeitgenossen einschließt, sondern tief in die Geschichte hinabreicht und 3000 Jahre und mehr umfaßt. So ist »im Gegensatz zum Imperativ des Fortschritts in den Naturwissenschaften und der Technologie [...] das Verhältnis des neuen [künstlerischen] Werkes zur substantiellen und formalen Vergangenheit, zur Tradition früherer Gemälde, Plastiken, Symphonien, Bauwerke, Gedichte oder Romane zutiefst zwiespältig«. Diese Tradition ist stimulierend und hinderlich zugleich, sie ist in moderner Literatur Gegenstand der Reflexion, aus der neue Formen des Schreibens erwachsen. Wann immer von einer Tradition der Einsamkeit gesprochen werden kann, in den Naturwissenschaften gibt es sie nicht, den Poeten und Künstlern ist sie wohlbekannt.

Im Grobraster einer Disziplinenzuordnung stehen die Geisteswissenschaften den Nationalsprachen, in bestimmten Bereichen noch immer dem Französischen und dem Deutschen, näher als den Einheitssprachen, weil sie es mit dem Unterschiedenen, dem Individuellen, dem Einzelnen zu tun haben. Die Sozial- und Ingenieurwissenschaften stehen etwa in der Mitte zwischen den Geisteswissenschaften und den globalen Wettbewerbsgemeinschaften, neigen aber (mit Ausnahme der Rechtswissenschaften) bei den Veröffentlichungen zunehmend der englischen Sprache zu. Die Natur- und Lebenswissenschaften sind in ihren Publikationsgewohnheiten nahezu vollständig englischsprachig. Auf einer Skala des häufigen oder weniger häufigen Gebrauchs der englischen Sprache in den Geistes- und Sozialwissenschaften ist die Theologie noch stark deutschsprachig verankert, die Psychologie, vermutlich weil sie sich von der einst vorherrschenden Tiefenpsychologie zu einer naturwissenschaftlich arbeitenden Disziplin entwickelt hat, am stärksten englischsprachig bestimmt. Es wäre aber eine geschichtslose Täuschung, wenn Natur- und Lebenswissenschaften, die es mit den Grundbestandteilen der Materie, der Natur, des Kosmos und des Lebens zu tun haben, ihren notwendig globalisierten und daher auch fachsprachlich nivellierten Entwicklungszustand als eine Wertedifferenz verständen und alle anderen Wissenschaften daran zu messen suchten. Die Versuchung dazu ist groß, und nicht nur Politiker verwechseln Englischkenntnisse mit Internationalisierung. Jene Wissenschaften nämlich, die es mit Moral, Geschichte und Ästhetik zu tun haben, welche die ethischen und die ethnischen, die kulturellen, die sozialen und die religiösen Unterschiede von Völkern, Sprachgemeinschaften und Kulturkreisen zu erklären haben, können sich mit einer einzelnen Verkehrssprache nicht begnügen. Sie sind auf der Suche nach den verschollenen und den heute rascher als die Schmetterlinge aussterbenden Sprachen und Kulturen einer vielgestaltigen bunten Welt, die nicht aufgeht in der Beherrschung eines *Broken English* genannten Fachdialekts.[17] Eine chinesische Molekularbiologin ist immer zuerst *Molekularbiologin*, einbezogen in den weltweiten Diskussionszusammenhang ihres Faches, seiner Spezialisierungen und seiner Konkurrenzen. Erst dann ist sie auch eine *chinesische* Molekularbiologin, abhängig von der Förderung oder der Minderwertung ihres Faches in der nationalen Wissenschaftspolitik, in Konkurrenz zu anderen kostenintensiven Disziplinen im Wissenschaftsspektrum ihres Landes. Sie publiziert selbstverständlich in englischer Sprache, weil sie weiß, daß jede andere Publikationssprache die für ihren Gesprächszusammenhang notwendige Fachöffentlichkeit nicht erreicht. Ein deutscher *Historiker* aber ist immer zuerst ein *deutscher* Historiker, eingebunden in nationale und kontinentale Wissens- und Schulzusammenhänge, in Fachtraditionen, die zum Kern seines Wissenschaftsverständnisses gehören und nicht ohne Schaden für internationale Wahrnemung und nationales Ansehen geleugnet werden können. Er kann darauf vertrauen, daß seine in deutscher, französischer, italienischer etc. Sprache geschriebenen Publikationen jene internationale Fachöffentlichkeit erreichen, die dieser Sprachen mächtig ist. Daß es auch dabei Leitsprachen gibt (wie etwa das Französische für die Archäologie), beeinträchtigt die grundsätzlich vielsprachige Gestalt dieser Wissenschaften nicht.

4. Metaphern und Phrasen

Damit gerät jene Differenz der Fachkulturen in den Blick, von welcher der britische Molekularphysiker und Romancier Charles Percy Snow meinte, daß sie in *science* und *literature* zu teilen sei.[18] Diese vielgerühmte und ebenso häufig attackierte These, urteilte Hans Magnus Enzensberger, sei jedoch von der Wirklichkeit überholt worden: »Mit zunehmender Differenzierung könnte man heute ebensowohl von drei, fünf oder hundert Kulturen sprechen. Insofern hat sich die Diagnose des englischen Physikers und Romanautors von 1959 im Regime des babylonischen Pluralismus als allzu optimistisch erwiesen.«[19] Und doch ist die Grundüberlegung von zwei oder (schon bei Snow) auch drei Kulturen so falsch nicht. Sie lenkt nicht nur den Blick auf einen tiefgreifenden Unterschied in der Methodik des Denkens, sondern verdeutlicht auch die gemeinsame Basis dieses Denkens, die Fähigkeit und die Notwendigkeit des menschlichen Geistes (wie immer man ihn auch definieren mag), sich die Wirklichkeit mit Hilfe von Bildern und Metaphern anzuverwandeln.»Die Chemielabore der Zukunft«, prognostizierte Ingeborg Harms, »werden zeigen, ob es tatsächlich eine Parallele zwischen der Evolution der Sprache und der Evolution der Körper gibt. Jedenfalls wird es nicht leicht sein, für die Verdichtung auf kleinstem Raum, wie das Genom sie darstellt, eine komplexere Metapher als die der poetischen Sprache zu finden.«[20] Das wiederum verweist auf die in Antike und Mythos ganz selbstverständliche Urverwandtschaft von Poesie und Wissenschaft im metaphorischen Denken des Menschen. Gerald Hubmann hielt gar die Metapher für das »letzte Bindeglied« der auseinanderstrebenden Fach- und Denkkulturen, vielleicht sogar für deren *lingua franca.* »Noch Kritiker wie [Lily E.] Kay bestätigen diese Annahme, wenn sie auf Grund ihrer Vorbehalte nichts anderes tun als eine bessere Metapher vorzuschlagen, wie etwa: Man sollte das Genom ›weit eher als Gedicht denn als Gebrauchsanweisung‹ lesen. Dazu müßte allerdings die Kunst, Gedichte zu lesen, wieder belebt werden.«[21] So leicht sich das auch lesen mag, so schwer ist die Realisation zu denken, weil auch das Lesen von Gedichten eine Kulturgewohnheit ist, die sich im Zeitalter des Lesens seit dem 18. Jahrhundert langsam entfaltet hat und aus dem Bürgertum in alle Kreise von Lesenden eingedrungen ist, die im Zeitalter unverstandener Bilderfluten aber eine Fähigkeit kleiner Interessengruppen bleiben wird.

Für den notwendig von der Sprache der Naturwissenschaften unterschiedenen Diskurs der Geisteswissenschaften gebe ich nur ein Beispiel aus der Literaturwissenschaft: Der jung gestorbene, vergleichende Anatom Georg Büchner (1813–1837) hat ein Drama »Dantons Tod« (1835) geschrieben, in dem er die politischen Phrasen der Französischen Revolution beispielhaft und die Zeit überdauernd als Ausdruck einer Barbarei entlarvte, in welche die Menschheit periodisch zurückzufallen scheint. Die erste, aus der Revolution 1789 hervorgegangene französische Republik berief sich in ihrer revolutionären Symbolik auf die Tradition der römischen Antike. Noch Napoleon hat für sein nicht traditionsgebundenes Kaisertum diese Symbolik als Legitimationsbasis der Herrschaft in Europa verwendet. Die Denkmäler der römischen Herrschaft in Europa ließ er ausgraben und, wie etwa die Porta Nigra in Trier, von ihren christlichen Anbauten befreien, um seinem Reich und seinen Eroberungen eine historisch verwurzelte Basis zu geben. Für Georg Büchner waren diese von vielen Diktaturen der Welt seither nachgeahmten Legitimationsversuche bloße Propaganda, einer politischen Szenerie verhaftet, dessen theatrale Wurzeln er bloßgelegt hat. In »Dantons Tod« werden die Revolutionäre der ersten Stunde, die Dantonisten, von der radikalisierten Revolution, den Jakobinern, ins Gefängnis geworfen und erkennen, daß »Paris eine Schlachtbank« geworden ist. Sie sehen erstmals mit wachen Augen das Elend der Gefangenen und der zum Tode Verurteilten, das sie selbst mit herbeigeführt haben. »Nicht wahr, Lacroix?« sagt Mercier im Kerker, im Angesicht dieses Elends, zu seinem Freund, indem er die antikisierenden Parolen der Republik persifliert: »Die Gleichheit schwingt ihre Sichel über allen Häuptern, die Lava der Revolution fließt, die Guillotine republikanisiert! Da klatschen die Galerien und die Römer reiben sich die Hände, aber sie hören nicht, daß jedes dieser Worte das Röcheln eines Opfers ist.« Der satirisch-rhetorischen Einleitung folgt die große, zur Enttarnung von Barbarei seither kanonisch gewordene Entdeckung der Materialisation von Sprache. Karl Kraus hat diese von ihm so genannte »Revindikation des Phraseninhalts« in der »Dritten Walpurgisnacht« (1933)[22] auf den Nationalsozialismus angewandt, Max Frisch hat sie in seinem Drama »Andorra« (1961) als Grundregel des Bewußtseinstheaters verwendet und damit auf menschliche

Verhaltensweisen ausgeweitet. »Geht einmal euren Phrasen nach [heißt es bei Büchner], bis zu dem Punkt, wo sie verkörpert werden./ Blickt um euch, das alles habt ihr gesprochen, es ist eine mimische Übersetzung eurer Worte. Diese Elenden, ihre Henker und die Guillotine sind eure lebendig gewordnen Reden. Ihr bautet eure Systeme, wie Bajazet seine Pyramiden, aus Menschenköpfen.«[23] Dort, wo die Vorstellungskraft des Menschen so erschöpft ist, daß sie sich der Redensarten nicht anders mehr versichern kann als durch ihre rasche Umsetzung in Handlung, wo also Metaphern auf ihre Wirklichkeit zurückgeführt werden,[24] weicht die Sprache aus der Existenzbestimmung des Menschen, tritt die stumme, rational nicht mehr kontrollierte Tat an die Stelle des Gedankens. Der Kulturbruch, den Büchner in der Kritik der politischen Phraseologie beschrieben hat, war – so jedenfalls haben ihn die modernen Dramatiker interpretiert – ein Vorspiel dessen, was dann über die Welt seit 1914/18 und noch einmal verstärkt seit 1933 hereingebrochen ist. Damals trennte sich schließlich »die deutsche Sprache von der Sprache der Deutschen [...], das Volk der Dichter und Denker von eben diesen«. Deutschland sprach in den Gewaltparolen der nationalsozialistischen Propaganda eine andere Sprache »als die, in der man lacht«.

Büchners Drama endet nicht mit der fast opernhaft ausgestalteten Hinrichtung der Dantonisten, die noch den eigenen Tod zu inszenieren verstehen, sondern in einer stillen und leisen Szene. Lucile, die Frau des soeben hingerichteten Camille Desmoulins, sitzt auf den Stufen des Blutgerüstes und singt:

> »Es ist ein Schnitter, der heißt Tod,
>   Hat Gewalt vom höchsten Gott.
> Du liebe Wiege, die du meinen Camille in Schlaf gelullt, ihn unter deinen Rosen erstickt hast.

> Du Totenglocke, die du ihn mit deiner süßen Zunge zu Grabe
> sangst.
> *(Sie singt)* Vielhunderttausend ungezählt,
> Was nur unter die Sichel fällt.
>
> *Eine Patrouille tritt auf.*
>
> **Ein Bürger.** He werda?
> **Lucile.** Es lebe der König!
> **Bürger.** Im Namen der Republik.
>
> *(Sie wird von der Wache umringt und weggeführt.)*«[25]

Auf dem Höhepunkt der Schreckensherrschaft in Frankreich verwendet diese junge Frau, die nur eine Sehnsucht kennt, die, ihrem geköpften Freund nachzusterben, eine längst reaktionär gewordene, politische Parole, das »Vive le roi!«, zum Bekenntnis der Liebe. »Es lebe der König!« sagt Lucile und spricht tatsächlich, nach allem, was vorangegangen ist, wohl für jeden Zuschauer und Leser unmittelbar verständlich, zu dem toten Camille Desmoulins: »Es lebe der König – (meines Herzens)!« Nicht alle Aufführungen des Dramas haben diese Szene mit gleicher Intensität gezeichnet. Je lauter Lucile die Parole ruft, um so mehr verliert ihr Wort an Glanz. Ausgerechnet Gustav Gründgens, der angepaßte Mitläufer des Nationalsozialismus und trotz allem geniale Regisseur und Schauspieler, hat dies schon 1939, inmitten des Siegeslärms des nationalsozialistischen Deutschland, angedeutet. Er ließ in seiner Inszenierung, die in Berlin am 9. Dezember 1939 Premiere hatte, die Szene so leise spielen, daß nicht die platte Parole, sondern durch diese Parole hindurch die Sprache der Liebe das letzte Wort im Drama hat. »In der letzten Szene schreit Lucile ihr ›Es lebe der König!‹ der nahenden Patrouille nicht entgegen, sondern sie hockt auf den Stufen der Guillotine, winkt die Na-

tionalgardisten zu sich und sagt einem von ihnen den Satz leise und
lächelnd ins Ohr.«[26]

Doch erst nach dem Inferno von Krieg und Völkermord hat einer, der
mit knapper Not der Vernichtung entgangen ist, Paul Celan, klar erkannt, worum es in diesem Text geht. In seiner, später mit »Der Meridian« überschriebenen, Rede bei der Entgegennahme des Büchner-
preises (1960) hat er *diese* Szene aus »Dantons Tod« mit dem »Akut
des Heutigen« versehen und auf die leise Kraft der Kunst verwiesen, die
(immer), als Episode, von der Gegenwart des Menschlichen inmitten
eines vom politisch-rhetorischen Lärm erfüllten Welttheaters zeugt:

»Und hier, wo alles zu Ende geht [...], da ist Lucile, die Kunst-
blinde, dieselbe Lucile, für die Sprache etwas Personhaftes und
Wahrnehmbares hat, noch einmal da, mit ihrem plötzlichen ›Es
lebe der König!‹
Nach allen auf der Tribüne (es ist das Blutgerüst) gesprochenen
Worten – welch ein Wort!
Es ist das *Gegenwort*, es ist das Wort, das den ›Draht‹ zerreißt, das
sich nicht mehr vor den ›Eckstehern und Paradegäulen der Geschichte‹ bückt, es ist ein Akt der Freiheit. Es ist ein Schritt.
Gewiß, es hört sich – und das mag im Hinblick auf das, was ich
jetzt, also heute davon zu sagen wage, kein Zufall sein –, es hört
sich zunächst wie ein Bekenntnis zum ›ancien régime‹ an.
Aber hier wird – erlauben Sie einem auch mit den Schriften Peter Kropotkins und Gustav Landauers Aufgewachsenen, dies ausdrücklich hervorzuheben –, hier wird keiner Monarchie und keinem zu konservierenden Gestern gehuldigt.
Gehuldigt wird hier der für die Gegenwart des Menschlichen
zeugenden Majestät des Absurden.
Das, meine Damen und Herren, hat keinen ein für allemal fest-
stehenden Namen, aber ich glaube, es ist ... die Dichtung.«[27]

Das Wort und die Phrase können so verdichtet werden, daß sie sich materialisieren, daß die Phrase zur Tat wird. Doch wie ein Phönix aus der Asche der Sprache steigt das Gegenwort auf, das Wort der Liebe und das Wort der Kunst. Lucile verwendet die längst ihres Inhalts entleerte Phrase zum Bekenntnis einer todbereiten Liebe und gibt dem Wort etwas von jenem Glanz und jener Leidenschaft zurück, die ihm innewohnten, ehe es zur Lüge gemacht, geschändet, zertreten, zerbrüllt worden war. Paul Celan, der so sensibel auf die Absurdität der in Liebe verwandelten Phrase reagiert, war ein Autor, der auf die Zerstörung der deutschen Sprache mit Gedichten einer anderen Art antwortete. »Er gewann das unbescholtene Wort zurück, indem er es im Akt des Setzens dem Hörer und Leser wieder entzog. Der unerhörte Klang seiner Verse entfaltete sich in dem Maße, in dem sie einen unmittelbaren Sinn verweigerten.« Er suchte (und fand) »ein Deutsch, das niemandem zu Diensten steht und keiner Herrschaft Hure werden kann«.[28]

Vielleicht ist daraus zu schließen, daß literarisch-geisteswissenschaftliches Wissen »Deutungswissen«[29] ist? Ein Wissen jedenfalls, das nicht ohne weiteres in eine fremde Sprachform oder gar in ein gebrochenes Englisch umgegossen werden kann. Wissenschaften, die solche Sprachentwicklungen, wie an Büchner und Celan verdeutlicht, durch die menschheitlichen Jahrtausende hindurch zu verfolgen haben, die an Sprache mit Sprache arbeiten, verwenden Sprache nicht nur als Untersuchungsobjekt, sondern als Untersuchungsinstrument und brauchen daher eine substantiell andere Sprache als die experimentellen Naturwissenschaften. Im Zweifel ist dem Interpreten eine solche Sprache nur in der eigenen Muttersprache verfügbar. Was nicht bedeutet, daß eine solche Sprache nicht übersetzbar[30] ist, was aber bedeutet, daß sie nicht ohne Verluste übersetzbar ist. Dabei ist die Übersetzung, auch in den Wissenschaften und den ihnen zugehörigen Sprachen, eine Kunst, die lange geübt sein will. Ohne wenigstens rudimentäre Grundkenntnisse der übersetzten Inhalte ist sie nicht zu beherrschen. Kein Übersetzer eines poetischen Textes maßt sich an, so gut, so genau, so »schön« zu sein wie das Original. Sollte dies nicht auch von wissenschaftlichen Übersetzungen gelten?

5. Sprachkultur

Sprache ist also mehr als ein Mittel zur Verständigung, sie kann sogar, wie die Dichter seit der Romantik immer wieder betonen, die Quelle alles Mißverstehens sein, doch reagiert sie auf Pflege wie auf Vernachlässigung sofort und empfindlich. Eine Sprache, der ganze Begriffsserien entzogen werden, weil sie nur noch in einer Universalsprache (zum Beispiel dem Englischen) gebildet werden, ist in der Gefahr zu verarmen, so daß letztlich auch die fruchtbaren Wechselwirkungen zwischen Poesie und Wissenschaften zu verkümmern drohen. Zumindest für die Geistes- und Kulturwissenschaften wäre dies eine Katastrophe. Wilhelm von Humboldt teilte 1799 Goethe eine Erfahrung mit, die er im Umgang mit seinem Bruder, dem Naturwissenschaftler Alexander von Humboldt, in Paris gemacht hatte, wobei anzumerken ist, daß beide Brüder gleich gut Französisch gesprochen haben und in der französischen Kultur zu Hause waren. Wilhelm von Humboldts Erfahrung ist insofern zeitlos, als sie den Unterschied zwischen dem naturwissenschaftlichen und dem kulturwissenschaftlichen Umgang mit der Sprache fixiert, der heute noch ebenso gültig ist wie am Ende des 18. Jahrhunderts. Der einzige Unterschied zwischen damals und heute besteht darin, daß im 18. Jahrhundert das Französische die Universalsprache war, in der sich (Natur-)Wissenschaft zu artikulieren hatte, wenn sie international wahrgenommen werden wollte; heute ist es das Englische. Alexander von Humboldt hat zum Beispiel die internationale wissenschaftliche Karriere von Hermann Helmholtz dadurch gestartet, daß er dessen zuvor schon in deutscher Sprache erschienene und in dieser Sprache wenig verständliche Abhandlung »Über die Fortpflanzungsgeschwindigkeit der Nervenreizung« (1850) durch Emil du Bois-Reymond hat »verständlich« überarbeiten und dann in *französischer* Sprache in den »Comptes rendus« hat drucken lassen.[31] »Wer sich mit Philosophie und Kunst beschäftigt«, schrieb Wilhelm von Humboldt am 18. März 1799 an Goethe, »gehört seinem Vaterlande eigentümlicher als ein anderer an, dies habe ich auch noch hier [in Paris] an Alexander und mir erfahren. Ich war vielleicht ebenso gern, vielleicht noch lieber in Paris, als er, allein er war unendlich weniger fremd hier. Mitteilung und Erwiderung fanden für ihn kaum nur ein Hindernis. Philosophie und Kunst sind mehr der eigenen Sprache bedürftig, welche die Empfindung und die Gesinnung sich selbst gebildet haben, und durch die sie wieder gebildet sind.«[32]

Alle Kultur- und Geisteswissenschaften haben es mit Sprache zu tun, die Theologie, die Philosophie, die Geschichte, die Philologien, auch die Archäologie, die nicht nur Baudenkmäler ausgräbt, sondern Mauern, Münzen, Inschriften, Ruinen nach den Spuren verschollener Kulturen befragt. Wenn solche Wissenschaften an nationalsprachlichen Wissenstraditionen festhalten, so ist dies kein Modernitätsrückstand, sondern in der notwendig prozeßhaften Verfassung ihrer Arbeitsmethoden, ihrer Arbeitssprachen und ihrer Arbeitsergebnisse (Büchern und Monographien) verhaftet. Die Geisteswissenschaften sind einen anderen geschichtlichen Weg gegangen als die Naturwissenschaften. Sie haben sich seit der Frühen Neuzeit von der gelehrten Universalsprache, dem Latein, gelöst und die unverbrauchten Kräfte der Nationalsprachen entdeckt, die in langer Entwicklung zu Literatursprachen, zu Begriffs- und Wissenschaftssprachen herangereift sind. Die Faszination der deutschen Universität des 19. und noch des frühen 20. Jahrhunderts bestand in der heute gelösten engen Verbindung der resultathaft und der prozeßhaft verfahrenden Wissenschaften, die über Sprache miteinander verbunden waren und voneinander lernten. Sprachreflexion und Sprachkultur eignete auch der Sprache der universalen Naturwissenschaftler von Alexander von Humboldt bis Carl Friedrich von Weizsäcker.

Als Carl von Ossietzky, der große Journalist der Weimarer Republik und Träger des Friedensnobelpreises 1935 (dessen Annahme ihm verboten wurde), einmal gefragt wurde, welche Strafe er sich für seine nationalsozialistischen Gegner wünschte, soll er geantwortet haben: »Deutsch müßten sie lernen!« Das Vertrauen in die zivilisierende Kraft der Sprachkultur war in dieser Generation schreibender Menschen so groß, daß sie der Sprache auch stärkste politische Wirkungen zugetraut haben. So war auch der Nationalcharakter der Wissenschaftssprachen noch so lange stark ausgeprägt, als die aus Deutschland vertriebenen Künstler und Wissenschaftler in der Bewahrung der Muttersprache ein Stück Heimat vor dem Zugriff der Barbarei zu retten glaubten. Das sogenannte »New Schoolese« zum Beispiel, also das Englisch, das die Angehörigen der »Graduate Faculty« der »New School for Social Research« in New York sprechen mußten, war eine englisch-deutsche Mischsprache, die sich nur langsam in ein korrektes Englisch wandelte. »At the New School«, sagte Arnold Brecht, »we all speak the King's English ... that of George I., George II., George III. ... Die ersten Hannoveraner auf dem englischen Thron sprachen bekanntlich überhaupt kein Englisch oder nur ein mangelhaftes.«[33] Die Psychoanalyse, um ein zweites Beispiel zu geben, galt auch im Land ihrer weitesten Verbreitung, in den USA, bis tief in die fünfziger Jahre des 20. Jahrhunderts hinein so sehr als eine jüdisch-deutsche Erfindung, daß man als Psychoanalytiker vor allem dann Ansehen hatte, »wenn man Englisch mit einem deutschen Akzent sprach. In amerikanischen Filmen aus den vierziger und fünfziger Jahren gehörte es zu den Standardkennzeichen des Psychiaters, daß er einen deutsch-jüdisch klingenden Namen hatte und Englisch mit deutschem Akzent sprach.«[34] Die amüsante Geschichte schließlich der heute allgegenwärtigen, von deutschen Emigranten nach Amerika übertragenen und von dort in die Weltsprachen eingegangenen Worte »design« und »image« erzählt mit ironischem Unterton Eduard Grosse. Das Wort »design« ist demnach nichts anderes als der Versuch der »Bauhausmannschaft, nach ihrer erzwungenen Auswanderungsreise von Berlin nach Chicago« eine Übersetzung für den Bauhausterminus »Gestaltung« zu finden. Sie (er-)fanden nach dem französischen »dessin« das Kunstwort »design«, das heute in aller Munde ist. Sigmund Freuds Tochter machte aus der freudianischen »Imago« das eingängige »image«, dem man seinen Ursprung kaum noch anmerkt.[35] Am Ende der durch den Massenexodus deutscher Künstler und Wissenschaftler in die USA seit 1933 beschleunigten Entwicklung des Englischen zur *lingua franca* vieler Wissenschaftsbereiche ist die Rückwendung der Forscherinnen und Forscher zu ihren Herkunftsländern nicht mehr nötig. Die Definitionsherrschaft über die wissenschaftliche Begriffswelt der Natur-, der Lebens- und vieler Sozialwissenschaften ist in das Englische abgewandert, und alle nationalsprachlichen Bemühungen können hier nur für adäquate Übersetzungen sorgen.

Ob wir damit in den ergebnisorientierten und sprachlich anglisierten Wissenschaften auf jene Sprachkultur verzichten können, die sich nicht nur auf die Sachen, sondern auch auf die Wörter bezieht, die demnach Inhalt und Form zu vereinen strebt, ist keineswegs ausgemacht. Die englische Form der Ergebnismitteilungen bringt es wohl mit sich, daß sich viele Wissenschaftler den Sprachredakteuren der englischsprachigen Journale anvertrauen und selbst kaum noch Einfluß auf die ästhetische Gestalt ihrer Texte nehmen. Auch das ist ein Verlust. Wie schwer er wiegt, wissen wir noch nicht. Ich vermute, er wiegt auf Dauer schwerer, als wir anzunehmen geneigt sind. Daß es nämlich selbst im Lakonismus wissenschaftlicher Mitteilung Ästhetik geben kann, dafür ist eine Postkarte von Max von Laue kennzeichnend, die mir Hans Füchtbauer aus dem Nachlaß seines Vaters zugänglich gemacht hat. Die Karte enthält ein Foto mit der Unterschrift: »ZnS durchstrahlt parallel einer 4 zähligen Symmetrieachse.« Mit dieser Postkarte zeigte Max von Laue dem Fachkollegen seine Entdeckung an, »daß 1. die feste, kristallisierte Materie einen Gitter-Aufbau besitzt, daß 2. die Röntgenstrahlung Wellennatur besitzt, und daß 3. die Wellenlänge den Abständen der Atome im Gitter vergleichbar ist«.[36] Auf die Rückseite der Fotografie hat Max von Laue am 7. Juni 1912 geschrieben: »Lieber Kollege! Anbei Interferenzerscheinungen mit Röntgenstrahlen. Die Abhandlung wird morgen der Akademie vorgelegt, am 14ten trage ich in der Phys. Ges. in Berlin darüber vor. Mit bestem Gruß Ihr M. Laue.« Die technisch-wissenschaftlichen Konsequenzen dieser Entdeckung, meint Hans Füchtbauer, seien unabsehbar: »Daran gemessen, ist die knappe, aber [für den Kollegen] doch ausreichende Form der Mitteilung unübertrefflich. Aber dies ist wohl nur in den Naturwissenschaften möglich.« Das »nur« in dieser Aussage ist zweifelhaft. Auch im Lakonismus nämlich nähert sich die naturwissenschaftliche Fachsprache der Poesie, deren epigrammatische und aphoristische Formen in wenigen Zeilen einen ähnlichen Reichtum an Mitteilung bergen können wie die Theorie der Röntgenstrahleninterferenzen, für die Max von Laue 1914 mit dem Nobelpreis für Physik ausgezeichnet wurde. Ein Aphorismus von Elias Canetti umgreift ein ganzes Lebenswerk, das dem Kampf gegen das in der Welt grassierende Todesbewußtsein gewidmet war. Er steht inhaltlich in Gegensatz zu Max von Laues Entdeckung der Röntgenstrahleninterferenzen und ist ihr formal doch nahe verwandt: »Sag das Persönlichste, sag es, nur darauf kommt es an, schäm dich nicht, das Allgemeine steht in der Zeitung.«[37]

Vermessen werden die Grenzen der Sprache stets neu in Poesie und Literatur, die großen Physiker haben dies gewußt. Von Werner Heisenberg zum Beispiel wird erzählt, er habe auf Helgoland, als er über die Unschärferelation nachdachte, auf langen Wanderungen kein anderes Buch bei sich getragen – als Goethes »West-östlichen Divan«. Dessen syntaktisch verkürzte, von den Zeitgenossen unverstandene, in die Poesie des mittelalterlichen Persien ausgreifende Gedichte, die einen neuen, fast schon expressionistischen Ton in deutscher Lyrik angeschlagen haben, gehörten zu seinen Lebensbegleitern.[38] Harald Weinrich zählt auch die berühmte Beschreibung der Doppelhelix (der molekularen Struktur der DNA) von Crick und Watson in der Zeitschrift »Nature« (vom 25. April 1953) zu den »klassischen« Texten der Naturwissenschaft.[39] Den Artikel von kaum zwei Seiten Umfang könne man nicht nur wegen seines im Wortsinne »weltbewegenden Inhalts, sondern auch wegen seiner zuchtvollen Form in ein Lehrbuch der wissenschaftlichen Ästhetik aufnehmen«. Weinrich fügt hinzu, dieser knappe Erfolgs- und Ergebnisbericht enthalte offenkundig doch nur »die halbe Wahrheit«, sonst hätte James D. Watson nicht 1968 den Erlebnisbericht »The Double Helix« nachgeschoben, »der Fachleuten wie Laien erzählt, auf welchen verschlungenen Wegen die Entdeckung tatsächlich zustande gekommen ist«. Diese Doppelung von wissenschaftlicher Mitteilung und autobiographischer Erzählung kann auch anders interpretiert werden. Crick und Watson haben 1953, den Verhaltensweisen ihrer Fachgemeinschaft entsprechend, das Resultat ihrer Forschungen in knapper und verständlicher Form der wissenschaftlichen Öffentlichkeit zum Gebrauch, zur Überprüfung, zur Entwicklung übergeben. Wenn sich Watson fünfzehn Jahre später an eine Wegbeschreibung dieser Entdeckung macht, so hat er nicht nur deswegen Skandal erregt, weil er das angemessene *understatement* verlassen und die eigene Person unangemessen in den Vordergrund geschoben hat, sondern weil er mit der Erzählung in eine ihm fremde Schreibkultur überwechselte, in der andere Regeln, auch andere Regeln über die Formen der Wahrhaftigkeit gelten als in der wissenschaftlichen Mitteilung. Watson hat sich davon keine Rechenschaft gegeben, so daß er dem selbständigen Schreibprozeß erlegen ist und als Erzähler, nicht mehr als Berichterstatter aufgetreten ist.

Wir wissen also, woher wir kommen, welche Regeln in den Wissenschaftssprachen zu beachten sind, worin sie der poetischen Sprache verwandt sind, worin sie sich von ihr unterscheiden. Wir wissen, mit welchen Folgen es zur Dominanz des amerikanischen Englisch als Wissenschaftssprache gekommen ist, welche Kulturunterschiede zwischen resultathaft und prozeßhaft verfahrenden Schreibformen, zwischen ergebnis- und sprachgebundenen Wissenschaften bestehen. Wohin wir angesichts dieser rasanten, in kaum 50 Jahren geschehenen Entwicklung der Wissenschaftssprachen gehen und welchen Einfluß diese Entwicklung auf die Sprachkultur des Deutschen haben wird, wissen wir nicht. Wenn ganze Begriffsfelder aus der deutschen Sprache ausgegliedert werden oder in ihr nicht mehr entstehen können, werden Schäden nicht zu vermeiden sein. Es könnte sein, daß die Nationalsprache als wissenschaftliches Kommunikationsmedium geschwächt, gegen wissenschaftliche und kulturelle Entdeckungen in ihrem sensorischen Potential beschädigt, vielleicht sogar gegen solche Entwicklungen immunisiert wird. Diese Entwicklungen sollten wir beobachten und darüber berichten. Noch ist das Deutsche eine der großen und geachteten Kultursprachen der Welt. Die Zeiten aber, in denen es sich mit dem Englischen und dem Französischen die Welt der Wissenschaften teilte, sind endgültig dahin.

1 Der vorliegende Text, der in veränderter Form zuerst auf der Jahresversammlung der Leopoldina in Halle, im März 1997, vorgetragen wurde, ist kein Beitrag zu der hoch entwickelten Fachsprachenforschung, sondern der essayistische Erfahrungsbericht eines Geisteswissenschaftlers, der in verschiedenen Funktionen (bei der Deutschen Forschungsgemeinschaft, der Alexander von Humboldt-Stiftung, in Akademien und internationalen Wissen-

schaftsgremien) mit der unterschiedlich starken Sprachlosigkeit konfrontiert wurde, die zwischen den wissenschaftlichen Disziplinen, sowohl zwischen Wissenschaft und Gesellschaft, sowie zwischen Wissenschaft und Politik, zwischen Wissenschaft und Wirtschaft und zumal zwischen Wissenschaft und Poesie herrscht.

2 Harald Weinrich: Wege der Sprachkultur. Stuttgart 1985, S. 45.

3 Aleida Assmann: Sprache, Kultur, Bildung. Manuskriptdruck eines Vortrags vom 6. Oktober 2004. Schwäbisch Gmünd 2004.

4 Hans Magnus Enzensberger: Die Elixiere der Wissenschaft. Seitenblicke in Poesie und Prosa. Frankfurt am Main 2002, S. 266–270. Die folgenden Zitate ebd. S. 271 und 270.

5 Ebd. S. 266.

6 Anton Zeilinger: Einsteins Schleier. Die neue Welt der Quantenphysik. München 2003, S. 231.

7 So hat Gottfried Keller den Umriß der von ihm poetisch geschaffenen Frauengestalten bezeichnet.

8 Vgl. z.B. Enzensberger, S. 273, Zeilinger, S. 213.

9 Vgl. dazu Bernd Roeck: Das historische Auge. Kunstwerke als Zeugen ihrer Zeit. Von der Renaissance zur Revolution. Göttingen 2004.

10 2005 im Internet zum Beispiel 2.130.000 Einträge zum Stichwort »Poesie«, 2.780.000 Einträge zum Stichwort »Sprache der Wissenschaft«, 17 Millionen Einträge zu »Wissenschaft«, 26 Millionen zu »Literatur« etc. (Google-Suche).

11 Weinrich, S. 37 f.

12 Vgl. dazu: The Relationship Between Publicly Funded Basic Research and Economic Performance. Report Prepared by Science Policy Research Unit, University of Sussex for HM Treasury (Manuskriptdruck 1996).

13 Klaus Mainzer: Computer – Neue Flügel des Geistes? Die Evolution computergestützter Technik, Wissenschaft, Kultur und Philosophie. Berlin, New York 1994, S. 573. Die folgenden Zitate ebd. innerhalb des aufschlußreichen Abschnittes über »Science Fiction und virtuelle Realität« (S. 568–582). Hier wird deutlich, wie Science-Fiction-Literatur reale Entwicklungen vorweggenommen hat und diese Literatur in der Lage ist, uns an die Gedankensprünge zu gewöhnen, die eine fortgeschrittene Technik von uns verlangt. Vgl. auch Klaus Mainzer: Thinking in Complexity. The Complex Dynamics of Matter, Mind and Mankind. Second Revised and Enlarged Edition. Berlin, Heidelberg, New York 1996.

14 Jaron Lanier: Was heißt »virtuelle Realität«? In: Manfred Waffender (Hg.): Cyberspace. Ausflüge in virtuelle Wirklichkeiten. Hamburg 1991, S. 88 f.
15 Mainzer: Computer – Neue Flügel des Geistes? S. 577.
16 George Steiner: Grammatik der Schöpfung. München, Wien 2001, S. 219. Das folgende Zitat ebd. S. 261.
17 Vgl. zur Diskussion um *BE*, zur Zerstörung des Englischen als einer gebildeten Sprache und zum Problem der Überschwemmung des Deutschen (und anderer europäischer Sprachen) mit Anglizismen notwendiger und nicht notwendiger Art u.a.: Ferdinand Hucho und Carsten Hucho: Bad English, unsere weltmännische Sprachprothese. In: Gegenworte 7 (2001), S. 17–19, sowie: Fritz Nies unter Mitwirkung von Erika Mursa (Hg.): Europa denkt mehrsprachig – exemplarisch: deutsche und französische Kulturwissenschaften. Tübingen 2005. Zur Vielfalt und zur Einheit der Sprachen überhaupt verweise ich auf das Standardwerk von Arno Borst: Der Turmbau von Babel. Geschichte der Meinungen über Ursprung und Vielfalt der Sprachen und Völker. 4 Bde. Stuttgart 1957–1963, sowie auf Jürgen Trabant: Mithridates im Paradies. Kleine Geschichte des Sprachdenkens. München 2003.
18 Charles Percy Snow (1905–1980) wurde vor allem durch das 1959 erstmals erschienene Buch »The Two Cultures and the Scientific Revolution« bekannt, das 1964 als »The Two Cultures: and a Second Look« in neuer Fassung erschienen ist und 1967 ins Deutsche übersetzt wurde. Schon C. P. Snow hat vom Auftauchen einer dritten Kultur gesprochen, »the social sciences and arts concerned with ›how human beings are living or have lived‹.« (The New Encyclopaedia Britannica. Bd. 10. Chicago u.a. 1994, S. 912).
19 Enzensberger, S. 261 f. (Die Poesie der Wissenschaft. Ein Postskriptum).
20 Ingeborg Harms: Genmanipulationen der Poesie. In: Gegenworte. Zeitschrift für den Disput über Wissen. Heft 7 (Frühjahr 2001), S. 67. In diesem Zusammenhang verweise ich auf Karl Eibls klugen Versuch, die kulturwissenschaftliche Rezeption der modernen Biologie weiterzuentwickeln und dem darwinistischen Kampf ums Dasein den »Stress-Lust-Mechanismus« an die Seite zu stellen: Animal Poeta. Bausteine der biologischen Kultur- und Literaturtheorie. Paderborn 2004.
21 Gerald Hubmann: Von der Notwendigkeit der Metapher. In: Gegenworte 7 (2001), S. 59. Zitiert bei Enzensberger, S. 276. Vgl. auch Lily E. Kay: Who Wrote the Book of Life: a History of the Genetic Code. Stanford 2000.
22 Heinrich Fischer (Hg.): Karl Kraus: Die dritte Walpurgisnacht. München 1967, S. 122: » [...] diese Revindikation des Phraseninhalts geht durch alle

Wendungen, in denen ein ursprünglich blutiger oder handgreiflicher Inhalt sich längst zum Sinn einer geistigen Offensive abgeklärt hat.«
23 Dantons Tod, III. Akt, 3. Szene. Karl Pörnbacher, Gerhard Schaub, Hans-Joachim Simm und Edda Ziegler (Hgg.): Georg Büchner: Werke und Briefe. Münchner Ausgabe. München und Wien 1988, S. 110. Vgl. dazu u.a. Werner R. Lehmann: »Geht einmal euren Phrasen nach ...« Revolutionsideologie und Ideologiekritik bei Georg Büchner. Darmstadt 1969.
24 Kraus: Dritte Walpurgisnacht. München 1967, S. 235. Die folgenden Zitate ebd. S. 131 und 178.
25 Büchner: Dantons Tod, IV. Akt, 9. Szene. Münchner Ausgabe, S. 133.
26 Wolfram Viehweg: Georg Büchners ›Dantons Tod‹ auf dem deutschen Theater. München 1964, S. 214. In dieser Inszenierung im Preußischen Staatstheater in Berlin spielte die Rolle der Lucile Marianne Hoppe, sie wurde später von Antje Weißgerber abgelöst. Gustav Knuth übernahm die Titelrolle, Bernhard Minetti den Robespierre, Maria Koppenhöfer spielte die Marion. Gründgens übernahm zunächst seine Lieblingsrolle, den St. Just, den er schon in der Wiener und der Münchner Inszenierung des (seit 1933 in Deutschland verfemten) Max Reinhardt (1929) gespielt hatte. Gründgens, so hieß es in den Kritiken zur Wiener Aufführung, sei »der Schauspieler anmutiger Impertinenz«, und dann gar: er habe aus St. Just, dem »gefährlichen Fanatiker der Revolutionsmaschine«, einen »perversen Sadisten« gemacht, »der seine Mordwut hinter unscheinbaren Bewegungen und leisen Worten verbirgt«. Nach diesem von Gründgens gespielten St. Just habe »das Absingen der Marseillaise [auf der Bühne] geradezu als eine Verhöhnung der Revolution« gewirkt. Vgl. Dietmar Goltschnigg (Hg.): Georg Büchner und die Moderne. Texte, Analysen, Kommentar. Bd. 1, 1875–1945. Berlin 2001, S. 413 und 415.
27 Büchner-Preis-Reden 1951–1971. Mit einem Vorwort von Ernst Johann. Stuttgart 1972, S. 90 (Reclams Universal-Bibliothek Nr. 9332).
28 Peter von Matt: »Mein geliebtes Deutsch« – ja, welches denn eigentlich? In: Wirtschaft & Wissenschaft 4 (2004), S. 53 f.
29 Nies, S. 234.
30 »Übersetzung« wird im ganzen vorstehenden Text (so auch hier) in zweierlei Bedeutung verwendet: als Übersetzung aus der Muttersprache in eine andere Sprache und als Übersetzung aus der Fachsprache in die Reduktionsformen verständlicher Sprache.
31 »Note sur la vitesse de la propagation de l'argent nerveux dans les nerfs ra-

chidien«. In: Comptes rendus 30 (1850). Vgl. dazu Helmut Rechenberg: Hermann von Helmholtz. Bilder seines Lebens und Wirkens. Weinheim 1994, S. 78 und 82.

32 Zitiert von Jürgen Trabant als Motto seines Vortrages »Der eigenen Sprache bedürftig«. In: Nies, S. 63.

33 Benita Luckmann: Exil oder Emigration. Aspekte der Amerikanisierung an der »New School for Social Research« in New York. In: Wolfgang Frühwald und Wolfgang Schieder (Hgg.): Leben im Exil. Probleme der Integration deutscher Flüchtlinge im Ausland 1933–1946. Hamburg 1981, S. 231.

34 Uwe Henrik Peters: Emigration psychiatrischer Gruppen am Beispiel der Psychoanalyse. In: Manfred Briegel und Wolfgang Frühwald (Hgg.): Die Erfahrung der Fremde. Weinheim 1988, S. 178 und dort Anm. 6.

35 Eduard Grosse: ... ein wirtschaftlicher, nicht nur ein kultureller Verlust. In: Gegenworte 7 (2004), S. 61.

36 Freundliche Mitteilung von Hans Füchtbauer, Bochum.

37 Elias Canetti: Das Geheimherz der Uhr. Aufzeichnungen 1973–1985. München 1987, S. 201.

38 Vgl. David C. Cassidy: Werner Heisenberg. Leben und Werk. Heidelberg und Berlin 2001, S. 108 u.ö.

39 Weinrich, S. 52–54.

GOETHE UND SCHILLER
IN DER GESCHICHTE

Das Talent, Deutsch zu schreiben.
Über die Sprache Goethes

1. Goethe für Kinder – sinnlich zu entdecken

Ob Goethe als moralische Autorität ebenso gelten könne wie als ästhetische, darüber geht der Streit seit mehr als zwei Jahrhunderten. In jedem Goethe-Jahr wird er heftiger erneuert, so auch, als die Welt 1999 den 250. Geburtstag des Dichters feierte. Bis zu der abstrusen Forderung, die deutschen Goethe-Institute sollten ihren Namen ablegen, weil Goethe als Politiker des Herzogtums Weimar-Eisenach schwere Menschenrechtsverletzungen begangen habe, reichen die Vorschläge im Zeitalter einer mißverstandenen *political correctness*. Dabei hat Thomas Mann schon 1932 klug und bis heute nicht widerlegbar über jenes »schreckliche ›Auch ich‹« geurteilt, mit dem Goethe als Mitglied der Weimarischen Regierung das gegen eine Kindsmörderin ausgesprochene Todesurteil bestätigte. Goethe, sagt Thomas Mann, habe sich dadurch gezwungen, »seine weltliche Autorität für die Rechte der Gesellschaft gegen den Geist einzusetzen, zu dessen Befreiung er als Dichter durch die Erregung des Gefühls und als Schriftsteller durch die analytische Erweiterung und Vertiefung des Wissens vom Menschen so mächtig beigetragen hatte«.[1]

Die Verfasserinnen und Verfasser von Kinder- und Jugendbüchern scheinen sich an Thomas Manns Maxime zu halten, daß Goethe, zum Beispiel im »Faust«, keine staatliche Institution angeklagt habe, daß sich in dieser Tragödie vielmehr ein Dichter »mit dem Ewigen über das Menschenlos« unterredet. Sie haben die ästhetisch-bildhaften und sprachkünstlerischen Komponenten von Goethes Lebenswerk als *glückbringend* entdeckt und versucht, sie in die Phantasiewelt von Kindern und jungen Lesern zu übertragen. So hat Ivan Gantschev in dem von ihm gemalten und gedichteten Bilderbuch

»Wo das Glück wohnt«[2] Goethes Maxime über das immer anwesende Glück, das es zu ergreifen gelte, in die Erlebniswelt einer kleinen Katze verlegt. Lili, die Katze, die in einem Leuchtturm lebt, träumt vom Glück und findet es auch. Vielleicht ist die Welt der Bilderbücher am besten geeignet, in Kindern jenes Glücksgefühl zu erwekken, das der Umgang mit Goethes Werk bietet. Je weiter sich die »Übersetzung« in das Nur-Sprachliche und damit in die belehrend-moralische Nacherzählung hineinbewegt, desto schwieriger wird die Vermittlung. Wohl deshalb haben Rafik Schami und Uwe-Michael Gutzschhahn die Erzählung dieses Lebenswerkes in ein orientalisches Gewand im Stile von »Tausend-und-eine-Nacht« gekleidet und es dadurch in Zitat, Bericht und Urteil dem Verständnis junger Leserinnen und Leser nahegestellt.[3] Das Haus der Weisheit auf der Traum-Insel Hulm wird in diesem Buch mit der Übersetzung von Goethes Werken beauftragt, weil diese für die Länder des Orients taugen, für die Schulen und die Universitäten, für die Kinder vor allem – ihre Kenntnis macht glücklich. Die Erzählung über die Dankesbriefe, die Goethe für Herders Kinder schrieb, als diese sich schwer taten, auf ein Neujahrsgeschenk zu antworten, ist nur eine der Anekdoten aus Goethes Leben, die sich hier harmonisch dem Erzählzusammenhang fügen; harmonischer jedenfalls als in jenen Nacherzählungen von Leben und Werk, die sich an die Sprache der Jugend anzugleichen versuchen und nichts gewinnen als Langeweile.[4]

Das schönste Kinderbuch über Goethe, das ich kenne, hat Eric Carle geschrieben und gemalt. Es heißt »Hello, Red Fox«.[5] Carle verwendet Goethes Entdeckung der »komplementären Gegensatzfarben«[6] und seinen berühmten Farbenkreis zu einem aufregenden und bewegten Sehabenteuer der Wandlung von Rot in Grün, von Grün in Rot, von Gelb in Violett, von Blau in Orange usw. »One evening about hundred years ago«, beginnt dieses Buch für Kinder (und für Erwachsene mit Lust an Farben), »Johann Wolfgang von Goethe stopped at a tavern to dine. As he sat at his table, he gazed at the waitress who stood taking an order at a nearby table. Her red dress stood out in sharp contrast against the white wall behind her. When the waitress moved away, Goethe continued to stare in the same direction, at the wall. / Then a strange thing happened: on the white wall he saw a faint glowing image of the waitress's dress – but it was green not red! Why? This moment of wonder led Goethe into more than twenty years of scientific research on color.«[7]

Eric Carle macht sich den von Goethe erzählten Effekt zunutze. Seine Anweisungen an die Betrachter des Buches sind eindeutig und für jedes Kind verständlich. Er malt ein rotes Herz mit einem schwarzen Punkt in der Mitte und läßt die gegenüberliegende Seite, mit Ausnahme ebenfalls eines schwarzen Punktes in der Mitte, leer, weiß. »Important«, ermahnt er seine Betrachter. »In order to enjoy this book, follow these simple steps: / The pages should be fairly well-lighted. / Stare at the dot inside the red heart. / Slowly count to ten without moving your eyes. / Then move your eyes to the dot on the opposite blank page. Count to three.« Und unter der blanken Seite mit dem schwarzen Punkt in der Mitte steht, was nun fast magisch geschieht: »A faint green heart will appear around the dot. / If you didn't see it, try again. Do it quietly and peacefully. / Close and rest your eyes for a moment before turning the page. / Now you are ready to enjoy the story.« Auf den folgenden Seiten sind ein grüner Fuchs, ein gelber Schmetterling, eine blaue Katze, eine rote Schlange, ein lila Vogel, ein schwarzer Hund mit weißen Flecken etc. gemalt, ihr Gegenbild erscheint jeweils, wenn man Carles Anweisungen konzentriert befolgt. Und sie alle sind, gekleidet in ihre Komplementärfarben, die Gäste des kleinen grünen Frosches auf der Party zu seinem Geburtstag. »Then Mama Frog kissed Little Frog in front of all his friends.« Wer lange genug hinschaut, sieht auf der gegenüberliegenden Seite, was durch diesen Kuß geschieht: »And Little Frog blushed.«

Was schenkt gegen das so eingeleitete und dann von Seite zu Seite wiederholte sinnliche Abenteuer des Komplementärfarbensehens die spannendste Beschreibung von Goethes Streit mit Newton? Goethe, dem Augenmenschen, ist es wohl ähnlich ergangen wie dem Betrachter dieses Bilderbuches. Er hielt zeitlebens die Farbenlehre für sein bedeutendstes Werk: »In 1810 he published *Farbenlehre*. His color theory. He determined that there were three primary colors – red, blue and yellow – from which all the other colors could be made, and that each color had an opposite, or complementary, color.« In der Ausgabe von 1810, die Goethe schon im Januar 1808 der

Weimarer Herzogin Luise widmete, rechnete er ab mit der »Beschränktheit der wissenschaftlichen Gilden« und deren »Handwerkssinn, der wohl etwas erhalten und fortpflanzen, aber nichts fördern kann«[8]. In dem wenig beachteten »Historischen Teil« wird so »der wissenschaftliche Mensch selbst [...] gleichsam aufgerufen, vor allem ein Mensch zu sein«.[9] Die »Farbenlehre« enthält im Abschnitt »Konfession des Verfassers« auch die anrührende Erinnerung an Goethes innige Lebensfreundschaft mit Schiller und an die Schreckenszeit in Weimar nach der preußischen Niederlage gegen Napoleon (1806), in der die strenge Beschäftigung mit naturwissenschaftlichen Gegenständen Halt und Ruhe schenkte. Eine solche Erfahrung 190 Jahre später an Kinder weiterzugeben, wie dies Eric Carles Farbenbuch tut, ist im Wortsinne kongenial.

2. Venezianische Epigramme oder Die Sprache des Unmuts

Für kaum eines seiner Werke, die »Farbenlehre« vielleicht ausgenommen, deren Kritik und deren Umwertung sich bis ins 21. Jahrhundert hineinzieht,[10] hat Goethe schlechtere Kritiken erhalten als für die »Venezianischen Epigramme«. Obwohl er die wütendsten Verse gegen den als Droge beargwöhnten (allerdings gegenüber heutigen Kaffeesorten unvergleichlich starken) Kaffee und die dem Kaffeegenuß hingegebenen venezianischen Dirnen, vielleicht der Kaffee-Trinkerin Charlotte von Stein zuliebe, von der Veröffentlichung ausgeschlossen hat,[11] wußten die Zeitgenossen nur wenig mit diesen in Schillers »Musenalmanach für das Jahr 1796«, noch Ende 1795, erschienenen Epigrammen anzufangen. Die Kritik erstreckte sich auch auf Schiller, dem Vorwürfe gemacht wurden, daß er solch sorglos verfertigte Texte in seinen Almanach überhaupt aufgenommen habe. Selbst Bewunderer Goethes, wie Wilhelm von Humboldt und (damals noch) August Wilhelm Schlegel, waren ratlos.[12] Die Wiener Zensur hat dieser Epigramme wegen den ganzen Almanach kurzerhand verboten. »Unartig« seien sie, wurde gesagt, »mehr Zartheit«, mehr Klarheit, mehr Würze hätte sich die Kritik gewünscht. Dabei hat doch Goethe mit dem Epigramm 74, dem August Wilhelm Schlegel solche Klarheit wünschte, einen Schlüssel zu diesen unmutigen Texten gegeben, der lebensgeschichtlich ebenso schließt, wie er werkgeschichtlich ins Schloß paßt. Eine Mischung aus Frechheit und Frömmigkeit nämlich hat Goethe sich zugeeignet, das heißt, in der Sprache des 18. Jahrhunderts, er hat mutige und nützliche Verse in der Nachfolge des römischen Epigrammatikers Marcus Valerius Martialis geschrieben, der seiner erotischen Epigramme wegen schon in Antike und Renaissance berüchtigt und von Lessing und Logau wiederentdeckt worden war. Wie die Epigramme des Martial die Sittengeschichte des ersten Jahrhunderts nach Christus in einem neuen Lichte erscheinen lassen, so sollten Goethes »Venezianische Epigramme« die Zurückhaltung des späten 18. Jahrhunderts aufbrechen. Goethe mußte in Venedig lange Zeit (vom 31. März bis zum 6. Mai 1790) untätig auf Anna Amalia, die Mutter seines Herzogs warten, die er von dort aus nach Weimar begleiten sollte. Im Schlendrian dieser Tage, die angefüllt waren mit dem Heimweh nach dem warmen Bett seiner Frau und dem Lachen seines Kindes, sind die frech-frommen Epigramme entstanden, die ganz nur verstanden werden können, wenn die tatsächlich »frechen« und sogar obszönen Verse aus dem Nachlaß mitgelesen werden.

»Frech wohl bin ich geworden, es ist kein Wunder. Ihr Götter
Wißt, und wißt nicht allein, daß ich auch fromm bin und
treu.«[13]

Hätte Goethe die derben Epigramme mit abgedruckt, die am konkreten Beispiel der erotisch-phallischen Sprache die bis heute anhaltende Sprachlosigkeit des Deutschen im Umkreis von Sexualität und Erotik beklagen,[14] so hätte August Wilhelm Schlegel wohl kaum über mangelnde Klarheit klagen können. Im Gegenteil, er hätte die Verletzung der Dezenz gerügt.

Die Offenheit nämlich, mit der sich Goethe nach der Rückkehr aus Italien, nahe seinem 40. Lebensjahr, wie er selbst betonte, zum Wohlgefühl aller sinnlichen Erregungen bekannte, stand in auffallendem Kontrast zu den pietistisch-innigen, fast mystischen Tönen, wie er sie in »Wilhelm Meisters Lehrjahren« in den »Bekenntnissen einer schönen Seele« angeschlagen hat. Goethe lebe, schrieb Caroline Herder an ihren Mann am 14. August 1788, »ohne seinem Herzen Nahrung zu geben«. Charlotte von Stein aber meine, »er sei sinnlich geworden, und sie hat nicht ganz unrecht. Das Hofgehen und Hofessen hat etwas für ihn bekommen. Er will sich diesen Winter ganz an die Herzogin halten; das sei die einzige, die ihm geblieben.«[15] Am 18. Juni 1788 war Goethe, aus Italien kommend, wieder in Weimar zurück, fremd in einer ihm entfremdeten, innerlich und äußerlich kalten Stadt. Am 12. Juli dieses Jahres ist er, vermutlich zum ersten Mal, der damals 23 Jahre alten Christiane Vulpius begegnet. Doch haben beide ihr rasch innig gewordenes Verhältnis einige Zeit geheimhalten können. Wie lange, ist zweifelhaft. Caroline Herder hat davon erst im März 1789 erfahren, durch Frau von Stein; diese aber scheint schon früh etwas von Goethes Liebschaft geahnt zu haben; gewußt hat sie davon wohl, seit eines Tages ihr Sohn Fritz, der zu Goethes Gartenhaus einen Schlüssel hatte, in diesem Haus überraschend Christiane begegnet ist.[16] Auch konnte den Weimarern nicht verborgen bleiben, mit welchem Feuer Goethe jetzt das Leben der Südländer verteidigte und Partei für die Sinnlichkeit nahm. Am 12. September 1788 erzählte Schiller seinem Freund Christian Körner von einem Zusammentreffen mit Goethe, Caroline Herder, der Frau von Stein und Frau von Schardt, der Schwägerin Charlotte von Steins, in Rudolstadt am Sonntag, dem 7. September. Goethe habe in dieser Gesellschaft »mit leidenschaftlichen Erinnerungen von

Italien«, dem Land und seinen Menschen gesprochen. »Vorzüglich weiß er einem anschaulich zu machen, daß diese Nation mehr als alle andre europäische in *gegenwärtigen Genüssen* lebt, weil die Milde und Fruchtbarkeit des Himmelstrichs die Bedürfnisse einfacher macht, und ihre Erwerbung erleichtert. Alle ihre Laster und Tugenden sind die natürlichen Folgen einer feurigen Sinnlichkeit. [...] In Rom ist keine Debauche [liederliches Verhältnis] mit ledigen Frauenzimmern, aber desto hergebrachter mit verheurateten. Umgekehrt ist es in Neapel. Überhaupt soll man in der Behandlung des andern Geschlechts hier die Annäherung an den Orient sehr stark wahrnehmen.«[17]

Kein Wunder, daß Charlotte von Stein meinte, Goethe sei »sinnlich« geworden! Er hatte in Italien die Freuden der Sinnlichkeit, auch des eigenen Körpers, entdeckt. Goethe und Christiane Vulpius, meint Sigrid Damm, seien »ein sinnenfrohes, in der Liebe mit Phantasie begabtes Paar gewesen«. Und sie belegt dies mit den mehrfachen Reparaturen, die in dieser Zeit an Goethes Betten notwendig wurden. »»Bett beschlagen, 6 Paar zerbrochenen Bänder dazu mit Nageln [...] ein Neu gebrochenes Bete beschlagen [...] noch ein Neu Bett beschlagen zum unterschieben«, lauten die Rechnungen des Schlossers Johann Christian Spangenberg an Goethe.«[18] Im Frühjahr 1789 jedenfalls konnte das Verhältnis Goethes mit Christiane Vulpius, der nicht standesgemäßen jungen Frau aus der »Weimarer Armut«, nicht mehr geheimgehalten werden. Sie wurde mit dem Klärchen aus Goethes Drama »Egmont« verglichen und im bösartigen Klatsch des Kleinstaates als eine Dirne gebrandmarkt. Goethe hat sich allen diesen Widrigkeiten zum Trotz zu Christiane bekannt, auch und gerade als sie im April 1789 schwanger wurde. Er hat erreicht, daß sie von den Strafen, die im Weimarer Herzogtum noch immer auf uneheliche Schwangerschaft standen, verschont blieb, hat sie als seine Frau betrachtet und behandelt, auch wenn sie offiziell als seine Haushälterin gegolten hat. Auch als die Herzogin Louise, wohl unter dem Einfluß Charlotte von Steins, Goethe hat sagen lassen, »sie fände es sonderbar, daß er ihr sein [uneheliches] Kind alle Tage vor der Nase herumtragen lasse«,[19] hat er »frech« zu Christiane gehalten. Allerdings mußte er es noch vor der Geburt von August (am 25. Dezember 1789) hinnehmen, daß er seiner Familie wegen (mit dieser Familie) aus der Weimarer Stadtmitte in das Jägerhaus vor dem Frauentor vertrieben wurde. Friedrich Sengle schrieb, es sei das »christlich-höfische Prinzip des stillen Sünders, das die Gattin Carl Augusts« Goethe gegenüber zur Geltung gebracht habe, ein Prinzip, dem dieser sich so ganz und gar nicht fügen wollte. »Wie auch im einzelnen alles zugegangen sein mag, fest steht, daß Goethe aus dem repräsentativen Haus am Frauenplan weichen mußte. Carl August, auch jetzt großzügig, stellte ihm zwei Wohnungen in dem bescheideneren ›kleinen Jägerhaus‹ zur Verfügung, und Goethe hatte wieder einmal einen ernsten Anlaß, ihm herzlich für sein Verständnis zu danken (5.11.1789). Übrigens war es nur ein Interim, um die zarten weiblichen Gemüter zu beruhigen.«

Wie ein Chamäleon ist Goethe in dieser Zeit den Freunden erschienen, er wolle sich nie zeigen und nehme sich »vor jeder Äußerung in Acht, daraus man Schlüsse ziehen« könnte, schrieb Caroline Herder an ihren Mann am 18. August 1788.[20] Dieses zwischen Frechheit und Frömmigkeit schwankende Bild aber bot Goethe der Öffentlichkeit noch lange Jahre. Die »Bekenntnisse einer schönen Seele«, eine grandiose Variation der pietistischen Exempel-Biographie, wurden als sechstes Buch des Romans »Wilhelm Meisters Lehrjahre« im gleichen Jahr (1795) veröffentlicht wie die »Römischen Elegien« und die »Venezianischen Epigramme«. Was aber in den »Elegien« und den »Bekenntnissen« unverbunden nebeneinander steht, die Entblößung des Körpers (in den »Erotica Romana«) und die Entblößung der Seele (in den »Bekenntnissen«), ist in den »Venezianischen Epigrammen« bunt ineinander gemischt, so bunt, wie es das Leben zutreibt:

»›Epigramme seid nicht so frech!‹ Warum nicht? Wir sind nur Überschriften, die Welt hat die Kapitel des Buchs.«[21]

Einem Flaneur gleicht dieser Epigrammatiker, der durch Venedigs Gassen und Spelunken streift, sich durch die dunklen Kanäle rudern läßt und mit satirischem Blick das Leben ringsum erfaßt, sich die Zeit des Wartens auf die Herzoginmutter verkürzend:

»Und so tändelt' ich mir, von allen Freuden geschieden,
In der neptunischen Stadt Tage wie Stunden hinweg.
Alles, was ich erfuhr, würzt' ich mit süßer Erinnrung,
Würzt' ich mit Hoffnung, sie sind lieblichste Würzen der Welt.«[22]

So wechseln in den (ursprünglichen) Epigrammen dreiste und unartige Verse mit solchen der Sehnsucht nach Christiane und August ab. Das Bekenntnis zu Treue und Rechtschaffenheit ist eher dieser kleinen Familie zugesprochen als dem Publikum von Schillers »Musen-Almanach«.

Wie Pausenzeichen im Streifzug durch eine zur Liederlichkeit verführende Stadt, wo die Langeweile nun die »Mutter der Musen« genannt wird,[23] ertönen dabei Jammerrufe über die Spröde des Materials, über die der poetischen Frechheit so widerständige deutsche Sprache, die Friedrich Gottlieb Klopstock, 25 Jahre älter als Goethe, 1773 mit dem angeblichen »Urcharakter« der Deutschen verglichen hatte: »Gesondert, ungemischt und nur sich selber gleich.« Goethe schrieb nun aber die Mühen des Dichteralltags unmutig einem Sprachmaterial zu, das, anders als die antiken Sprachen, dem Dichter spröde und wenig biegsam erschien; und Klopstock, der, ohnehin mit Goethe wegen dessen »Frechheit« zerfallen war, sah sich in seiner Lebensleistung verletzt. Er hat sogleich, ebenso unmutig, geantwortet. Das 29. Epigramm heißt bei Goethe:

»Vieles hab ich versucht, gezeichnet, in Kupfer gestochen,
Öl gemalt, in Ton hab ich auch manches gedruckt,
Aber unbeständig, und nichts gelernt noch geleistet;
Nur der Meisterschaft nah bracht ich ein einzig Talent:
Deutsch zu schreiben, und so verderb ich unglücklicher Dichter,
In dem schlechtesten Stoff, leider nun Leben und Kunst.«[24]

»Mich«, soll Klopstock nach der Lektüre dieser Verse ausgerufen haben, »mag man nach Belieben angreifen. Ich werde mich nicht verteidigen. Aber Schmähungen der deutschen Sprache kann ich nicht dulden. Dann tadelte er den Ausdruck *Talent, deutsch zu schreiben*, da zwar die Fähigkeit gut zu schreiben als Sache des Talents angesehen werden könne, nicht aber die Fähigkeit deutsch zu schreiben.«[25] Schließlich hatte erst Klopstock in religiöser Sprachbegeisterung die deutsche Literatursprache vom Reim- und Regelapparat der barocken Stilmuster endgültig befreit, hatte sie in deutschen Hexametern, im Odenvers und in der Elegie so geschmeidig gemacht, daß er lange als ein die Jugend verderbender Revolutionär gegolten hatte.

In Goethes Vaterhaus war die Lektüre von Klopstocks Versen deshalb auch streng verboten. Goethes Vater, dem kaiserlichen Rat Johann Caspar Goethe, schienen Klopstocks reimlose Verse eben »keine Verse« zu sein. Er hatte sich gehütet, Klopstocks religiöses Epos »Messias« in seine Bibliothek aufzunehmen, doch der Hausfreund, Rat Schneider, hatte das modernistische Buch heimlich ins Haus geschmuggelt »und steckte es der Mutter und den Kindern zu«. Catharina Elisabeth Goethe, die schon zu Lebzeiten legendäre »Frau Rat«, genoß mit ihren Kindern heimlich die Dramatik des Buches, dessen Verbot die Lektüre um so prickelnder machte. Noch der wahnsinnige Hölderlin soll ja, in seinem Tübinger Turm auf und ab gehend, laut die Oden Klopstocks, das literarische Erlebnis seiner Jugend, rezitiert haben. In Goethes Vaterhaus am Frankfurter Großen Hirschgraben allerdings hätte die Verschwörung der Mutter mit den Kindern gegen des Vaters literarischen Geschmack beinahe ein Unglück zur Folge gehabt. Die Kinder nämlich, Johann Wolfgang Goethe und seine Schwester Cornelia, spielten die Szenen von Klopstocks dramatischem Epos mit wachsendem Enthusiasmus nach, suchten die »auffallendsten Stellen auswendig zu lernen, und besonders die zartesten und heftigsten so geschwind als möglich ins Gedächtnis zu fassen«. Eines Samstagabends, als der Barbier den Vater soeben für den Kirchgang am nächsten Morgen rasieren wollte und einzuseifen begann, entfuhr beim »Messias«-Spiel Cornelia die Klage des Adramelech im Kampf mit Satan. Laut, mit fürchterlicher Stimme rief sie, hinter dem Ofen versteckt, den Bruder gewaltig anfassend, die Worte: »O wie bin ich zermalmt! ...« Der Barbier erschrak »und goß dem Vater das Seifenbecken in die Brust [...] Da gab es einen großen Aufstand, und eine strenge Untersuchung ward gehalten, besonders in Betracht des Unglücks, das hätte entstehen können, wenn man schon im Rasieren begriffen gewesen wäre«. So heiter und gelöst hat Goethe in »Dichtung und Wahrheit«, nach Klopstocks Tod, sein eigenes Verhältnis zu dem von den Romantikern als »Vater der Poesie« gefeierten Dichter dargestellt. »[...] und das ›Unglück‹, heißt es in Goethes Autobiographie, »das die Hexameter angerichtet hatten, war [an diesem Samtagsabend] zu offenbar, als daß man sie nicht aufs neue hätte verrufen und verbannen sollen«.[26]

Der deutschen Sprache schrieb Klopstock, der mehreren Generationen deutscher Schriftsteller die Emanzipation vom französischen Ausdrucks-, Sprach- und Regelkanon vorgelebt hatte, »wenigstens in Beziehung auf die höhere Dichtkunst, eine edlere Seele« zu als der griechischen und arbeitete einer Zeit vor, in der man dies allgemein als erwiesen halten werde. So schrieb er 1796, gleichsam im Auftrag und mit der Stimme der deutschen Sprache, jenes Distichon, das im ästhetisch-rhythmischen Vergleich mit Goethes Epigramm dessen

Klage bestätigt: die deutsche Sprache ist bei der Nachbildung der antiken Versmaße anderen europäischen Sprachen (insbesondere denen der Romania) unterlegen:

> »Göthe, du dauerst dich, daß du mich schreibest? Wenn du mich kenntest;
> Wäre dies dir nicht Gram: Göthe, du dauerst mich auch.«[27]

Klopstock, der sich den Erweis der Kokurrenzfähigkeit der deutschen Sprache mit den antiken Sprachen und dem Französischen, als dem Idiom der Gebildeten Europas, zum Lebensziel gesetzt hatte, reagierte dementsprechend empfindlich auf alle gegen das Deutsche gerichteten Angriffe. Schließlich sah er durch eine Attacke wie die Goethes das von ihm gehegte und gepflegte Pflänzchen eines deutschen Nationalgefühls aus der Wurzel einer gemeinsamen Sprachkultur in seinem Gedeihen gefährdet. Die von ihm 1779 erzählte Wachstumsgeschichte der deutschen Sprache gibt Auskunft über sein Selbstbewußtsein und über die Führungsrolle, die er unter den deutschen Dichtern seiner Zeit beanspruchte. Luther habe die deutsche Sprache, die bisher unter ihren Müttern, den Mundarten, »mit der Wildheit unerzogener Kinder herumgeirrt sei«, in sein Haus genommen. Damals sei die deutsche Sprache noch ein Kind gewesen, etwa 12 Jahre alt, doch unter Luthers Pflege »gedieh und wuchs sie, daß es eine Lust zu sehen war«. Von Opitz, der die Sprache als eine halberwachsene junge Frau, mit etwa 16 Jahren, bei sich aufgenommen habe, bis zu Klopstocks Zeiten sei sie, bei schlechter Kost, nur um ein Jahr gewachsen. Nun aber, mit 17 Jahren, sei sie heiratsfähig und fragte den Modernen, der sie in sein Haus geführt hat: »Willst du die Lebensregeln, die ich mir vorgeschrieben habe, bekannt machen, damit sich, wer mich mit Nahrung versieht, danach richte?« »Ich will alles«, antwortet der so befragte Dichter, »denn ich liebe.«[28] Die Sprache ist nicht die Mutter, sie ist die Geliebte des Dichters. Die

Bildlichkeit dieser Liebe steht am Anfang des Enthusiasmus einer deutschen Sprach- und Kulturnation, welche die in Deutschland fehlende politische Einheit substituieren sollte. Ein Verstoß gegen diese Begeisterung bedeutete im Umkreis des Glaubens an das prophetische Seheramt des Dichters Blasphemie.

3. Die Poesie und die Erfahrungswissenschaften

Der Streit zwischen Goethe und Klopstock um die Spröde oder die Biegsamkeit der Sprache einer deutschen Nationalliteratur ist nicht zufällig in den letzten Jahren des 18. Jahrhunderts ausgebrochen. Die Jahre zwischen etwa 1770 und 1830 waren die Jahre, in denen, nach Reinhart Kosellecks bekannter These, die Sprache zum Indikator eines »langfristigen und tiefgreifenden, manchmal plötzlich vorangetriebenen Erfahrungswandels« wurde, der seit dem letzten Drittel des 18. Jahrhunderts mit zunehmender Schnelligkeit vor sich ging.[29] In den Jahren des 18. Jahrhunderts also, in denen sich das experimentell gewonnene Wissen mit immer größerer Schnelligkeit aus den überlieferten Horizonten der Weltdeutung entfernte, hat allein die Literatursprache mit dieser Entwicklung Schritt gehalten, während die veralteten Fachsprachen, die von Absolutismus und Restauration gehemmte politisch-soziale Sprache und vor allem der Kanzlei- und Hofton deutscher Kleinstaaten, rasch zurückgeblieben sind. Wenn unter einem »gesellschaftlichen« Diskurs mehr zu verstehen ist als ein öffentlicher Gesprächszusammenhang, nämlich vor allem die Art, »wie in einer Gesellschaft Wissenselemente zusammengefügt werden«, und wenn dies erkennen läßt, »was einer Gesellschaft aus einer Vielzahl von erlebten historischen Brüchen und Veränderungen jeweils als Problem erscheint und was sie als Problem definiert, aber auch welchen Fortgang die Suche nach Lösungen genommen hat«,[30] so war Goethes Sprache zu Beginn des 19. Jahrhunderts lange Zeit (zumindest in Kreisen des gebildeten Bürgertums) diskursleitend;

im Humanitätsdiskurs ebenso wie im Technikdiskurs, der durch diese Sprache vom Humanitätsdiskurs dominiert wurde. Beide Diskursarten mußten sich dieser Sprache bedienen, weil dem Technikdiskurs eine eigene, avancierte Fachsprache nicht zur Verfügung stand und nur die Literatursprache in der Lage war, den neuen Formen der aus dem empirischen Wissen geborenen Natur- und Welt- und Menschenerfahrung angemessen Ausdruck zu geben.

Man kann diesen komplizierten, aber plausiblen Zusammenhang an einem Beispiel verdeutlichen. Alexander von Humboldt, der als einer der großen, universalen Naturwissenschaftler dem 19. Jahrhundert seine Prägung gegeben hat, fühlte sich als ein Schüler Goethes. Nicht weil er dessen naturwissenschaftliche Theorien und Erkenntnisse kritiklos übernommen hat, sondern weil er die auf großen Erkundungsfahrten rings um die Welt gewonnene Naturerfahrung in einer Sprache zu vermitteln suchte, die der Neuheit und der Faszination dieser Erfahrung gerecht zu werden vermochte. Es war Alexander von Humboldts große Entdeckung, daß sich die Weimarer Dichtersprache der Naturbeschreibung nicht nur fügte, sondern aus ihr jenen ästhetischen Funken zu schlagen vermochte, der den seit langem glimmenden Holzstoß zum Lodern brachte. Das Feuer der Begeisterung, das Humboldt über diese Sprache an die Naturwissenschaft seiner Zeit vermittelte, hat wenigstens ein Jahrhundert lang gebrannt und ist im Gespräch der Physiker, der Chemiker, der Geologen und der Anatomen mit den jeweils anderen Zugängen zur Erfassung der Wirklichkeit noch immer spürbar.

Auch wenn Goethes Schriften zu den Naturwissenschaften vom Sturmschritt der naturwissenschaftlich-technischen Entwicklung des 19. Jahrhunderts überholt oder zumindest aus dem Fachgespräch verdrängt wurden, so hat Goethes Ganzheitsdenken in der Geschichte dieser Wissenschaften doch sprachliche Spuren hinterlassen.

Dabei wurde die Auseinandersetzung der Mediziner und der Physiker mit Goethes Naturdenken von Alexander von Humboldt angeleitet und in seinem Alterswerk »Kosmos« exemplarisch ausgeführt. Von Goethes bereits in naturwissenschaftlicher, nicht mehr in naturphilosophischer Absicht geschriebenen Arbeiten sind der 1784 entstandene »Versuch aus der vergleichenden Knochenlehre, daß der Zwischenkieferknochen der obern Kinnlade dem Menschen mit den übrigen Tieren gemein sei« und der »Versuch, die Metamorphose der Pflanzen zu erklären« (von 1790) deshalb beachtenswert, weil sich der Autor seit dem ihn selbst faszinierenden Fund des Zwischenkieferknochens ganz in naturwissenschaftliches Denken eingewöhnt und diese Eingewöhnung mit der jugendlich-enthusiastischen Sprache des ersten Weimarer Jahrzehnts beschrieben hat. An Charlotte von Stein schrieb er im März 1784: »Es ist mir ein köstliches Vergnügen geworden, ich habe eine anatomische Entdeckung gemacht die wichtig und schön ist. Du sollst auch Dein Teil dran haben. Sage aber niemand ein Wort, Herdern kündigets auch ein Brief unter dem Siegel der Verschwiegenheit an. Ich habe eine solche Freude, daß sich mir alle Eingeweide bewegen.«[31] Von nun an hat Goethe seine naturwissenschaftlichen Schriften mit den poetischen auf gleichem Rang gesehen, er hat in faszinierenden und allgemein verständlichen Vorträgen seine Sicht der Natur und ihrer Geheimnisse vorgestellt und unter der fachwissenschaftlich-arroganten Mißachtung seiner Schriften und Experimente zur Naturwissenschaft mehr gelitten als unter den Angriffen seiner literarischen Gegner. Da er sich inmitten der Herrschaft der Naturphilosophie zur Beobachtung und zum naturwissenschaftlichen Experiment als Motor der Naturerfahrung bekannte, fühlte er sich auch auf diesem Felde den Zeitgenossen überlegen und hat um die Anerkennung seiner Studien in der Fachwelt oft mehr als billig gekämpft. Schließlich hat er im Spätwerk, beginnend mit dem Roman »Die Wahlverwandtschaften«, mit naturwissenschaftlichen Versuchsanordnungen auch in poetischem

Stoff und in poetischer Sprache experimentiert und damit nochmals jener unaufhaltsamen Entwicklungstendenz widersprochen, welche Spezialisierung und Fachsprachlichkeit zu den Kennzeichen von Modernität und Fortschritt machte. Goethe hat, durch Vermittlung Alexander von Humboldts, der Naturbeschreibung und den Anfängen eines kritisch-naturwissenschaftlichen Diskurses seine Sprache geschenkt, die Literatursprache entwickelte sich zum normsetzenden Element auch bei der Herausbildung eines eigenen, sich rasch in unterschiedliche Fachsprachen aufteilenden, naturwissenschaftlichen Idioms. So konnte Goethe nicht verstehen, daß die Naturwissenschaft seiner Zeit, wegen der Begrenztheit seines Untersuchungsmaterials, die Ergebnisse seines Naturdenkens sogar da, wo er empirische Befunde vorweisen konnte, kaum und wenn, dann zu spät zur Kenntnis genommen hat.

Der schwerfällige, im 19. Jahrhundert plötzlich beschleunigte Gang der Erfahrungswissenschaften hat eine eigene Denk- und Darstellungskultur ausgebildet, die erst Alexander von Humboldt energisch durchbrochen hat. Doch auch er erkannte deutlich, daß und wie sich die von Goethe gedachte Einheit von poetischem und naturwissenschaftlichem Sprechen wieder auflösen mußte. Humboldt hat versucht, in seiner Sprache die von ihm gefundene Einheit zu stabilisieren und damit seine naturwissenschaftlichen Schriften nach klassischen Mustern, nach »Art der Alten«, zu gestalten. In der 1844 geschriebenen Vorrede zu seinem mehrbändigen »Entwurf einer physischen Weltbeschreibung« heißt es daher: »Man hat es oft eine nicht erfreuliche Betrachtung genannt, daß, indem rein litterarische Geistesproducte gewurzelt sind in den Tiefen der Gefühle und der schöpferischen Einbildungskraft, alles, was mit der Empirie, mit Ergründung von Naturerscheinungen und physischer Gesetze zusammenhängt, in wenigen Jahrzehnten, bei zunehmender Schärfe der Instrumente und allmäliger Erweiterung des Horizonts der Beobachtung, eine andere Gestalt annimmt; ja daß, wie man sich auszudrücken pflegt, veraltete naturwissenschaftliche Schriften als unlesbar der Vergessenheit übergeben sind. Wer von einer ächten Liebe zum Naturstudium und von der erhabenen Würde derselben beseelt ist, kann durch nichts entmuthigt werden, was an eine künftige Vervollkommnung des menschlichen Wissens erinnert.«[32] Gegenüber diesem in der Geschichte des Denkens verwurzelten Plädoyer für eine verständliche Sprache der Naturerkenntnis war den Gelehrten des 18. Jahrhunderts ihre fachsprachlich abgesicherte Eigenkultur (welche Rang, Würde, Ansehen, oftmals auch ein Amt versprach) vorrangig.

Goethe hat Spinoza, Linné und – Shakespeare als naturwissenschaftliche Autoritäten genannt, denen er zu folgen versuchte.[33] Shakespeare hat er in diese Reihe vielleicht wegen dessen naturähnlicher Fähigkeit einbezogen, Menschen zu gestalten, als hätten sie gelebt und als lebten sie seither, mit immer neuen Auferstehungswundern in jeder neuen Inszenierung seiner Dramen. Die Grundfragen aber, auf die Goethes »Zuwendung zu Natur und Naturwissenschaft überhaupt und besonders zur belebten Natur zurückgeht«, waren »ganz allgemein das Problem der Schöpfung und insbesondere die Probleme der Vergleichbarkeit des Menschen mit den übrigen organischen Naturen und der Vergleichbarkeit der natürlichen Schöpfung mit den Schaffensmöglichkeiten des Menschen«. Er hat zwar in späten Albträumen (im zweiten Teil des »Faust«) von der Erschaffung von Menschen »in vitro« und von einem Homunculus, das heißt von einem künstlichen Menschen, geträumt, indem er den kalten Verstand (Wagner) und die dämonische Neugier (Mephisto) zu diesem Werk vereinte. Von der realen Möglichkeit einer künstlichen Schöpfung aber war seine Zeit (im Unterschied zum 21. Jahrhundert) noch sehr weit entfernt. Erst wenn die menschliche Gestalt, der Phänotyp, dem Wurzelgrund dieser Gestalt, dem Genotyp, völlig unterworfen und aus dem Genotyp die (technische) Veränderung des Phänotyps angedacht wird, sind Goethes Gedanken einer von der Einbildungskraft geleiteten Einheit des Denkens (und des Sprechens) nicht mehr brauchbar. Das antike und das klassizistische Menschenbild beruhen auf der Vorstellung von der idealen Schönheit der menschlichen Gestalt. Gestaltenwandel, die Metamorphose, ist seit der Antike das Ziel poetischen Denkens, in das die naturwissenschaftlichen Erkenntnisse Linnés einbezogen werden können. Goethes wissenschaftlicher »Versuch, die Metamorphose der Pflanzen zu erklären« ist daher wie ein Kommentar zu dem 1798 erstmals gedruckten Gedicht »Die Metamorphose der Pflanzen« zu lesen. Es ist eines der wenigen Gedichte, die Goethe Christiane Vulpius, in anschaulich erklärendem Gestus, gewidmet hat. Aus den Blumen ihres Gartens entsteht hier die Erklärung der Metamorphose, die von Linné beschriebene Entwicklung der Pflanze vom Keimling bis zur Blüte und damit der »zeitliche Wechsel der nacheinander erscheinenden Organe«.[34] Ähnlich dem späteren Gedicht »Dauer im Wechsel« sucht auch die »Metamorphose der Pflanzen« das Bleibende in der Flucht der Erscheinungen zu erläutern, das Gesetz der Bildung in der Fülle individueller Gestalten:

»Alle Gestalten sind ähnlich und keine gleichet der andern
Und so deutet das Chor auf ein geheimes Gesetz,
Auf ein heiliges Rätsel! [...]«[35]

Das eben war für Goethe das Wunder bei der Entdeckung des Zwischenkieferknochens, welches er wie eine frohe Botschaft, wie ein Evangelium verkündete, daß er die Kette der Evolution geschlossen fand. »Nach Anleitung des Evangelii muß ich Dich auf das eiligste mit einem Glücke bekannt machen«, schrieb er im März 1784 an Herder. »Ich habe gefunden – weder Gold noch Silber, aber was mir eine unsägliche Freude macht – das os intermaxillare am Menschen!

[...] Es soll Dich auch recht herzlich freuen, denn es ist wie der Schlußstein zum Menschen, fehlt nicht, ist auch da!«[36] So ist auch in der »Metamorphose der Pflanzen« die Kette alles Lebens durch die Zeiten hindurch geschlossen. Was zunächst dem staunenden Blick des Menschen als Verwirrung in der tausendfältigen Mischung des Blumengewühls erschien, ist in der Erkenntnis des Gesetzes der Metamorphose als Ring sich ewig fortzeugender Kräfte sichtbar. Der Übergang zur Tier- und Menschenwelt, den Goethe im Gedicht ebenso darstellen wollte wie in der naturwissenschaftlichen Betrachtung,[37] ist innerhalb der Kette des Lebens ohne Sprünge und Brüche zu erklären, so daß das Gedicht harmonisch zur Erfahrung der Liebe zwischen Mann und Frau zurückkehren kann, die geborgen ist im Gesetz der Metamorphose, einer Liebe, die zu gleichen Gesinnungen strebt:

»Jede Pflanze winket dir nun die ewgen Gesetze,
Jede Blume sie spricht lauter und lauter mit dir.
Aber entzifferst du hier der Göttin heilige Lettern,
Überall siehst du sie dann, auch in verändertem Zug.«[38]

Durs Grünbein hat in der Abkehr der modernen Naturwissenschaft vom Metamorphotischen, also von der Gestaltdeutung, und ihrer forcierten, in allen Fächern erkennbaren Hinwendung zu den Mikrostrukturen einen Hauptgrund für die Schwierigkeiten gesehen, den die Poeten heute mit der genetischen Revolution haben. »In dem Moment, in dem wir so tief abgetaucht sind, daß wir nur noch Teilchen, Sequenzen zur Verfügung haben, Säure- und Basenverbindungen, ist auch das Spiel der Imagination zu Ende. Der Rest ist für die Computer. In der Tat!«[39] Auf diese unbeabsichtigten, aber fatalen Folgen des heutigen Hauptstroms naturwissenschaftlicher Forschung, auf die fast automatisch erfolgende Abwendung von der »Biodiversität« genannten Vielfalt des Lebens und schließlich die Abwendung von der individuellen Gestalt des Menschen haben bisher nur die Dichter aufmerksam gemacht. In den Naturwissenschaften selbst ist die Faszination der Mikrostrukturen ungebrochen.

4. »Gallikomanie« in Deutschland

Wie Friedrich Carl von Savigny in dem von Goethe beherrschten Kunstzeitalter durch die Kultivierung der Rechtssprache »juristische Bücher zum Bestandteil unserer Nationalliteratur machte«, so daß durch ihn »der Jurist als solcher der Möglichkeit nach ein maßgebender Mitschöpfer der Kulturnation« geworden ist,[40] so hat Alexander von Humboldt durch die Kultivierung seiner Beschreibungssprache die Naturwissenschaften diesem Zusammenhang eingefügt. Wer die gewaltige Sprachleistung Goethes und seiner Schüler ermessen will, muß sich den Zustand der deutschen Literatursprache noch im frühen 18. Jahrhundert vor Augen führen, als sie im Wettbewerb mit den gebildeten und nuancierten Sprachen der Nachbarnationen weit unterlegen schien. Goethe selbst hat in der deutschen Depression vor der preußischen Niederlage gegen Napoleon die scheinbar unaufhaltsame Erweiterung von dessen Macht- und Einflußsphäre an die Ausbreitung der französischen Kultur gebunden. Knapp vier Wochen vor der Schlacht bei Jena und Auerstedt schrieb Charlotte von Stein an ihren Sohn Friedrich: »Die meisten um mich herum sind aber noch ängstlicher als ich. Goethe sagte, die Franzosen hätten ja schon längst die Welt überwunden, es brauchte keinen Bonaparte. Die Sprache, Kolonien von Refugiés, Emigrierte, Kammerdiener, Köche, Kaufleute usw., alles dies hinge an ihrer Nation, und wir wären verkauft und verraten.«[41] Harald Weinrich hat darauf aufmerksam gemacht, daß von Karl V., jenem Kaiser, in dessen Reich die Sonne nicht unterging, seit dem frühen 17. Jahrhundert eine für die internationale Einschätzung von Kultursprachen charakteristische Anekdote erzählt wurde. Wenn er mit Gott spreche, so habe dieser Kaiser gesagt, spreche er Spanisch, »da die Sprache der Spanier Würde und Majestät zeige; mit Freunden spreche er Italienisch«, weil dies die Sprache des Vertrauens sei, »wenn jemand zu schmeicheln sei, spreche er Französisch, weil es nichts Milderes [gebe] als diese Sprache«, mit seinen Pferden aber spreche er Deutsch.[42] An dieser Einschätzung des Deutschen als einer Befehlssprache und einer Sprache von Roßknechten hatte sich auch im 18. Jahrhundert – trotz Klopstock und Lessing – wenig geändert. In den zwischen 1793 und 1797 erstmals erschienenen »Briefen zur Beförderung der Humanität« hat Johann Gottfried Herder, auf Distanz gehend zu der durch die Schreckensherrschaft Robespierres denunzierten Französischen Revolution, mit ähnlichen Beobachtungen den vorherrschenden Gebrauch der französischen Sprache durch die gebildeten Stände in Deutschland getadelt. Die »Gallikomanie«, wie er diese Sitte nach einer Akademieabhandlung von André-Pierre Le Guay de Prémontval nannte, wirkte für ihn bewußseinsbildend und sozial polarisierend: »Adel und Französische Erziehung wurden Eins und Dasselbe [in Deutschland]; man schämte sich der Deutschen Nation, wie man sich eines Fleckens in der Familie schämet. Deutsche Bücher, Deutsche Literatur in diesen obern Ständen – wie niedrig, wie schimpflich! Der mächtigste, wohlhabendste, Einflußreichste Teil der Nation war also für die tätige Bildung und Fortbildung der Nation *verloren*; ja er hinderte diese, wie er sie etwa hindern konnte, schon durch sein Dasein. Denn wenn man nur mit Gott und mit seinem Pferde Deutsch sprach; so stellten sich aus Pflicht und Gefälligkeit auch die, mit denen man also sprach, als Pferde.«[43] Noch Georg Büchner und Friedrich Ludwig Weidig haben in ihrer Revolutionsschrift »Der Hessische Landbote« (1834) den Klassencharakter der Sprache gerügt, diesmal in Arm und Reich unterteilt, in das Idiom der Hütten und das der Paläste: »Das Leben der Vornehmen ist ein langer Sonntag, sie wohnen in schönen Häusern, sie tragen zierliche Kleider, sie haben feiste Gesichter und reden eine eigne Sprache; das Volk aber liegt vor ihnen wie Dünger auf dem Acker.«[44] Auch Goethes Sprache ist, so heißt dies wohl, zunächst ein Bildungsdialekt geblieben, sie konnte nicht die Wirkung entfalten wie etwa die Sprache Dantes in Italien, die des Cervantes in Spanien oder die Skakespeares in England.

Wie richtig Herder die von den Höfen Deutschlands ausgehende »Gallikomanie« gesehen und beurteilt hat, ist unter anderem dadurch zu belegen, daß die Weimarer Hofdame Charlotte von Stein erst durch Goethe im Gebrauch der deutschen Sprache so sicher wurde, daß sie sich ihrer auch schriftlich regelmäßig zu bedienen wagte. Die ganze Verachtung, welche der zu kultiviertem und literarischem Ausdruck angeblich unfähigen deutschen Sprache von den Mächtigen der Zeit entgegenschlug, ist an des preußischen Königs Friedrichs II. Schrift »*De la littérature allemande*« aus dem Jahre 1780 abzulesen. Über Klopstocks heiligen Spracheifer, über Lessings Versuch, die Nation in Lektüre, Schauspiel und Theater zu einen, über die durch Moses Mendelssohn geschehende fast religiöse Verbindung des deutschen Judentums mit der deutschen Hochsprache, über Hamanns Sprachmystik, über die Ausbildung der Geniesprache als einer Gruppensprache junger, sich als Originalgenies verstehender Dichter, die eine natürliche Sprache für natürliche Menschen suchten, über Herders Ausgriff in die Lieder der Völker – über all das wußte der in seinen militärischen und politisch-sozialen Leistungen bewunderte König nichts. Vielleicht konnte er davon auch noch nichts wissen, da der Aufbruch der Sprachbegeisterung in Deutschland erst in seiner Regierungszeit (1740–1786) und nahezu zeitgleich mit dem Erscheinen seiner Schrift geschah, so daß diese Streitschrift gegen die deutsche Literatur den Endpunkt eines kulturellen Abstiegs und den Anfangspunkt des Aufstiegs der deutschen Sprach- und Kulturnation zugleich setzte. Schließlich hat der preußische König aus dem Gefühl einer Bedrohung geschrieben, die dem französisch-europäischen Geschmacksideal durch die Begeisterung für die Einzelsprachen entstanden ist.

Friedrich II. hat die Begeisterung seiner Zeitgenossen für Shakespeare als »abgeschmackt« empfunden und ist – nach Lessings Wort – als »Despote des Geschmacks und der Wissenschaften« aufgetreten. Goethes (shakespearisches) Schauspiel »Götz von Berlichingen«, das 1773/74 stürmisch gefeiert und ebenso stürmisch abgelehnt wurde, hat der preußische König als Beispiel der neuesten Verirrungen des deutschen Literaturgeschmacks kritisiert; er hat mit diesem Schauspiel den ganzen Versuch der Sturm-und-Drang-Jugend verworfen, dem französischen Regelklassizismus zu entkommen, um wenigstens literarisch Individualität zeigen zu dürfen, wenn dies unter der Herrschaft des Absolutismus schon politisch und sozial nicht möglich war: »Voilà un Goetz de Berlichingen qui parait sur la scène, imitation détestable de ces mauvaises pièces Anglaises, et le parterre applaudit et demande avec enthousiasme la répétition de ces dégoûtantes platitudes.«[45] Goethe, damals ein junger Mann von 31 Jahren, aber immerhin schon seit vier Jahren im weimarischen Hofdienst erfahren, hat darauf sehr zurückhaltend reagiert. Seinen als Antwort geschriebenen Dialog, in dem sich in einem Gasthaus ein Franzose und ein Deutscher über des Königs Schrift unterhalten, hat er nicht veröffentlicht und an Jenny von Voigts am 21. Juni 1781 geschrieben: »Wenn der König meines Stückes in Unehren erwähnt, ist es mir nichts befremdendes. Ein Vielgewaltiger, der Menschen zu Tausenden mit einem eisernen Szepter führt, muß die Produktion eines freien und ungezogenen Knaben unerträglich finden.«[46]

Freilich ist nicht zu übersehen, daß einzig Goethe als Repräsentant einer vom König beargwöhnten und literarisch als pöbelhaft kritisierten Jugendbewegung in der altersstarren Schrift erwähnt wird.

Diesem jungen Dichter hat offenkundig sogar der preußische König zugetraut, literarisch eine Revolution anzuzetteln. Mit seinem Verdikt wollte er den deutschen Publikumsgeschmack insgesamt treffen und einen Geschmack retten, der lange vor dem Sturm und Drang schon aus den mächtig emporstrebenden Nationalliteraturen verdrängt war. Friedrichs II. Schrift über die deutsche Literatur ist damit im letzten Drittel des 18. Jahrhunderts das Schlußdokument der Gallikomanie in Deutschland. Über der sprachlichen Leistung Goethes und seiner Schüler, welche die deutsche Literatur europäisch anschlußfähig, im Bereich der Naturwissenschaften sogar für mehr als ein Jahrhundert diskursleitend gemacht haben, ist sie rasch vergessen worden. Kennzeichen dafür ist vielleicht, daß noch heute Erich Kästners Dissertation über die »Erwiderungen auf Friedrichs des Großen Schrift De la littérature allemande« aus dem Jahr 1925 als aktueller Forschungsbeitrag zitiert wird.[47] Für die politische und die kulturelle Geschichte Deutschlands allerdings hatte – nach Theodor Schieders Feststellung – diese Schrift des preußischen Königs weitreichende, doch zunächst kaum sichtbare Folgen. Sie verhinderte nämlich, daß sich »die aufstrebende norddeutsch-protestantische Bildungsschicht geistig mit dem aufstrebenden preußischen Staat verbündete«;[48] sie bewirkte demnach die Festigung des unheilvollen Macht-Geist-Gegensatzes, der zum Thema der Literatur in der Deutschlandschelte von Hölderlin über Karl Kraus bis zu Thomas Mann, Christa Wolf und Günter Grass geworden ist. »Jedenfalls ist 1780 ein Abstand zwischen Geist und Staat sichtbar geworden, der nicht auf diesen Augenblick beschränkt bleiben sollte [...].« So ist an dieser Kontroverse nochmals abzulesen, weshalb sich Klopstock, der sich im sprachlichen Bereich für einen »Stifter« hielt und von August Wilhelm Schlegel auch als ein solcher bezeichnet wurde, 1796 so empfindlich durch Goethes Kritik der deutschen Sprache getroffen fühlte. Er mußte Goethe dort, wo dieser nur im Umfeld einer rhetorisch geschmeidigen Sprache, wie des Italienischen, die Spröde seines ganz anders gearteten Materials beklagte, für einen Überläufer in das Lager jener Verächter deutscher Sprachkultur halten, deren mächtigster Vertreter der auch von Klopstock einst bewunderte Friedrich II. von Preußen gewesen ist.

5. Pietismus und Platonismus – poetische Töne der Jugend

Goethe war in den »Venezianischen Epigrammen« längst über derart enge Sprachgrenzen hinausgeschritten. Er war sich seit der italienischen Reise seiner Sprache und ihrer Wirkung völlig sicher und wohnte gleichsam im Sprachvertrauen. Sein Klopstock provozierendes Epigramm war nichts als ein Stoßseufzer der Langeweile, während er wieder einmal mit einem neuen Ton, diesmal dem des frechen Martial, experimentierte. Durch viele Formen war er seit den tändelnden Anfängen der »Leipziger Witzkultur« geschritten und hatte sich am Reichtum der Töne, der Klänge und der Melodien versucht, welche die europäische und die weitgehend unverbrauchte deutsche Sprachtradition zu bieten hatte. Seit ihn, bei der Rückkehr aus Leipzig, pietistische Ärzte vom Blutsturz (von einer offenen Lungentuberkulose wird gesprochen) geheilt hatten, ist ihm das pietistische Mutteridiom nicht mehr entglitten, auch wenn die religiösen Töne nur auf wenige frühe Jahre, zwischen 1768 und 1770, begrenzt waren.[49] An seinen Freund Ernst Theodor Langer schrieb er, verfangen in den innigen Ton der pietistischen Bekenntnisbriefe, am 17. Januar 1769:

»Immer Schwäche im Glauben. Petrus war auch in unserm Gusto, ein rechtschaffener Mann, biss auf die Furchtsamkeit. Hätte er fest geglaubt der Jesus habe Macht über Himmel Erde und Meer, er wäre über's Meer trocknen Fusses gewandelt, sein Zweifel machte ihn sincken. Sehen Sie lieber Langer, es steht kurios mit uns: Mich hat der Heiland endlich erhascht, ich lief ihm zu lang und zu geschwind, da kriegt er mich bey den Haaren. Ihnen jagt er gewiss auch nach, und ich wills erleben dass er Sie einhohlt, für die Art nur möchte ich nicht gut sagen. Ich binn manchmal hübsch ruhig darüber, manchmal wenn ich stille ganz stille binn, und alles Gute fühle was aus der ewigen Quelle auf mich geflossen ist.«[50]

Das ist der empfindsame Sprachton aus der Mitte des Frankfurter Pietismus, dem Goethes Mutter innig zugetan war. Aus dem Vorrat der mystisch-pietistischen Wasserbilder, die nicht nur die Wasser der Trübsal, sondern auch die der Erlösung von brennender Sehnsucht in sich selbst anzeigen, hat der junge Goethe mit beiden Händen geschöpft. »Meine kleinen Abentheuer, sind ietzo wie Regentropfen in einem Teich, und ich binn auch nicht bewegter als ein Teich bey einem stillen Abend Regen«, schrieb er aus Straßburg an Langer am 29. April 1770.[51] Wortschatz und Spiritualität pietistischen Sprechens hat Goethe zeitlebens respektiert und sich auch bei groben, kirchen- und christentumskritischen Ausfällen später an pietistischen Texten nicht vergriffen.

Der Geniekult, der sich einer Art von Jugendsprache bediente, ist von dieser spontanen, oft auch grobianischen, um Grammatik und Syntax recht unbekümmerten, mit Ausrufen und Zwischenrufen gesprenkelten Sprache nicht weit entfernt. Als Superintendenten suchte Goethe, als er 1775 in Weimar angekommen war und sich zum Bleiben entschlossen hatte, seinen Freund Johann Gottfried Herder nachzuziehen. Die Widerstände in der kleinen Residenzstadt waren zunächst heftig. Auch in Weimar gab es natürlich eine eingesessene Führungsschicht, die sich in ihren Besitzständen bedroht fühlte und mit Ingrimm vermerkte, wie der junge Regent ganz dem Einfluß seines ebenso jungen Beraters zu erliegen drohte. »Lieber Bruder«, schrieb Goethe an Herder am 15. Januar 1776 in diesem Zusammenhang, »wir habens von ieher mit den Scheiskerlen verdorben, und die Scheiskerle sizzen überall auf dem Fasse. Der Herzog will und wünscht dich, aber alles ist hier gegen dich.« Die »Scheiskerle«, das waren die Vertreter der rationalistischen Theologie und der protestantischen Orthodoxie, jene nach dem Gießener Theologen Carl Friedrich Bahrdt von Goethe »Bahrdte« genannten Prediger, die das ganze Geschlecht der Theologen bei dem Herzog »stinkend« gemacht haben.⁵² So ist am 6. März 1776 in einem Brief an Lavater, der auch zur Bruderschaft derer gezählt wird, die es mit den »Scheiskerlen« von jeher verdorben haben, über Goethes eigenen Zustand zu lesen: »Lieber Bruder sey nur ruhig um mich, und ermatte dich nicht Müdling ohne Noth [...]. Ich bin nun ganz eingeschifft auf der Woge der Welt – voll entschlossen: zu entdecken, gewinnen, streiten, scheitern, oder mich mit aller Ladung in die Lufft zu sprengen.«⁵³

Zu dieser Zeit war Goethe als der Autor der »Leiden des jungen Werthers« bereits weltberühmt. Dieser Werther aber hatte sich ja tatsächlich auf der Woge der Welt mit aller Ladung in die Luft gesprengt. Er hatte für die höchste Lust, die er sich zu bereiten suchte, für die Liebe und Hingabe Lottes, der Braut eines anderen, auch den höchsten Einsatz gewagt, sein eigenes Leben – und es verloren.⁵⁴ Die empfindsame Herzenssprache dieses Werther hatte auf die Jugend Europas hysterisierend gewirkt. Es war die Sprache der Einheit von Ich und Natur, von leidenschaftlichem Handeln und ebenso leidenschaftlicher Reue, von einer in der Lektüre des Homer, des Ossian und Klopstocks nach mythisch-poetischen Urbildern der Empfindung fahndenden Seelensprache des Individuums, das in dieser Sprache literarisch erst erfunden wurde:

»Mein Freund, wenn's denn um meine Augen dämmert, und die Welt um mich her und Himmel ganz in meiner Seele ruht, wie die Gestalt einer Geliebten; dann sehn ich mich oft und denke: ach könntest du das wieder ausdrücken, könntest dem Papier das einhauchen, was so voll, so warm in dir lebt, daß es würde der Spiegel deiner Seele, wie deine Seele ist der Spiegel des unendlichen Gottes.«[55]

Ein solcher, von Kraft und Autorität und Popularität strotzender junger Autor traf in Weimar auf die sieben Jahre ältere Hofdame der Herzoginmutter Anna Amalia, Charlotte von Stein, und wurde mit ihr und durch sie sogleich eingesponnen in das Denken und die Lebenshaltung des Weimarer Platonismus. Dieser hat ihn zwar zehn Jahre später auf die Flucht nach Italien getrieben, doch hat Goethe ihm einen so unerhörten lyrischen Ton abgewonnen, daß darin noch nach mehr als 200 Jahren die Urszene der Liebe zu erkennen ist. Auf den 14. April 1776 hat Goethe ein Gedicht an Charlotte von Stein datiert, welches mit der an das Schicksal gerichteten Frage beginnt: »Warum gabst du uns die Tiefen Blicke« und in der Goethe-Philologie als das Anamnesis-Gedicht bekannt geworden ist. Goethe hat Charlotte von Stein um eine Abschrift des Gedichtes gebeten, aber sie offenkundig nicht erhalten, denn erst 1848 wurde es aus dem Nachlaß von Charlotte von Stein erstmals ediert. Es beschreibt jenes Gefühl des ersten Weimarer Jahrzehnts, in dem sich Goethe durch diese Frau wie von einem Schwimmgürtel in den Strudeln des Hoflebens über Wasser gehalten fühlte: »Die Stein hält mich wie ein Korkwams über Wasser, daß ich mich auch mit Willen nicht ersäufen könnte.«[56] In diesen Jahren hat die ruhige und charmante, aber auch willensstarke Frau aus dem jungen, ungebärdigen Poeten einen Kavalier erzogen, der sich auch in den Intrigen und Gefahren des Lebens bei Hofe zu benehmen und zu erhalten wußte. Doch »bei aller gebotenen Aufmerksamkeit auf die biographisch-psychologischen Bezüge, die zum Verständnis des Gedichtes unentbehrlich sind, darf nicht aus dem Blickfeld geraten, daß es sich um eines von Goethes lyrischen Wundergebilden in literarisch eher dürftiger Zeit handelt. Faszinierend der Fließrhythmus der trochäischen Verse, zur Stilanalyse einladend der Ton, der das Gefühl lösen will von der Bindung an das eigene Ich und seinen Erlebnis-Augenblick, ihm ›Tiefe‹ erschließen will durch den Verzicht auf unmittelbare Glücksprätentionen«.[57] In diesem Gedicht hat Goethe seine Liebe und jede Liebe in der Ambivalenz von Ferne und Nähe, von Vertrautheit und Fremdheit, von Vorbewußtsein und Trennungserfahrung beschrieben. Erinnerung (anamnesis) und Gedächtnis sind dabei eine Spur, die über historische Zeit hinausführt und Geschichte damit durchsichtig macht auf mythische Ursprünge. Diese Ursprünge sind (gut platonisch) vorgestellt als eine im Gedächtnis der Menschheit aufbewahrte Ideenwelt, die im Bewußtsein, in der Einbildungskraft hell, in der Erscheinungswelt nur schattenhaft und dämmernd gegenwärtig ist. Alle gegenwärtige Liebe ist dann Teil einer welt- und zeitumspannenden Liebesidee, sie hat als Erinnerung teil am platonischen Urmythos der Liebe. Danach bestand der ganze Mensch ursprünglich aus Mann und Frau. Doch wurde dieser Mensch dem Göttervater zu mächtig. So schnitt er ihn in zwei Hälften, die nun über die Erde wandern auf der Suche nach der anderen Hälfte des Lebens und des Liebens; und manchmal, in einem Augenblick des Glücks, findet diese Suche auch ihr Ziel:

»Warum gabst du uns die Tiefen Blicke
Unsre Zukunft ahndungsvoll zu schaun
Unsrer Liebe, unserm Erdenglücke
Wähnend selig nimmer hinzutraun?
Warum gabst uns Schicksal die Gefühle
Uns einander in das Herz zu sehn,
Um durch all die seltenen Gewühle
Unser wahr Verhältnis auszuspähn.

[...]

Glücklich den ein leerer Traum beschäftigt!
Glücklich dem die Ahndung eitel wär!

Jede Gegenwart und jeder Blick bekräftigt
Traum und Ahndung leider uns noch mehr.
Sag was will das Schicksal uns bereiten?
Sag wie band es uns so rein genau?
Ach du warst in abgelebten Zeiten
Meine Schwester oder meine Frau.

[...].«

Es scheint, als habe sich Charlotte von Stein diese Gleichsetzung von Schwester und Frau verbeten,[58] vielleicht doch in rechtem Verständnis des Textes, denn Goethe, der soeben (1775) das Hohe Lied Salomonis ins Deutsche übertragen hatte, kannte sehr wohl die »Schwester« dieser »herrlichsten Sammlung Liebeslieder, die Gott erschaffen hat«,[59] und Charlotte von Stein kannte oder fühlte die darin ausgesprochene, dringliche Bitte um körperliche Liebe auch. Die »Schwester« von Goethes Anamnesis-Gedicht hat kaum etwas mit Cornelia, seiner unglücklichen, leiblichen Schwester zu tun, sie ist vielmehr die Braut des Hohen Liedes, die Geliebte, die Schwester, vom Bräutigam mit Sehnsucht erwartet und umworben.[60] »Meine Schwester oder meine Frau« also heißt Geliebte und Ehefrau zugleich.

6. Antike in der Moderne – »Erotica Romana«

Goethe hat, als er 1786 in Italien sich selbst und ein neues Lebensgefühl entdeckte, den Namen der Stadt, in der ihm das geschehen ist, »Roma«, rückwärts buchstabiert und als »Amor« gelesen. Damit ist im Grunde gesagt, was ihn den Freunden in Weimar, was ihn vor allem von der einstmals geliebten Charlotte von Stein getrennt hat. Der Wandel, den Goethe in den italienischen Glücksjahren 1786 bis 1788 erfahren hat, die Entdeckung von Körperlichkeit und Sinnlichkeit, war für Charlotte von Stein bedrückend. Er hat den mit ihr gelebten Platonismus aus Goethes Werk verbannt und eine Lebensfremdheit zwischen Goethe und ihr begründet, die auch nach dem Tod von Christiane Vulpius nicht mehr gewichen ist. In Goethes Werk aber hat die Erfahrung des südlichen Himmels und der südlichen Erde einen wiederum völlig neuen Ton angeschlagen. Er resultiert aus dem Experiment, die Schönheit und die Lebenskraft der griechisch-römischen Antike in moderner Zeit wieder erstehen zu lassen. Die edle antike Göttergestalt, die für Goethe wie für den neu gewonnenen Freund Friedrich Schiller eine Gestalt *menschlicher* Vollkommenheit gewesen ist, sollte aus dem Atem der Antike in der Kunst des 18. Jahrhunderts wiedergeboren, den Marmorstatuen der Alten sollte gleichsam Leben und Atem eingehaucht werden. Mit dieser Entdeckung ging eine andere Entdeckung einher: die des Wechsels in den Sinneshierarchien. Lange Zeit war das Auge, das Sonnenorgan des Menschen, und damit das Sehen der leitende Sinn in der Sinnesausstattung des Menschen gewesen, nun verschiebt sich die Hierarchie in Richtung auf den Tastsinn. Spüren und Sehen stehen in Goethes »Erotica Romana«, entstanden in den ersten Jahren des Zusammenlebens mit Christiane Vulpius, gleichberechtigt nebeneinander. Das ist es, was Charlotte von Stein meinte, wenn sie sagte, Goethe sei »sinnlich« geworden. Er hat – gerade in der körperlichen Liebesbeziehung – einen dem Auge zumindest gleichgeordneten Sinn, den Tastsinn entdeckt.[61] Mit diesen beiden, sprachlich chiastisch einander zugeordneten Sinnen ist der menschliche Körper zu entdecken, entsteht aus der liebenden Entdeckung des Körpers auch die Entdeckung des künstlerisch gestalteten Marmors, entstehen Kunstsinn und Kunstverstand. Und mit einem Mal ist die Elegie kein Trauergesang mehr, sondern ein antikes Liebeslied in neuer Zeit:

»Froh empfind' ich mich nun auf klassischem Boden begeistert.
Lauter und reizender spricht Vorwelt und Mitwelt zu mir.

> Ich befolge den Rat durchblättre die Werke der Alten
> Mit geschäftiger Hand täglich mit neuem Genuß.
> Aber ich habe des Nachts die Hände gerne wo anders
> Wird ich auch halb nur gelehrt, bin ich doch doppelt vergnügt.
> Und belehr ich mich nicht, wenn ich des lieblichen Busens
> Formen spähe, die Hand leite die Hüften hinab.
> Dann versteh ich erst recht den Marmor, ich denk und vergleiche,
> Sehe mit fühlendem Aug, fühle mit sehender Hand. [...]«[62]

Goethes Absage an die Töne der Jugend könnte kaum deutlicher sein als in den »Erotica Romana«. In deren reflektiert-sinnenfrohen Ton mischt er, in der handschriftlichen Fassung, das Nachdenken über den Ruhm und die Sprache der Jugend, die ihm anhaftet, als habe er nie anderes geschrieben und gedichtet. Was in der Druckfassung den schönen Damen und Herren »der feineren Welt« angelastet wird, der Klatsch über Herkunft und Familie, das politische Gespräch und das Nachplappern verbreiteter Meinungen, wird in der handschriftlichen Fassung noch ganz auf »Die Leiden des jungen Werthers« und den Voyeurismus bezogen, mit dem dessen Autor zeitlebens (und weit darüber hinaus) konfrontiert war. Am eigenen Leibe hat dieses elegische Ich erfahren, was es heißt, von »Meinungen« und »Ansichten« verfolgt zu sein, zwecklos nach Dingen befragt zu werden, die in der Zeitung standen, die nur aus der »Meldung« ihr papierenes Leben erhielten und die Kunst auf nichts als die Neugier an der lebensweltlichen Sensation reduzierten:

> »Frage nun wen ihr auch wollt mich werdet ihr nimmer erreichen
> Schöne Damen und ihr Herren der feineren Welt!
> Ob denn auch Werther gelebt? Ob denn auch alles fein wahr sei?
> Welche Stadt sich mit Recht Lottens der Einzigen rühmt?
> Ach wie hab ich so oft die törigten Blätter verwünschet,
> Die mein jugendlich Leid unter die Menschen gebracht.

Wäre Werther mein Bruder gewesen, ich hätt ihn erschlagen,
Kaum verfolgte mich so rächend sein trauriger Geist. [...]«[63]

Ob sich dieser Ausbruch nun auf die Liebschaft mit der »ungelehrten« Christiane aus der »Weimarer Armut« bezieht oder auf nur vermutete Liebesabenteuer in Italien, deutlich ist die Ablehnung der einstmals so engen Verbindung von Genuß und Reue, von Leidenschaft und Selbstzüchtigung. Jetzt bekennt sich einer, der einst den Werther gegeben hatte, zur Nacktheit des Leibes, zum frohen Sinnengenuß, der Rhythmus seines Verses ist der Rhythmus des Liebesvollzugs:

»Uns ergötzen die Freuden des echten nacketen Amors
Und des geschaukelten Betts lieblicher knarrender Ton.«[64]

Goethe war sich sehr wohl bewußt, welchen Skandal solche Verse im kleinstädtisch dominierten Deutschland auslösen mußten. Er hat sich im Gespräch mit dem auf Dezenz bedachten Schiller auf die bändigende Kraft der antiken Versform berufen und sie später (am Beginn des viktorianischen Zeitalters europäischer Literatur) sogar einem Grenzbereich der Kunst zugeordnet, der nur wegen der antiken Form nicht überschritten wurde. »Sie haben Recht«, soll er am 25. Februar 1824 zu Eckermann gesagt haben, »es liegen in den verschiedenen poetischen Formen geheimnisvolle große Wirkungen. Wenn man den Inhalt meiner Römischen Elegien in den Ton und die Versart von Byrons Don Juan übertragen wollte, so müßte sich das Gesagte ganz verrucht ausnehmen.«[65] Nachdem Goethe die Dreizehnte Elegie schon im Juli 1791 vorab zum Druck gegeben hatte,[66] reifte der Plan eines Gesamtdruckes erst in der Freundschaft mit Schiller. Der Erstdruck der »Römischen Elegien« erschien Ende Juni 1795 im Sechsten Stück der von Schiller herausgegebenen Zeitschrift »Die Horen«, zusammen mit dem Schluß von dessen »Über die ästhetische

Erziehung des Menschen in einer Reihe von Briefen«. Als einen »Centauer« haben Goethe und Schiller deshalb dieses Heft der Zeitschrift bezeichnet, obwohl Schillers Bekenntnis zum »ästhetischen Staat« nicht weniger skandalträchtig war als Goethes Konfession eines arkadischen Körpergefühls. Frau von Stein hat auf den »sonderbaren Kontrast hingewiesen, den »Schillers ernsthafte ›Briefe‹ neben den leichtfertigen ›Elegien‹« machten.[67] Die Zeitgenossen Goethes jedenfalls haben sich mehr über die Elegien entrüstet als über Schillers Zueinanderordnung von Freiheit und Schönheit, obwohl beide Texte (die Elegien und die »Ästhetischen Briefe«) zusammen ein Reich des Schönen begründeten, das der realen Welt als eine neue Wirklichkeit gegenübertrat und mit der (von Hans-Georg Gadamer so genannten) »Autonomisierung des ästhetischen Bewußtseins« den Prozeß der Modernisierung in Deutschland mächtig angetrieben hat.

Auch und gerade in Weimar spalteten sich nun die Gemüter in Zustimmung und Ablehnung, wobei die Partei der Gegner dieser Art von Poesie, wie sie in Goethes »Römischen Elegien« erschien, von Herder und Charlotte von Stein angeführt wurde. Auch der Herzog meinte gegenüber Schiller seinen Bedenken so deutlich Ausdruck geben zu müssen, daß die Stadt und die Öffentlichkeit davon erfuhr.[68] Der skandalträchtige Punkt schien den Gegnern der zu sein, daß in den Elegien ein »Ich« auftrat, das zu sehr mit dem des Autors übereinstimmte, als daß dies übersehen werden konnte. Schiller, der das ganze Textcorpus kannte und demnach wußte, welche Opfer Goethe durch die Streichung einzelner Stücke dem Zeitgeschmack gebracht hatte, hat die von ihm gedruckte Sammlung durch die Schönheit der Form gerechtfertigt, die sich mit den antiken Vorbildern durchaus messen konnte. An Friedrich Christian von Augustenburg schrieb er, daß er durch die Elegien »zwar eine konventionelle, aber nicht die wahre und natürliche Dezenz dadurch verletzt glaube«. Schon in diesem Brief kündigte er den Text an, der unter der Überschrift »Die sentimentalischen Dichter« im 12. Stück der »Horen« (noch 1795) sein »Glaubensbekenntnis« darüber ablegte, »was dem Dichter in Rücksicht auf das Anständige erlaubt und nicht erlaubt ist«. Charlotte von Stein aber traf den auch sie selbst empfindlich berührenden Punkt in Goethes Elegien, den (von Schiller verteidigten) Bezug auf den Autor. An Charlotte Schiller schrieb sie am 27. Juli 1795, daß sie diese Elegien durchaus für schön halte, »sie tun mir aber nicht wohl. Wenn Wieland üppige Schilderungen machte, so lief es doch zuletzt auf Moral hinaus, oder er verband es mit Ridicules – soviel ich davon gelesen habe. Auch schrieb er diese Szenen nicht von sich selbst.« Nur der Sechsten Elegie wollte sie ein »innigeres Gefühl« zugestehen, vielleicht, weil sie dort (in den Worten der Geliebten an den eifersüchtigen Mann) jene Reflexion der Treue und des Verrats der Männer an den Frauen fand, der sie selbst in ihrem Verhältnis zu Goethe damals nachgedacht hat:

> »Geh! ihr seid der Frauen nicht wert! wir tragen die Kinder
> Unter dem Herzen, und so tragen die Treue wir auch;
> Aber ihr Männer ihr schüttet, mit eurer Kraft und Begierde,
> Auch die Liebe zugleich in den Umarmungen aus!«[69]

Im gleichen Brief an Charlotte Schiller überliefert Frau von Stein auch ein aufschlußreiches Gespräch Herders mit der Herzogin über die Elegien, in dem Herder gesagt habe, »Goethe sei in Italien sehr sinnlich geworden, ihn aber habe es daselbst angeekelt«.[70] Damit ist in einem Satz zusammengefaßt, was den Unterschied zwischen Goethes und Herders Italienerlebnis ausmacht. Goethe hat sich in Italien (in Rom) als einen sinnenfrohen und naturnahen Heiden entdeckt, Herder, der durch einen Zufall wenige Monate nach Goethes Rückkehr aus Italien ebenfalls dorthin reisen konnte, hat sich dort als einen protestantischen Menschen des Nordens entdeckt. »Göthe spricht über Rom, wie ein Kind, u. hat auch wie ein Kind, freilich mit aller *Eigenheit*, hier gelebet«, schrieb Herder an seine Frau am 4. November 1788 aus Rom. »Ich bin nicht G[oethe], ich habe auf *meinem* Lebenswege nie nach seinen Maximen handeln können; also kann ichs auch in Rom nicht.«[71] So ist an den unterschiedlichen Reiseerfahrungen, wie an deren Folgetexten, eine gravierende »Generationenwende«[72] innerhalb des Vernunftzeitalters zu erkennen. Goethes Elegien wurden zum »Probierstein« dieser Wende. Die Romantiker haben dem offenkundigen Geschmacksbruch in der Aufhebung der Grenze zwischen Kunst und Leben zugejubelt, Herder, Jean Paul, Wieland und Charlotte von Stein haben am »ethischen Primat der Aufklärungsästhetik« festgehalten und sich der kantianischen Formel vom »interesselosen Wohlgefallen« nicht gefügt.[73] Welcher Partei die Zukunft gehörte, scheint erst zweifelhaft, seit der von Goethe gestiftete Mythos des heiteren, sinnenfrohen Südens und des dunklen, sinnenfeindlichen Nordens ins Wanken geraten ist.

7. Verzweiflung – »Elegie. September 1823«

In Goethes Werk erscheint ein einmal verklungener Ton kein zweites Mal, ganz im Gegensatz zum Œuvre deutscher Romantiker, die dem immer gleichen verzweifelten Lebenston in immer neuem Anlauf andere und feinere Nuancen abzugewinnen suchten. Auch der Ton der Verzweiflung erscheint in Goethes Werk, das, aufs Ganze gesehen, ein Werk des Sprachvertrauens und des Lebenszutrauens ist, nur ein einziges Mal: in der Marienbader Elegie. Damals (1823) hat sich der vierundsiebzigjährige Goethe, kaum von einem Herzinfarkt genesen, zum letzten Mal verliebt; in die 19 Jahre alte Ulrike von Levetzow, deren (kluge) Mutter die Werbung des Großherzogs Carl August für den Freund zwar unbestimmt, aber für die Beteiligten doch kenntlich abgewiesen hat. In diesem Gedicht ist es, als reiße die Saite eines lange gespielten Instrumentes inmitten der Melodie, als breche das Bewußtsein eines unwiderruflichen Endes ein in die nochmals, diesmal vergeblich gesuchte Illusion des irdischen Glücks. In großer innerer Bewegung hat der Autor, auf der Rückreise von der letzten Begegnung mit Ulrike in Karlsbad, die ersten, vom Rütteln des Reisewagens gekennzeichneten Bleistiftentwürfe einer Elegie niedergeschrieben, deren sorgfältige Reinschrift er dann in rotes Maroquinleder hat binden lassen und in eine eigens gefertigte, mit blauem Papier überzogene Mappe gelegt hat, auf der in goldenen Lettern steht: »Elegie. September 1823.«[74]

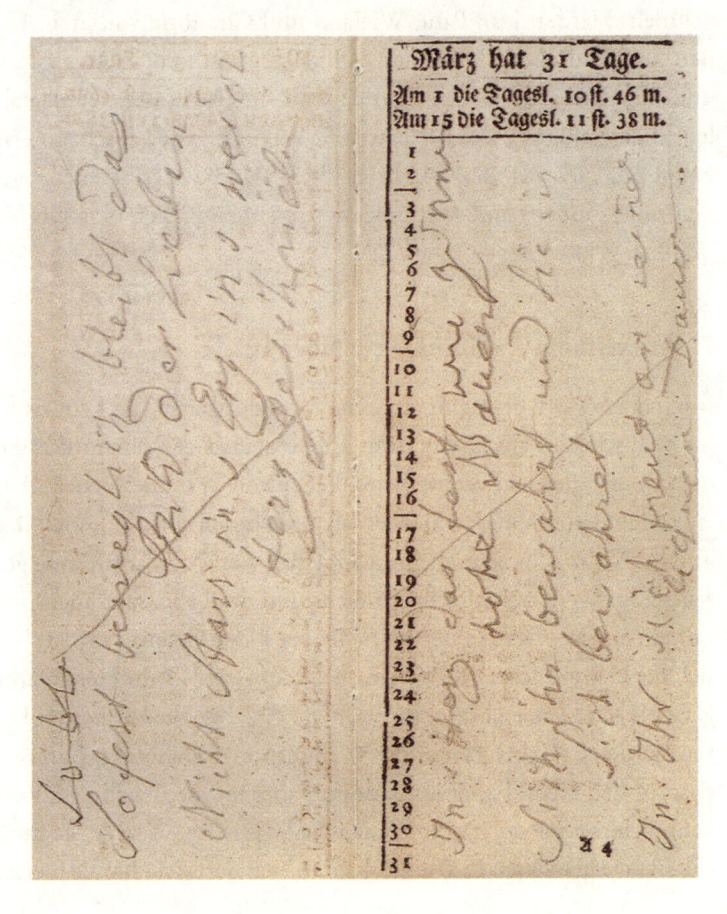

Das ist Goethes markante und markierende Titelgebung an Wendepunkten seines Lebens und Liebens. So hatte er im Erstdruck der (späteren) Nummer XIV der »Römischen Elegien« einst *seine* Lebensrevolution gekennzeichnet mit der Überschrift »Elegie. Rom 1789«; die Langeweile des ausgehenden Jahrhunderts hatte er in den »Venezianischen Epigrammen« gekennzeichnet, die er »Epigramme. Venedig 1790« überschrieb; so kennzeichnet er nun die letzte Liebe seines langen, zu Ende gehenden Lebens: »Elegie. September 1823«. Im November 1823, wenige Wochen nach Abschluß dieser Reinschrift, erlitt Goethe einen zweiten Herzinfarkt, von dem er sich nur langsam nochmals erholte. So ist dieser große Text von Schmerzen gleichsam umrahmt, die Auseinandersetzungen mit dem Sohn und der Schwiegertochter um die von diesen befürchtete neue Ehe des Vaters nicht mitgerechnet.

Schon in den ersten Entwürfen sind die berühmten Verse enthalten: »So sahst du sie im frohen Tanze walten / Die lieblichste der lieblichen Gestalten«.[75] Wie ein Wolkengebilde am blauen Himmel, leicht und duftig, rasch zerrinnend zieht das Bild der Geliebten vorüber. Strophe um Strophe spricht vom Traum des irdischen Glücks, vom verlorenen und immer wieder zu gewinnenden Paradies, doch dann – nach einem energischen Querstrich – stellt dieses Ich sich der Realität:

»Verlasst mich hier, getreue Weggenossen!
Lasst mich allein am Fels in Moor und Moos;
Nur immer zu! euch ist die Welt erschlossen,
Die Erde weit, der Himmel hehr und gros;
Betrachtet, forscht, die Einzelheiten sammelt,
Naturgeheimnis werde nachgestammelt –

Mir ist das All, ich bin mir selbst verlohren,
Der ich noch erst der Götter Liebling war

Sie prüften mich, verliehen mir Pandoren,
So reich an Gütern, reicher an Gefahr;
Sie drängten mich zum gabensel'gen Munde,
Sie trennen mich und richten mich zu Grunde.«[76]

Dieses Gedicht also endet anders als alle Träume von irdischen Paradiesen vorher. Hier ist die Zukunft dunkel, von den Schatten des unausweichlichen Todes umhüllt. Was nützen alle Entwürfe irdischer Paradiese, wenn ich, der ich in diesem Paradiese wohnen sollte, nicht mehr bin, sie zu erfahren? Was nützen Schönheit, Liebe, Friede, Glück, wenn es mein Ich nicht mehr gibt, sie zu erleben? Bernd Witte hat darauf hingewiesen, daß schon die leichte Veränderung des aus »Tasso« entnommenen Mottos (der Reinschrift) auf den letzten Lebensschmerz des Dichters verweist. Er »rettet sich nicht mehr dadurch, daß er ausspricht, wie er leidet, sondern dem Dichter selbst steht jetzt das Ende des Lebens vor Augen. Die *Elegie* sagt, *was* er leidet: den Tod«.[77] Die beiden Schlußstrophen der Marienbader Elegie also sind Goethes Absage an die klassisch-romantische Geschichtsutopie, sie sind Ausdruck der bitteren, den alten Dichter blitzartig überfallenden Erkenntnis, daß letztlich auch die Poesie dem Tode nicht widerstehen kann. Die lebenslang gültige, gnädige Illusionierung des Todes, welche die Poesie schenkt, ist selbst eine Illusion. Die Marienbader Elegie endet mit einer Durchbrechung der Illusion, sie ist im vorherrschenden Ton der Verzweiflung: Elegie pur.

8. Sprachzweifel und Sprachvertrauen

Der große Versuch des mit Klopstock und Lessing beginnenden Kunstzeitalters, einen neuen Sinnhorizont in Poesie, Sprache und Kunst um die zerfallenden Weltbilder zu ziehen, nachdem Philosophie und Theologie auch in ihren letzten universalen Systemen gegenüber dem mächtig andrängenden Erfahrungswissen versagt hatten, endet in den dreißiger Jahren des 19. Jahrhunderts mit dem Erschrecken vor der zwecklosen Fülle der angehäuften Fakten. Nun erschien das Entsetzen vor der nicht mehr zu bändigenden Fülle des Wissens zugleich mit dem Ekel einer idealistisch überzüchteten Sprache, die durch klassizistische und romantische Experimente so differenziert worden war, daß sie »allverfügbar« schien, daß ihr Wohlklang und ihre Versmelodie in Lüge und Verschleierung der Lebenswirklichkeiten übergingen. Nun trennte sich die Literatursprache von der Sprache des Alltags so weit wie niemals zuvor, nun traten die Spötter und die Zweifler auf, welche die Zeitalter des Überflusses und der Fülle stets abzuschließen pflegen. Am Ende dieses Kunstzeitalters, das die von Goethes Sprache dominierte Epoche war, trat der Spötter Heinrich Heine auf, der nach einem bösen Wort seines Intimfeindes Karl Kraus »der deutschen Sprache so sehr das Mieder gelockert hat, daß heute alle Kommis an ihren Brüsten fingern können«.[78] Nun erschien der Melancholiker Georg Büchner, der in seinen dramatischen Visionen an den Worten der politisch-sozialen Sprache den Leichengeruch der Despotie wahrzunehmen meinte. Nun verfiel (seit etwa 1815) auch der klangreichste Lyriker deutscher Sprache, Clemens Brentano, dem radikalen Zweifel am lyrischen Sprechen, an Reim und Vers. Ihm erschien, nach einer Beobachtung Rudolf Alexander Schröders, die Sprache wie eine treulose Geliebte, die er öffentlich eine Dirne schalt, um sie heimlich zu liebkosen. Die Dirnengedichte Brentanos, welche die poetische Experimentierlust des mit den »Römischen Elegien« Goethes beginnenden Zeitalters ebenso meinen wie die erotisierten Menschenversuche, haben einen in deutscher Sprache bis dahin nie gehörten Ton der Sprachverzweiflung geschaffen, der dann zu hören ist, wenn Gedichte wie das folgende aus dem biographischen Zusammenhang (von Brentanos Kämpfen mit seiner zweiten Frau Auguste Bußmann) gelöst werden:

»Wohlan! so bin ich deiner los,
Du freches lüderliches Weib!
Fluch über deinen sündenvollen Schoß
Fluch über deinen feilen geilen Leib,
Fluch über deine lüderlichen Brüste
Von Zucht und Wahrheit leer,
Von Schand' und Lügen schwer,
Ein schmutzig Kissen aller eklen Lüste
Fluch über jede tote Stunde
Die ich an deinem lügenvollen Munde,
In ekelhafter Küsse Rausch vollbracht [...]«[79]

An dieser Stelle hat sich Goethe von seinen romantischen Schülern getrennt, den Sprachskeptikern und den Verzweifelten an der Sprache hat er sich nicht angeschlossen. Er fand in der Begegnung mit östlicher, mit persischer und chinesischer Poesie nicht nur neue und reizvolle, dem Abendland noch unbekannte Töne, sondern auch ein Sprachverständnis, das politische Katastrophen und Menschheitskatastrophen großen Ausmaßes überstanden und überwunden hatte. Dieses Sprachverständnis endet nicht in Verzweiflung und Verfluchung. Es konnte transzendiert werden, weil es dem Gedanken nachhing, daß den Menschen vielleicht auch nach dem Tode des Ich noch Sprache erwarten könnte, da der Mensch nur Mensch ist, weil er sprechen kann. Daß der Gott des Judentums und des Christentums ein Gott ist, mit dem zu reden ist, hat schon Abraham, der Stifter der monotheistischen Religionen, erfahren, und die Schriften des Alten Testamentes gehörten auch zur Alterslektüre Goethes. Ohne Sprache ist vielleicht nicht einmal das Paradies zu denken. So hat Goethe in das »Buch des Paradieses« im »West-östlichen Divan« (Erstdruck 1819) ein Gedicht des Sprachvertrauens aufgenommen, in dem die deutsche Sprache, wie alle nationalen Dialekte der Ursprache, nur eines der Idiome ist, die stammelnd Paradiesesworte nachzuahmen vermögen. Die Seligkeit aber, dort, wo sie zu genießen ist, scheint auch davon bestimmt zu sein, daß sich alle Sprachen im Dialekt des Göttlichen so lösen, wie sich das Ich, in seinen Ursprung zurückgekehrt, auflöst im Anschaun der Gottheit. Wo nicht mehr der Mensch zum Menschen die Sprache der Liebe spricht, sondern sich Mensch und Engel begegnen, gilt eine andere Grammatik als auf Erden. Durch sie wird gelehrt, daß sich nicht mehr die unvollkommenen Bezeichnungen der Dinge reimen, sondern die hinter den Dingen liegenden Wesenheiten, daß das Bezeichnete selbst zu deklinieren ist:

»Daß wir solche Dinge lehren
Möge man uns nicht bestrafen:
Wie das alles zu erklären
Dürft ihr euer Tiefstes fragen.

Und so werdet ihr vernehmen
Daß der Mensch, mit sich zufrieden,
Gern sein Ich gerettet sähe,
So dadroben wie hienieden.

Und mein liebes Ich bedürfte
Mancherlei Bequemlichkeiten,
Freuden wie ich hier sie schlürfte
Wünscht' ich auch für ew'ge Zeiten.

So gefallen schöne Gärten
Blum und Frucht und hübsche Kinder,
Die uns allen hier gefielen,
Auch verjüngtem Greis nicht minder.

Und so möcht' ich alle Freunde,
Jung und alt in eins versammlen,

Gar zu gern in deutscher Sprache
Paradieseswortc stammlen.

Doch man horcht nun Dialekten
Wie sich Mensch und Engel kosen,
Der Grammatik, der versteckten,
Deklinierend Mohn und Rosen. [...]«[80]

Dann also, wenn sich alle Sprachen des Menschen, die Sprachen der Worte ebenso wie die der Gesten, in den himmlischen Dialekt der Seligkeit gelöst haben, unterscheiden sich Sprachen und Dialekte nur noch voneinander wie das Rot des Mohnes vom Rot der Rose. Dieses Rot, die Purpurfarbe, enthält für Goethe alle anderen Farben in sich, alle tatsächlichen und alle möglichen Farben und Farbmischungen. In dieses Rot, das einen Eindruck von Ernst und Würde gibt, »kann sich die Würde des Alters und die Liebenswürdigkeit der Jugend [...] kleiden«, dieser »Farbeton« ist für Goethe gar ein irdischer Vorklang der Seligkeit und müßte »über Erd' und Himmel am Tage des Gerichts ausgebreitet sein«.[81] Selbst das Jüngste Gericht schien diesem Dichter des Sprachvertrauens ästhetisch verklärt, in der Purpurfarbe seiner Dämmerung sah er ein Fanal der Hoffnung.

---

1 Thomas Mann: Goethe als Repräsentant des bürgerlichen Zeitalters. In: Hans Bürgin (Hg.): Thomas Mann: Schriften und Reden zur Literatur, Kunst und Philosophie. Bd. 2. Frankfurt am Main 1968, S. 76. Das folgende Zitat ebd.
2 Neugebauer Verlag 1993.
3 Rafik Schami und Uwe-Michael Gutzschhahn: Der geheime Bericht über den Dichter Goethe, der eine Prüfung auf einer arabischen Insel bestand. München und Wien 1999. Vierte Auflage der Taschenbuch-Ausgabe (bei dtv) 2004.
4 So ist z.B. Bettine von Arnims Bericht über Goethes Geburt plastischer, lebensnäher und besser erzählt als seine dramatisierte Nacherzählung in Wald-

traut Lewins Jugendbuch »Goethe« (München 2004). Vor allem in der Sprachkultur, aber auch in der gelungenen Mischung aus Text und Bild unterscheiden sich die Bücher der Reihe »Weltliteratur für Kinder« im Kindermann-Verlag (Berlin) von solchen Jugendbüchern. Goethes Werk und Leben sind für Kinder offenkundig leichter zu übersetzen als für Jugendliche. – Eine anregende und aufregende Ausstellung über »Goethe und Schiller für Kinder« hat von Dezember 2004 bis Februar 2005 das Freie Deutsche Hochstift in Frankfurt am Main veranstaltet. Der im Begleitbuch (Frankfurt am Main 2004, S. 15–57) gedruckte Überblick von Joachim Seng und Marlene Zöhrer »Goethe und Schiller für Kinder – ein Streifzug durch die Kinderbuchlandschaft vom 19. Jahrhundert bis zur Gegenwart« unterrichtet informativ und anschaulich über eine große Zahl von (meist illustrierten) Kinderbüchern zu den Weimarer Klassikern. Die Autoren fanden zwischen 1981 und 2004 mehr als 30 Veröffentlichungen von Goethe- und Schiller-Kinderbüchern, bei denen meist die Kurzweil die Langeweile überwiegt.

5 Eric Carle: Hello, Red Fox. Simon & Schuster Books for Young Readers. New York 1998.

6 Manfred Wenzel (Hg.): Johann Wolfgang Goethe: Zur Farbenlehre. Das gesamte Hauptwerk von 1810. Frankfurt am Main 1991, S. 1074 (Frankfurter Goethe-Ausgabe [FGA] 1. Abteilung: Sämtliche Werke Bd. 23/1).

7 Carle berichtet (in freier Adaptation) über die Nr. 52 in Goethes Darstellung der »Physiologischen Farben«, FGA 1. Abteilung Bd. 23/1, S. 46.

8 FGA 1. Abteilung Bd. 23/1, S. 982.

9 Ebd. S. 1084, Karl Ludwig von Knebel an Goethe am 10. August 1810.

10 Vgl. die etwas zaghafte Auseinandersetzung bei Schami/Gutzschhahn, S. 118–128. Vgl. aber bes. Werner Heisenbergs Auseinandersetzung mit Goethe (Wandlungen in den Grundlagen der Naturwissenschaft. 11. Auflage. Stuttgart 1980.) Wenn nämlich für Goethe jede Beobachtung vom Standpunkt des Beobachters abhängig gewesen ist, so ist ein (allerdings modern gebrochener) Einfluß seines Denkens auf Heisenberg nicht zu übersehen. Ich verweise auch auf Albrecht Schönes (viel kritisierten und trotzdem beachtlich neuen) Zugang zur Farbenlehre Goethes, die er eine Farben*theologie* nennt: »Gegen Newtons ›Opticks‹ hat seine Farbentheologie nichts ausgerichtet. Die Nachgeborenen aber, zur Naturzerstörung wie zur Selbstvernichtung fähig geworden, werden dieses tief befremdliche und anstößige Werk mit neuen Augen lesen müssen – als wäre es für sie geschrieben und enthielte im Irrtum eine unverhoffte Wahrheit.« (Goethes Farbentheologie. München 1987, S. 135).

11 Vgl. die nachgelassenen Epigramme »Café wollen wir trinken, mein Fremder!« und »Seid ihr ein Fremder, mein Herr?« Karl Eibl (Hg.): Johann Wolfgang Goethe: Gedichte 1756–1799. Frankfurt am Main 1987, S. 471 (FGA 1. Abteilung Bd. 1), Epigramme [36] und [37]. Venedig war der Umschlagplatz für den starken Mokka aus Alexandrien, der von der Lagunenstadt aus nach Westeuropa verkauft wurde. Goethe hat – ein besonderer Liebesbeweis – auf der ersten Italienischen Reise 1786 in Venedig, einer Stadt, in der 1647 das erste europäische Kaffee-Haus eröffnet worden war, ägyptischen Kaffee (»7 Pfund für einen Dukaten«) für Frau von Stein gekauft. Auch bei der Aufkündigung der Freundschaft (in Goethes Brief an Frau von Stein vom 1. Juni 1789) spielt der Kaffee bekanntlich eine Rolle. Vgl. Karl Eibl (Hg.): Johann Wolfgang Goethe: Italien – im Schatten der Revolution. Briefe, Tagebücher und Gespräche vom 3. September 1786 bis 12. Juni 1794. Frankfurt am Main 1991, S. 100 und 490 (FGA 2. Abteilung Bd. 3).
12 Vgl. FGA 1. Abteilung Bd. 1, S. 1132 f.
13 FGA 1. Abteilung Bd. 1, S. 458, Epigramm 74.
14 Vgl. z.B. FGA 1. Abteilung Bd. 1, S. 472, Epigramm [38]: »Gib mir statt ›Der Sch ...‹ ein ander Wort o Priapus / Denn ich Deutscher ich bin übel als Dichter geplagt. / Griechisch nennt ich dich phallos, das klänge doch prächtig den Ohren, / Und lateinisch ist auch mentula leidlich ein Wort. / Mentula käme von mens, der Sch... ist etwas von hinten, / Und nach hinten war mir niemals ein froher Genuß.«. Vgl. auch die Epigramme [40], [50]–[52] etc.
15 FGA 2. Abteilung Bd. 3, S. 419.
16 Sigrid Damm: Goethe und Christiane. Eine Recherche. Frankfurt am Main 1998, S. 122.
17 FGA 2. Abteilung Bd. 3, S. 426 f.
18 Damm, S. 118.
19 Dieses Gerücht teilt Caroline von Dachröden Wilhelm von Humboldt in einem Brief mit, in dem sie die Weimarer Schikanen gegen Goethe verurteilt. Vgl. Friedrich Sengle: Das Genie und sein Fürst. Die Geschichte der Lebensgemeinschaft Goethes mit dem Herzog Carl August von Sachsen-Weimar-Eisenach. Ein Beitrag zum Spätfeudalismus und zu einem vernachlässigten Thema der Goetheforschung. Stuttgart und Weimar 1993, S. 83, die folgenden Zitate ebd.; vgl. auch Damm, S. 134. Dort S. 122–140 eine anschauliche, aus den Quellen gearbeitete Schilderung der Vorgänge in Goethes und Christianes Leben 1789/90.
20 FGA 2. Abteilung Bd. 3, S. 420.

21 FGA 1. Abteilung Bd. 1, S. 456, Epigramm 59.
22 Ebd. S. 464, das letzte Epigramm im »Musenalmanach«.
23 Ebd. S. 449, 27. Epigramm.
24 Ebd. S. 449. Das Epigramm 33 ist auf eine ähnliche Sprachschelte gestimmt, es konnte von einem Dichter, der sich als Reformator der deutschen Sprache verstanden hat, noch verletzender empfunden werden als die Nr. 29.
25 Klaus Hurlebusch: Friedrich Gottlieb Klopstock: Epigramme. Text und Apparat. Berlin, New York 1982, S. 233 f.
26 Die Geschichte von Goethes kindlicher Begegnung mit Klopstocks »Messias« wird erzählt in »Dichtung und Wahrheit« 1. Teil, 2. Buch. Vgl. Klaus-Detlef Müller (Hg.): Johann Wolfgang Goethe: Aus meinem Leben. Dichtung und Wahrheit. Frankfurt am Main 1986, S. 89–92 (FGA 1. Abteilung Bd. 14).
27 Hurlebusch, S. 39, Epigramm 113.
28 Friedrich Gottlieb Klopstock: Zur Geschichte unserer Sprache. In: Karl August Schleiden (Hg.): Klopstock: Ausgewählte Werke. Nachwort von Friedrich Georg Jünger. München 1962, S. 968–970.
29 Vgl. Kosellecks Einleitung zu: Otto Brunner, Werner Conze, Reinhart Koselleck: Geschichtliche Grundbegriffe. Historisches Lexikon zur politisch-sozialen Sprache in Deutschland. Bd. 1. Stuttgart 1972, S. XV.
30 Ich folge hier der Diskurs-Definition von Adalbert Evers und Helga Novotny: Über den Umgang mit Unsicherheit. Die Entdeckung der Gestaltbarkeit von Gesellschaft. Frankfurt am Main 1987, S. 20 f. Zitiert bei: David Guggerli: Redeströme. Zur Elektrifizierung der Schweiz 1880–1914. Zürich 1996, S. 13.
31 Dorothea Kuhn (Hg.): Johann Wolfgang Goethe: Schriften zur Morphologie. FGA 1. Abteilung Bd. 24. Frankfurt am Main 1987, S. 887 f.
32 Alexander von Humboldt: Kosmos. Entwurf einer physischen Weltbeschreibung. Bd. 1. Stuttgart und Tübingen 1845, S. XIV f. Die »Vorrede«, der das vorliegende Zitat entstammt, ist unterschrieben »Potsdam im November 1844«.
33 Dorothea Kuhn in: FGA 1. Abteilung Bd. 24, S. 875. Vgl. dazu Goethes Bemerkung ebd. S. 408. Das folgende Zitat Dorothea Kuhns ebd. S. 879.
34 FGA 1. Abteilung Bd. 24, S. 944. Aus dem Kommentar Dorothea Kuhns zu Goethes »Versuch, die Metamorphose der Pflanzen zu erklären«.
35 FGA 1. Abteilung Bd. 1, S. 639.
36 FGA 1. Abteilung Bd. 24, S. 887.
37 Das Gedicht »Metamorphose der Tiere« ist zuerst 1820 erschienen, die

unterschiedlichen Versuche einer naturwissenschaftlichen Darstellung dieser Metamorphose wurden nicht vollendet.

38 »Die Metamorphose der Pflanzen«, FGA 1. Abteilung Bd. 1, S. 641.

39 Durs Grünbein: Die Lust, sich im Universum zu bewegen. In: Wolfgang Frühwald, Konrad Beyreuther, Johannes Dichgans, Durs Grünbein, Karl Kardinal Lehmann, Wolf Singer: Das Design des Menschen. Vom Wandel des Menschenbildes unter dem Einfluß der modernen Naturwissenschaft. Köln 2004, S. 306 f.

40 Franz Wieacker: Gründer und Bewahrer. Rechtslehrer der neueren deutschen Privatrechtsgeschichte. Göttingen 1959, S. 133. Jacob Grimm, Savignys Schüler und Freund, hat 1815 diesen Zusammenhang in einem programmatischen Aufsatz »Von der Poesie im Recht« erläutert (Zeitschrift für geschichtliche Rechtswissenschaft Bd. II, Heft 1, 1816) und noch Hans Magnus Enzensbergers Aufsatz über »Die Poesie der Wissenschaft« (in: ders.: Die Elixiere der Wissenschaft. Seitenblicke in Poesie und Prosa. Frankfurt am Main 2002, S. 261–276) steht (dem Autor vermutlich nicht bewußt) in dieser Tradition. Vgl. dazu Wolfgang Frühwald: »Von der Poesie im Recht«. Über die Brüder Grimm und die Rechtsauffassung der deutschen Romantik. In: Jahres- und Tagungsbericht der Görres-Gesellschaft 1986. Köln 1986, S. 40–60.

41 Goethe in vertraulichen Briefen seiner Zeitgenossen. Zusammengestellt von Wilhelm Bode. Bd. II 1794–1816. München 1982, S. 331. Brief vom 12. Oktober 1806.

42 Harald Weinrich: Sprachanekdoten um Karl V. In: ders.: Wege der Sprachkultur. Stuttgart 1985, S. 181–183. Daß man mit Pferden nicht befehlend und barsch umgehen darf, daß man ihnen im Gegenteil ins Ohr flüstern muß, wenn sie störrisch sind und nicht gehorchen wollen, hat mir Hans L. Merkle gesagt, der als ehemaliger Kavallerist Erfahrung mit Pferden hatte. In der vorliegenden Anekdote geht es also nicht um das reale Verhalten von Pferden, sondern um das unverständige Verhalten von Menschen und deren Wahrnehmung von Pferden.

43 Hans Dietrich Irmscher: Johann Gottfried Herder: Briefe zur Beförderung der Humanität. Frankfurt am Main 1991, S. 602 (Frankfurter Herder-Ausgabe Bd. 7).

44 Karl Pörnbacher, Gerhard Schaub, Hans-Joachim Simm und Edda Ziegler (Hgg.): Georg Büchner: Werke und Briefe. München 1988, S. 40.

45 Vgl. auch Wolfgang Kayser (Hg.): Goethes Werke. Bd. IV (Hamburger

Ausgabe). Hamburg 1958. 3. Auflage, S. 494 f. Dort auch der Hinweis, daß Friedrichs Urteil auf der Berliner Aufführung des »Götz« (vom 14. April 1774) beruhte. Gekürzt waren dabei der 3. und der 5. Akt. Die Fassung, die Goethe selbst 1804 in Weimar aufführen ließ, dauerte sechs Stunden.
46 Hartmut Reinhart (Hg.): Johann Wolfgang Goethe: Das erste Weimarer Jahrzehnt. Briefe, Tagebücher und Gespräche vom 7. November 1775 bis 2. September 1786. Frankfurt am Main 1997, S. 357 (FGA 2. Abteilung Bd. 2). Theodor Schieder hat in seinem letzten Aufsatz (in: Otto Dann [Hg.]: Nationalismus in vorindustrieller Zeit. München 1986, S. 113–127) gefragt, ob »Friedrich der Große – eine Integrationsfigur des deutschen Nationalbewußtseins im 18. Jahrhundert« sei und dabei auch die Schrift »De la littérature allemande« behandelt. Darin verweist er u.a. auf die Diskrepanz zwischen der tatsächlichen Leistung der deutschen Autoren und Friedrichs Wahrnehmung dieser Leistung.
47 Erich Kästner selbst hat sich zeitlebens auf seine Dissertation berufen, wenn es darum ging, das Bild der Deutschen von »Friedrich dem Großen« zu korrigieren. Vgl. etwa die Glosse »Gedanken eines Kinderfreundes« (1946), in: Hermann Kurzke in Zusammenarbeit mit Lena Kurzke (Hgg.): Erich Kästner: Wir sind so frei. Chanson, Kabarett, Kleine Prosa. München 2004, S. 38–43 (Erich Kästner: Werke. Bd. II).
48 Schieder, S. 125. Das folgende Zitat ebd. Vgl. dort auch die Darstellung von Klopstocks »Rache« an dem einstmals gefeierten Preußenkönig, S. 125 f.
49 Vgl. u.a. den historisch gut recherchierten Aufsatz von Anna Chiarloni: Goethe und der Pietismus. Erinnerung und Verdrängung. In: Goethe-Jahrbuch 106 (1989), S. 133–159.
50 Wilhelm Große (Hg.): Johann Wolfgang Goethe: Von Frankfurt nach Weimar. Briefe, Tagebücher und Gespräche vom 23. Mai 1764 bis 30. Oktober 1775. Frankfurt am Main 1997, S. 150 (FGA 2. Abteilung Bd. 1).
51 Ebd. S. 207.
52 FGA 2. Abteilung Bd. 2, S. 16. Goethes Brief an Herder vom 2. Januar 1776.
53 Ebd. S. 25.
54 Zu dieser Deutung von Goethes Jugendroman vgl. Georg Jäger: Die Leiden des alten und neuen Werther. Kommentare, Abbildungen, Materialien zu Goethes *Leiden des jungen Werthers* und Plenzdorfs *Neuen Leiden des jungen W.* München 1984.
55 Die plausible These, daß »Werther zur Personifikation des bürgerlichen Individuums« wird und Goethe diese »paradoxe Figur des ›personifizierten

Individuums‹ mit ihren unmittelbar historischen, ›pietistischen‹ Attributen ausgestattet« habe, so daß es seine »historische Triftigkeit« habe, »wenn ein Teil der älteren *Werther*-Philologie den Helden des Romans, auf Grund zahlreicher Herrnhuter Elemente des Buchs, mit dem Erlöser zu identifizieren suchte«, bei Gerhart von Graevenitz: Innerlichkeit und Öffentlichkeit. Aspekte deutscher »bürgerlicher« Literatur im frühen 18. Jahrhundert, in: Deutsche Vierteljahrsschrift für Literaturwissenschaft und Geistesgeschichte Jg. 49, 1975 (Sonderheft), S. 79*. Das Zitat entstammt Werthers berühmtem Brief vom 10. Mai; vgl. Waltraut Wiethölter in Zusammenarbeit mit Christoph Brecht (Hgg.): Johann Wolfgang Goethe: Die Leiden des jungen Werthers. Die Wahlverwandtschaften. Kleine Prosa. Epen. Frankfurt am Main 1994, S. 14 (FGA 1. Abteilung Bd. 8).

56 Effi Biedrzynski: Goethes Weimar. Das Lexikon der Personen und Schauplätze. Zürich 1994. 3. Auflage, S. 427.

57 Hartmut Reinhart: Warum gabst du uns die Tiefen Blicke – Goethes Anamnesis-Gedicht. In: Gerhard Sauder (Hg.): Goethe-Gedichte. Zweiunddreißig Interpretationen. München und Wien 1996, S. 80.

58 Ebd. S. 79.

59 Hans-Georg Dewitz (Hg.): Johann Wolfgang Goethe: Bezüge nach Außen. Übersetzungen II. Bearbeitungen. Frankfurt am Main 1999, S. 1349 (FGA 1. Abteilung Bd. 12). Zitat aus Goethes Brief an Merck vom 8. oder 11. Oktober 1775.

60 Goethes Vorlagen waren vermutlich die Vulgata, Luthers Übersetzung und die zeitgenössische Übersetzung von J. A. Dietelmair, vgl. FGA 1. Abteilung Bd. 12, S. 1349 ff. Zur Gleichung von Schwester und Braut vgl. ebd. S. 367: »Gewonnen hast du mich, Schwester liebe Braut, mit deiner Augen einem, mit deiner Halsketten einer. Hold ist deine Liebe, Schwester liebe Braut! [...] Schwester liebe Braut ein verschloßner Garten bist du, eine verschloßne Quelle ein versiegelter Born.«

61 Vgl. dazu Sander Gilman: Goethe's Touch. Seeing and Sexuality. New Orleans 1988 (Graduate School of Tulane University).

62 FGA 1. Abteilung Bd. 1, S. 406 (7. Elegie). Der genannte Chiasmus in der letzten zitierten Zeile. Vgl. dazu bes. Wulf Segebrecht: Sinnliche Wahrnehmung Roms. Zu Goethes »Römischen Elegien«, unter besonderer Berücksichtigung der »Fünften Elegie«. In: ders.: (Hg.): Gedichte und Interpretationen, Bd. 3: Klassik und Romantik. Stuttgart 1984, S. 48–59. Vgl. auch zum Verhältnis von Körper und Schrift, von Auge und Geschlecht in den »Erotica

Romana« Klaus Kiefers Interpretation der »Dreizehnten Elegie«: Faustines Blick – »Elegie. Rom, 1789«. In: Sauder, S. 126–137.

63 Ebd. S. 398, 400, handschriftliche Fassung.

64 Ebd. S. 394, 2. Elegie der handschriftlichen Fassung, die im Erstdruck nicht enthalten ist.

65 Christoph Michel unter Mitwirkung von Hans Grüters (Hgg.): Johann Peter Eckermann: Gespräche mit Goethe in den letzten Jahren seines Lebens. Frankfurt am Main 1999, S. 90 (FGA 2. Abteilung Bd. 12).

66 In der Handschrift handelt es sich um die Vierzehnte Elegie, die beginnt: »Amor bleibet ein Schalk, wer ihm vertraut ist betrogen«.

67 Bode Bd. II, S. 42.

68 Ebd. S. 36 f. Die folgenden Zitate ebd. S. 34 und 42.

69 FGA 1. Abteilung Bd. 1, S. 409 (Druckfassung).

70 Bode Bd. II, S. 42.

71 Albert Meier und Heide Hollmer (Hgg.): Johann Gottfried Herder: Italienische Reise. Briefe und Tagebuchaufzeichnungen 1788–1789. München 1989, S. 209

72 Karl Eibl in: FGA 1. Abteilung Bd. 1, S. 1091. Die folgenden Zitate ebd.

73 Meier/Hollmer, S. 641. Zum folgenden vgl. ebd. S. 644 f.

74 FGA 1. Abteilung Bd. 1, S. 1050–1055.

75 Jürgen Behrens und Christoph Michel (Hgg.): Goethe: *Elegie* von Marienbad. Urschrift, September 1823. Frankfurt am Main 1991, S. 21 und 60.

76 Ebd. S. 64.

77 Bernd Witte: Trilogie der Leidenschaft. In: Goethe Handbuch, Bd. 1: Gedichte (hgg. von Regine Otto und Bernd Witte). Stuttgart und Weimar 1996, S. 483. Im Fünften Auftritt des Fünften Aufzugs von Goethes Drama »Torquato Tasso« (1790) spricht Tasso die zum geflügelten Wort gewordenen Verse: »Und wenn der Mensch in seiner Qual verstummt, / Gab mir ein Gott zu sagen, wie ich leide.« (V. 3432 f.) Das Motto der Marienbader Elegie aber lautet: »Und wenn der Mensch in seiner Qual verstummt / Gab mir ein Gott zu sagen was ich leide.« (Behrens/Michel, S. 67). Vgl. aber auch Mathias Mayer: Dichtung zwischen Paradies und Hölle. Anmerkungen zur poetologischen Struktur von Goethes Elegie von Marienbad. In: Zeitschrift für Deutsche Philologie 105 (1986), S. 234–256.

78 Karl Kraus: Heine und die Folgen. In: Heinrich Fischer (Hg.): Karl Kraus: Auswahl aus dem Werk. München 1967, S. 187. Kraus hat Heine ebenso unterschätzt, wie er Nestroy, dessen Gegenbild, überschätzt hat.

79 Wolfgang Frühwald, Bernhard Gajek und Friedhelm Kemp (Hgg.): Clemens Brentano: Werke. Bd. 1, 2. Auflage. München 1978, S. 264.
80 Hendrik Birus (Hg.): Johann Wolfgang Goethe: West-östlicher Divan. Teil 1. Frankfurt am Main 1994, S. 131 f. (FGA 1. Abteilung Bd. 3/1); zitiert wird das Gedicht »Höheres und Höchstes«. Vgl. dazu Wolfgang Frühwald: Der »romantische« Goethe. Esoterik und Mystik in dem Roman »Die Wahlverwandtschaften« und im »West-östlichen Divan«. In: Hans-Werner Eroms und Hartmut Laufhütte (Hgg.): Vielfalt der Perspektiven. Wissenschaft und Kunst in der Auseinandersetzung mit Goethes Werk. Passau 1984, S. 165–177.
81 FGA 1. Abteilung Bd. 23/1, S. 254 f.

Südlicher Himmel.
Die italienischen Tagebücher der Familie Goethe[1]

1. Die Vorgeschichte der italienischen Reise Johann Wolfgang Goethes

Das Jahr 1786 war ein Krisenjahr in Goethes Leben. Der Herzog Carl August wußte es, auch Charlotte von Stein hat es zumindest geahnt. Beide haben sich aber nicht vorstellen können, wie radikal Goethe sich selbst zu kurieren plante. Immerhin hatte er schon am 8. Juli 1781 gegenüber Charlotte von Stein von Flucht gesprochen: »Ich sehne mich heimlich nach dir ohne es mir zu sagen, mein Geist wird kleinlich und hat an nichts Lust, einmal gewinnen Sorgen die Oberhand, einmal der Unmuth, und ein böser Genius misbraucht meiner Entfernung von euch, schildert mir die lästigste Seite meines Zustandes und räth mir mich mit der Flucht zu retten; bald aber fühl ich daß ein Blick ein Wort von dir alle diese Nebel verscheuchen kan.«[2] Im gleichen Jahr klagte er darüber, daß ihn die Staatsgeschäfte, die ganze Hingabe erforderten, aufzufressen begännen, daß er so vieles begonnen und nicht beendet habe, und doch fühlte er sich längst in Weimar eingewurzelt. Johann Heinrich Merck, seit 1771 mit Goethe befreundet, hat damals (1781) gemeint, Goethe habe in Weimar seine Hauptaufgabe, die Erziehung des jungen Herzogs, erledigt, »der Herzog ist nun wie Er sein soll, das andre Dreckwesen – kan ein anderer thun, dazu ist Goethe zu gut«. Der Mutter aber, die ihn von dieser Meinung unterrichtete, hat Goethe (am 11. August 1781) geantwortet: »Merk und mehrere beurtheilen meinen Zustand ganz falsch, sie sehen das nur was ich aufopfre, und nicht was ich gewinne, und sie können nicht begreifen, daß ich täglich reicher werde, indem ich täglich so viel hingebe.«[3] Fünf Jahre später allerdings scheint Goethe der Ansicht Mercks zuzuneigen. Immerhin hatte er zwischen 1776 und 1785 (als Geheimer Legationsrat) an mehr als

500 der etwa 750 Sitzungen des Geheimen Consiliums[4] teilgenommen und sich in alle Sektoren der Staatsgeschäfte eingearbeitet. Die Erziehung Carl Augusts, die er sich vorgenommen und zum Teil geleistet hatte, war nun tatsächlich an ein Ende gelangt. Größere Opfer, als er dem Herzog abverlangt hatte, konnte er ihm nicht mehr zumuten. Zu diesen Opfern gehörte zum Beispiel die Aufgabe von des Herzogs »Soldatenspielerei«[5], was in dem kleinen Weimar damit endete, daß Goethe (als Leiter der Kriegskommission) die weimarisch-sächsische Armee von 500 auf 142 Mann reduzierte und die dadurch anfallenden Pensionskosten in den Staatshaushalt übernahm. Goethe hat – wie Friedrich Sengle formuliert – »den typischen Aufklärungstraum geträumt, einen Musterfürsten zu erziehen und dann als hochverehrte Vaterfigur, im Hintergrund der alltäglichen Regierungstätigkeit, seinen künstlerischen und wissenschaftlichen Neigungen zu leben«.[6] Daß ihm dies nicht vollständig gelungen ist, hat diesem Lebenstraum seine Faszination nicht genommen. Das in den achtziger Jahren allgemein verbreitete Urteil, Goethe sei als Dichter ein »Fragmentist«, von ihm seien neue, vollendete poetische Texte kaum noch zu erwarten, entsprach schon in der Zeit der Entfremdung von Carl August der Unruhe seines eigenen Inneren. So reiste er am 3. September 1786 heimlich, unter fremdem Namen (Jean Philippe oder Giovanni Filippo Moeller aus Leipzig nannte er sich in den Logierbüchern der Reisestationen), aus Karlsbad nach Italien ab.

Die überraschten Reaktionen der Freunde, als sie die ersten Nachrichten aus Italien erhielten, belegen nur, wie einsam Goethe in den Jahren vor seiner Abreise in Weimar geworden war. Unterwegs bat er den Herzog, allerdings ohne Angabe des Reisezieles, »um einen unbestimmten Urlaub«[7], der ihm (im Januar 1787) auch gewährt wurde. Die Mitarbeiter und die Untergebenen in Weimar aber sollten ihn, nach Goethes verzwicktem Vorschlag, von Woche zu Woche zurückerwarten, »und es ist gut daß es also bleibe und ich auch abwesend, als ein immer erwarteter, würcke«. Verzwickt war der Vorschlag insofern, als ja auch der Herzog selbst von der Unbestimmtheit der »immer erwarteten« Rückkehr betroffen war. Der Grund, den Goethe dem Herzog für die Bitte um einen Urlaub von unbestimmter Dauer nannte, war aber tatsächlich der Grund seiner Flucht: Er suchte sich selbst wiederzufinden, seiner zerrissenen Existenz eine entschiedene Richtung zu geben, um sich durch die Bewegung in Freiheit und Ungebundenheit zwischen den unterschiedlichen Bestimmungen und Bedingungen seines Lebens und seines Talentes entscheiden zu können. »Dieses alles und noch viele zusammentreffende Umstände«, schrieb er am 2. September 1786 an den in die Fürstenbundspolitik verstrickten Herzog, »dringen und zwingen mich in Gegenden der Welt mich zu verlieren, wo ich ganz unbekannt bin, ich gehe ganz allein, unter einem fremden Nahmen und hoffe von dieser etwas sonderbar scheinenden Unternehmung das beste.[...] Leben Sie wohl das wünsch ich herzlich, behalten Sie mich lieb und glauben Sie: daß, wenn ich wünsche meine Existenz ganzer zu machen, ich dabei nur hoffe sie mit Ihnen und in dem Ihrigen, besser als bisher, zu genießen.«[8] Seit 1785, als sich der Herzog von Weimar für einen von Preußen geführten (von Goethe mißbilligten) Bund gegen die Reichspolitik (des 1780 zur Regierung gekommenen) Kaiser Josephs II. hatte gewinnen lassen, war die Entfremdung zwischen Carl August und seinem Minister gewachsen. Goethe wußte oder konnte es zumindest ahnen, was ihm durch den Bund der deutschen Fürsten bevorstand. 1787 wurde Herzog Carl August Generalmajor der preußischen Armee und kommandierte nun ein preußisches Kürassierregiment. 1792 zog Goethe mit des Herzogs Regiment in den Krieg. Er nannte diesen Frankreichfeldzug (in einem Brief an Johann Gottfried und Caroline Herder vom 16. Oktober 1792) einen »bösen Traum [...], der [ihn] zwischen Koth und Noth, Mangel und Sorge, Gefahr und Qual, zwischen Trümmern, Leichen, Äsern und Scheishaufen gefangen hielt«.[9] In Notsituationen griff auch der Geheime Legationsrat von Goethe, der von Charlotte von Stein zum Hofmann gebildete Kavalier, auf das Vokabular seiner Sturm- und Drangzeit zurück.

Immer häufiger hat sich Goethe seit 1784 dem Ansinnen des Herzogs entzogen, ihn als Geheimsekretär zu beschäftigen.[10] Mit der Reise nach Italien riskierte er den Bruch mit dem Herzog und die Entlassung aus dem weimarischen Staatsdienst. Wenn es aber richtig ist, daß Goethe um 1785 den Nachbarn des Weimarer Herzogtums, Herzog Ernst von Gotha, umwarb, so hat er nicht ohne Netz agiert und die italienische Reise länger geplant, als dies den Freunden erscheinen mochte.[11] Vom Ziel der Reise war (1786) nur sein Diener, Vertrauter und Verwalter, Philipp Seidel, instruiert; auch er aber durfte das Reiseziel Goethes niemandem nennen. Goethe war abergläubisch und fürchtete den Neid der Götter. Er meinte, der alte Vorsatz, Rom zu erreichen, werde nicht gelingen, wenn er ihn vorher ausplauderte. Da Goethe gleichsam eine vom Heilungswunsch begleitete Wallfahrt[12] nach Rom, dem Ort einer schon in der Kindheit grundgelegten Sehnsucht, unternahm, hat er »die [...] Furcht vor einem Hindernis in letzter Minute« tatsächlich »mythisch überhöht«, eine »gleichsam unterirdische Reise« angetreten[13] und an Carl August am 3. November 1796 geschrieben: »Kaum wagte ich mir selbst zu sagen wohin ich ging, selbst unterwegs fürchtete ich noch und nur unter der Porta del Popolo war ich mir gewiß Rom zu haben.«[14] Je näher er seinem Ziel kam, um so drängender wurden die Einträge im Tagebuch: »Rom! Rom!«, heißt es am Abend des 27. Oktober. »Ich ziehe mich gar nicht mehr aus um früh gleich bey der Hand zu seyn. Noch zwey Nächte! Und wenn uns der Engel des Herrn nicht auf dem Wege schlägt; sind wir da.«[15] Und der lakonische Eintrag von der Ankunft in Rom am Abend des 29. Oktober ist wie ein großes Auf- und Ausatmen: »Ich kann nun nichts sagen als ich bin hier [...].«[16]

Vermutlich ist die Wallfahrt einer der ältesten Reisezwecke. Hochstehende Personen unternahmen solche Wallfahrten als Pilger incognito, und Goethe hat sich diese Tradition angeeignet. Der Deckname, den er benutzte, verdeutlicht aber mehr als ein bloßes Incognito, nämlich den Versuch eines Identitätswechsels. Als er auf der schnellen Reise (am 5. September) vom Verkäufer in einer Regensburger Buchhandlung erkannt wurde, leugnete er »es ihm aber grade ins Gesicht, mit der größten Gelassenheit«[17], er selber zu sein: »Ich bin nicht Goethe« steht als Motto über der italienischen Reise. Unter den Neueren haben Thomas Mann (im »Tod in Venedig«) und in seinem Zitatschatten Max Frisch den Versuch des Identitätswechsels in ihren Erzähltexten adaptiert. »I am not Stiller« ist die englische Übersetzung von Max Frischs berühmtem Roman »Stiller« (1954) überschrieben.

2. Die Entdeckung der Kunstreisen

Goethes fluchtartige Reise steht in Deutschland am Anfang der Entstehung eines Italienbildes und einer Italien-Literatur, die Italien auch dann zum Lande der Sehnsucht, der Kunst und der Freiheit machte, wenn die Maler und die Dichter, die sich in dieses Bild eingesponnen haben, das Land der Sonne und des blauen Seidenhimmels nie betreten haben. August von Goethe hat 1830, bei *seiner* (vergeblichen) Flucht nach Italien, den ewig blauen Himmel schließlich unerträglich gefunden. Dies bedeutete wohl die Abwendung von einem Italienbild, das schon zum Klischee zu erstarren drohte. An Wackenroder, an Tieck, an E.T.A. Hoffmann, an Joseph von Eichendorff und viele andere zeitgenössische Dichter hat Augusts Vater, Johann Wolfgang Goethe, sein Italienbild vermittelt, das Bild eines Landes, in dem unter südlich heiterem Himmel menschliches Maß (Humanität) zu finden sei. Noch in Adalbert Stifters Beschreibung eines Schneesturmes im Bayerischen Wald (1868) findet sich die ironisch gebrochene Beschreibung dieser Italienerfahrung. Als es dem

Erzähler in dem autobiographischen Bericht »Aus dem bairischen Walde« endlich unter größten Mühen gelungen ist, in eine Gegend zu gelangen, in welcher der Schnee nur »zwei Ellen hoch« lag, entfährt ihm der Seufzer: »Ich wähnte mich in Italien.«[18] In dem von Goethe verklärten Italien des 18. Jahrhunderts fanden sich die Spuren der alten Kunst, in Sizilien auch die Spuren des antiken Griechenland. Von hier aus schienen antiker Geist und antike Kunst erneuerbar, wie schon einmal in der Renaissance. Goethe vermittelte das Bild eines Landes, in dem »Volk« zu finden sei und die Verbindung dieses Volkes mit seinen »Göttern«. Er beschrieb eine Kunst, die von diesen Göttern in des Menschen Seele kündete, das Bild eines Landes, in dem der einzelne nicht nur zu Leistung und Höchstleistung gefordert war, sondern Kunst noch Gemeinschaft und Gemeinschaftserfahrung stiftete. Selbstverständlich war dies nicht das Bild des realen Italien am Ende des 18. Jahrhunderts, es war *Goethes* Bild dieses Italien, idealisiert, erwartet und daher erfahren. Die Italien-Erfahrung machte »Revolution« in Goethes Leben, noch ehe die große französische Revolution alle Strukturen des Ancien Régime zu zerstören begann.

Drei Typen deutscher Italien-Reisen hat Dorothea Kuhn unterschieden, welche die Neuzeit geprägt haben und noch in ihrer Parodie, zum Beispiel bei Thomas und Heinrich Mann, zu fassen sind: die Kavaliersreise im 17. Jahrhundert, die Kunst- und die Künstlerreise im 18. Jahrhundert und die Wissenschaftsreise im 19. Jahrhundert.[19] Im 18. Jahrhundert konnte das gehobene Bürgertum, dem sich Goethes Vater zugehörig fühlte, an die Tradition der Kavaliersreisen deshalb anknüpfen, weil solche Reisen nicht dem Vergnügen dienten, sondern auf das Ideal des Kavaliers, des gebildeten Hofmannes, zielten, der von seinen Reisen Kenntnisse, Kuriositäten und Erfahrungen mitbrachte. Goethes Vater, Johann Caspar Goethe, war 1740, also im Alter von 30 Jahren, durch Italien und Frankreich gereist und hat vermutlich zwanzig Jahre später seine Erlebnisse in italienischer Sprache aufgezeichnet: *Viaggio per l'Italia fatto nel anno MDCCXL. ed in XLII. lettere descritto da J.C.G.*[20] Der Sohn hat dieses Manuskript, als eine wahre Lebensarbeit des Vaters, aufbewahrt und in »Dichtung und Wahrheit« darüber berichtet. Aus Italien, meinte Johann Caspar Goethe zwar 1740, bringe man nichts »nach Hause als einen Kopf voller Curiosideten, vor welche man insgesammt, wenn man sie in seiner Vatterstadt auf den Markt tragen sollte, nicht zwey baare Heller bekäme«[21]; doch hat Albert Meier verdeutlicht, daß die *curiositas* ein Stilideal war, das Ideal des enzyklopädisch gelehrten, auf Reisen aber persönlich gewonnenen Wissens, das als solches die Italienbeschreibung Johann Caspar Goethes prägt. Goethes Vater hat in den Sohn schon früh den Keim der Sehnsucht nach einem Land gepflanzt, in das er selbst erst eintreten durfte, als er ein *purgatorio* durchlitten hatte. Dieser Keim der Sehnsucht schien bei Johann Wolfgang Goethe 1775 reif geworden, als er durch den Ruf des Herzogs Carl August nach Weimar von der auf väterlichen Rat schon angetretenen Italienreise aus Heidelberg zurückgeholt wurde, diese Sehnsucht regte sich wieder 1781; er sei schon wie »toll« gewesen, schreibt Goethe an Frau von Stein, wenn er nur die antiken Schriftsteller gelesen habe.[22] 1786 konnte er der Begierde, die antiken Gegenstände nicht nur im Bild, sondern »mit Augen zu sehen«, nicht mehr widerstehen. In Venedig ist es ihm »nicht als ob ich die Sachen sähe, sondern als ob ich sie *wieder*sähe«[23].

Die Schilderung Johann Caspar Goethes über sein *purgatorio* an der venezianischen Grenze ist nicht nur sozialgeschichtlich von Interesse. Es meint einen Quarantäne-Aufenthalt, verhängt wegen der in der Türkei grassierenden Pest. Durch diese Quarantäne mußte der Reisende des 18. Jahrhunderts hindurchgehen, um ins »Paradies«, nach Italien, zu gelangen. Die von der Quarantäne erzwungene Wohngemeinschaft mit lauter Katholiken machte ihn wie in einem Fegefeuer mit der Kultur eines Landes bekannt, das dann eben doch mehr für ihn bereitgehalten hat als Wissenswertes aus Kunst, Natur und Altertum: nämlich katholische Kultur und ein von ihr geprägtes Volk.[24] Er hat es aus der Distanz des gebildeten und aufgeklärten Protestanten geschildert. Die Szene, die Johann Caspar Goethe zum Beispiel aus dem Petersdom in Rom berichtet, weist voraus auf Wilhelm Heinrich Wackenroders Reisebericht vom St. Heinrichs-Tag im Bamberger Dom, wo aus der Entdeckung der religiösen und gemeinschaftstiftenden Funktion von Kunst die deutsche Romantik entstanden ist. Johann Caspar Goethes stolze Verweigerung der Kniebeuge bei der Reliquienverehrung der abenteuerlich verkleideten Bruderschaften im Petersdom zu Rom ist das genaue Gegenteil von Wakkenroders später Erfahrung. Der Vergleich, den er für das Büßergewand der römischen Bruderschaften findet, ist für den Katholizismus nicht gerade schmeichelhaft: »Sie verehren dort die heiligen Reliquien, die man ihnen aus großer Entfernung zeigt, und dabei ist jeder von Kopf bis Fuß in einen Sack gehüllt respektive gekleidet, so daß außer zwei Löchern für die Augen nichts frei bleibt. In ähnlicher Weise verhüllt man bei uns die Pferde vor den Leichenwagen.«[25] Aus dem Vergleich seines Textes mit dem Bericht Wilhelm Heinrich Wackenroders aber wird eher als aus vielen konfessionspolemischen Schriften die schroffe Kluft zwischen Katholiken und Protestanten im 18. und noch im 19. Jahrhundert deutlich, die Entfremdung zwischen dem nördlichen und dem südlichen Europa, zwischen der protestantischen Schrift- und der katholischen Bildkultur, die erst durch Vermittlung von Johann Wolfgang Goethes Italien-Erfahrung (in deutscher Sprache) wieder zueinander zu finden begannen. »Man sagt übrigens«, heißt es in Johann Caspar Goethes Reisebericht aus Rom, »daß man in der Nähe des Papstes den Dreistigkeiten, denen ein Protestant in katholischen Kirchen ausgesetzt ist, nur um so ferner sei. Daß dies kein bloßes Märchen, sondern tatsächlich die Wahrheit ist, habe ich selbst erlebt: ich hatte mich nämlich zusammen mit einigen anderen unter die Schar gewagt, die vor besagtem [Reliquien-]Altar kniete, und blieb während der gesamten feierlichen Handlung unbeirrt stehen, ohne daß irgend jemand auf den Gedanken gekommen wäre, mich dazu zu zwingen, ebenfalls auf die Knie zu fallen und den Reliquien zu huldigen.« Wackenroder aber berichtete den Eltern über sein Erlebnis im Bamberger Dom am 15. Juli 1793: »Am feierlichsten [...] war's, als ein anderer Geistlicher, das auf dem Altar stehende Ostensorium [...] dem Volke vorzeigte: dabey ward geklingelt, die Soldaten präsentierten das Gewehr, nahmen ihre Mützen ab, u fielen aufs Knie. Die ganze Gemeine fiel nieder u bekreuzte sich, u schmetternde Trompeten erschallten, u verlohren sich in langgezogene Hörnertöne. Ich fiel mit aufs Knie, denn ich hätte mich gewiß dem Unwillen der Leute ohnedies ausgesetzt; auch würde es mir in der That Mühe gekostet haben, so isolirt stehen zu bleiben, da eine ganze Welt um mich niedersank, und mich zur höchsten Andacht stimmte; mir würde hier gewesen seyn, als gehörte ich nicht zu den Menschen.«[26] Viele Texte der Romantik wurden auch dann, wenn sie von Protestanten (von Wackenroder, von Novalis und anderen) geschrieben waren, von den Zeitgenossen als »katholisch« empfunden, weil das protestantische Prinzip das einer selbstbewußten Individualität war. Der inmitten der knienden Büßer in Rom einsam aufrecht stehende Johann Caspar Goethe ist Inbegriff der Protestation gegen Obscurantismus und Götzendienst. Ausdruck fand dieser Protest (und fanden solche Protestationen) eher in Wortkunst als in Musik und bildender Kunst, so daß die im frühen 19. Jahrhundert um sich greifende meditative Privatlektüre, von Habermas als der Königsweg bürgerlicher Individuation bezeichnet, ein wahrhaft »protestantisches« Prinzip zum bürgerlichen Bildungsprinzip des 19. Jahrhunderts machte.

Johann Wolfgang Goethe war (wie seinem Vater) der Unterschied zwischen dem Norden und dem Süden Deutschlands als ein konfessionell und daher kulturell geprägter Kontrast durchaus bewußt.

Von Karlsbad aus fuhr er über Regensburg, München und Innsbruck im September 1786, nach eigener Wahrnehmung, immer tiefer in ein Gebiet katholischer, ja jesuitisch geprägter Kultur hinein. Die Fest- und Feierformen dieser Kultur sind die zu den »Kuriositäten« des aufgeklärten Jahrhunderts gehörende Schwelle, die überschreiten muß, wer in die frühen Jahrhunderte zurückgelangen möchte. »Wie freut michs daß ich nun ganz in den Catholicismus hineinrücke«, schrieb Goethe in Regensburg, »und ihn in seinem Umfange kennen lerne.«[27] In August von Goethes Tagebuch ist dann die Erfahrung des Kulturenkontrastes auf einen Scherz reduziert. In dessen Aufzeichnungen vom 28. August 1830 nämlich heißt es, er habe wie üblich zu des Vaters Geburtstag dessen Gesundheit getrunken, »doch mußte ich ächt Katholisch communiciren, indem ich leider den Wein allein trinken mußte«[28]. Aus der Gegenüberstellung von Johann Caspar Goethes und Wilhelm Heinrich Wackenroders »Kniebeugungs-Erfahrungen« (1740 und 1793) wird kenntlich, weshalb die Frage der Kniebeuge (nach Spindler katholisch als *salutatio*, evangelisch als *adoratio* verstanden[29]) im 19. Jahrhundert noch zu einem heftigen, politisch-symbolischen Streit zwischen Preußen und Bayern eskalierte, wo einerseits den katholischen Soldaten in Preußen befohlen war, nach der Sonntagsparade dem protestantischen Gottesdienst beizuwohnen, andererseits in der berüchtigten bayerischen Kniebeugungs-Ordre (vom 14. August 1838) auch die Soldaten evangelischer Konfession dazu kommandiert wurden, bei der Fronleichnamsprozession und in den Militärgottesdiensten vor dem Sanctissimum niederzuknien.

3. August von Goethes Todesreise nach Italien

Am Unterschied von Johann *Caspar* und Johann *Wolfgang* Goethes Reiseschilderungen aus Italien ist ein »historischer Paradigmenwechsel«[30] abzulesen, der Wechsel von der Bildungs- zur Kunstreise, vom eher enzyklopädischen Kuriositätenbericht zum persönlichkeitsbildenden Aufenthalt in einem Land, das in der Kunsterfahrung Selbsterfahrung birgt. Diese Selbsterfahrung wirkt heilend und lösend. Sie hat Goethe zwar seinen Weimarer Freunden entfremdet, aber ihn sich selbst geschenkt. Als er versuchte, an seinem alkoholkranken Sohn, in Augusts 40. Lebensjahr, diese Kur zu wiederholen, war es für dessen Leben bereits zu spät. Das Tagebuch *seiner* italienischen Reise, das August von Goethe für den Vater und seine in Weimar gebliebene Familie geschrieben hat, ist das Buch einer Reise in den Tod, nicht das einer Reise in ein neues Leben. Auch wenn niemand wissen konnte, daß August von Goethe, der in Italien psychisch und physisch gesunden wollte, am 27. Oktober 1830 in Rom an einem Schlaganfall sterben würde, enthält dieses Tagebuch eine Unmenge von Hinweisen auf die Mühsal des Reisens, auf Lebensgefahr, Unfall, Krankheit und Tod. Zwischen der »Italienischen Reise« des Vaters, Johann Wolfgang Goethe, und dem italienischen Tagebuch des Sohnes, August, das nach der Reiseroute der Giro des Großvaters gleicht, gibt es keinen Paradigmenwechsel. August von Goethes Aufzeichnungen aus Italien bilden lediglich die Kontrafaktur zur Verjüngungsreise des Vaters. Sie sind der von schwarzem Humor durchzogene Abgesang eines vom Alkohol schon zerstörten Lebens. Goethe hatte sich den Sohn zu einem Lebenshelfer erzogen und ihm damit alle Selbständigkeit genommen. Als der Sohn aus seiner unglücklichen Ehe, aus der besorgten Tyrannei des Vaters und der kleinstädtischen Enge Weimars endlich mit Gewalt zu entfliehen suchte, ging er auf dieser Flucht wieder nur in den ausgetretenen Familienspuren. Schon die Richtung seiner Flucht belegt deren Aussichtslosigkeit. Es ist bedrückend zu lesen, wie eng dieser Flüchtling, der sich wie einst der Vater als Odysseus fühlte, an das in Anspielungen und Zitaten ständig (aufdringlich) gegenwärtige Werk des Vaters und seine Sammelleidenschaften gefesselt war. Nicht einmal im Grabe durfte er er selber sein. Begraben wurde er als der Sohn seines Vaters, nicht als

August von Goethe: *Goethe Filius Patri Antevertens Obiit* ... ist auf dem Grabstein im römischen *Cimitero degli stranieri acattolici* zu lesen. Die mehrfache Beteuerung, daß der in die südlich-antike Welt Entflohene kein Freund von Circe und Calypso sei[31], obwohl er ihnen begegnet sei, daß er sich also nicht nach jenen verführerischen Frauengestalten des Homer sehnte, die Johann Wolfgang Goethe soeben noch in »Wilhelm Meisters Wanderjahren« nachgezeichnet hatte, weist vermutlich auf eines von Augusts Lebensproblemen. Vielleicht war es das schwerste dieser Probleme, daß er sich nicht zu seiner Sexualität bekennen konnte. Thomas Mann, der in solchen Fragen immer klargesehen hat, läßt in »Lotte in Weimar« August von Goethe, den Bräutigam der Ottilie von Pogwisch, im Gespräch mit der Frau Hofrätin Witwe Charlotte Kestner, geb. Buff seine Liebe – zu dem Dichter Achim von Arnim gestehen.[32]

Bei der Lektüre von Augusts verzweifeltem und ehrlichem Brief vom 16. Oktober 1830 aus Rom an den Vater, geschrieben elf Tage vor Augusts plötzlichem Tod, überkommt den nachgeborenen Leser ein Gefühl von »Untröstlichkeit«. Dieses Gefühl ist mehr als Trostlosigkeit und Trauer, es ist die Erfahrung, daß es in manchem Leben, in manchen Lebenssituationen keinen Trost geben kann. An dieses Gefühl hat Heinrich Böll die Erfahrung von Dichtung gebunden. »Bester Vater«, schrieb August, von den späten Nachrichten über die Revolution in seiner Heimat erschüttert, »[...] durch Herrn Kästner den Hanöverschen Gesandten, bin ich heute von allem unterrichtet worden was sich in unserem lieben Vaterlande ergeben. Bis jetzt war ich so unschuldig wie das Kind im Mutterleibe. Doch sehe ich daß es überall Toll gegangen, da man aber keine Actio in Distans hat so kann man auch nicht helfen! Deßwegen verfolge ich meine Zweke, Italien zu sehen u. kennen zu lernen. [...] Es ist das erste mal, *im 4o^t Jahre*, daß ich zum Gefühle der Selbstständigkeit gekommen, und unter fremden Menschen Lazaronis, sogar Räubern, Barcaroles und andern, auch vornehmen Gesindel. Man wollte mich heranziehn, *Spiel, Mädchen, Frauen.* Die drei letzteren Dinge hatte ich verschworen.«[33] Von der Revolution in Deutschland und Frankreich also hatte August von Goethe erst spät gehört, auf Selbstheilung war die Reise gestellt: »So kehre ich frey und frank zurük, wenn ich auch bei anderen Gelegenheiten etwas mehr Geld ausgegeben als andere.« Der Hannoveraner Gesandte aber, der August von Goethe über die Ereignisse in der Heimat unterrichtet hatte und der dessen Vater wenige Tage später (am 28. Oktober) den Tod des Sohnes in Rom melden mußte, war Georg August Christian Kestner, ein Sohn jener Charlotte Kestner, die das Urbild der Lotte in Goethes »Die Leiden des jungen Werthers« gewesen war. Es ist, als sei die so oft von Goethe poetisch überwundene Todesrealität letztlich doch noch in sein Leben eingedrungen, um dem Drama dieses Lebens einen tragischen Schlußakzent zu setzen.

August von Goethes Tagebuch wird dort völlig selbständig und frei von väterlichen Vorgaben, wo es von Erfahrungen berichtet, die der Vater zeitlebens von sich abzuhalten versuchte, weil er die »gefährdete Freundschaft«, die er mit dem Leben unterhielt, nicht zerstören wollte. August, längst am Rande der Lebensfähigkeit und des Lebenswillens angekommen, berichtet in grandiosen Episoden von Lebens- und Todesgefahr. Was der Vater mythisch verbergend, zumal im Spätwerk, zu gestalten unternommen hat, die Versuchung durch den Sog des Todes, hat der Sohn realistisch und konkret beschrieben. So das Erlebnis des Seesturms auf dem Dampfboot zwischen Livorno und Neapel, in dessen Toben die Menschen mit ihrem Leben bereits abgeschlossen hatten: »[...] eine algemeine Stille herrschte unter den Menschen und ließ dem Tobenden Element allein das Wort. Nur des Capitains donnernde Comando-Stimme hallte durch die Sturm durchheulte Nacht. Hier erwachten in mir wunderliche Gedanken, und ohne Furcht zu fühlen, nahm ich doch von allem was mir auf der Welt lieb ist Abschied. Wir kamen nicht mehr vorwärts trotz der Kraft der Maschine. Des schlechtesten Wetters ohngeachtet hatte sich alles auf dem Verdek versammelt, Mütter mit den Kindern und traurige Familien Väter. Selbst die keke männliche Jugend stand schweigend und erwartend da. Die immer fortdauernden Blitze erhellten diese Sinne und zeigten momentan die ernstbleichen Gesichter. Ich ließ mir ein Viertelchen geben, denn ich dachte, sollst du einmal Meerwasser schluken, so soll es doch mit Wein vermischt seyn.«[34] Das bekannte *vedere Napoli e poi morire* (das August im Brief vom 18. September 1830 zitiert) erhält in diesem Ambiente eine eigentümlich makabre Färbung: »Es ist mir sehr lieb nicht bei dem Sturm mit dem Dampfboot untergegangen zu seyn. Ich hätte einen großen Genuß entbehrt.«[35] Von nun an häufen sich in diesem Tagebuch, das schon in Venedig über die sargschwarzen Gondeln geklagt hatte[36], die Todeszeichen. Es ist, als dringe der Schreiber immer tiefer in jene »Nachtszenen« ein, die seine ganze Reise begleiten. In den grotesken Todestänzen, die er den Straßenmusikanten abverlangt, in dem Versuch, ein Kind zu kaufen[37], in der Begegnung mit dem Leichenzug in Sorrent, auf der Fahrt mit der Barke nach Amalfi – »heute war es näher am Ersaufen, wie auf dem Dampfboot«[38] – verdichten sich diese Zeichen zu einem Netz von dem Schreiber selbst beklemmend unbewußten Reiseszenen durch die Unterwelt. Der in Pompeji unternommene Versuch, dem Vater zu Ehren »ein Haus aus der Asche wieder an das Licht [...] fördern« zu lassen[39], gerät zum Sinnbild seines ganzen Lebens. Es ist in Rom jäh zu Ende gegangen. Besser als das Tagebuch zeigt die Stimmung des Reisenden wohl der Brief an seine Frau Ottilie, geschrieben in Mailand am 13. Mai 1830: »Nicht Üppigkeit oder Neugier konnten mich aus meiner Familie reißen, die äußerste Noth trieb mich um den letzten Versuch zu meiner Erhaltung zu machen. Manche, die mich in Weimar zuletzt gesehen, mögen das nicht begreifen, aber mein damaliges Benehmen war eine verzweifelte Maske.«[40] Auch wenn es August von Goethe in Italien bisweilen schien, als könne er gesunden und sogar »früheres Unrecht« gegen seine Frau »auch austilgen«, er war dem Tod verfallen, noch ehe er zu dieser Reise aufgebrochen war. Und der Unterschied zu der Flucht des Vaters, der 44 Jahre vorher in ein neues, glückbestimmtes Leben aufgebrochen war, auch der Unterschied zwischen Johann Wolfgang Goethes italienischen Aufzeichnungen für Charlotte von Stein und August von Goethes italienischem Tagebuch für den Vater ist größer kaum zu denken. Trotzdem hatte August gehofft, der Vater werde seine Aufzeichnungen redigieren und publizieren, und ihm dies über eine Zeitungsnotiz nahegelegt. Goethe hat in einem schroffen Brief, dem letzten, den er an seinen Sohn geschrieben hat, dieses Ansinnen abgelehnt.[41]

4. Johann Wolfgang Goethes italienisches Tagebuch für Charlotte von Stein

Johann Wolfgang Goethe hat seine Lebensspannung im ersten Weimarer Jahrzehnt durch den Aufbruch nach Italien gewaltsam handelnd durchbrochen. Das erhaltene Tagebuch an Frau von Stein, die daraus entstandenen Teile der »Italienischen Reise« von 1816/17 und 1830, die Briefe und die Notizen sind durchzogen vom Gegensatz von Gedachtem und Gesehenem, von Ersehntem und Greifbarem, von Abstraktem und Konkretem. Das Ergebnis eines solchen Ausbruchs aus der Abstraktion konnte nur die Abwendung vom bloßen Ideal und damit die Hinwendung zu Körperlichkeit und Sinnenhaftem sein, wie Goethe sie in Italien gefunden hat. Der poetische Ausdruck seiner Italien-Erfahrung hat das 19. Jahrhundert verwandelt. Joseph von Eichendorff hat in seinem Gedicht »Sehnsucht« Goethes berühmtes Mignon-Gedicht (das Programm-Gedicht der italienischen Reise: »Kennst du das Land, wo die Zitronen blühn«) kenntlich zitiert.[42] Arnold Böcklin hat den von Drachen bewachten Wolkensteg gemalt. Theodor Fontane hat in der Beschreibung von Böcklins

Gemälde im Roman »Effi Briest« (1895) die deutsche Italien-Sehnsucht als literarisch-künstlerischen Ursprungs gekennzeichnet, jetzt freilich als Element eines Bildungsbesitzes, dessen existenzleitende Fähigkeiten er (Fontane) am Ende des bürgerlichen Jahrhunderts zutiefst bezweifelt hat. Goethes Mignon-Gedicht aus dem Jahre 1783 ist in Zustimmung und Parodie die Ikone deutscher Italien-Sehnsucht geworden, bis hinein in die touristische Werbung. Dabei hat die von Goethe dargestellte Szenerie, der gefahrvolle Wolkensteg vor dem Eintritt in das »gelobte Land« Italien[43], durchaus mit der biblischen Situation zu tun, wie sie sich den Israeliten darstellte, ehe sie das Land betreten durften, in dem Milch und Honig fließt:

»Kennst du den Berg und seinen Wolkensteg,
Das Maultier sucht im Nebel seinen Weg
In Höhlen wohnt der Drachen alte Brut
Es stürzt der Fels und über ihn die Flut
Kennst du ihn wohl?
    Dahin! Dahin!
Geht unser Weg! Gebieter laß uns ziehn!«

Schließlich hat Mose im Buch Deuteronomium sein Volk davor gewarnt, im »gelobten« Land die Wanderung durch die große und grausame Wüste zu vergessen und den Bund zu brechen, den es mit dem Herrn in der Wüste geschlossen hatte. Goethes Mignon-Gedicht ist daher alles andere als idyllisch. Es ist vom Heimweh der im umschatteten Norden (in kimmerischen Nächten) frierenden Mignon gezeichnet. Schon in »Wilhelm Meisters theatralischer Sendung«, in dessen Kontext das Gedicht entstanden ist, berichtet der Erzähler, daß Mignons Gesang »bei der dritten und vierten Zeile [...] dumpfer und düsterer« wurde, daß die kindliche Sängerin die letzte Zeile stets so »zu modifizieren« wußte, »daß es bald bittend, dringend, treibend, hastig und vielversprechend war«. Mignon bittet

Wilhelm Meister, sie nach Italien mitzunehmen: »[...] es friert mich hier.«[44]

Vielleicht ist deshalb der Kern von Goethes Italien-Erfahrung am deutlichsten in dem Fragment gebliebenen Text enthalten, der von Nausikaa erzählt, der Tochter des Phäaken-Königs Alkinoos. In Homers »Odyssee« trifft sie den schiffbrüchigen Odysseus am Strand und führt ihn in das Haus ihres Vaters. Goethes Tragödien-Fragment, von dem nur wenige Bruchstücke überliefert sind, handelt von der Liebe der Nausikaa zu Odysseus, die von diesem nicht erwidert wird. Nausikaa fühlt sich durch das öffentliche Geständnis ihrer Liebe zu dem Flüchtling so gedemütigt, daß sie das Angebot, statt den Vater den Sohn, Telemach, zu heiraten, ausschlägt und sich das Leben nimmt. Goethes Fragment hat Schule gemacht, denn von Robert von Ranke-Graves' Roman »Homer's Daughter« (1955) und Ernst Schnabels Roman »Der sechste Gesang« (1956) bis zu Inge Merkels Eheroman »Eine ganz gewöhnliche Ehe. Odysseus und Penelope« (1987) hat unsere Moderne versucht, die Irrfahrten und die Versuchungen des Odysseus zu psychologisieren und zu entmythisieren. Seine Nausikaa-Tragödie hat Goethe (1787) in Taormina als »eine dramatische Konzentration der Odyssee«[45] gedacht und den Plan des Dramas in Prosa vollständig ausgearbeitet: »Der Hauptsinn war der: in der Nausikaa eine treffliche, von vielen umworbene Jungfrau darzustellen, die, sich keiner Neigung bewußt, alle Freier bisher ablehnend behandelt, durch einen seltsamen Fremdling aber gerührt aus ihrem Zustand heraustritt und durch eine voreilige Äußerung ihrer Neigung sich kompromittiert, was die Situation vollkommen tragisch macht.«[46] Die eigene Reiseerfahrung hat Goethe diesem Fragment zu unterlegen versucht. Die Versuchungen der Reisebekanntschaften, »selbst in Gefahr Neigungen zu erregen, die, wenn sie auch kein tragisches Ende nehmen, doch schmerzlich genug, gefährlich und schädlich werden können [...] gab mir ein solches Attachement an diesen

Plan, an diesen Vorsatz, daß ich darüber meinen Aufenthalt in Palermo, ja den größten Teil meiner übrigen sizilianischen Reise versäumte. Weshalb ich denn auch von allen Unbequemlichkeiten wenig empfand, da ich mich auf dem überklassischen Boden in einer poetischen Stimmung fühlte, in der ich das, was ich erfuhr, was ich sah, was ich bemerkte, was mir entgegen kam, alles auffassen und in einem erfreulichen Gefäß bewahren konnte«.[47] Nach dem zehnjährigen Weimarer Lebenskampf fühlte sich Goethe nun dem Odysseus verwandt: gelandet an einem fremden Strand, allein, ohne Freunde, ungewiß alles dessen, was ihn erwartete, und trotzdem daheim:

»Wo bin ich hingekommen? Welchem Lande
Trug mich der Zorn des Wellengottes?
Ists leer von Menschen, wehe mir Verlaßnen!
Wo will ich Speise finden? Kleid und Waffe?
Ist es bewohnt von rohen, ungezähmten;
Dann wehe doppelt mir! Dann übt aufs neue
Gefahr und Sorge dringend Geist und Hände.
O Not! Bedürfnis o! Ihr strenge Schwestern
Ihr haltet, eng begleitend, mich gefangen!
So kehr ich von der zehenjähr'gen Mühe
Des wohlvollbrachten Krieges wieder heim.«[48]

Homerisch wurde Goethe nach dem ersten Weimarer Jahrzehnt aus dem Schlaf des Weltlebens erweckt. Das Ziel der Flucht schien (1786) erreicht. So finden sich mitten unter den Fragmenten des Nausikaa-Dramas die wenigen (im Drama von Ulyss gesprochenen) Verse der Erfüllung lange gehegter Sehnsucht im Anblick von Land und Meer, auf klassischem Boden:

»Ein weißer Glanz ruht über Land und Meer
Und duftend schwebt der Äther ohne Wolken.«

Das war Goethes Sizilien-Erfahrung, der poetische Versuch, sich auf »überklassischem Boden« den Himmel der Antike, den südlichen Äther so ganz ins Herz zu schreiben, daß die Erinnerung daran stets erneuert und nie mehr aus dem Gedächtnis gelöscht werden könnte. Es ist, als habe der Bewohner des nördlichen Schattenreiches versucht, nun endlich der Schönheit ins Gesicht zu sehen, als habe er ihre Realität erfahren, um den kalten Norden mit dem Abglanz dieser Erfahrung zu erwärmen: »Mit keinen Worten ist die dunstige Klarheit auszudrücken die um die Küsten schwebte als wir am schönsten Nachmittage gegen Palermo anfuhren. Die Reinheit der Konture, die Weichheit des Ganzen, das Auseinanderweichen der Töne, die Harmonie von Himmel, Meer und Erde. Wer es gesehen hat der hat es auf sein ganzes Leben. Nun versteh' ich erst die Claude Lorrain und habe Hoffnung auch dereinst in Norden aus meiner Seele Schattenbilder dieser glücklichen Wohnung hervor zu bringen.«[49] Im Anblick des reinen, südlichen Lichtes bedeutete dies nicht nur die Abwendung vom (auch mit Frau von Stein) gelebten Platonismus Weimarer Provenienz, sondern zugleich die Entdeckung, daß der Natureindruck kulturell gebrochen ist, daß der Blick auf das Licht des Südens gelenkt wurde von der Malerei des 17. Jahrhunderts. Der Maler Claude Lorrain, der Meister in der »Wiedergabe des gebrochenen Lichtes«, und Homer waren Goethes Begleiter nach Sizilien, in die Welt des italischen Griechenland. In dieser Kulturwelt verträumte er die Erfahrung des realen Sizilien des 18. Jahrhunderts.

Das Reisetagebuch für Frau von Stein, das Goethe in Italien führte (erhalten sind fünf Stücke mit insgesamt 219 handschriftlichen Blättern), ist das Dokument seiner Lösung von Weimar oder besser von den ihm dort bisher zugedachten Aufgaben. Es ist das Dokument einer Selbstentdeckung, bei der Charlotte von Stein als Medium neuer Lebenserfahrungen dienen sollte. Goethe wollte sie und ihren Sohn Fritz von Anfang an teilhaben lassen an der neuen und ganzen Existenz. Er hat Charlotte von Stein die von ihr nur widerwillig angenommene Redaktionsrolle in einem Stück angewiesen, in dem er nun selbst die Hauptrolle spielen wollte: »Anfangs gedacht ich mein Tagebuch allgemein zu schreiben, dann es an dich zu richten und das *Sie* zu brauchen damit es kommunikabel wäre, es ging aber nicht, es ist allein für dich. Nun will ich dir einen Vorschlag thun. / Wenn du es nach und nach abschriebst, in Quart, aber gebrochne Blätter, verwandeltest das Du in Sie und liesest was dich allein angeht, oder du sonst denckst weg; so fänd ich wenn ich wiederkomme gleich ein Exemplar in das ich hinein korrigiren und das Ganze in Ordnung bringen könnte.«[50] August von Goethe versuchte, im Jahre 1830, mit dem Vater nicht anders zu verfahren, als dieser 44 Jahre vorher mit Frau von Stein verfahren war. Auch deshalb hat Goethe vermutlich eine Redaktion der Tagebücher seines Sohnes verweigert. Die Erinnerung an den Schatten der Trennung, der auf die italienischen Glückstage fiel, wollte er nicht erneuern. Bei der Zusendung *seines* Reisetagebuches an Charlotte von Stein nämlich war es zu einem verhängnisvollen und für den an Vorzeichen glaubenden Goethe auch bedeutungsvollen Irrtum gekommen. Am 14. Oktober 1786 wollte er das Paket mit den vier ersten Teilen der Tagebücher an Philipp Seidel absenden, dann aber gab er es doch dem »Fuhrmann« zu langsamerer Beförderung mit. So wollte er garantieren, daß die Papiere erst nach seiner Ankunft in Rom von Charlotte von Stein gelesen werden konnten. Da die mit dem Fuhrmann gesandte Kiste aber an Goethe selbst adressiert war, ließ sie Philipp Seidel in Weimar ungeöffnet stehen, und die Tagebücher gelangten erst Ende Dezember 1786 in die Hände von Charlotte von Stein. Von September bis Oktober im unklaren gelassen zu werden, wohin sich Goethe gewendet haben mochte, war unhöflich, aber verzeihlich. Von September bis Ende Dezember nicht wissen zu dürfen, was aus Goethe geworden war, mußte in der Vorstellung Charlotte von Steins den erneuten Bruch jenes Vertrauens begründen, das in Karlsbad soeben erst mühsam wiederhergestellt schien. Charlotte von Stein hat sich von diesem Vertrauensbruch und der Kälte, mit der Goethe über ihre Gefühle hinweggegangen ist, nicht mehr erholt. Auch wenn der Ton der Korrespondenz zwischen ihr und Goethe, nach ihrer Lektüre der Tagebücher und nach der Herstellung der Abschrift, wieder freundlicher geworden ist, Goethes Absicht, Charlotte von Stein gleichsam mit durch Italien reisen zu lassen, wurde durch die verzögerte Ankunft seiner Papiere zerstört.

Aber auch ohne diesen Irrtum wäre es über kurz oder lang zum Bruch gekommen, denn Goethes Reisetagebuch enthält eine andere Charlotte von Stein, als sie uns in Goethes erstem Weimarer Jahrzehnt begegnet. Sie wird in diesen Reiseblättern zu einem Sehnsuchtsbild körperlicher Nähe, zu einem Teil von Goethes Italien-Erfahrung stilisiert.[51] In dieser Literarisierung und in dem Widerstand, den Charlotte von Stein diesem Ansinnen entgegengesetzt hat, liegt der tiefere Grund für den Bruch der Freundschaft nach Goethes Rückkehr 1788. Er sei »sinnlich« geworden, hat Charlotte von Stein bekanntlich ihrer Freundin Caroline Herder im August 1788 anvertraut. Das Stichwort von Goethes neuer Sinnlichkeit machte in Weimar rasch die Runde, Herder, die Herzogin und andere haben es wiederholt. Goethe hat diesen Gesinnungswandel schließlich akzeptiert. Im Tagebuch für Frau von Stein wird am ersten Reisetag, am 3. September 1786, noch eine recht unverfängliche Anekdote erzählt. Er habe, schreibt Goethe, »einem alten Weibe, das mir am Wasser begegnete für einen Kr[eutzer] Birn abgekauft und habe solche wie ein anderer Schüler publice verzehrt. Nun gebe Gott bald Trauben und Feigen.« In der Bearbeitung des (1816) publizierten Textes der »Italienischen Reise« hat er aus der Reiseanekdote einen durchaus erotisierten Vergleich zwischen dem kalten Norden, aus dem er flüchtete, und dem Italien, das er erwartete, gewonnen: »Das Obst ist nicht sonderlich. Gute Birnen hab' ich gespeist; aber ich sehne mich nach Trauben und Feigen.«[52] Das Stichwort von Goethes Sinnlichkeit hat in Weimar auch deswegen Aufsehen und Skandal erregt, weil sich Herder (nach seiner auf den Spuren Goethes unternommenen Italienreise, 1788/89) entschieden gegen dessen sensualistisches Italien-Bild wandte und einen Weg suchte, der Goethes Egoismus gerade entgegengesetzt war. »Wo alles sinnlich ist«, schrieb er am 10. Februar 1789 aus Neapel an seine Frau, »wird man unsinnlich; man sucht mit der Seele etwas, das man mit den Sinnen nicht findet.« In diesem Zusammenhang wird ihm dann auch Goethes Italien-Enthusiasmus verdächtig, obwohl er selbst von Goethes Erfahrung so weit nicht entfernt ist, wie er sich dies dachte. Herder hat sich aber, um der eigenen Identität gewiß zu sein und um Goethes »Fleischeslust« zu konterkarieren, (in seiner Italien-Erfahrung) geradezu zum Gegenbild Goethes stilisiert. Das Bekenntnis der Enthaltsamkeit, das er Caroline gegenüber ablegt, trägt starke Spuren einer angefochtenen Sinnlichkeit in sich: »[...] denn das andre Ding ist der Mühe nicht wert, oder es hat zuviel Gefahren für Seele und Körper. Überhaupt ist die Armut und die Gebundenheit ein großer Sittenwächter, wenn es auch sonst nichts wäre.« Goethe war, im Sinne Herders, weder arm noch gebunden, als er nach Italien kam. Er konnte ganz der eigenen Empfindung leben und entdeckte daher in Italien eine neue Welt auch in sich selbst. »Was du über Göthe schreibst«, schreibt Herder an seine Frau im gleichen Brief aus Neapel, »ist ganz wahr: meine Reise hieher hat mir seine selbstige, für andre ganz u. im Innern unteilnehmende Exsistenz leider klärer gemacht, als ichs wünschte. Er kann indessen nicht anders: laß ihn machen; es tut wehe, es zu fühlen, daß man einen angenehmen Traum verloren habe, u. doch ists besser wachen als träumen.«[53]

Goethe hat, in nicht ganz so schroffem Gegensatz zu Herder, wie dieser meinte, in Italien die bloß »gedachte« Kunst abzustreifen versucht, er wollte das abstrakte Kunst- und Weltverhältnis und damit auch das abstrakte Liebesverhältnis verändern, er hat gleichsam die Fesseln des platonischen Höhlenbewohners gesprengt. Goethe wollte die Kunst der Alten an Ort und Stelle erfahren, *in concreto*, nicht als eine angelesene Kunsterfahrung *in abstracto*. So hat er diese Kunst unter dem Himmel gesucht, unter dem sie entstanden ist, in dem Volk, in dem sie (vielleicht) noch lebte, und in dem Genuß, den sie versprach. Vielleicht hat Goethe tatsächlich erst auf der italienischen Reise erfahren, was sexuelle Liebe bedeutet und was sie zu schenken vermag, jedenfalls hat er eine Kunsterfahrung gemacht, die dem Weimarer Platonismus und seiner Ethik strikt entgegengesetzt war. »Nicht von It[alien] vergleichungsweise zu sprechen«, »Nicht von der Kunst in abstracto«[54] ist in den Reisenotizen von 1788 zu lesen. Deshalb hat er – wie Terence James Reed richtig erkannte – in den nach dem Aufenthalt in Italien entstandenen »Römischen Elegien« mit einer langen, im Verhältnis zu Charlotte von Stein durchaus präsenten, europäischen Dichtungstradition gebrochen, die seit dem Minnesang des 12. Jahrhunderts das »Gefühl aus der Nicht-Erfüllung ableitet«[55]. In den »Römischen Elegien« hat Goethe das Gefühl aus erotisch-körperlicher Erfüllung des Liebestraumes abgeleitet.

Das Schönheits- und das Liebesideal, das Goethe auf der italienischen Reise gefunden hat, ist das Ideal einer poetisch-ästhetischen Sittlichkeit, die er in der Zusammenarbeit mit Schiller, nach der Rückkehr aus Italien, entfaltet und ausgestaltet hat. Dieses Sittlichkeitsideal steht in Gegensatz zu Herders Verständnis von Kunst als einem Objekt, das seine Sittlichkeit aus der Abgrenzung gegenüber der Wirklichkeit enthält. So ist es nicht verwunderlich, daß Goethes Freundschaft zu Schiller, in der das Prinzip der Autonomieästhetik formuliert wird, das die Grenzen von Leben und Kunst verwischt, dann kenntlich an die Stelle der Freundschaft zu den Herders und zu Charlotte von Stein getreten ist. Goethe hat gegen Ende des klassischen Jahrzehnts, 1805, im Todesjahr Schillers, aber noch in Zusammenarbeit mit dem Freund, in einer Schrift über Johann Joachim Winckelmann die Summe aller Erfahrungen gezogen, die mit der italienischen Reise begonnen hatten und in der Freundschaft mit Schiller entfaltet wurden. Diese Schrift stellt das »anthropische Prinzip«, den Entwurf und das Ziel des Kosmos vom fühlenden Menschenherzen aus, in einer kühnen und tatsächlich »heidnischen« Wendung dem neuen Jahrhundert als Leitthese voran. Diese versucht, die Einheit von Sittlichkeit und Sinnlichkeit, von Schönheit und Körperlichkeit als ein ästhetisches, heidnisch-antik und daher sinnenfroh gedachtes Grundprinzip zu etablieren. Das mit Reflexionsvermögen begabte Wesen, der Mensch, ist in dieser Apotheose des »anthropischen Prinzips« Fluchtpunkt des Weltalls, das, »wenn es sich selbst empfinden könnte, als an sein Ziel gelangt aufjauchzen und den Gipfel des eigenen Werdens und Wesens bewundern« würde. »Denn wozu dient alle der Aufwand von Sonnen und Planeten und Monden, von Sternen und Milchstraßen, von Kometen und Nebelflecken, von gewordenen und werdenden Welten, wenn sich nicht zuletzt ein glücklicher Mensch unbewußt seines Daseins erfreut?«[56] Das ist ein gewaltiges und stolzes Wort, die Klimax des »anthropischen Prinzips«. Dieses Wort meint nicht mehr die feierliche Protestation des inmitten der im Staub liegenden, verkleideten Büßer vor dem römischen Reliquienaltar einsam und freien Antlitzes stehenden Individuums, das sich sogar durch die feierliche Exkommunikation der Ketzer in seinem Selbstsein bestätigt fühlt.[57] In dem von Goethe bewußt als »unbewußt« bezeichneten Augenblick des Glückes und des Genusses (Zentralbegriffen der »Italienischen Reise«) umhüllt ein Hauch von Tragik den modernen Text. Denn er meint den Protest des seiner selbst und seiner Bestimmung zum Glück bewußt gewordenen Menschen gegen das ihm bereitete Schicksal. Der Humanitätsbegriff der Winckelmann-Schrift definiert das Ideal des »schönen Menschen« als »das letzte Produkt der sich immer steigernden Natur« und weist der Kunst eine existentiell verbindliche, die bisher gültigen Schranken zwischen Fiktion und Wirklichkeit aufhebende, Fähigkeit zu. »Denn genau genommen kann man sagen, es sei nur ein Augenblick, in welchem der schöne Mensch schön sei.«[58] Die Kunst erst verleiht diesem Augenblick Dauer, »vergöttert [den Menschen] für die Gegenwart, in der das Vergangene und Künftige begriffen ist«.

Das vordarwinische Entwicklungsdenken also, wie es in Goethes Werk faßbar wird, hat das Kunstwerk deshalb in den Mittelpunkt des Denkens gerückt, weil es, ganz auf den Menschen hin orientiert, die Idealgestalt des menschlichen Körpers als den Gipfel natürlicher Entwicklung vorgestellt hat. Höchste Schönheit wurde in selbstbewußter Natur gefunden. Im Kunstwerk, zumal in der bildenden Kunst, war diese Natur veredelt und in Vollendung wiederzufinden. Denn dort war ihr Dauer geschenkt. Von modernen Evolutionstheorien unterscheidet dieses Denken die Konzentration auf das »Rein-Menschliche« und damit auf die Prävalenz der ästhetischen vor der intellektuellen Kultur. Steven Weinberg hat 1993 darauf hingewiesen, daß auf dem Hintergrund des Fortschritts der naturwissenschaftlichen Entdeckungen, weit vor den Beginn menschlichen Lebens zurück, die Kontingenz des menschlichen Daseins wieder zunimmt, daß es im kalten Prozeß von Evolution und natürlicher Selektion nur ein humanes Element zu geben scheint: den Prozeß der Entdeckung dieser Evolution, den Prozeß von Kunst und Wissenschaft.

Goethe hat in Italien alles gefunden, wovon er geträumt hatte. Schon in Venedig ist in seiner Beschreibung von »Volk« und greifbarem »Labyrinth« und »Meer« diese Fülle der Erfahrung präsent. Goethe stürzte sich in das Labyrinth der Stadt wie in das Labyrinth seines eigenen Inneren, er berührte die Wände der Gassen und befreite sich aus diesem Labyrinth auf der Woge des Meeres und den Wogen des

Volkes. Im Labyrinth fand er zwar noch immer das Bild der Geliebten, an die er schrieb, der er als einer anderen Ariadne alles beschrieb, was ihm begegnete, aber dieses Bild war jetzt nur das Gegenüber, das er brauchte, um sich selbst zu finden, um die Kluft der Weimarer Jahre zu überbrücken. Charlotte von Stein hat diese gravierende Wandlung in Goethes Kunst- und Wirklichkeitsverhältnis bemerkt. Noch vor der Ankunft von Goethes Tagebüchern hat sie nach Rom geschrieben, daß sie die Zeugnisse ihrer Liebe zurücknehmen wolle, daß ihre Erziehung wohl vergeblich gewesen sei, weil hier einer seine Erziehung nun in eigene Hände nehme. »Dein Zettelchen hat mich geschmerzt«, schrieb Goethe am 13. Dezember 1786 aus Rom an Charlotte von Stein, »aber am meisten dadrum, daß ich dir Schmerzen verursacht habe. Du willst mir schweigen? du willst die Zeugniße deiner Liebe zurücknehmen? Das kannst du nicht ohne viel zu leiden, und ich bin schuld daran.«[59] In Italien, schrieb Goethe dann trotzdem am Ende dieses Monats nach Weimar, werde er ein völlig neues Fundament seines Lebens und Schaffens legen, die alten Fundamente abbrechen, weil sie brüchig und schlecht gelegt seien.[60] Jetzt also war Charlotte von Stein nicht mehr die Führende in dieser Beziehung, jetzt ging es um den »heiligen Egoismus« des Künstlers, der Freiheit und Schönheit über Liebe und Treue und gesittetes Benehmen stellte, dem das Werk wichtiger wurde als das Leben. Er fügte Schmerz zu, um aus diesem Schmerz Kunst zu gestalten. Er konstruierte, indem er zerstörte und alle bisherigen Formen seines Lebens und Schaffens zerbrach.

So hat Goethe in Italien, durch die Erfahrung des südlichen Himmels und südlicher Menschen, seinem Werk eine Tiefendimension gewonnen, die auch die Erfahrung der Todesnähe umfaßte. Wer die platonisch-schattenhafte Form des Lebens mit Gewalt zerbricht, schaut in ein Licht, das dem Tode verschwistert ist. Nach Schillers Tod hat Goethe in der geduldigen Montage mythischer Welten mit der Erfahrung des Alterns auch die Erfahrung des Todes näher an sein Leben herangeholt, bis er in der Marienbader Elegie unter ihr fast erlegen ist. 1784 hatte er an Frau von Stein geschrieben, sie werde sich gewiß freuen, wenn ihr »Geliebter mit neu ausstaffiertem Kopfe und altem beständigen Herzen« von der Braunschweiger Reise mit dem Herzog zurückkehre.[61] *Jetzt* kehrte er mit neu ausstaffiertem Kopfe und mit einem neuen Herzen zurück. Als er am 18. Juni 1788 wieder in Weimar ankam, erschien er wie einer, der dem Venusberg entstiegen war. Er hat seine alte Welt und diese hat ihn nicht mehr wiedererkannt.

1 Im vorliegenden Text setze ich mich nicht auseinander mit der unübersehbaren Forschungsliteratur zu Goethes Italienreise. Ich verweise jedoch auf die folgenden (informativen und hilfreichen) neueren Arbeiten zum Thema des Aufsatzes: Jochen Klauß: Charlotte von Stein. Die Frau in Goethes Nähe. Düsseldorf/Zürich 1997, 2. Auflage; Helmut Koopmann: Goethe und Frau von Stein. Geschichte einer Liebe. München 2003, 2. Auflage; Norbert Miller: Der Wanderer. Goethe in Italien. München 2002; Friedrich Sengle: Das Genie und sein Fürst. Die Geschichte der Lebensgemeinschaft Goethes mit dem Herzog Carl August von Sachsen-Weimar-Eisenach. Ein Beitrag zum Spätfeudalismus und zu einem vernachlässigten Thema der Goetheforschung. Stuttgart und Weimar 1993.
2 Hartmut Reinhart (Hg.): Johann Wolfgang Goethe: Das erste Weimarer Jahrzehnt. Briefe, Tagebücher und Gespräche vom 7. November 1775 bis 2. September 1786. Frankfurt am Main 1997, S. 364 (Frankfurter Goethe-Ausgabe 2. Abteilung Bd. 2; nach dieser Ausgabe [FGA] wird fortan mit Angabe des Bandes und der Abteilung zitiert.
3 FGA 2. Abteilung Bd. 2, S. 367. Zu Mercks Zitat aus dem Brief der Mutter vgl. den Kommentar ebd. S. 947.
4 Werner Greiling: Goethe als Weimarer Minister. In: Jürgen Voss (Hg.): Goethe im sozialen und kulturellen Gefüge seiner Zeit. Fünf Vorträge, gehalten am Deutschen Historischen Institut zu Paris. Bonn 1999, S. 128.
5 Zu Goethes Tätigkeit als »erster Mann« im Staate und zu Carl Augusts »Soldatenspielerei« vgl. Sengle, S. 51f.

6 Sengle, S. 75.
7 Vgl. FGA 2. Abteilung Bd. 2, S. 648: »Im Allgemeinen bin ich in diesem Augenblicke gewiß entbehrlich; und was die besondern Geschäffte betrifft die mir aufgetragen sind, diese hab ich so gestellt, daß sie eine Zeitlang bequem ohne mich fortgehen können; ja ich dürfte sterben und es würde keinen Ruck thun.«
8 Ebd. S. 648 f.
9 Karl Eibl (Hg.): Johann Wolfgang Goethe: Italien – Im Schatten der Revolution. Briefe, Tagebücher und Gespräche vom 3. September 1786 bis 12. Juni 1794. Frankfurt am Main 1991, S. 647 (FGA 2. Abteilung Bd. 3). Zu Goethes Verhältnis zum Krieg vgl. u.a. Hans Reiss: Goethe über den Krieg. Zur *Campagne in Frankreich*. In: ders.: Formgestaltung und Politik. Goethe-Studien. Würzburg 1993, S. 226–249; Dieter Kühn: Goethe zieht in den Krieg. Eine biographische Skizze. Frankfurt am Main 1999.
10 Vgl. Sengle, S. 66.
11 Zu Goethes Werben um den musischen Herzog von Gotha vgl. Sengle, S. 69 Anm. 57.
12 Auch Miller spricht (S. 432) von Goethes »Pilgerfahrt nach Arkadien«.
13 Christoph Michel und Hans-Georg Dewitz (Hgg.): Johann Wolfgang Goethe: Italienische Reise, Teil 2. Frankfurt am Main 1993, S. 1049 f. (FGA 1. Abteilung Bd. 15,2).
14 FGA 2. Abteilung Bd. 3, S. 153.
15 Ebd. S. 147. Das Tagebuch der italienischen Reise für Frau von Stein (aus dem hier zitiert wird) liegt auch in einer gut lesbaren Faksimile-Edition vor: Johann Wolfgang Goethe: Reise-Tagebuch 1786 (Italienische Reise). Hgg. von Konrad Scheurmann und Jochen Golz mit Transkription von Wolfgang Albrecht. Mainz 1997.
16 FGA 2. Abteilung Bd. 3, S. 149.
17 Ebd. S. 13.
18 Wolfgang Frühwald (Hg.): Sonnenfinsternis und Schneesturm. Adalbert Stifter erzählt die Natur. Ein Lesebuch. Köln 2005, S. 367.
19 Auch ich in Arcadien. Kunstreisen nach Italien 1600–1900. Sonderausstellung des Schiller-Nationalmuseums. Ausstellung und Katalog Dorothea Kuhn unter Mitarbeit von Anneliese Hofmann und Anneliese Kunz. Marbach 1966, 3. Auflage 1986, S. 5 f.
20 Johann Caspar Goethe: Reise durch Italien im Jahre 1740. (Viaggio per l'Italia). Hg. von der Deutsch-Italienischen Vereinigung. Frankfurt am Main.

Übersetzt und kommentiert von Albert Meier. München 1986, 3. Auflage 1988).
21 Meier, S. 489. Brief von Johann Caspar Goethe an Johann Philipp Strekker aus Venedig im Juni 1740. Zum nachfolgenden Zitat vgl. ebd. S. 489–491.
22 Vgl. auch Goethes Brief an Herzog Carl August vom 3. November 1786. FGA 2. Abteilung Bd. 3, S. 153.
23 FGA 2. Abteilung Bd. 3, S. 116.
24 Vgl. Meier, S. 13–16. Zum »Purgatorium« vgl. ebd. S. 15. Zur Katholiken-Gesellschaft vgl. S. 14 f.: »Ich befand mich ausschließlich unter Katholiken, die mich für einen der ihren hielten, weil sie keine andere als ihre eigene Religion kannten.« Ähnlich noch die Erfahrung des katholischen Clemens Brentano im westfälischen Dülmen 1818. Meier betont zutreffend, daß das Hauptthema der *Viaggio* Johann Caspar Goethes »die Kritik am Katholizismus der Italiener« ist, »den der überzeugte Protestant nur als Aberglauben und intellektuelle Dumpfheit verstehen kann«, wobei er »die Religiosität als politisches Faktum auffaßt«.
25 Meier, S. 276. Das folgende Zitat ebd. S. 276 f.
26 Silvio Vietta und Richard Littlejohns (Hgg.): Wilhem Heinrich Wackenroder: Sämtliche Werke und Briefe. Historisch-kritische Ausgabe. Bd. II: Briefwechsel, Reiseberichte, Philologische Arbeiten etc. hg. von Richard Littlejohns. Heidelberg 1991, S. 204.
27 FGA 2. Abteilung Bd. 3, S. 12.
28 Andreas Beyer und Gabriele Radecke (Hgg.): August von Goethe: Auf einer Reise nach Süden. Tagebuch 1830. Erstdruck nach den Handschriften. München 1999, S. 149.
29 Bayerische Geschichte im 19. und 20. Jahrhundert 1800–1970. Erster Teilband: Staat und Politik. In Verbindung mit Dieter Albrecht, Ernst Deuerlein, Wolf D. Gruner, Hans Rall, Albert Schwarz, Ludwig Volk, Eberhard Weis hg. von Max Spindler. München 1974, S. 202 Anm. 1. Zum Streit um die Kniebeugungsordre vgl. ebd. S. 201 f.
30 Meier, S. 492.
31 Vgl. z.B. Beyer/Radecke, S. 179; vgl. auch ebd. S. 62.
32 Das Gespräch mit August von Goethe umfaßt das sechste Kapitel von Thomas Manns Exilroman. Vgl. Thomas Mann: Lotte in Weimar. Roman. Frankfurt am Main 1997, neu durchgesehener Text nach der Ausgabe von 1939, S. 240–244. In diesem Roman ist auch die Geschichte, wie Goethe die

Teilnahme seines Sohnes an den Freiheitskriegen verhinderte, historisch genau und poetisch ergreifend beschrieben (S. 173–183). Diese Geschichte ist insofern von Interesse, als Thomas Mann den Kriegsdienst seines (ältesten) Sohnes Klaus als Rettung aus dessen Verstrickungen in allerlei Lebensnöte gesehen hat. Die Kinder kannten die Ängste des Vaters nur zu gut.

33 Beyer/Radecke, S. 190 f. Das folgende Zitat ebd. S. 191.
34 Bericht vom 11. September 1830. Beyer/Radecke, S. 159.
35 Ebd. S. 170.
36 Ebd. S. 85.
37 Es ist die Andeutung von Augusts Mignon-Erfahrung. Beyer/Radecke, S. 176: »Ich wollte ihn kaufen und bot 10 Piaster aber der Junge wollte in kein anderes Land.«
38 Beyer/Radecke, S. 181.
39 Ebd. S. 184 f.
40 Ebd. S. 212. Die folgenden Zitate ebd. S. 213.
41 Vgl. das Nachwort zu der klug kommentierten Edition von Beyer/Radecke, S. 288.
42 »Ich hörte im Wandern sie singen / Die stille Gegend entlang: »Von schwindelnden Felsenschlüften, / Wo die Wälder rauschen so sacht, / Von Quellen, die von den Klüften / Sich stürzen in die Waldesnacht. // Sie sangen von Marmorbildern, / Von Gärten, die über'm Gestein / In dämmernden Lauben verwildern, /Palästen im Mondenschein [...]«. Harry Fröhlich und Ursula Regener (Hgg.): Joseph von Eichendorff: Gedichte. Erster Teil. Text. Stuttgart, Berlin, Köln 1993, S. 34.
43 Vgl. die Fassung des später so bezeichneten Mignon-Gedichtes im 1. Kapitel des 4. Buches von »Wilhelm Meisters theatralischer Sendung«, dessen dritte Strophe nachfolgend zitiert wird. Johann Wolfgang Goethe: Wilhelm Meisters theatralische Sendung, Wilhelm Meisters Lehrjahre, Unterhaltungen deutscher Ausgewanderten. Hgg. von Wilhelm Voßkamp und Herbert Jaumann. Unter Mitwirkung von Almuth Voßkamp. Frankfurt am Main 1992, S. 181 (FGA 1. Abteilung Bd. 9).
44 FGA 1. Abteilung Bd. 9, S. 182.
45 Johann Wolfgang Goethe: Dramen 1776–1790. Unter Mitwirkung von Peter Huber hgg. von Dieter Borchmeyer. Frankfurt am Main 1988, S. 1330 (FGA 1. Abteilung Bd. 5).
46 Ebd. S. 1331.
47 Ebd. S. 1332.

48 Ebd. S. 624. Das folgende berühmte Zitat unter den Entwürfen ebd. S. 1341.
49 FGA 1. Abteilung Bd. 15,1. S. 249 (Text überschrieben: »Palermo den 3. April 1787«). Der Maler Adalbert Stifter hat in der autobiographischen Erzählung »Aus dem bairischen Walde« eine ähnliche, an Claude Lorrain geschulte Seherfahrung (im nördlichen Süden) geschildert, den Blick vom »Sesselfels« bis zum Isartal und zur Alpenkette vom Pinzgau bis zum Schneeberg in Unterösterreich: »Und über allem ist der feeige Duft und Schmelz der Luft, der ausgedehnte Landschaften so unsäglich anmutig macht, und den der Pinsel so selten erreicht, wenn es nicht etwa Claude Lorrain gelungen ist, der aber nie so große Dehnungen gemalt hat.« Stifter: Sonnenfinsternis und Schneesturm, S. 347.
50 FGA 2. Abteilung Bd. 3, S. 122. Brief Goethes an Frau von Stein aus Venedig am 14. Oktober 1786.
51 Diese Behauptung steht nicht unbedingt in Widerspruch zu Helmut Koopmanns Beobachtung (S. 208 ff.), daß Charlotte von Stein in diesem Tagebuch idealisiert und sakrifiziert, »zur Zuschauerin [von Goethes] Lebensabenteuern« gemacht wurde. Diese Rollenzuschreibung einer Zuschauerin nämlich enthält ein enorm sinnliches Element.
52 Christoph Michel und Hans-Georg Dewitz (Hgg.): Johann Wolfgang Goethe: Italienische Reise. Teil 1. Frankfurt am Main 1993, S. 606 und 13 (FGA 1. Abteilung Bd. 15,1). Vgl. dazu auch Johann Gottfried Herder: Italienische Reise. Briefe und Tagebuchaufzeichnungen 1788–1789. Hgg., kommentiert und mit einem Nachwort versehen von Albert Meier und Heide Hollmer. München 1989, S. 629.
53 Meier/Hollmer, S. 334. Vgl. auch ebd. S. 628 ff. die informative Entwicklungsgeschichte des sensualistischen Denkens in Europa und der damit in Zusammenhang stehenden empfindsamen Kunstreise nach Italien.
54 FGA 2. Abteilung Bd. 3, S. 411.
55 Terence James Reed: Die klassische Mitte. Goethe und Weimar 1775–1832. Stuttgart, Berlin u.a. 1982, S. 67.
56 Winkelmann und sein Jahrhundert. In Briefen und Aufsätzen hg. von Goethe. In: Friedmar Apel (Hg.): Johann Wolfgang Goethe: Ästhetische Schriften 1806–1815. Frankfurt am Main 1998, S. 179. (FGA 1. Abteilung Bd. 19). Hans Joachim Schrimpf hat (in der Hamburger Goethe-Ausgabe, Bd. 12, 1956, S. 597) darauf hingewiesen, daß das Idealbild der Antike, das Goethe in dieser Schrift entwirft, deutlich »gegenromantische, ja, gegen-

christliche Züge« trägt. Vgl. auch den Abschnitt »Katholizismus« in der Winckelmann-Schrift (FGA 1. Abteilung Bd. 19, S. 185–187), aus dem hervorgeht, daß Goethe (mit Winckelmann) die Konfessionskonflikte als politische Differenzen verstanden hat.

57 Johann Caspar Goethe hielt sich während der Karwoche 1740 in Rom auf, während der Vakanz des Heiligen Stuhls. Papst Clemens XII., der u.a. die Mitgliedschaft bei den Freimaurern verboten hatte, starb am 6. Februar 1740. Sein politisch geschickterer Nachfolger Benedikt XIV. wurde am 17. Juli 1740 inthronisiert. Vgl. Meier, S. 177: »Eine andere Feierlichkeit in diesem Gotteshaus [dem Petersdom in Rom] besteht in der mit großem Gepränge durchgeführten Exkommunikation aller Ketzer; in diesem Jahr mußte man freilich davon absehen, weil hierzu die Anwesenheit des Papstes selbst erforderlich ist und ein Stellvertreter nicht genügt. Dank sei also dem Tod, der uns die Gunst erwiesen hatte, uns für ein ganzes Jahr vom päpstlichen Bann zu befreien.«
58 FGA 1. Abteilung Bd. 19, S. 183 f.
59 FGA 2. Abteilung Bd. 3, S. 192.
60 Ebd. S. 201.
61 Sengle, S. 66.

Friedrich Schiller – der Schwabe

Vorbemerkung

Schwäbisch wird gesprochen von östlich des Schwarzwaldes bis zum Lech, einem der rechten Nebenflüsse der Donau in Bayern. Es gibt aber innerhalb dieses Sprachgebietes bedeutende Aussprachedifferenzen und erhebliche Unterschiede bei den gebräuchlichen Redensarten. Die Lechschwaben zum Beispiel sprechen anders als die Oberschwaben und diese wiederum anders als die Württemberger Schwaben. »Heiligs Blechle« mag der Württemberger Schwabe fluchen oder mit Felix Hubys Kommissar Bienzle: »Du liabs Herrgöttle von Biberbach, wie händ di d' Mucke verschisse«, wo der Lechschwabe kurz und kräftig an »bluadige Hennakröpf« denkt. Doch daß Sommersprossen »Roßmucke« genannt werden, ist gemeinschwäbisch. Friedrich Schiller hatte rötliche Haare und daher, wie die Marbacher sich an seine Kindheitsbesuche bei den Großeltern in der Geburtsstadt erinnerten, »Roßmucke«.[1] So haben sie ihn in der Zeit nationaler Heroisierung auf jenes menschliche Maß reduziert, das Schiller selbst verkündet hat und das auch den folgenden sozialgeschichtlichen Anmerkungen zugrunde liegt.[2]

1. Die Mundart

In Marbach am Neckar am 10. November 1759 geboren, am Tag darauf in der evangelischen Alexanderkirche auf die Namen Johann Christoph Friedrich getauft, wuchs Schiller in einer schwäbischen Familie auf und wurde in Schwaben erzogen. Der Vater, Johann Caspar Schiller, bei der Geburt des Sohnes Leutnant in der württembergischen Armee, entstammte einer Bäcker- und Schultheißen-Familie aus Bittenfeld im Amt Waiblingen. Später (seit 1775) hat er Lebenskraft und Phantasie der Baum- und Obstzucht gewidmet, seinem

Lebenswerk hat der inzwischen berühmte Sohn 1795 den Weg in die Öffentlichkeit geebnet.[3] Die Mutter Friedrich Schillers, Elisabeth Dorothea, war die einzige Tochter des Marbacher Bäckers und Wirts im Gasthof »Zum goldenen Löwen« Georg Friedrich Kodweiß.[4] Es ist nicht anzunehmen, daß in dieser Familie eine andere als die schwäbische Mundart gesprochen wurde. Daß Friedrich Schiller schwäbisch gesprochen hat, ist nicht nur durch den Bericht des Vaters bezeugt, der sich noch nach zwanzig Jahren der »zarten Entwicklungen der ersten Begriffe« bei seinem Sohn erinnerte. Als der kleine Fritz zum ersten Mal den Neckar gesehen hatte, habe er von nun an jedes Bächlein im Diminutiv ein »Neckarle« genannt.[5] Vielleicht zeigte sich schon damals die Anlage zur Logik, die nach Ernst Bloch Schillers »Teil wie keines anderen« gewesen ist.[6]

Der in Ludwigshafen geborene, also durchaus mundarterfahrene Ernst Bloch meinte, Schillers »Melodie der Logik« sei noch unerforscht, »auch von der Barockoper durchkreuzt, die Schiller ebenso wesentlich war«. Das von Bloch gerügte Pathos der Schillerschen Antithese freilich ist so ölig nicht, wenn die Antithese schwäbisch intoniert wird: »Was man von der Minute ausgeschlagen, / Gibt keine Ewigkeit zurück.« In Blochs Freundeskreis, zu dem bekanntlich auch der Berliner Walter Benjamin und der Augsburger Bertolt Brecht gehörten, wurde »das Volkshafte«[7] und damit das Mundartliche genau analysiert und als ein dramatisches Kunstmittel, jenseits naturalistischer Idio-, Psycho- und Soziolekte, studiert. Schiller habe die Aristokratie »nicht nur aus Unkenntnis ihrer Sprachart nicht darstellen [können], man denke nur an die Szene zwischen Elisabeth und Maria Stuart, von der Gräfin Imperiali im früheren Fiesco zu schweigen, sondern: es ist selbst in Schillers Damen und großen Herren viel buntbäurisches Barock«. Wie weit die natürliche Stützung der Sprache durch Mundart zu einem Kunstmittel ersten Ranges werden konnte, hat Walter Benjamin an der Dramensprache jener Autorin gezeigt, die sich bewußt »Marie Luise Fleißer aus Ingolstadt« genannt hat. Der kryptische oder auch offene und aufsässige Dialekt ihrer Dramenfiguren hat Naturalismus und Heimatkunst weit hinter sich gelassen. Bei ihr mache sich, sagt Benjamin, »das volkstümliche Sprechen auf den Weg [...], die Stufen der sozialen Redeleiter hinanzuklimmen, das ›feine‹, ›gehobene‹ Deutsch der herrschenden Klassen zu sprechen«. Ob freilich nicht schon in Schillers »Räubern« der sehr schwäbische Freiheitsdialekt der Rebellen »die Wände weichen« machte, »die sich zwischen den Klassen erheben«,[8] wäre erst noch zu prüfen. Thomas Mann, der notorische Lübecker, der für die »Buddenbrooks« in München Dialektstudien betrieben und sich dann an der Dialektfähigkeit seiner Kinder gefreut hat, meinte, daß das »Ewig-Knabenhafte« bei Schiller weit »in den Reifestand seines Künstlertums« hineingereicht habe, daß es »in seiner oft überschwunghaften Rhetorik, seiner kalkulierten Theatralik« stecke. Zum Beleg führt er eine imaginierte Szene vor, in der Schiller bei der Bühnenbearbeitung des »Egmont« Goethe zu überreden sucht, »daß in der Gefängnisszene, wo Egmont das Urteil vorgelesen wird, Alba in einer Maske und in einen Mantel gehüllt im Hintergrund erscheinen solle«. Den heiteren Dialog um die Ablehnung dieses kindlichen Regieeinfalls aber hat Thomas Mann, der Dialekte idiomatisch nachahmen konnte, in hessischer und in schwäbischer Mundart geschrieben: »Man muß sich die ungleichen Freunde nur vorstellen: wie Goethe sich lachend auf frankfurterisch wehrt: ›Noi, noi, mein Bester, wo denke Sie hin, das ist ja greulich!‹ und Schiller auf schwäbisch – denn er schwäbelte unverbesserlich – insistiert: ›Aber ich schwör Ihne, es wird großen Effekt mache und dem Publiko recht in die Seele schneide!‹«[9]

Friedrich Schiller war ein Schwabe. Unverwechselbar, lebenslang, so ausdrucksstark, daß er die Klischees, die von den Schwaben im Umlauf sind, Fleiß, Erwerbstrieb, Häuslichkeit, Eigenbrötelei, Grundsatztreue, Freiheitsliebe etc., allesamt bestätigen könnte. Doch hat er jedes dieser Klischees gleichsam von innen her aufgebrochen und mit Leben erfüllt. Sein schwäbischer Tonfall, einen etwas »näselnden Ton« nannte der Schauspieler Johann Jakob Graff noch am 4. Juli 1803 diese Sprechweise,[10] hat ihm, zumal im sprachstolzen Herzogtum Sachsen-Weimar, oftmals geschadet. Die Kommentatoren von Schillers erstem Drama »Die Räuber« mußten zur Erklärung von Wörtern und Phrasen immer wieder Hermann Fischers »Schwäbisches Wörterbuch« heranziehen.[11] Schwäbische Intonation und Wortwahl, verbunden mit dem »altschwäbischen«, in Schillers Elternhaus gepflegten Bibel-Pathos,[12] haben Vorlesungen Schillers aus eigenen Stücken gelegentlich zu einem Fiasko gemacht. Schillers mangelnde Vorlesekunst hätte die Aufführung der »Verschwörung des Fiesco zu Genua« in Mannheim 1782 beinahe verhindert.[13] Goethe hat sich über solche Vorlesungen allerdings nie beschwert. Die Freundschaft war eng. Auch hatte Schiller 1793 gemeint, den Schwaben in sich »ganz abgelegt zu haben«, ehe er sich in diesem Jahr, vor einer mit großen Hoffnungen verbundenen Reise in die Heimat, wieder zu regen begann: »Thüringen ist das Land nicht, worin man Schwaben vergessen kann.«[14]

Schiller also fühlte sich als ein Schwabe. Vielleicht hat er sich deshalb eines Landsmannes namens Hölderlin angenommen, der sich ihm 1793 in Ludwigsburg vorgestellt und den er dann als Hofmeister in das Haus der ihm noch immer zugeneigten Charlotte von Kalb empfohlen hatte. Der junge Mann mit den zum Zeichen der Selbstachtung lang gewachsenen Fingernägeln berichtete 1794 dem Freund Neuffer von einem unglücklichen Besuch bei Schiller in Jena. Er hat dabei »im Hintergrunde einen Fremden« kaum wahrgenommen, auch als dieser mit ihm über Frau von Kalb sprach und in der soeben von Schiller Hölderlin übergebenen »Neuen Thalia« blätterte, in der Hölderlins »Fragment von Hyperion« und das Gedicht »Das Schicksal« gedruckt worden waren. Kalt, fast ohne einen Blick begrüßte

Hölderlin den Fremden, dessen Namen er bei Schillers Vorstellung nicht verstanden hatte. Zu sehr war er von Schillers Gegenwart eingenommen. »Ich fühlt' es, daß ich über und über rot wurde. Hätt' ich gewußt, was ich jetzt weiß, ich wäre leichenblaß geworden.«[15] Der geheimnisvolle Fremde nämlich, dem Hölderlin auf seine Fragen nur einsilbig Auskunft gab, war Goethe. Dieser hat Hölderlin (den Schwaben) in der Folgezeit eher von oben herab behandelt, ihn als einen poetischen Schüler Schillers durch die Brille von dessen Gedankenlyrik gelesen und im Grunde nicht verstanden. Er hat an Hölderlins Gedichten nur die Ähnlichkeit mit den Gedichten des Freundes bemerkt, nicht dessen ureigenen, genialischen Ton eines schwäbischen Griechentums. Der Lobpreis der Heimat, wie er sich in den Oden und den Hymnen Hölderlins findet (etwa in den Oden »Heidelberg« und »Der Neckar«, in der Elegie »Stutgard« oder der Hymne »Die Wanderung«) war auch Schillers Sache nicht. Ihm waren Neckar und Donau nicht im gleichen Maße Schicksalsflüsse wie Hölderlin, er hing nicht wie Hölderlin der Geschichtslegende vom gemeinsamen (kaukasisch-pelasgischen) Ursprung der griechischen, der römischen und der germanischen Urvölker an. Hölderlin ist aus Jena im Frühsommer 1795 nach Nürtingen regelrecht entflohen.[16] In der enger gewordenen Lebensfreundschaft zwischen Goethe und Schiller gab es keinen Platz mehr für das von dem jungen Schwaben gewünschte Beziehungsgeflecht. Nicht zufällig zitiert Hölderlins Klagebrief der Trennung (1795) Philines bestürzendes Wort von der angenehmen Empfindung des Schauspielers, »sich am Eise zu wärmen«, aus Goethes Roman »Wilhelm Meisters Lehrjahre«.[17] »Es ist mir oft, wie einem Exulanten«, schrieb Hölderlin am 4. September 1795 aus Nürtingen an Schiller, »wenn ich mich der Stunden erinnere, da Sie sich mir mitteilten, ohne über den trüben oder ungeschliffenen Spiegel zu zürnen, worin Sie Ihre Äußerung oft nimmer erkennen konnten. / Ich glaube, daß dies das Eigentum der seltnen Menschen ist, daß sie geben können, ohne zu empfangen, daß sie sich auch ›am Eise wärmen‹ können. / Ich fühle nur zu oft, daß ich eben kein seltner Mensch bin. Ich friere und starre in dem Winter, der mich umgibt. So eisern mein Himmel ist, so steinern bin ich.«[18] Der letzte Satz nimmt jene zweite Hälfte des Lebens vorweg, die, nach der Erfahrung von Harmonie und Zusammensein, nach der kurzen Strecke des Glücks in der Liebe zu Diotima, die Zeit der Trennung und der Kälte, den Winter des Herzens beschreibt:

> »Mit gelben Birnen hänget
> Und voll mit wilden Rosen
> Das Land in den See,
> Ihr holden Schwäne,
> Und trunken von Küssen
> Tunkt ihr das Haupt
> Ins heilignüchterne Wasser
>
> Weh mir, wo nehm' ich, wenn
> Es Winter wird, die Blumen, und wo
> Den Sonnenschein,
> Und Schatten der Erde?
> Die Mauern stehn
> Sprachlos und kalt, im Winde
> Klirren die Fahnen.«[19]

Arnold Stadler hat dem viel interpretierten Gedicht einen neuen Ton abgewonnen, weil er »den See« landschaftlich zu deuten wagte als den Bodensee: »Hölderlins See. Auch er war nur auf der Durchreise, aber wie!«[20] Als Hölderlins Gedicht »Hälfte des Lebens« im »Taschenbuch für das Jahr 1805. Der Liebe und Freundschaft gewidmet« erstmals gedruckt wurde, war die Verbindung zu Schiller längst abgerissen, waren Schillers Leben und Hölderlins Geisteskraft dem Ende nahe.

Vielleicht gehören die Schwaben tatsächlich zu den »seltenen« Menschen, die sich »am Eise wärmen« können. Sie sind jedenfalls ein eigener und unverwechselbarer Menschenschlag. Sie heißen zum Beispiel, mit einem bei ihnen weit verbreiteten Familiennamen, »Teufel« und sind doch fromme Leute. Die Vornamen »Pius« oder »Pia« (also auf deutsch »der Fromme« oder »die Fromme«) sind im Schwäbischen keine Seltenheit, so daß es so schöne und sprechende Namenverbindungen wie »Pia Teufel« gibt.[21] Selbst die Mundartgrenzen werden im Schwäbischen mit christlichen Kernworten benannt und sind zugleich Konfessionslinien zwischen Katholiken und Protestanten. Die berühmte »Seele-Säle-Linie« gehört dazu. Wer sagt: »Der Lehrer gäht«, ist katholisch, wer sagt: »Der Lährer geht«, ist protestantisch. So einfach ist das bei den Schwaben (jedenfalls gelegentlich). Fromm sind die Schwaben allemal, aber vor allem grundsatzstark und aufmüpfig und überhaupt nicht kirchlich fromm, nicht autoritätsgläubig. Grundsatzstärke gehört zu ihrem Stammescharakter (wenn es so etwas überhaupt gibt), weshalb sie sich, oft ihres Glaubens wegen, familien- und dorf-, sogar regionenweise als Auswanderer in alle Länder der Welt zerstreuten und dort an den alten Bräuchen festhielten. Schiller gehörte (als Deserteur)[22] zu den schwäbischen »Auswanderern« des 18. Jahrhunderts aus dem vom Despotismus verwüsteten Württemberg.[23] Unvergeßlich und über die Jahrhunderte hin bedrückend ist der Bericht des alten Kammerdieners in »Kabale und Liebe« (1784), den er, selbstverständlich schwäbisch intoniert, Lady Milford über das Elend der in die britische Kolonialarmee verkauften Landeskinder gibt: »Noch am Stadttor drehten sie sich um, und schrieen: ›Gott mit Euch, Weib und Kinder – Es leb unser Landesvater – am jüngsten Gericht sind wir wieder da!‹«[24] Weil er im Herzogtum Württemberg nicht leben durfte, wie er wollte, vor allem, weil er nicht schreiben durfte, ist Schiller aus der Heimat und der württembergischen Armee geflohen. Wenn dem damaligen Herzog von Württemberg unter Hinweis auf seine Verantwortung für das Vaterland und die ihm anvertrauten Menschen die Verschwendungssucht verwiesen wurde, soll er geantwortet haben: »Was Vaterland! Das Vaterland bin ich!«[25] So wurde Schiller in Thüringen zu dem Dichter, als den wir ihn verehren.

2. Das Haus

Grundsatzstark sind die Schwaben, doch sind sie auch als geizig, als die Schotten Deutschlands verschrieen, vielleicht zu Unrecht, doch wer kein eigenes Haus besitzt, gilt wenig bei ihnen. Die Schwaben sind fleißig, sparsam und geschäftstüchtig,[26] aber nicht geizig. Und jener redensartliche Grundsatz des »Schaffe, schaffe, Häusle baue!« ist eine schwäbische Lebensregel, die auch Schillers ganzes Leben, trotz eines zunächst recht laxen Umgangs mit Geld, begleitet hat. Als es ihm drei Jahre vor seinem Tod (1802) gelungen war, ein eigenes Haus (in Weimar) zu erwerben, schrieb er an den Verleger Göschen, er habe sich »dieser Tage endlich einen alten Traum realisiert, ein eigenes Haus zu besitzen«.[27] Schließlich mußte er zeit seines Lebens den größten Teil des Lebensunterhaltes für sich und eine große Familie, mit zuletzt vier Kindern, mit der Feder, durch Schriftstellerei, verdienen. Sein zäher, lebenslanger Kampf um Titel, Adelsrang, Gehalt und Eigentum ist ebenso schwäbisch, wie er bürgerlich ist. 1790 hat Schiller geheiratet, nachdem er sich zuvor den Titel eines Meiningischen Hofrates und eine Professur in Jena und immerhin ein fixes Jahresgehalt von 200 Reichstalern erkämpft hatte. Der Zuschuß zu den Lebenskosten, den er von seiner Schwiegermutter von nun an über viele Jahre hin erhielt, hat das Leben der rasch wachsenden Familie Schiller bedeutend erleichtert. Der Kampf um größere Wohnungen, wo er dem Kindergeschrei ausweichen konnte, das Ringen um gesündere, weniger feuchte Räume, um ein Sommer- und ein Winterquartier, wie es damals üblich war, begleitete Schillers ganzes, kurzes Eheleben. 1794, nach der acht Monate dauernden Schwaben-Reise, wohnte er mit der Familie zunächst wieder in der Stadt Jena (Unterm Markt Nr. 1). Am 13. April 1795 zog er in die größere Wohnung im Griesbachschen Haus in Jena (Schloßgasse Nr. 17).[28] Am 7. Februar 1797 schrieb er an Goethe, wie sehr ihn die Überlegungen zum Kauf eines Gartenhauses (mit Garten) von seiner Arbeit am »Wallenstein«-Drama ablenkten: »[...] da mir von der einen Seite ein Garten, den ich im Handel habe, und von der andern eine Liebesszene in meinem zweiten Akt den Kopf nach sehr verschiedenen Richtungen bewegen [...].«[29] Am 16. März 1797 hatte er es dann erreicht: er kaufte ein Gartenhaus in Jena, in das er am 2. Mai dieses Jahres mit seiner Familie einzog. Am 3. Dezember 1799 schließlich gelang es ihm, nach Weimar umzuziehen, zunächst wieder in eine Mietwohnung in der Windischengasse 71A. Dort begann der Kampf um das eigene Haus noch einmal. Erst am 19. März 1802 erwarb er das Weimarer Haus an der Esplanade (das jetzige Schiller-Haus). Am 29. April 1802, am Tag, an dem Schillers Mutter starb, zog die Familie Schiller in dieses neue Haus in Weimar ein.

Immerhin war das Jahresgehalt jetzt auf 400 Reichstaler festgesetzt. Das Haus in Weimar hatte zehn solcher Jahresgehälter gekostet, war also nicht billig. 1804, als Schiller einen Ruf nach Berlin hatte und versucht war, dem großzügigen Angebot zu folgen, das eine Zusage von 3000 Reichstalern jährlich enthielt, wurde sein Jahresgehalt vom Herzog von Weimar noch einmal, auf 800 Reichstaler, verdoppelt. Die »Wallenstein«-Tragödie lag Schiller auch deshalb am Herzen, weil sie ihm Geld und Ehre zugleich brachte. 1799 sollten alle drei Stücke des Dramas, das Vorspiel (»Wallensteins Lager«) und das Duodrama (»Die Piccolomini« und »Wallensteins Tod«), in Bad Lauchstädt, dem Weimarischen Sommertheater, aufgeführt werden. Schiller stimmte zu, unter der Bedingung, daß ihm von den »Piccolomini« wie von »Wallensteins Tod« jeweils »die zweite Kassen-Einnahme akkordiert werde, denn ob ich mir gleich eine Ehre daraus gemacht habe und auch ferner machen werde, den Herrschaften in Weimar meine Stücke zu produzieren, so habe ich gegen ein anderes Publikum diese Rücksicht nicht und statt derselben muß also der Vorteil eintreten«.[30] 150 Reichstaler sandte ihm Franz Kirms, als Mitglied der Weimarer Hoftheaterintendanz Lauchstädter Intendant, am 26. August 1799 zu: »Ew. Wohlgeb. Meisterwerk hat von Halle und besonders von Leipzig eine Menge Gelehrte und Ungelehrte nach Lauchstädt in Bewegung gesetzt, und hat allgemeinen Beifall gefunden. Schade daß das Haus wenige Menschen fassen konnte.«[31] Im September des gleichen Jahres 1799 führten sich, wie Schiller sagte, die Musen noch einmal gut auf.[32] Für den »Wallenstein«, dessen zweiter Teil ja zum Geburtstag der regierenden Herzogin von Sachsen-Weimar am 30. Januar 1799 in Weimar uraufgeführt worden war, ließ ihm Herzogin Louise im September 1799 ein silbernes Kaffee-Service überreichen. Der Wert des Geschenkes wurde zu Schillers Vergnügen auf 25 Louisdors geschätzt.[33] Am 30. August 1803 wurde »Wallensteins Tod« in Gegenwart des schwedischen Königs in Weimar gespielt. Dieser schenkte Schiller einen Brillantring. Solche Geschenke hat Schiller verkauft, um seine Schulden zu tilgen. Der Verkauf des Brillantringes, den ihm die russische Kaiserin im November 1804 zum Präsent machte – ihre Tochter Maria Pawlowna hat damals den Erbprinzen von Weimar geheiratet und Schiller hatte zur Begrüßung des jungen Paares ein szenisches Huldigungsgedicht geschrieben –, erbrachte beim Verkauf im Dezember 1804 immerhin 500 Reichstaler, mehr als das frühere Jahresgehalt. Daß die Spenden für ein »Denkmal der Nationaldankbarkeit«, die durch einen Aufruf von Rudolf Zacharias Becker nach Schillers Tod gesammelt wurden, nicht für ein Standbild Schillers verwendet, sondern seiner Frau für die Ausbildung ihrer vier Kinder überwiesen wurden, war vermutlich ganz in Schillers Geist gehandelt.[34]

3. Die Ehe

Wie war das in Schillers Leben? Hat er tatsächlich so heroisch um den klaren poetischen Gedanken gerungen, wie sich das der 30jährige Thomas Mann in der Erzählung »Schwere Stunde« (1905) vorgestellt hat? Schiller hat, das ist unstrittig, sein Werk einem hinfälligen, von Schmerzen bis zur Ohnmacht gepeinigten Körper abgerungen. Doch hat er auch so heldenhaft pathetisch mit sich selbst gesprochen, wie dies Thomas Mann im Jahr von Schillers 100. Todestag vermutete?

»Stille herrschte im Hause. Nur der Wind war hörbar, der die Schloßgasse hinuntersauste, und der Regen, wenn er prickelnd gegen die Fenster getrieben ward. Alles schlief, der Hauswirt und die Seinen, Lotte und die Kinder. Und er stand einsam am erkalteten Ofen und blinzelte gequält zu dem Werk hinüber, an das seine kranke Ungenügsamkeit ihn nicht glauben ließ ... Sein weißer Hals ragte lang aus der Binde hervor, und zwischen den Schößen des Schlafrocks sah man seine nach innen gekrümmten Beine. [...] Nein, es mißlang, und alles war vergebens! Die Armee! Die Armee hätte gezeigt werden müssen! Die Armee war die Basis von allem! Da sie nicht vors Auge gebracht werden konnte – war die ungeheure Kunst denkbar, sie der Einbildung aufzuzwingen? Und der Held war kein Held; er war unedel und kalt! Die Anlage war falsch, und die Sprache war falsch, und es war ein trockenes und schwungloses Kolleg in Historie, breit, nüchtern und für die Schaubühne verloren!«[35]

Vielleicht herrschte damals tatsächlich Stille im Haus und nur der Wind rüttelte an den Fenstern. Schiller war wieder einmal spät am Tage aufgestanden und hatte sich gequält mit dem neuen Stück, dem »Wallenstein«, bis ihm eingefallen war, die Soldaten singen zu lassen, einzeln, im Wechselgesang und im Chor, um Lageratmosphäre zu erzeugen, jene Atmosphäre des Riesenheeres der 60.000 Soldaten, die dem Befehl des Feldherrn, Wallensteins, des Herzogs von Friedland Befehl, nicht dem des fernen Kaisers gehorchten. »Und setzet ihr nicht das Leben ein / Nie wird euch das Leben gewonnen sein«, singen die Soldaten.[36] Es wurde eines der bekanntesten deutschen Reiterlieder und, ganz im Gegensatz zu Goethes nihilistischem Soldatengesang, mit der Melodie von Christian Jakob Zahn schon in den Befreiungskriegen populär.[37] Doch jetzt war das Lied verklungen. Der Regen trommelte laut an die Fensterscheiben. Schiller blinzelte zum Schreibtisch hinüber: die Federn waren schlecht geschnitten, die Tinte war trocken, es war, als ob der Streusand zum Trocknen der Schrift in das Räderwerk seines Geistes geraten war. »Das Werk!« – dachte Schiller (oder dachte er nur: »Heut bin i näba der Kapp«?) und trank seinen kalten Kaffee und gleich darauf ein Glas starken Likörs, öffnete die Schublade, atmete tief durch, roch den vertrauten Geruch des faulenden Apfels und nahm eine Prise Schnupftabak. Das Schnupfen versagte er sich in Goethes Gegenwart, auf den Kaffee wollte er, entgegen Goethes Rat, nicht verzichten. Er wußte, daß Goethe den Kaffee ein Hurengetränk gescholten hatte; er wußte vielleicht sogar, daß Goethe die schlechte Laune der Frau von Stein, als sie die Liaison mit Christiane Vulpius entdeckt und ihn zur Rede gestellt hatte, ihrem übermäßigen Kaffeegenuß zugeschrieben hatte. So steht es jedenfalls in dem berühmten Scheidebrief zwischen Goethe und Charlotte von Stein vom 1. Juni 1789 zu lesen, auf den die Empfängerin (Charlotte von Stein) nur das durch die Zeiten schallende, erstaunte und verletzte »O!!!« (mit drei Ausrufezeichen) geschrieben hatte, jenen sonderbaren, letzten, persönlichen Laut zwischen zwei großen Liebenden der Weltgeschichte. »Unglücklicher Weise hast du schon lange meinen Rat in Absicht des Caffees verachtet und eine Diät eingeführt, die deiner Gesundheit höchst schädlich ist«, hatte Goethe in diesem beleidigenden Brief geschrieben.[38]

Bei ihm (Schiller) duldete Goethe das Kaffeetrinken, er wußte wohl, daß es für ihn Medizin war, daß durch Kaffee sein Kreislauf angeregt wurde, daß er wieder durchatmen konnte. Der Katarrh, der Schnupfen (Schiller sagte vermutlich: »des äwige Rotzle«), die Schwabenkrankheit[39] saß ihm in den Knochen, zwang ihn, durch den Mund zu atmen und der häufigen Halsentzündung den Weg zu ebnen.

»Lotte und die Kinder« schliefen, heißt es bei Thomas Mann. Schliefen sie wirklich an jenem Oktobertag des Jahres 1796? Vielleicht schlief der in diesem Jahr dreijährige Karl, das älteste Kind der Schillers. Der am 11. Juli 1796 geborene Ernst schlief wohl nur unruhig. Bei der Mutter konnte sich das Kind nicht satt trinken, eine Amme konnten sich die Eltern nicht leisten. So wimmerte der Kleine vor sich hin, er hatte Hunger. Aber das leise Weinen des Kindes war das richtige Hintergrundgeräusch für das Lagerleben von Wallensteins Armee. Dort werden die Soldatenbuben in die Feldschule gescheucht, damit endlich Ruhe ist im Lager, in dem sie toben und schreien und raufen und spielen. »Wir haben eine gute Amme ausfindig gemacht«, schrieb Schiller kurz vor der Geburt seiner Tochter Caroline an seine Mutter am 8. Oktober 1799, »ohne eine solche hätten wir das Kind nicht mehr aufzuziehen gewagt, denn der kleine Ernst hat zwei ganze Jahre gebraucht um sich von seiner Schwächlichkeit zu erholen, und hat uns manchmal durch gefährliche Zufälle in Schrecken versetzt.«[40] Wenn Schiller an seine Frau dachte in der von Thomas Mann beschriebenen Nacht der Krise, dann dachte er nicht, wie der Erzähler meinte, an seine »Lotte«, sondern an seine »liebe Lolo«, seine »gute Maus«, an sein »Liebes«, sein »liebes Kind«, denn so hat er Charlotte in seinen Briefen genannt. Und vielleicht dachte er auch daran, wie verschieden seine Ehe doch von der Gewissensehe des Freundes Goethe war, wie geächtet des Freundes Lebenspartnerin von der Weimarer Gesellschaft war, wie das Odium des unehelichen Kindes – auch wenn es Goethes Kind war – an ihr haftete. Er wußte, daß im Herzogtum auf uneheliche Schwangerschaft Strafe stand und Goethe diese Bestrafung von Christiane nur mit Mühe hatte abwenden können. Selbst in dem großen Brief an die Gräfin Schimmelmann, in dem Schiller am 23. November 1800 (es war ein Sonntag) den Freund gegen alle Unterstellungen und üblen Nachreden durch dick und dünn verteidigte, mußte er bei den »häuslichen Verhältnissen« Goethes Abstriche machen: »[...] leider ist er [Goethe] durch einige falsche Begriffe über das häusliche Glück und durch eine unglückliche Ehescheue in ein Verhältnis geraten, welches ihn in seinem eigenen häuslichen Kreise drückt und unglücklich macht, und welches abzuschütteln er leider zu schwach und zu weichherzig ist. Dies ist seine einzige Blöße, die aber niemand verletzt als ihn selbst und auch diese hängt mit einem sehr edlen Teil seines Charakters zusammen.«[41]

An seine Frau dachte Schiller und dann wohl daran, wie glücklich er war, sie gefunden zu haben, nachdem er den Traum, zu heiraten und eine Familie zu gründen, fast schon aufgegeben hatte. »Was ist jetzt mein Zustand oder was war er, seitdem du mich kennst?« hatte er noch am 20. Januar 1788 an seinen Freund Ludwig Ferdinand Huber geschrieben. »Eine fatale fortgesetzte Kette von Spannung und Ermattung, Opiumschlummer und Champagnerrausch. Habe ich, solange wir uns näher waren, dieses wohltätige Gleichgewicht genossen, das Körner selten verliert und du oft schon genossen hast? Und auf welchem andern Weg kann ich diese gleichförmige Zufriedenheit erhalten, als durch häusliche Existenz?«[42] Jetzt, acht Jahre später, glücklich verheiratet, Vater von zwei Kindern, versuchte er sich an Frauengestalten in seinem Werk, die, anders als die statuenhaften Abbilder der Antike in Goethes klassischen Dramen, anders als die sinnliche Gestalt der Philine in »Wilhelm Meisters Lehrjahren«, anders als die verführte Unschuld im »Faust«, anders als das sinnenfrohe Klärchen in Goethes »Egmont«, sittenstreng und liebesstark zugleich sein sollten. Er wollte Frauen erschaffen, die zu Tränen rühren *und* zum Nachdenken Anlaß sein sollten. Frauen sollten es sein, eigenständige Persönlichkeiten, charakteristisch weiblich und doch mehr als nur Angehörige ihres Geschlechts. Die liebenden Frauen vor allem versuchte Schiller jetzt darzustellen, in der Kraft einer Liebe, die den Tod überwindet. Als sentimentalischer Dichter, als den er sich selbst gesehen hat, geht er in dieser Darstellung über das Natürliche hinaus ins Idealische; er sucht die Alten zu übertreffen und Shakespeare zu erreichen. Im Brief an Wilhelm von Humboldt vom 17. Dezember 1795 rügt er die Defizite in den Frauendarstellungen der Antike: »Im Homer kenne ich keine schöne Weiblichkeit, denn die bloße Naivetät in der Darstellung macht es noch nicht aus. Seine Nausikaa ist bloß ein naives Landmädchen, seine Penelope eine kluge und treue Hausfrau, seine Helena eine leichtsinnige Frau, die ohne Herzenszartheit von einem Menelaus zu einem Paris überging [...]. In den Tragikern finde ich wieder keine schöne Weiblichkeit und eben so wenig eine schöne Liebe. Die Mütter, die Töchter, die Ehfrauen sieht man wohl, und überhaupt alle dem bloßen Geschlecht anhängige Gestalten, aber die Selbstständigkeit der reinen menschlichen Natur sehe ich mit der Eigentümlichkeit des Geschlechts nirgends vereinigt.«[43]

Dies eben hat er im »Wallenstein«, in der Liebe zwischen Thekla und Max Piccolomini, darzustellen versucht, die »schöne Liebe«, die Liebe als ein Stück aus dem von ihm erkannten Versöhnungspotential zwischen der Leib- und der Geistnatur des Menschen. Die Liebe nämlich hat teil an beiden Naturen, die Liebe ist ein Teil des Schönen. Daß sie nur »schön« ist, weil sie zerbrechlich ist, erfährt Schiller selbst, erfahren seine Figuren, die Frauengestalten zuerst. Doch geliebt zu haben heißt, Anteil gehabt zu haben am Schönen, heißt, sich als Mensch zu fühlen und gefühlt zu haben. Theklas Monolog im zwölften Auftritt des Vierten Aktes von »Wallensteins Tod« hat nicht nur die Zeitgenossen zu Tränen gerührt; es gibt kaum eine zeitgenössische Besprechung des »Wallenstein«, in dem Theklas Monolog, ihr Zwiegespräch mit dem toten Geliebten, der von den Rossen seiner Reiter zerstampft worden ist, nicht gerühmt worden wäre:

>»Sein Geist ist's, der mich ruft. Es ist die Schar
>Der Treuen, die sich rächend ihm geopfert.
>Unedler Säumnis klagen sie mich an.
>Sie wollten auch im Tod nicht von ihm lassen,
>Der ihres Lebens Führer war – Das taten
>Die rohen Herzen, und *ich* sollte leben!
>– Nein! Auch für mich ward jener Lorbeerkranz,
>Der deine Totenbahre schmückt, gewunden.
>Was ist das Leben ohne Liebesglanz?
>Ich werf' es hin, da sein Gehalt verschwunden.
>Ja, da ich dich den Liebenden gefunden,
>Da *war* das Leben etwas. Glänzend lag
>Vor mir der neue goldne Tag!
>Mir träumte von zwei himmelschönen Stunden.
>Du standest an dem Eingang in die Welt,
>Die ich betrat mit klösterlichem Zagen,
>Sie war von tausend Sonnen aufgehellt,
>Ein guter Engel schienst du hingestellt,
>Mich aus der Kindheit fabelhaften Tagen
>Schnell auf des Lebens Gipfel hinzutragen,
>Mein erst Empfinden war des Himmels Glück,
>In dein *Herz* fiel mein erster Blick!
>*Sie sinkt hier in Nachdenken, und fährt dann mit Zeichen des Grauens auf*
>– Da kommt das Schicksal – Roh und kalt
>Faßt es des Freundes zärtliche Gestalt
>Und wirft ihn unter den Hufschlag seiner Pferde –
>– Das ist das Los des Schönen auf der Erde!«[44]

Es sei »herrscherliche Virtuosität«, sagte Thomas Mann (1955) mit Bezug auf diesen stolpernden Jambus, mit der Schiller dem Vers gebiete. »›Untern‹ wäre unschön gewesen; und außerdem ist das Drüber und Drunter des Rhythmus lautmalerisch.«[45] Max Piccolomini fällt (für Zuschauer und Leser hörbar) unter die Hufe der Rosse seiner Reiterei. Bei der Uraufführung in Weimar am 20. April 1799 hat Caroline Jagemann, die Geliebte des Weimarer Herzogs, die Thekla gespielt und den Monolog vom Schicksal des Schönen auf der Erde gesprochen. Sie habe, schreibt sie in ihren Memoiren, ihre Rolle mit Zittern und Zagen empfangen, »als wenn in ihr die Entscheidung meines eigenen Schicksals enthalten wäre«. Schließlich war der Krieg 1799 nahe, russische Truppen kämpften in Oberitalien, und Weimar war nur durch Zufall bisher verschont. Über Maxens Tod im Gefecht, von dem der schwedische Hauptmann Thekla berichtet, habe sie »lange und bitterlich« geweint, schrieb Caroline Jageman. »Aber auf dem Theater benetzte ich das Grab des gefallenen Helden nur mit verhaltenen Tränen und erlaubte Wallensteins Tochter nur einmal, sich dem Schmerz maßvoll hinzugeben.«[46] Thekla sollte ihren Tod tief empfinden und gefaßt äußern. Wenige Monate später wohl (vermutlich im Oktober 1799) hat Schiller, während der Geist und Körper bedrohenden Wochenbett-Depression seiner Frau diesen Monolog noch einmal in den Versen der »Nänie«, als Trauerlied um den täglich befürchteten Tod von Charlotte Schiller, wiederholt und sein Schönheits- und Humanitätsdenken damit auf einen Höhepunkt geführt. Daß der Mensch zum Menschen wird durch die Reflexion des Sterbens, daß aus der Klage über den Tod Kunst entsteht, ist nirgendwo gültiger verzeichnet als in der Fülle der mythischen Gleichnisse in Schillers Todes-Elegie:

»Auch das Schöne muß sterben! Das Menschen und Götter
                                        bezwingt,
Nicht die eherne Brust rührt es des stygischen Zeus.

> Einmal nur erweichte die Liebe den Schattenbeherrscher,
> Und an der Schwelle noch, streng, rief er zurück sein Geschenk.
> Nicht stillt Afrodite dem schönen Knaben die Wunde,
> Die in den zierlichen Leib grausam der Eber geritzt.
> Nicht errettet den göttlichen Held die unsterbliche Mutter,
> Wann er, am skäischen Tor fallend, sein Schicksal erfüllt.
> Aber sie steigt aus dem Meer mit allen Töchtern des Nereus,
> Und die Klage hebt an um den verherrlichten Sohn.
> Siehe! Da weinen die Götter, es weinen die Göttinnen alle,
> Daß das Schöne vergeht, daß das Vollkommene stirbt.
> Auch ein Klaglied zu sein im Mund der Geliebten ist herrlich,
> Denn das Gemeine geht klanglos zum Orkus hinab.«[47]

Thomas Mann irrt, wenn er meint, das Erotische habe in Schillers Leben »keine schöpferische, Epochen bildende Rolle« gespielt, er habe schon bald Frieden mit ihm geschlossen im Hafen der Ehe, und das »große Abenteuer seines Lebens, seine Erfahrung der Passion, der leidenschaftlichen Anziehung und Abstoßung [...]« sei »eine Angelegenheit zwischen Mann und Mann«, zwischen ihm und Goethe gewesen.[48] Das ist *Thomas Manns* charakteristische Einfühlung in die Freundschaft zwischen Schiller und Goethe, nicht Schillers Empfinden. Der fand das Abenteuer der Liebe in der Ehe. Im Oktober 1799 saß er nächtelang am Bett seiner Frau, die in Fieberphantasien lag. »[...] heute nach der vierten Nacht, die ich binnen 7 Tagen durchwacht habe, finde ich mich doch sehr angegriffen«, heißt es im Brief an Goethe am 30. Oktober 1799.[49] Charlotte Schiller lag ohne Bewußtsein und ohne Sprache fast acht Wochen auf Tod und Leben: »Mit meiner Frau steht es leider noch ganz auf demselben Punkt, wie vor 3 Tagen und es ist noch gar nicht abzusehen, was daraus werden will. Seit vorgestern spricht sie keine Silbe; obgleich mehrere Umstände vermuten lassen, daß sie uns kennt und die Zeichen der Liebe erwidert, die wir ihr geben«, schreibt Schiller am

4. November an Goethe.⁵⁰ Erst Ende November gewann Charlotte Schiller »ihre Besinnung völlig wieder, auch ihre Kräfte nehmen täglich wieder zu, sie ist heiter und keine Spur des alten Zustands ist mehr übrig«, so ist im Brief an den Schwager Reinwald am 6. Dezember 1799 zu lesen.⁵¹ Schiller, der im »Lied von der Glocke«, kurz vor der für seine Frau fast tödlichen Geburt von Caroline, ein so stockkonservatives Bild⁵² der drinnen waltenden, im häuslichen Kreise weise herrschenden, »züchtigen Hausfrau« (also ein Bild des um diese Zeit sich auflösenden »ganzen Hauses«) gezeichnet hat, das schon die Romantiker zu einem etwas zu lauten Spott gereizt hat, versorgte immerhin, zusammen mit dem Hausmädchen Christine, den ältesten, jetzt siebenjährigen Sohn und das an Windpocken erkrankte jüngste, 10 Monate alte Kind, als sich Charlotte Schiller im Juni und Juli 1800 mit dem Sohn Ernst drei Wochen bei ihrer Mutter in Rudolstadt erholte. »Dem Karl fehlt es hier nicht an Zerstreuungen«, schrieb er am 4. Juli 1800 aus Weimar beruhigend an seine Frau, »er [...] wurde auch vorgestern zum Prinzen invitiert. Carlinchen bessert sich auch, es ist immer freundlich wenn man mit ihm spricht und wie Christine sagt so schläft es jetzt auch besser.«⁵³ Schiller blieb auch in Jena und Weimar ein häuslicher Schwabe, er kümmerte sich als Vater um seine Kinder, und niemand wird ihm das als Philistertum auslegen wollen.

4. Frauengestalten

Unter Erfahrungen des Todes und der Krankheit hat Schiller zwischen April 1799 und Juni 1800 »Maria Stuart« ausgearbeitet, eine der großen Frauentragödien der Weltliteratur.⁵⁴ Das Stück wurde am 14. Juni 1800 im Weimarer Hoftheater erstmals aufgeführt und 1801 gedruckt. In dieser fast mathematisch parallel gebauten Tragödie, in welcher der erste Akt der katholischen Königin von Schottland, Maria, der zweite der protestantischen Elisabeth von England gehört, begegnen sich die Königinnen genau in der Mitte des Dramas, im dritten Akt. Dann wiederum steht im vierten Akt Elisabeth im Vordergrund, und im letzten triumphiert Maria von Schottland im Tode. In der Begegnung der Königinnen, in ihrem hochmütigen Streit liegen Tiefe und Tragik des Stückes verborgen. Der Streit der Königinnen bindet das Stück an die antike, aber auch an die shakespearische und die mittelalterliche literarische Tradition. Caroline Jagemann, die bei der Weimarer Uraufführung die Rolle der Elisabeth spielte, berichtete später, Schiller habe vorgeschlagen, die »beiden Repräsentantinnen der Elisabeth und Maria miteinander die Rollen wechseln [zu] lassen, bis er späterhin von der Unstatthaftigkeit dieses Planes überwiesen wurde, aber nicht gern davon abging«.[55] Ein solch dramatischer, illusionsstörender Rollentausch ist auf der deutschen Bühne wohl erst nach Brechts Theaterexperimenten und dem Rollentausch in seinen das Bewußtseinstheater präludierenden »Lehrstücken« möglich.[56] Doch so modern war der Regisseur Schiller immerhin, daß er nur ungern von diesem Regie-Einfall abließ. Er wollte die Rolle als Rolle auch den Zuschauern kenntlich machen. Und noch mehr: er wollte die Bühnenfiguren in ihren Standesrollen durchsichtig machen auf ihre Menschlichkeit, auf ihre Weiblichkeit. Darin aber hat »die Königin doch nichts / Voraus vor dem gemeinen Bürgerweibe!«[57]

Die Zeichnung der großen Kokotte, der Gräfin Julia Imperiali im »Fiesco«, ist Schiller ins Ordinäre entglitten. »Wofür halten Sie mich, Bruder?« fragt Julia den Gianettino im Dritten Aufzug des »republikanischen Trauerspiels«. Und erhält zur Antwort: »Für ein Stück Weiberfleisch, in einen großen – großen Adelbrief gewickelt.« Auf einen groben Klotz gehört ein grober Keil, so setzen sich die bäuerlich groben Beschimpfungen fort. »Sie sind ein tolldreister Affe«, sagt Julia, Gräfin Witwe Imperiali, zu ihrem Bruder, »der auf dem Kredit seines Onkels steckenreitet.«[58] Diese Experimentierphase mit den Frauengestalten hatte Schiller lange hinter sich. In »Maria Stuart« ist ihm (trotz der Zweifel von Ernst Bloch) die Darstellung von Weiblichkeit in der Adelsmaske gelungen. Wiederum versuchte er sich nicht nur an der unhistorischen Begegnung zweier Königinnen, der von Schottland und der von England, einer Katholikin und einer Protestantin; er wollte, daß sich, in historischem Kostüm und verhaftet in ihre Lebensrollen, zwei Frauen begegneten, die den gleichen Mann (den Grafen von Leicester) liebten und in seiner Gegenwart (ja *wegen* seiner Gegenwart) im eigentlichen Wortsinne aus der Rolle fallen. Sich mit Gewalt zur Demut zwingend, hat sich die schottische Königin Maria vor der englischen Elisabeth niedergeworfen und um ihr Leben gefleht:

»O Gott gib meiner Rede Kraft, und nimm
Ihr jeden Stachel, der verwunden könnte!«[59]

Doch Elisabeth wird durch die Unterwerfung der längst zum Tode verurteilten Rivalin nur noch mehr gereizt, und in dem Augenblick, in dem sie sich dem Grafen Leicester zuwendet, verläßt Maria ihre Fassung; sie läßt in mehr als einem, nämlich auch im theatralen Sinne, die Maske fallen, fällt aus der Rolle, ist in der Leidenschaft des Zornes nur noch Frau, nicht mehr Königin. Vielleicht ist dieser Dialog deshalb über Jahrzehnte hin in Mädchen-Gymnasien auswendig gelernt worden:

»**Elisabeth** *sieht [Maria] lange mit einem Blick stolzer*
Verachtung an
Das also sind die Reizungen, Lord Lester,
Die ungestraft kein Mann erblickt, daneben
Kein andres Weib sich wagen darf zu stellen!
Fürwahr! Der Ruhm war wohlfeil zu erlangen,
Es kostet nichts, die *allgemeine* Schönheit
Zu sein, als die *gemeine* sein für *alle*!

Maria Das ist zu viel!
Elisabeth *höhnisch lachend*
                    Jetzt zeigt ihr euer wahres
Gesicht, bis jetzt war's nur die Larve.
Maria *von Zorn glühend, doch mit einer edlen Würde*
Ich habe menschlich, jugendlich gefehlt,
Die Macht verführte mich, ich hab' es nicht
Verheimlicht und verborgen [...]
Das ärgste weiß die Welt von mir und ich
Kann sagen, ich bin besser als mein Ruf.
Weh euch, wenn sie von euren Taten einst
Den Ehrenmantel zieht, womit ihr gleißend
Die wilde Glut verstohlner Lüste deckt.
Nicht Ehrbarkeit habt ihr von eurer Mutter
Geerbt, man weiß, um welcher Tugend willen
Anna von Boulen das Schafott bestiegen.«

Diese beiden Königinnen also nehmen sich gegenseitig die Ehre, denn Anne Boleyn, die zweite Ehefrau Heinrichs VIII., die Mutter Elisabeths, wurde wegen Ehebruchs hingerichtet. Diesem Frauenstreit schauen die Männer hilflos zu und stammeln Bitten um längst verlorene Mäßigung:

»**Maria**   Mäßigung! Ich habe
Ertragen, was ein Mensch ertragen kann.
Fahr hin, lammherzige Gelassenheit,
Zum Himmel fliehe, leidende Geduld,
Spreng endlich deine Bande, tritt hervor
Aus deiner Höhle, langverhaltner Groll –
Und *du*, der dem gereizten Basilisk
Den Mordblick gab, leg' auf die Zunge mir
Den gift'gen Pfeil – «

Im Unmaß der Leidenschaft enthüllt sich die Eifersucht, und vergeblich sucht Graf Leicester Elisabeth wegzuziehen. Sie steht wie gebannt vor der rasenden Feindin, die nun den Giftpfeil abschießt:

»**Maria** *[zu Elisabeth]* Der Thron von England ist durch
                              einen Bastard
Entweiht, der Briten edelherzig Volk
Durch eine list'ge Gauklerin betrogen
– Regierte Recht, so läget *Ihr* vor mir
Im Staube jetzt, denn *ich* bin euer König.
Elisabeth geht schnell ab, die Lords folgen ihr in der höchsten Bestürzung.«

Doch erst in der nächsten Szene wird der Triumph Marias vollkommen, denn jetzt wird sichtbar, was sie im überlegten Rausch der Leidenschaft getan hat: sie wollte die Rivalin, nicht nur um den Thron, sondern um die Liebe des Grafen Leicester, in dessen Beisein demütigen. So endet die im Drama bewußt zentrierte Begegnung der Königinnen mit einem leidenschaftlichen Triumph Marias, wie das ganze Drama mit ihrer Ergebung in den Tod endet, nochmals mit einer demütig-leidenschaftlichen Hingabe an ihr Schicksal. Diese letzte Leidenschaft allerdings trägt sie dann über das menschliche Maß hinaus, in eine andere Welt.[60]

Im fünften Auftritt des Dritten Aktes, nach Elisabeths Flucht vor Marias Haß, fällt Maria Stuart Kennedy um den Hals und kostet ihren Triumph über die Feindin gänzlich aus:

»**Maria** [...]
O wie mir wohl ist, Hanna! Endlich, endlich
Nach Jahren der Erniedrigung, der Leiden,

Ein Augenblick der Rache, des Triumphs!
Wie Bergeslasten fällts von meinem Herzen,
Das Messer stieß ich in der Feindin Brust.
[...]
Vor Lesters Augen hab' ich sie erniedrigt!
Er sah es, er bezeugte meinen Sieg!
Wie ich sie niederschlug von ihrer Höhe,
Er stand dabei, mich stärkte seine Nähe!«

Wer solche Szenen zu schreiben vermochte, wer menschlicher Leidenschaft, dem Schmelzfluß von Haß und Liebe derart Ausdruck geben konnte, war nicht zufällig der Liebling der Menschen, verehrt von Königen, von Fürsten, von Bürgern, von Jungen und Alten. Die Kritiker der Zeit suchten vorzeitig in den Besitz von Schillers Bühnenmanuskripten zu kommen, um daraus zu zitieren, um ihre Bühnen vorzeitig, das heißt vor Erscheinen des gedruckten Textes, damit zu versorgen. Die Zuschauer im Weimarer Hoftheater haben Schiller stürmisch bejubelt, obwohl derartige Freudenkundgebungen dort streng verboten waren. Schiller soll die begeisterten Zuschauer mit rotem Kopf selbst einmal niedergezischt haben.[61] Die Huldigungen freilich, die ihm das Leipziger Publikum nach der Aufführung der »Jungfrau von Orléans« am 17. September 1801 dargebracht hat, nahm er gerne an. »Als der Verfasser«, heißt es im »Journal des Luxus und der Moden« (im Dezember 1801) »am 17ten gedachten Monats der dritten Aufführung beiwohnte, empfing man ihn, unter dem Ertönen der Pauken und Trompeten, mit allgemeinem Klatschen, Vivat und Zuruf, nicht allein zum Danke des gegenwärtigen Genusses, sondern weil er auch überhaupt für dieses Jahr an der theatralischen Ergötzung des Publikums den bei weitem größten Beifall hatte [...].« Nur wenige Autoren sind zu ihren Lebzeiten wie Schiller durch eine Menge von Menschen geschritten, die ihre Hüte vor ihnen abgenommen haben. Am 28. Oktober 1801 berichtete Schillers Mutter ihrer Tochter Louise über die Leipziger Ereignisse, die ihr der Sohn voll Stolz und Freude mitgeteilt hatte. Hätte Schiller der Mutter dies mündlich mitgeteilt, hätte er vielleicht eine plastische schwäbische Redensart für die Begeisterung der Leipziger gefunden. Da er aber die Ereignisse schriftlich mitteilen mußte, nehmen sie sich im Brief der Mutter wie folgt aus: »[Fritz] schrieb auch, daß ein neues Stück, von ihm gemacht, zu Lieb ihm *aufgeführt* worden. Als er in der Loge, so wäre *er* gleich mit Pauken und Trompeten empfangen worden, und nach dem ersten Akt rief alles zusammen: ›*es lebe Friedrich Schiller!*‹ und er mußte hervortreten und sich bedanken. Als er aus der Komödie ging, nahmen alle die Hüte vor ihm ab und riefen: ›*Vivat, es lebe Schiller, der große Mann!*‹ Das ist freilich eine Ehre, die nur einem Prinzen gemacht wird. [...] Er wäre wirklich im Begriff, ein Haus in Weimar zu kaufen vor 4000 Taler, und bleibe nun beständig da [...].«[62]

Als es so weit war, als er sich das Haus in Weimar kaufen konnte, war Schillers Gesundheit fast am Ende. Zwar hatte er selbst sein Leben nur auf etwa 50 Jahre berechnet,[63] doch der Raubbau, den er mit seiner Gesundheit trieb, hat ihn nicht älter als 46 Jahre werden lassen. Die von ihm selbst dem Freund Goethe berichtete Anekdote (aus der Zeit der Arbeit am »Wallenstein«),[64] daß ihn der Nachtwächter darauf aufmerksam gemacht habe, wie spät es an der Zeit sei, weil seine Kerze wohl die einzige war, die in der Stadt noch brannte, belegt nur, wie hart er gearbeitet und wie gern er gelebt hat. Nach dem Süden, seiner Wärme und seiner Sonne, die er nie gesehen, hat er sich gesehnt, den Norden aber gepriesen. Dort nämlich ersetze die Kunst, was die Natur versage. Schiller war ein Mann des Theaters und suchte auf der Bühne eine Welt zu erschaffen, die unvergänglich und unsterblich sein sollte. Zweihundert Jahre jedenfalls hat sie den heftigsten politischen Auseinandersetzungen und seit Erwin Piscators Inszenierung der »Räuber« in Berlin (1926) auch den tollsten Regie-Einfällen standgehalten.[65]

»An die Freunde« hat Schiller jenes Gedicht überschrieben, das zwischen Dezember 1801 und Februar 1802 entstanden ist und am 4. Februar 1802 an den Freund Körner geschickt wurde. Die kleine Welt, die er hier preist, ist die provinzielle Enge Weimars. Es könnte auch die Schwabens sein. Es ist in jedem Falle die enge Welt unseres Alltags, die Schiller durch die Verwandlung von Raum in Zeit aufgebrochen, in welche seine Phantasie mehr als die weite und die große Welt, in die er Vergangenheit und Zukunft geholt hat. Noch einmal sind in diesem späten lyrischen Text die schwäbischen Reime Schillers zu hören, denn »schweigen / zeugen« sind in schwäbischer Mundart ebenso reine Reime, wie »Zeiten / bedeuten«:

»Lieben Freunde! Es gab schön're Zeiten,
Als die unsern – das ist nicht zu streiten!
Und ein edler Volk hat einst gelebt.
Könnte die Geschichte davon schweigen,
Tausend Steine würden redend zeugen,
Die man aus dem Schoß der Erde gräbt.
    Doch es ist dahin, es ist verschwunden
    Dieses hochbegünstigte Geschlecht.
    Wir, wir *leben!* Unser sind die Stunden,
    Und der Lebende hat Recht.

Freunde! Es gibt glücklichere Zonen,
Als das Land, worin wir leidlich wohnen,
Wie der weitgereiste Wandrer spricht.
Aber hat *Natur* uns viel entzogen,
War die *Kunst* uns freundlich doch gewogen,
Unser Herz erwarmt in *ihrem* Licht.

> Will der Lorbeer hier sich nicht gewöhnen,
> Wird die Myrthe unsers Winters Raub,
> Grünet doch, die Schläfe zu bekrönen,
> Uns der Rebe muntres Laub.

[...]

> Größ'res mag sich anderswo begeben,
> Als bei uns, in unserm kleinen Leben,
> Neues – hat die Sonne nie gesehn.
> Sehn wir doch das Große *aller* Zeiten
> Auf den Brettern, die die Welt bedeuten,
> Sinnvoll, still an uns vorübergehn.
>   Alles wiederholt sich nur im Leben,
>   Ewig jung ist nur die Phantasie,
>   Was sich nie und nirgends hat begeben,
>   Das allein veraltet nie!«[66]

---

1 Jakob Minor: Schiller. Sein Leben und seine Werke. Bd. 1. Berlin 1890, S. 63. Nachfolgend werden Schillers Werke zitiert nach der Frankfurter Ausgabe: Friedrich Schiller: Werke und Briefe in zwölf Bänden. Hgg. von Klaus Harro Hilzinger, Rolf-Peter Janz, Gerhard Kluge, Herbert Kraft, Georg Kurscheidt und Norbert Oellers. Frankfurt am Main 1988 ff. (FSA); Schillers Briefe werden zitiert nach der Nationalausgabe, Weimar 1943 ff. (NA). Die Einbettung Schillers in die Sozialgeschichte der Zeit ist inhaltlich und stilistisch sehr gut gelungen bei Axel Gellhaus und Norbert Oellers (Hgg.): Schiller. Bilder und Texte zu seinem Leben. Köln, Weimar, Wien 1999. Zur Sozialgeschichte der Weimarer Klassik verweise ich u.a. auf die erste Sektion des von Wilfried Barner, Eberhard Lämmert und Norbert Oellers hgg. Bandes: Unser Commercium. Goethes und Schillers Literaturpolitik. Stuttgart 1984, S. 15 ff. Mit Respekt verweise ich auch auf die materialreiche, sorgfältig und kritisch gearbeitete Biographie von Peter-André Alt: Schiller. Leben – Werk – Zeit. 2 Bde. München 2000. Informativ ist das Arbeitsbuch von Michael Hofmann: Schiller. Epoche – Werk – Wirkung. München 2003. Die Unzahl

der zum Schiller-Jahr 2005 erschienenen und erscheinenden Texte werden nur in Auswahl einbezogen, doch weise ich hin auf das gut geschriebene und klug urteilende Buch von Rüdiger Safranski: Schiller oder Die Erfindung des Deutschen Idealismus. München 2004, und auf das Kurzporträt »Friedrich Schiller« von Kurt Wölfel (dtv: München 2004). Norbert Oellers hat in einem Prachtdruck »Schöne Briefe« Schillers herausgegeben und kommentiert (Köln 2004), und Sigrid Damm hat ihre bewährte Erzählmethode nun auch an Schillers Biographie erprobt (Frankfurt am Main 2004). Das Interesse der Zeit an biographischen Erfahrungen und Darstellungen ist ungebrochen.

2 Die als Standardwerk der »Schwaben«-Literatur geltende Untersuchung von Heinz Otto Burger (»Schwaben in der Geistesgeschichte. Versuch über die weltanschauliche Einheit einer Stammesliteratur«. Stuttgart und Berlin 1933) ist auch in der zweiten Auflage (»Die Gedankenwelt der großen Schwaben«. Tübingen und Stuttgart 1951) zu sehr Josef Nadlers stammesgeschichtlicher Ideologie verbunden, als daß sie für sozial- und mentalitätsgeschichtliche Untersuchungen noch als Grundlage dienen könnte.

3 Gottfried Stolle: Johann Caspar Schiller: Die Baumzucht im Großen aus zwanzigjährigen Erfahrungen im Kleinen in Rücksicht auf ihre Behandlung, Kosten, Nutzen und Ertrag beurteilt. Stuttgart 1993. In dieser Edition ist der Erstdruck des ersten Teiles von 1795 abgedruckt, der zweite Teil wurde in dieser Ausgabe (S. 211 ff.) zum ersten Mal aus der Handschrift transkribiert von Norbert Oellers unter Mitwirkung von Renate Dock und Jutta Schöning.

4 Vgl. u.a. das einschlägige Kapitel von Ursula Naumann bei Gellhaus/Oellers, S. 13 f.

5 Minor, S. 44.

6 Ernst Bloch: Die Kunst, Schiller zu sprechen (1932). In: Ernst Bloch: Literarische Aufsätze. Frankfurt am Main 1965, S. 95. Das folgende Zitat ebd.

7 Ernst Bloch: Weimar als Schillers Abbiegung und Höhe (Jena 1955), in: Literarische Aufsätze, S. 98 ff. Das folgende Zitat ebd. S. 100.

8 Vgl. Walter Benjamins Besprechung von Marie Luise Fleißers »Ein Pfund Orangen und andere Erzählungen« (Berlin 1929), in: Marbacher Magazin 96/2001, S. 74 f.

9 Thomas Mann: Versuch über Schiller. Zum 150. Todestag des Dichters – seinem Andenken in Liebe gewidmet. In: Thomas Mann: Werke. Das essayistische Werk. Taschenbuchausgabe in acht Bänden. Hgg. von Hans Bürgin. Bd. 3. Frankfurt am Main 1968, S. 317 f.

10 NA Bd. 42, S. 362 f.; Gellhaus/Oellers S. 307. Wie sich dieser Ton mitteil-

te, darüber berichtet der Weimarer Regisseur und Schauspieler Anton Genast (1804). Danach spielte Corona Becker bei der Uraufführung des »Wilhelm Tell« (in Weimar am 17. März 1804) die Rolle von Tells Sohn Walter. »Mit Teilnahme betrachteten wir Schauspieler [...] dies Engelsgesicht, das von seiner Mutter wohl die Schönheit, [...] aber weniger das Talent geerbt hatte. Goethe hob sie zu sich empor, küßte sie und sah sie mit trüben Blicken an. Nachdem sie Schillers Anweisungen gefolgt war, streichelte dieser ihr die goldblonden Locken und sagte: ›So ischt's recht, main Mädle! so mußt du's mache!‹« (Freiherr von Biedermann [Hg.]: Schillers Gespräche. München o.J., S. 339).

11 Vgl. etwa Gerhard Kluges Kommentar zu FSA Bd. 2.

12 Vgl. den Abschnitt über »altschwäbische Frömmigkeit« bei Minor, Bd. 1, S. 19. Die Vorstellung vom heidnischen Klassizismus in Weimar ist (zumindest für Schiller) ein Klischee des 19. Jahrhunderts. Schiller lebte durchaus im Angesicht eines Gottes, vor dem er sich zu verantworten hatte. Vgl. den Bericht der Caroline von Wolzogen über die berühmte Fieber-Phantasie Schillers im Februar 1805: »Schiller erzählte Lolo [seiner Frau], daß in einer Nacht des Fiebers, im Februar 1805, da H. Voß bei ihm gewacht, er in einem Anfall von Ohnmacht geglaubt, tot zu sein, sich allein in Dunkel eingehüllt vor Gott geglaubt, und die Rechenschaft seines Lebens vor dem Ewigen habe ablegen wollen – als er eben Vossens Gestalt über sich gebeugt gesehen, und sich noch im Erdenleben gefunden« (Biedermann: Gespräche, S. 365).

13 Vgl. den Kommentar zu »Fiesco«, FSA Bd. 2, S. 1156.

14 An Göschen schrieb er am 5. Juli 1793 über die Reise nach Schwaben: »[...] denn ich reise bloß dahin, um einem Sohn oder Mädchen das auf dem Weg ist ein bessres Vaterland zu verschaffen als Thüringen ist.« (NA Bd. 26, S. 257) Und an Körner schrieb er am 17. Juli 1793: »Die Liebe zum Vaterland ist sehr lebhaft in mir, und der Schwabe, den ich ganz abgelegt zu haben glaubte, regt sich mächtig. Ich bin aber auch eilf Jahre davon getrennt gewesen, und Thüringen ist das Land nicht, worin man Schwaben vergessen kann.« (NA Bd. 26, S. 271)

15 Jochen Schmidt in Zusammenarbeit mit Wolfgang Behschnitt (Hgg.): Friedrich Hölderlin. Sämtliche Werke und Briefe. Bd. 3. Frankfurt am Main 1992, S. 160; Brief an Neuffer von November 1794 (Frankfurter Hölderlin-Ausgabe [FHA]).

16 Vgl. Alt, Bd. II, S. 309 f.

17 Frankfurter Goethe-Ausgabe 1. Abteilung Bd. 9 (hgg. von Wilhelm Voß-

kamp und Herbert Jaumann. Unter Mitwirkung von Almuth Voßkamp. Frankfurt am Main 1992), S. 485 (»Wilhelm Meisters Lehrjahre« 2. Buch, 11. Kapitel).
18 FHA Bd. 3, S. 203 f.
19 FHA Bd. 1, S. 320.
20 Arnold Stadler: Volubilis oder Meine Reisen ans Ende der Welt. Erzählungen. Eggingen 1999, S. 115 f. (Aus der Erzählung »Auf der Durchreise«).
21 Allein im Stuttgarter Telefonbuch (also unter der Vorwahl 0711) ist der Familienname »Teufel« 67mal verzeichnet.
22 Am 31. Oktober 1782 wurde Schiller in der Stuttgarter Regimentsliste als »ausgewichen« verzeichnet. Vgl. Gellhaus/Oellers, S. 372.
23 Die Umstände der Flucht beschreibt anschaulich Alt Bd. I, S. 302 ff.
24 FSA Bd. 2, S. 592 (II,2).
25 Minor, Bd. 1, S. 55.
26 So ist Friedrich Schiller ein deutscher Autor, der von seinen Landsleuten schon früh »vermarktet« wurde. Er ist der einzige mir bekannte deutsche Dichter, dessen Name bis heute von der Modeindustrie (im »Schillerkragen«) und von der Nahrungsmittelindustrie (»Schillerlocken« sind bekanntlich eine Fischspeise und ein Gebäck) als Markenzeichen verwendet wird. Der »Schillerwein« ist älteren Ursprungs und trägt seinen Namen nach seiner schillernden, zwischen Weiß und Rot spielenden Farbe.
27 An Göschen am 10. Februar 1802. NA Bd. 31, S. 101.
28 Am 5. April dieses Jahres (1795) hatte er an seinen Freund Körner geschrieben: »Ich habe in dieser Zeit eine förmliche Vocation nach Tübingen erhalten, mit einem zwar mäßigen, aber in der Folge zu verbessernden Gehalt. Ich habe sie aber, weil ich keine bestimmten Pflichten übernehmen kann ausgeschlagen. Aber auch ohne dieses würde ich Jena und meine hiesige freie Existenz mit keinem andern Ort in der Welt vertauschen. Vom Herzog v. Weimar habe ich mir dafür eine Verdopplung meines Gehalts ausgebeten, im Fall meine Gesundheit mir die Schriftstellerei untersagte. Dies ist mir bewilligt worden, und nun habe ich meine Existenz auf gewisse Weise assecuriert.« (NA Bd. 27, S. 171)
29 NA Bd. 29, S. 45.
30 NA Bd. 30, S. 68.
31 NA Bd. 38,1, S. 151.
32 An Körner aus Jena am 26. September 1799. NA Bd. 30, S. 98.
33 An seine Mutter schrieb Schiller am 9. Oktober 1799: »Wir stehen uns

jetzt mit dem, was uns meine Schwiegermutter jährlich gibt auf etwas über 1000 Gulden Reichsgeld; dieses nehme ich ein, ohne etwas dafür zu tun, und 1400 Gulden, die ich noch außerdem brauche habe ich noch alle Jahre durch meine Bücher verdient. [...] Das Praesent in Silber, von dem ich diesen Sommer schrieb, ist auch angekommen und sehr prächtig. Es wird auf 25 Louisdors geschätzt.« (NA Bd. 30, S. 101)

34 Vgl. Otto Dann: Schiller. In: Etienne François und Hagen Schulze (Hgg.): Deutsche Erinnerungs-Orte II. München 2002, S. 176. Zu den eher zurückhaltenden Totenfeiern für Schiller in Deutschland vgl. Norbert Oellers: Schiller. Geschichte seiner Wirkung bis zu Goethes Tod 1805–1832. Bonn 1967, S. 77–80. Wie sorgsam Schiller sein Haus bestellt und für Frau und Kinder auch nach seinem (von ihm vorausgesehenen) Tod gesorgt hat, ist nachzulesen bei Alt Bd. II, S. 609: »Charlotte und die vier Kinder vermögen von den Honoraren (aus Schillers kurz vor seinem Tode mit Cotta geschlossenem) [...] Kontrakt [...] solide zu leben. Zwischen 1812 und 1825 fließen an die Witwe allein 30 000 Taler Reingewinn [...].«

35 Thomas Mann: Schwere Stunde. In: Thomas Mann: Werke. Taschenbuchausgabe in zwölf Bänden. Frankfurt am Main 1967. Die Erzählungen. Bd. 1, S. 283.

36 FSA Bd. 4, S. 53.

37 Schillers Lied »Wohlauf, Kameraden, aufs Pferd, aufs Pferd!« ist unter dem Titel »Reiterlied« noch in den Soldaten-Liederbüchern des Ersten und des Zweiten Weltkriegs enthalten, aber »das Pathos der Befreiungskriege 1813–1815 wurde, wie Norbert Oellers gegenüber falschen Annahmen erwiesen hat, noch nicht wesentlich durch Schiller-Anleihen bestimmt. Eine merkliche Wende setzte um die Julirevolution von 1830 ein«. (Wilfried Barner: Goethe und Schiller. In: Etudes Germaniques 54 [1999], S. 88) Das Reiterlied aus dem »Wallenstein« freilich soll bereits in den Befreiungskriegen zu einem Schlager geworden sein und habe »damit für das Bewußtsein einer neuen Männlichkeit im gebildeten Bürgertum eine große Rolle« gespielt. »Charlotte Schiller berichtet, welche Reverenz Kavallerie-Einheiten sowohl 1806 wie 1813 dem Haus in der Weimarer Esplanade erwiesen: Schiller wurde – allein über dieses geniale Lied – zum Idol einer ersten patriotisch mobilisierten Jugendbewegung.« (Dann: Schiller, S. 178) Zur frühen Schiller-Begeisterung in den Befreiungskriegen vgl. auch die von Norbert Oellers (Schiller. Geschichte seiner Wirkung bis zu Goethes Tod, S. 298 f.) berichteten Anekdoten. Das Faktum, daß »Schiller unter den Soldaten geliebt, ver-

ehrt, bewundert wurde«, wird auch von Oellers nicht bestritten. Für die patriotisch-nationalistische Rezeption Schillers ist vor allem die Jugendliteratur kennzeichnend. Ein bis in die vierziger Jahre des 20. Jahrhunderts (in wenigstens 16 Auflagen) weit verbreitetes und Franzosenhaß predigendes, »vaterländisches Jugendbuch« von Wilhelm Arminius (1861–1917) trägt den Titel: »Und setzet ihr nicht das Leben ein ... Eine Geschichte aus den Befreiungskriegen«. Zu Goethes 1806 geschriebenem Kriegslied »Vanitas! Vanitatum vanitas!« und zu Wielands Reaktion auf das satirische, vor Preußens Niederlage in der Schlacht bei Jena und Auerstedt verfaßte Lied vgl. Karl Eibls Kommentar in der Frankfurter Goethe-Ausgabe 1. Abteilung Bd. 2. Frankfurt am Main 1988, S. 946.
38 Frankfurter Goethe-Ausgabe 2. Abteilung Bd. 3. Frankfurt am Main 1991, S. 490 und 937.
39 Vgl. Gellhaus/Oellers, S. 160 f.
40 NA Bd. 30, S. 101.
41 NA Bd. 30, S. 215.
42 NA Bd. 25, S. 8. Im gleichen Brief heißt es (S. 7): »Wenn andere meinesgleichen durch häusliche Fesseln für weitere Plane der Wirksamkeit verloren gehen, so ist Häuslichkeit just das einzige, was mich heilen kann [...].«
43 NA Bd. 28, S. 134 f.
44 FSA Bd. 4, S. 265 f.
45 Thomas Mann: Versuch über Schiller, S. 332.
46 FSA Bd. 4, S. 853.
47 FSA Bd. 1, S. 182 f.; zur Datierung auf Oktober 1799 vgl. Gellhaus/Oellers, S. 271 f.
48 Thomas Mann: Versuch über Schiller, S. 361.
49 NA Bd. 30, S. 112.
50 NA Bd. 30, S. 115.
51 NA Bd. 30, S. 124.
52 Vgl. aber Thomas Manns Lob des Gedichtes (Versuch über Schiller, S. 316). Zu den romantischen Parodien der »Glocke« vgl. Gellhaus/Oellers, S. 276–279.
53 NA Bd. 30, S. 169.
54 Ich widerspreche damit der seit Heinrich Heines Schiller-Kritik verbreiteten Behauptung, Schiller habe keine Frauengestalten zeichnen können. Diese stereotype Behauptung ist allerdings in neuerer Schiller-Literatur (zum Beispiel schon in den Schiller-Arbeiten von Helmut Koopmann, Gerhard Kluge

und Walter Hinderer) kaum noch zu hören. Energisch widerspricht auch Ruth Klüger in »Frauen lesen anders« (München 1996, S. 94–96). Heinrich Heine hat in der »Romantischen Schule« (ed. Windfuhr. Düsseldorfer Ausgabe. Bd. 8,1. Hamburg 1979, S. 151 und 157) die Schillerianer seiner Zeit dadurch gekennzeichnet, daß sie »auf die sittliche Herrlichkeit eines Max Piccolomini, einer Thekla, eines Marquis Posa, und sonstiger schillerschen Theaterhelden [pochten], wogegen sie die goetheschen Personen, eine Philine, ein Gretchen, ein Klärchen und dergleichen hübsche Kreaturen für unmoralische Weibsbilder erklärten«.

55 NA Bd. 42, S. 295. Vgl. Gellhaus/Oellers, S. 281.
56 Vgl. u.a. Bertolt Brecht: Die Maßnahme. Kritische Ausgabe mit einer Spielanleitung von Reiner Steinweg. Frankfurt am Main 1972, S. 242.
57 FSA Bd. 5, S. 49.
58 FSA Bd. 2, S. 394. Vgl. dazu das oben zitierte Urteil von Ernst Bloch.
59 Dieses Zitat und die folgenden Zitate aus »Maria Stuart« FSA Bd. 5, S. 84–89.
60 Die umstrittene Frage nach der Motivation auch in diesem Drama (vgl. Alt Bd. II, S. 505ff.) ist vermutlich so zu beantworten, daß Schillers nachlässige Motivationen zwar schon von Goethe gerügt wurden, Schiller aber Charaktere, keine Kausalketten darzustellen strebte. In der Schlüssigkeit des (poetischen) Charakters lag für ihn auch die Motivation für dessen Handlungen.
61 Vgl. Alt Bd. II, S. 393. Zur Erstaufführung der »Braut von Messina«.
62 FSA Bd. 5, S. 649.
63 Gellhaus/Oellers, S. 289.
64 NA Bd. 29, S. 188. Vgl. Gellhaus/Oellers, S. 250.
65 Vgl. Erwin Piscator: Das Politische Theater. Neubearbeitet von Felix Gasbarra. Mit einem Vorwort von Wolfgang Drews. Reinbek bei Hamburg 1963, S. 88 ff.
66 FSA Bd. 1, S. 206 f.

Die Praxis ästhetischer Erziehung.
Schiller, Goethe und Ludwig I., König von Bayern

1. Schiller-Nachfolge im 19. Jahrhundert

»Resignation. Eine Phantasie« hat Friedrich Schiller ein Gedicht überschrieben, das im zweiten Heft seiner Zeitschrift »Thalia« (1786), zusammen mit »Freigeisterei der Leidenschaft« und »An die Freunde«, erstmals erschienen ist. In einer Anmerkung zu »Freigeisterei der Leidenschaft« meinte Schiller, sein scheinbares Bekenntnis zur »Sünde« in den Gedichten »Freigeisterei« und »Resignation« rechtfertigen zu müssen. Schließlich war der Vorwurf der Gottlosigkeit, der Asebie, in den vorrevolutionären Jahren und noch lange danach für den Poeten existenzgefährdend. Von jedem Leser erwartete er also in diesem Selbstkommentar, »er werde so billig sein, eine Aufwallung der Leidenschaft nicht für ein philosophisches System und die Verzweiflung eines er*dichteten* Liebhabers nicht für das Glaubensbekenntnis des Dichters anzusehen. Widrigenfalls möchte es übel um den dramatischen Dichter aussehen, dessen Intrige selten ohne einen Bösewicht fortgeführt werden kann: und Milton und Klopstock müßten um so schlechtere Menschen sein, je besser ihnen ihre Teufel glückten«.[1] Wenn Schiller tatsächlich, wie behauptet wurde, mit dem täuschenden Untertitel (»Als Laura vermählt war im Jahr 1782«) und der zitierten Anmerkung seine Liebe zu Charlotte von Kalb verschleiern wollte,[2] so dienen ihm die Namen der angesehensten religiösen Dichter seiner Zeit als Schutzschild gegen die Anekdotenjäger. Schiller hat in den genannten Gedichten die Antithese von Hoffnung und Genuß beschrieben, den Gegensatz von Pflicht und Neigung, zwei Blumen am Stamm des menschlichen Lebens, die sich nicht zusammenfügen wollen. Denn wer den Augenblick des Glücks versäumt, hat alles versäumt, heißt es in »Resignation«:

»Auch ich war in Arkadien geboren,
auch mir hat die Natur
an meiner Wiege Freude zugeschworen,
auch ich war in Arkadien geboren,
doch Tränen gab der kurze Lenz mir nur.

[...]

›Mit gleicher Liebe lieb ich meine Kinder,
rief unsichtbar ein Genius.
Zwei Blumen, rief er – hört es, Menschenkinder –
Zwei Blumen blühen für den weisen Finder,
sie heißen *Hoffnung* und *Genuß*.

Wer dieser Blumen *eine* brach, begehre
die andre Schwester nicht.
Genieße wer nicht glauben kann. Die Lehre
ist ewig wie die Welt. Wer glauben kann, entbehre.
Die Weltgeschichte ist das Weltgericht.

Du hast *gehofft*, dein Lohn ist abgetragen,
dein *Glaube* war dein zugewognes Glück.
Du konntest deine Weisen fragen,
was man von der Minute ausgeschlagen,
gibt keine Ewigkeit zurück.‹«[3]

Auch in der zweiten, gekürzten Fassung (1804) hat Schiller an diesen für die Zeitgenossen anstößigen Versen festgehalten. Für ihn binden den Menschen die moralischen Pflichten »nicht kontraktmäßig, sondern unbedingt. Tugenden, die bloß gegen Assignation an künftige Güter ausgeübt werden, taugen nichts«.[4] Die von Schiller praktizierte Weise der Trennung von poetischer und philosophischer Freiheit, von der Freizügigkeit der gebundenen Rede und der Bindung nicht-poetischer Sprache hat auf die Dilettantenlyrik des 18. und 19. Jahrhunderts gewirkt. Diese Lyrikerinnen und Lyriker haben sich meist in der Nachfolge Friedrich Schillers gesehen.

Ludwig I., seit 1825 König von Bayern (geboren 1786, im ersten Jahr von Goethes italienischem Aufenthalt), war, Schiller imitierend, der bekannteste dieser Lyriker. Er war geradezu der Prototyp des Dilettantenlyrikers im 19. Jahrhundert, doch hat er im Schutz der Krone seine Gedichte auch bewußt als ein Regierungsinstrument zur Beeinflussung der entstehenden öffentlichen Meinung benutzt. Von Reim und Metrum, die er nur mühsam handhabte, ließ er sich zu Aussagen hinreißen, welche er dann, scheinbar dem Vorbild Schiller folgend, in Anmerkungen oft pauschal wieder zurückgenommen hat. So kam es zu Generalklauseln, welche die in den Gedichten enthaltenen Bekenntnisse der Liebe insgesamt in Frage stellten, es kam zu nicht gewollten Effekten, welche auf die Schwächen der Gedichte betont hingewiesen und den König dem Spott seiner politischen Gegner preisgegeben haben. Angesichts der seit dem Revolutionsjahr 1830 anschwellenden Stimmen protestantischer Theologen zum problematischen Verhältnis Schillers zur christlichen Orthodoxie sichert der König seine Gedichte mit moralischen Fußnoten vor dem Mißverständnis der wörtlich-biographistischen Auslegung ab. Daß »nur vom Erlaubten die Rede« sei, heißt es in solchen Anmerkungen, »sowohl in diesem als in den anderen Gedichten«, daß »nur von dem der Tugend nicht Zuwiderlaufenden [...] die Rede sein« dürfe, daß der Vers »Der Mensch er soll bald sinken und bald steigen« nicht mißverstanden werden dürfe, »nicht vom Tugendpfad soll je der Mensch herabsinken, sondern daß Freud' und Leid in diesem Leben abzuwechseln haben, ist der Sinn dieses Verses«, – solche und ähnliche Verneigungen vor dem moralisierenden Zeitgeist finden sich nur allzu häufig in den veröffentlichten Gedichten des Königs.[5]

Die ängstlichen Bemerkungen steigerten sich im vierten Band der Gedichte, der nach den 1829 und 1839 erschienenen Bänden I bis III im Jahre 1847 ediert wurde. Nun kam nämlich, unter einem ultramontanen Ministerpräsidenten in Bayern, noch die Sorge hinzu, mit den Gedichten auch im eigenen Land, bei einer einflußreichen Partei, religiös-politisch Anstoß zu erregen. So wurde die an Schiller orientierte Aussage des Gedichtes »Trennung des Griechen von seinen Göttern« in der Anmerkung zurückgenommen: »Daß nicht dieses als des Verfassers Ansicht gehalten werde, sondern die im weiter unten folgenden Gedichte: ›Das christliche Sein‹ obwaltende, wünscht derselbe sehr.«[6] Der bayerische König hat, Schiller als den Dichter des Ideals nachahmend, die didaktischen Komponenten deshalb so stark ausgeweitet, weil er sich bewußt war, daß jeder seiner Texte als politische Äußerung verstanden und oft genug mißverstanden wurde. Dabei kam es im Dialog mit der öffentlichen Meinung auch zu unfreiwillig komischen Anmerkungen. Nicht immer konnte Eduard von Schenk, der Dichter, den Ludwig I. im Jahre 1828 zum Innenminister Bayerns gemacht hat, die poetisch-sprachlichen Blößen bedecken, die der König literarisch und (damit) po–litisch seinen Kritikern geboten hat. In Ludwigs »V. Attischer Elegie« (im Dritten Teil der »Gedichte«) findet sich zum Beispiel zu dem Vers

»Lange erhält sie [die Natur] im Süden die Werke, und dann
noch verschönet Sie, indem sie sie läßt nur allmählig
                                      vergeh'n«,

die Anmerkung: »Ausnahmen hievon gibt's freilich, wie z.B. Erdbeben«. Und in einem Gedicht auf seine Reisen in Deutschland fügte Ludwig im Vierten Teil der Verszeile:

»Beifall lächelt die Sonne, aus blauem Äther uns leuchtend«

die Anmerkung bei: »Doch nur in Salzburg, in Köln regnete es leider.«[7]

Wer versucht ist, über Schillers vorsichtige Anmerkungen zu den Thalia-Gedichten (aus dem Jahre 1786) zu lächeln oder des bayerischen Königs übertriebene poetische Diplomatie zu verlachen, sollte sich vor Augen halten, daß Schiller drei Jahre nach der Publikation seiner Thalia-Gedichte wegen der ersten Fassung des Gedichtes »Die Götter Griechenlandes« (1788) die volle Wucht des Blasphemie-Vorwurfs zu spüren bekam. Die heitere Welt der begötterten Natur der Antike hat Schiller in diesem Gedicht der asketischen Strenge des Christentums gegenübergestellt und in der bei den Zeitgenossen berüchtigten, später gestrichenen fünfzehnten Strophe den Stifter des Christentums gar einen »heiligen Barbaren« zu nennen gewagt:

> »Nach der Geister schrecklichen Gesetzen
> Richtete kein heiliger Barbar,
> Dessen Augen Tränen nie benetzen,
> Zarte Wesen, die ein Weib gebar.
> Selbst des Orkus strenge Richterwaage
> Hielt der Enkel einer Sterblichen,
> Und des Thrakers seelenvolle Klage
> Rührte die Erinnyen.«[8]

In den Ohren der religiös aufgeregten Zeitgenossen mußte dies wie Satire klingen. »Satire!« rief Friedrich Leopold Graf zu Stolberg öffentlich aus: »Himmel und Erde! Gegen Wen?«[9] Schiller wurde durch diese Kritik empfindlich getroffen, denn Stolberg hatte, nach Schillers Einschätzung, »eine poetische Ansicht und momentane Dichterlaune vor das strenge Forum der Orthodoxie« gezogen, wo er gewiß sein konnte, »Plattheit und Beschränktheit als Mitstreiter zu finden«. Schiller wußte also, weshalb er die deutliche Anspielung auf den Ehebruch in »Freigeisterei der Leidenschaft«, er wußte auch, weshalb er die poetische Rechtfertigung der Leidenschaft und die Anklage gegen das Gottesbild der Orthodoxie erklärend wieder einzufangen suchte. Daß dieser Streit lange nachwirkte, dafür ist das Schillerbild des bayerischen Königs ein Beleg.

2. Die Legitimation des Staates durch die Kunst: Weimar und Bayern

Ludwig I. hat die literarische Erziehung seines ältesten Sohnes, des späteren bayerischen Königs Maximilian II., persönlich überwacht. Die für den Kronprinzen erlaubte Lektüre klassischer Texte hat er selbst ausgewählt und zensiert. Für den vierzehnjährigen Prinzen Maximilian nämlich hatte dessen Hauslehrer Philipp Lichtenthaler vorgeschlagen, eine der drei wöchentlichen Deutschstunden zum lauten Lesen klassischer Texte der deutschen Literatur zu verwenden. Der Vater willigte »mit Vergnügen« in diesen Vorschlag ein. Schließlich sah er voraus, daß sein ältester Sohn öffentlich werde reden müssen. Doch verfügte er schriftlich, die Kinder dürften auch von den besten klassischen Texten, »sogar von dem fast immer reinen Schiller [...] nicht alles lesen, zum Beispiel seine ›Resignation‹ nicht, ungeeignet ebenfalls seine ›Götter Griechenlands‹ bevor er dieses Gedicht veränderte worin der Höchste ein heiliger Barbar genannt wird, und nun gar von Göthe!!« Der mit zwei Ausrufezeichen versehene Ausdruck der Empörung: »und nun gar von Göthe!!« enthält im Kern Ludwigs ganzes Verhältnis zu Goethe. Er konnte ihn nur durch die Brille der Schiller-Nachfolge sehen, so daß er hin- und hergerissen war zwischen Faszination und Fremdheit. In ihm stritten Neugier und Abwehr. Die begierige (aber im Grunde voyeuristisch-biographische) Lektüre der »Erotica Romana« und der »Leiden des jungen Werthers« stand gegen das völlige Mißverständnis von Goethes Spätwerk, das er verstandeskalt gescholten hat. Goethe hat zwar die Aufmerksamkeit, die dieser regierende Fürst seinem Werk schenkte, genossen, doch blieb ihm die Fremdheit und letztlich die Kälte des Kunst und Wissenschaft als Herrschaftsinstrumente gebrauchenden Bayernkönigs seinem Werk gegenüber nicht verborgen. Es gehört zu den Meisterstücken von Goethes poetischer Diplomatie, daß er zu diesem Adepten Schillers mit Schiller und durch Schiller gesprochen hat und zugleich versuchte, das idealistisch verzerrte Bild *seines* Freundes Schiller von den patriotischen, den didaktischen und den autonomistischen Zügen der durch Ludwig I. repräsentierten Zeitgenossen zu befreien.

Eine der Lieblingslegenden des deutschen Bildungsbürgertums – von Thomas Mann noch 1939 in »Lotte in Weimar« wiederholt –, lautete ja, daß Goethe eher der Rivale als der Freund Friedrich Schillers gewesen sei. Die Legende hat sich zu Beginn des 20. Jahrhunderts wahnhaft verdichtet, als Mathilde Ludendorff (1931) dem seit 1913 kursierenden Gerücht auf den Leim gegangen ist, Schiller sei »von den Angehörigen des Illuminatenordens, ›einer Kombination von Jude, Jesuit und Freimaurer‹ durch Gift ermordet worden«, und Goethe sei Mitwisser dieses Mordes gewesen.[10] Der Jenaer Mediziner Wolfgang Veil hat in einer mutigen (von den nationalsozialistischen Behörden entsprechend bestraften) Studie den unsinnigen und bösartigen Vorwurf nüchtern entkräftet.[11] Goethe selbst hat seit Schillers Tod gegen Legenden und Denunziationen angekämpft, wie das Beispiel Ludendorff zeigt, häufig vergeblich.

Vermutlich hat Goethe gewußt, daß dem im politischen Ränkespiel des 18. und 19. Jahrhunderts kleinen, in der durch Mäzenatentum geschehenden Annäherung an das bürgerliche Zeitalter aber großen Herzogtum und Großherzogtum Sachsen-Weimar in Bayern und dessen Kunstförderung ein ernsthafter Konkurrent erwachsen war. Bekanntlich hat er schon in den unwirschen »Venezianischen Epigrammen« den Herzog von Weimar als Augustus und Maecenas gefeiert, der ihm [Goethe] alles gegeben, was ihm kein Kaiser, kein König gegeben habe, was ihm die Welt, die seine Werke feierte, nie geschenkt:

»Klein ist unter den Fürsten der Deutschen mein Fürst, ich
                                                              gesteh es,
Kurz und schmal ist sein Land, mäßig nur, was er vermag.
Aber mir hat er gegeben, was Große selten gewähren,
Stand, Vertrauen, Gewalt, Garten und Wohnung und Geld.
Keinen braucht' ich zu bitten als Ihn, und manches bedurft' ich,
Der ich mich auf den Erwerb schlecht, als ein Dichter, verstand.
Mich hat Europa gelobt, was hat mir Europa gegeben?
Nichts! Ich habe noch oft meine Gedichte bezahlt.
Deutschland ahmte mich nach, und Frankreich mochte mich
                                                              lesen.
Und wie gefällig empfing England den leidenden Gast.
Doch was hilft es mir, daß auch sogar der Chinese
Malt mit geschäftiger Hand, Werthern und Lotten auf Glas?
Nie hat nach mir ein Kaiser gefragt, nie hat sich ein König
Um mich gekümmert, und er war mir August und Mäzen.«[12]

Zwar hat Goethe dieses dem Herzog schriftlich angekündigte Epigramm nicht in die im »Musen-Almanach für das Jahr 1796« erschienene Sammlung aufgenommen, doch hat er es – in einer veränderten Fassung, die sich auf das niedergehende Mäzenatentum bezog – in den »Neuen Gedichten« (1800) publiziert. Gegen dieses in seiner Kunstförderung bedeutende (und bis 1918 deshalb auch angesehene) Großherzogtum trat Bayern seit 1825 als ein ernsthafter und in der Mäzenatenrolle sehr bewußter Rivale auf. Ludwig I. wollte durch den Ausbau seiner Residenzstadt zur klassizistisch-nazarenischen Metropole Deutschlands, durch die Förderung der alten Dürerstadt Nürnberg und ihres schwäbischen Renaissance-Pendants

Augsburg, durch die Errichtung der Ruhmeshalle Walhalla, unweit von Regensburg, am alten Wanderungsweg der germanischen Stämme, und durch viele andere Bauten, er wollte durch bildende Kunst, Architektur, Literatur, Wissenschaft und Musik der bedeutendste Mäzen unter Europas Fürsten werden. Heinz Gollwitzer hebt die dreifache Absicht dieses Königs hervor, »durch Kunst das Volk zu erziehen, der Monarchie eine höhere Weihe zu geben und das künftige Andenken an die eigene Person zu glorifizieren«.[13] Ludwigs Absicht war, als der Fürst der Friedenskünste, Napoleon, dem korsischen Fürsten der Kriegskunst, den Rang abzulaufen und deshalb das Erbe Carl Augusts von Sachsen-Weimar anzutreten. Als Kronprinz schon soll er zu dem französischen Gesandten in München gesagt haben, »nach Bonaparte müsse man auf den Ruhm der Waffen verzichten. Um ein großer Fürst zu werden, sei das Land Bayern ein viel zu enger Spielraum, so daß nichts übrig bleibe als der Mäzen Europas zu werden«.[14]

Der bayerische König hat versucht, Schillers Programm einer ästhetischen Erziehung konkrete Gestalt zu geben, die »Schönheit zur Vermittlerin der Wahrheit zu machen und durch die Wahrheit der Schönheit ein dauerndes Fundament und eine höhere Würde zu geben«. Dabei war Ludwig I. ein König, der starke Zeichen liebte. Von den zerrissenen Taschentüchern, die er zum Beweis seines sparsamen persönlichen Lebensstiles vorzeigte, über die staatspolitische Nutzung der Lyrik bis zur Erziehung seines Volkes durch Bildnis und Architektur hatte sein mäzenatisches Handeln – anders als das Carl Augusts von Sachsen-Weimar – stets zeichenhafte Züge: So ließ er die nach ihm benannte große Straße Münchens, die Ludwigstraße, geschichts- und kunstpädagogisch anlegen. Durch Kopien antiker Monumente und solcher der Renaissance hat er der Straße, die lange Jahre eher ein großer Platz als eine Verkehrsader gewesen ist, ein ästhetisch-pädagogisches Programm eingeschrieben. Wer vom Münchner

Siegestor, der Nachbildung des römischen Konstantinbogens, nach Süden durch die Ludwigstraße zur Feldherrnhalle, der Kopie der florentinischen Loggia dei Lanzi, geht, sollte den Weg von der Antike zur Renaissance gehen. Er sollte dabei dem gelehrten Unterricht (der Universität), dem Christentum (der von Cornelius und seinen Schülern ausgemalten Kirche des heiligen Ludwig), der Weisheit (gesammelt in den Hallen der großen Bibliothek) und der Musik (im Odeon) begegnen.[15]

Die Architektur der »Walhalla« (bei Donaustauf), ein auf pelasgischem Fundament ruhender, dorischer Peripteros-Tempel, dem eine christliche Kirche eingeschrieben ist, sollte die gemeinsame Herkunft der Griechen und der Germanen von dem sagenumwobenen europäischen Urvolk der Pelasger einprägen.[16] In seiner Münchner Grabeskirche St. Bonifatius sollten die Gräber des Königs und der Königin so angeordnet sein, daß der Körper des Königs noch im Tode den Sarg der (evangelischen) Königin vor Entweihung schützte. Vom gebildeten Bürgertum des 19. Jahrhunderts, insbesondere von dem des nördlichen Deutschland, wurden solche Zeichen als Signale eines bayerisch-deutschen Sonderweges der *Verfassungs*bewegung mißverstanden und vor 1828/30 ebenso bejubelt wie nach der Revolution von 1830 als Zeichen monastisch-absolutistischen Kunstmißbrauchs verleumdet. Noch ehe Heinrich Heine seinen »sanglanten« Spott an Ludwig I. geübt hat, haben Georg Büchner und Friedrich Ludwig Weidig in der revolutionären Flugschrift »Der Hessische Landbote« (1834) Kritik an des Königs autokratischem Regierungsstil geübt. Sie haben Ludwig I., weil er das, übrigens damals moderne, Strafgesetzbuch seines Landes konsequent hat anwenden lassen, als »das von Gott gezeichnete Scheusal«, als »Gotteslästerer« geschmäht. Sie haben ihn als den »Wolf [bezeichnet], der sich für seinen Baals-Hofstaat für immer jährlich fünf Millionen durch meineidige Landstände bewilligen läßt«, als »das Schwein, das sich in allen Lasterpfützen Italiens wälzte«.[17] Auf Majestätsbeleidigung stand im Bayern des frühen 19. Jahrhunderts nicht nur Festungshaft, sondern auch Abbitte vor dem Bildnis von des Königs Majestät. Selbst persönliche Freunde des Königs, wie der Würzburger Bürgermeister Wilhelm Joseph Behr, verfielen in der Revolutionszeit 1832 dieser archaisch anmutenden Strafe. Er wurde zu Festungshaft von unbestimmter Dauer verurteilt und erst 1847 begnadigt. Der patriarchalische Führungsstil des Gottesgnadentums geriet mit der konstitutionell-bürgerlichen Bewegung der Zeit *und* mit den republikanischen Revolutionären nach 1830 in heftige Konflikte.

3. Der Geburtstagsbesuch Ludwigs I. bei Goethe 1827

Zu den zeichenhaften Regentenhandlungen des bayerischen Königs gehörte auch sein Werben um Goethe. Es begann mit dem berühmten Geburtstagsbesuch Ludwigs am 28. August 1827 in Weimar, setzte sich in dem Auftrag an den Hofmaler Stieler im Juni 1828 fort, Goethe zu porträtieren, und wurde (während der Regierungszeit des Königs) mit der, allerdings nur zögerlichen, Aufnahme von Goethes Büste in die »Walhalla«, beziehungsweise mit Ludwigs Kommentar zu dieser Büste, 1842 abgeschlossen. Durch die Lola-Montez-Affäre wurde Ludwig bekanntlich 1848 gezwungen, als regierender König abzudanken. Daß ihm, im Gedenken an seinen Geburtstagsbesuch in Weimar 1827, noch im Jahre 1864 die Meisterwürde des Freien Deutschen Hochstifts in Frankfurt angetragen wurde, belegt, wie stark dieses Zeichen im bürgerlichen Deutschland nachgewirkt hat. Ludwig sei, so wurde nun gesagt, der »Gründer einer ganz neuen Lebenszeit in der Deutschen Kunstgeschichte«, es gelte, die Erinnerung an den Tag zu feiern, an dem »»ein Monarch, der neben der Königlichen Majestät seine angeborne schöne Menschennatur gerettet hat‹, Deutschlands großen Dichter wie einen Ebenbürtigen besuchte und von ihm als ein Ebenbürtiger empfangen wurde«. Das in die Aufnahmebegründung eingebaute Eckermann-Zitat von der »schönen Menschennatur« ist Ausdruck eines formelhaft verdichteten Klassikerkultes. Er war 1864, im Jahr als Georg Büchmann im »Citatenschatz des Deutschen Volkes« das bürgerliche Bildungsidiom kodifizierte, bereits ideologisiert.[18] Der skizzierte Weg von Ludwigs Begegnungen mit Goethe ist zugleich der Weg von der Faszination zum öffentlichen Bekenntnis der Fremdheit, also gleichsam der Weg von der Denkmalsbesichtigung zum Denkmalssturz. Noch die spätesten Äußerungen König Ludwigs I. berichten davon, daß ihn diese Begegnung zwar interessiert, aber nicht ergriffen habe, daß ihn Schillers Poesie »seelenvoll angezogen« habe, er aber vor Goethe wie vor einer »schroffen Felsenwand« gestanden sei. Diese Trennung der Weimarer Freunde in das verstandeskalte Genie Goethe und den gemütstiefen Schiller ist eine zeittypische Unterteilung, die, in die Antithese von Talent und Charakter übersetzt, auch gegen Ludwig I. und seine Gedichte ins Feld geführt wurde.

Der Geburtstagsbesuch Ludwigs I. in Weimar war nicht der erste Besuch eines bayerischen Königs bei Goethe. Des Königs Vater, Max I. Joseph, hatte Goethe bereits am 16. Mai 1823 in Begleitung des Weimarer Großherzogs besucht. Goethe wurde dabei, wegen seiner Erkrankung, schon 1823 nicht zur Aufwartung an den Hof gerufen. Seine herausgehobene Stellung in Weimar und Deutschland wurde vielmehr dadurch gekennzeichnet, daß die bayerischen Könige bei ihm Audienz genommen, sie ihm nicht gegeben haben. So jedenfalls hat dies die Öffentlichkeit damals registriert.[19] Dem Besuch von Max I. Joseph, König von Bayern, den Goethe seit dem Feldzug von 1793 persönlich kannte, folgte am 18. Mai 1823 ein Besuch der bayerischen Königin und eine Stunde später der der bayerischen Prinzessinnen mit ihrem Gefolge. So sensationell also, wie das bürgerliche Deutschland 1827 meinte, war der Besuch des *jetzt* regierenden bayerischen Königs bei Goethe nicht. Er folgte den Spuren seines Vaters. Doch festigte die demonstrative Huldigung zum Geburtstag Goethes dessen Position in der sich erst herausbildenden öffentlichen Meinung des bürgerlichen Deutschland. Sie festigte auch die Position der Literatur als eines bürgerlichen Verständigungsmittels. Jetzt und hier sollte sie eine Brücke schlagen zwischen dem Monarchen und der den modernen Verwaltungsstaat schaffenden Schicht des gebildeten Bürgertums, dem sich der bayerische König zu verbünden strebte. Dies meinte Rahel Varnhagen, wenn sie aus Berlin am 4. September 1827 an ihren Gatten Karl August Varnhagen von Ense nach München schrieb: »Gestern stand des Königs von Baiern Besuch sehr schön in der Zeitung, der Geburtstagsbesuch bei Goethen. Die ganze Stadt spricht von nichts anderm. Lange zündete nichts so. Ich, bin *stolz* drauf: gegen England und Frankreich: daß sie sehen, was bei *uns* vorgeht! Bald wird man das von einem König *verlangen*; ohne daß es ein Artikel der Charte sei.«[20] Die Duplizierung der Huldigung, die Situierung in das Jahr 1827, ehe Eduard von Schenk (am 1. September 1828) zum bayerischen Innenminister ernannt wurde, der demonstrative *Geburtstags*besuch bei dem alten Dichter, die Einbettung des Besuches in ein sich herausbildendes ästhetisch-politisches Erziehungsprogramm sprechen gegen die (gelegentlich aufgestellte) Behauptung der Spontaneität dieses Besuches und gegen die Behauptung mangelnder politischer Orientierung.[21] Ludwigs Besuch bei Goethe, durch den ein regierender Fürst den »Verdienstadel« öffentlich neben den »Geburtsadel« stellte, war als ein politisches Signal gedacht, und die Reaktion des Bürgertums, zu deren Wortführerin sich Rahel Varnhagen machte, verdeutlicht dies.

Wir wissen trotz vieler und genauer Augenzeugenberichte, trotz Goethes eigener Beschreibung des Besuches relativ wenig über das Gespräch des Königs mit Goethe. Aber wir kennen die Szene der Begrüßung: Ludwig I. sei die Treppe hinaufgestürmt, habe den Dichter umarmt und ihm mit den Worten: »Hier [auf Goethes Brust deutend] wird sich wohl noch ein Plätzchen finden, wo Sie dieses anheften können«, den Zivilverdienstorden der königlich bayerischen Krone, Großkreuz und Stern, überreicht.[22] Die überlieferte Zeichnung des Theologiedozenten Henke, der die Szene beobachtet hat, zeigt einen mit heftigen Bewegungen auf Goethe einredenden Bayernkönig, den Großherzog von Sachsen-Weimar im Hintergrund.[23] Der Archäologe und Verleger Gustav Parthey meinte im Rückblick gar: »Wie sie so mit Goethe im Gespräch standen, mußte man ihn für den Fürsten ansehen, der mit zwei Untergebenen redete.«[24]

Wir wissen auch, daß Goethe seine Gäste im Kreise vieler Gratulanten empfangen hat; unter ihnen reisende Engländer, welche da, wo die besten deutschen Dichter wohnten, wo demnach das beste Deutsch gesprochen wurde, diese Sprache hören und lernen wollten. Goethe hat sich im Anschluß an das Gespräch über die »vielerlei Fragen und

Singularitäten« geäußert, mit denen ihn der König überschüttet habe.[25] Das Gespräch scheint sich vor allem um die römische Kunstwelt gedreht zu haben, der Ludwig nahestand. Goethe hat diese Welt damals nur noch als ein Teil seines Lebens, nicht mehr als lebendige Gegenwart beschäftigt: »Ihre Majestät gedachten meines Aufenthaltes zu Rom mit vertraulicher Annäherung, woran man denn freilich den daselbst eingebürgerten fürstlichen Kunstfreund ohne weiteres zu erkennen hatte.«[26] Henke, der das private Gespräch in Goethes Wohnräumen durch die geöffnete Nebentüre beobachtete, spricht von dem heftig über Kunst perorierenden König, der auch selbst darstellte, »wie die Statuen aussähen, von denen er sprach«. Auch über die Bezeichnung Goethes als des »großen Heiden« wurde wohl gesprochen,[27] nachdem seit dem Erscheinen des Romans »Die Wahlverwandtschaften« Goethes Werk so intensiv in den restaurativen Diskurs um christliche Moral einbezogen worden war, daß sich der Autor mehrfach und unwillig zu dem Vorwurf der Immoralität und des Heidentums hatte äußern müssen. Karl August Varnhagen von Ense überliefert (in seinem Tagebuch am 28. Juni 1843) Goethes unwillige Antwort auf den Vorwurf des Heidentums, die damals die Runde machte: »Ich heidnisch? Nun, ich habe doch Gretchen [im »Faust«] hinrichten und Ottilien [in den »Wahlverwandtschaften«] verhungern lassen, ist denn das den Leuten nicht christlich genug? Was wollen sie noch Christlicheres?«[28] Der christlichen Orthodoxie stellt diese Bemerkung kein gutes Zeugnis aus. Zum bayerischen König scheint sich Goethe freilich höflicher und höfischer geäußert zu haben: »Man müsse sich doch den Rücken freihalten und so lehne er sich an die Griechen.«[29]

Ob Schiller eines der Gesprächsthemen gewesen ist, wird nicht überliefert. Über die falsche Einschätzung von Schillers Sehnsüchten und Wünschen durch Ludwig I. allerdings hat Goethe mit dem Kanzler von Müller dann ausführlich diskutiert. In seiner gedruckten Paraphrase von *Friedrich von Müllers* Huldigungsgedicht auf den bayerischen König »Zum nähern Verständnis des Gedichts: Dem Könige die Muse, gewidmet dem 28. August 1827« hat Goethe auch einen Abschnitt »Schillers Wohnung«, also über des Königs Besuch in Schillers ehemaliger Weimarer Wohnung, geschrieben. Darin heißt es: »Hier, von der bürgerlich umfangenden Enge gerührt, hörte man ihn [den König] beteuern: es sei zweifach bewundernswert, wie Schiller in so eingeschlossenen Räumen so großartig freie Schöpfungen habe hervorrufen können; er würde diesen trefflichen Mann, hätt' er ihn noch am Leben gefunden, sogleich nach Rom in die *villa di Malta* versetzt und ihm zur Pflicht gemacht haben, das so herrlich angefangene Drama: Die Malteser, in den klassischen Räumen auszuführen und Roms Geschichte unter Roms Ruinen zu schreiben.«[30] Ludwig also spielte in Weimar die Rolle des Mäzens, der die bürgerliche Enge, mit der sich Schiller behelfen mußte, rügte und sich gar noch dessen rühmte, was er dagegen hätte tun können und wollen! Goethe konnte dieser Form von fiktivem Mäzenatentum nicht viel abgewinnen. Der Auftragspoesie hat er sich in Weimar zwar unterzogen, aber häufig unlustig. Sie schien ihm eine schwere Arbeit. Mit seiner Flucht nach Italien hatte er sich seinerzeit auch solchen Ansprüchen entzogen. So ist seine höfliche, aber entschiedene Kritik an des bayerischen Königs Schillerbild und an der Überschätzung der Rolle des Kunstförderers im Gespräch mit dem Kanzler von Müller deutlich, der ihm wohl von Ludwigs Auftritt im ehemaligen Wohnhaus Schillers in Weimar erzählt hatte: »Goethe meinte, Italien würde Schiller nicht zugesagt, ihn eher erdrückt als gehoben haben. Seine Individualität sei durchaus nicht nach außen, nicht realistisch gewesen. Habe er doch nicht einmal die Schweiz besucht.«[31] Und doch hat Schiller, könnte man hinzufügen, (auf Goethes Anregung hin) das Schweizer Nationaldrama »Wilhelm Tell« geschrieben. Von diesem Drama glauben die Schweizer – nach Gottfried Kellers Worten –, sie seien so, wie Schiller sie im »Tell« dargestellt habe.

Die Kunstanschauung Ludwigs I. aber hat Goethe schon deshalb interessiert, weil er in ihm einen für die deutsche Poesie und zumal für die Poesie seiner Gegenwart aufgeschlossenen Fürsten zu sehen meinte, einen Fürsten, der im Gegensatz zu den preußischen Königen, zumal zu Friedrich II., deutsche Literatur schätzte, der im Gegensatz zu dem »amusischen« Großherzog Carl August von Sachsen-Weimar nicht nur dessen Kunstpolitik, sondern diese Kunstpolitik aus innerer Anteilnahme zu übernehmen schien. Nach Goethes Ansicht war Carl August, der Freund und Gönner, noch tief im Kunstgeschmack des friderizianischen Zeitalters verhaftet. »Es sei immer schade«, meinte Goethe am 30. August 1827, »daß dieser großsinnige Fürst auf der Stufe französischer materieller Bildung in Rücksicht auf Poesie stehen geblieben.« Karl Immermann freilich hat wenig später, am 9. Juni 1829 in einem Brief an Michael Beer, auch den *Münchener* Kunstbetrieb mit großem Mißtrauen betrachtet: »Man will München zum zweiten Weimar machen, und um das zu bewirken, muß der getäuschte König seine poetischen Schul-Exercitien drucken lassen, werden beschränkte Talente, die aber das baierische Indigenat [die Staatsbürgerschaft] genießen, bis in die Wolken erhoben, und Schriftsteller, die wo anders den Weg der Ausbildung gehen, gehemmt, geneckt und gelästert.«[32] So ist es vermutlich in erster Linie Goethes Huldigung an den bayerischen König zu danken, daß Ludwig I. in der deutschen Nationalgeschichtsschreibung des 19. Jahrhunderts nach Carl August als der »größte Maecenas der deutschen Geschichte« figuriert. So nämlich hat ihn Heinrich von Treitschke genannt.[33] Und Karl-Heinz Fallbacher fügt hinzu: »Es hat symbolischen Charakter, daß Stieler das berühmte, von Ludwig [1828] in Auftrag gegebene Goethe-Porträt genau zu der Zeit malte, da Karl August starb. Mit der Überführung des Bildes in die Obhut König Ludwigs trat dieser symbolisch das Erbe Karl Augusts an.«[34]

4. Kritische Dankbarkeit

Über den Weimarer Stadt- und Hofklatsch aus dem Jahre 1827 sind wir gut unterrichtet. Ludwig I. hat sich offenkundig in Weimar den Damen gegenüber ungalant benommen und sich von der jungen Frau Ridel, die in Schillers ehemaligem Haus in Weimar wohnte, unter Anspielung auf deren sichtbare Schwangerschaft mit den Worten verabschiedet: »Gesunde Kinder, leichte Wochen.« Eine ähnliche Bemerkung hat er auch zu Goethes Schwiegertochter Ottilie gemacht, die damals – vor der Geburt ihres dritten Kindes, Alma, am 26. Oktober 1827 – unter erheblichen Schwangerschaftsbeschwerden gelitten hat. Der allzu offene Bayernkönig hat damit gegen ein Grundgebot im Tugendkatalog der Bürgerlichkeit verstoßen, gegen die Dezenz. Die Dezenz wurde, auch literarisch, im viktorianischen Zeitalter, das bis tief in das Werk Thomas Manns hinein ein bürgerliches Jahrhundert gewesen ist, herrschend. Goethe hat Ludwig I. zwar in Schutz genommen, indem er meinte, es sei ein Majestätsrecht, von natürlichen Dingen natürlich zu sprechen. Doch hat Ulrike von Pogwisch, die Schwester von Goethes Schwiegertochter Ottilie, die Indezenz des Königs als »unzart« und als Beleidigung der Frauen qualifiziert und damit jene harsche Kritik grundgelegt, die später allgemein am »wölfischen« und »baalischen« Benehmen des Königs geübt wurde.[35]

Goethe hat lange darüber nachgedacht, wie er sich bei dem bayerischen König für die öffentliche Huldigung des Geburtstagsbesuches bedanken könnte. Schließlich ereignete sich dieser Besuch zu einem Zeitpunkt in seinem Leben, in dem nicht nur – wie er selbst sagte – »frische Anmut«, sondern durchaus existentielle Sorgen über seine hohen Jahre kamen. Goethe hat gewußt, daß seine Verbindung mit der deutschen Nation 1827/28 längst gelöst war, daß gerade im Königreich Bayern und sogar in Produktionen seines eigenen Verlegers

Cotta jene von Wolfgang Menzel ausgehende, politische Kritik begann, die ihn als einen Stabilitätsnarren diffamiert hat, als den Fürstenknecht, als das Genie, welches die Zeit aufzuhalten versuchte. Dieser Kritik gegenüber war Goethe wehrlos, weil sie im Einklang mit dem Zeitgeist stand und von einem (mächtig wiedergekehrten) zweck- und gesinnungsästhetischen Literaturverständnis ausging, das er schon früh im Bunde mit Herder, Wieland, Schiller und wenigen anderen Freunden vergeblich bekämpft hatte. Die Kritik hat sich dabei im Affront gegen Goethe auf Schiller als den patriotischen Dichter des Ideals und der politischen Freiheit berufen. Diese Kritik ist seit 1830 immer heftiger geworden.

1827, das Jahr des Geburtstagsbesuches des bayerischen Königs in Weimar, war das Jahr, in dem Zustimmung und Ablehnung Goethes noch in einem prekären Gleichgewicht schienen. Doch das darauf folgende Jahr 1828, das von Günter Hess beschriebene Wendejahr in der Einschätzung Goethes,[36] hat wegen Carl Augusts Tod den 79 Jahre alten Dichter nochmals in existentielle Bedrängnis gebracht. Er wußte nicht, wie die Erben des Großherzogs sich zu ihm und seiner Familie verhalten würden. Zwei Jahre später, im Revolutionsjahr 1830, starb Goethes Sohn August. Der Vater reagierte mit schwerer Krankheit. Er hat den Tod des Sohnes bis zu seinem eigenen Tod nicht verwunden. Zu Riemer soll er in den letzten Jahren seines Lebens gesagt haben, »das Zarteste, was die Natur erschaffen habe, sei ein – *Vaterherz*«.[37] Und im Bericht von Goethes Diener Gottlieb Friedrich Krause heißt es: »Daß Goethe seinen Sohn sehr liebte, kann ich auch behaupten. Den Abend vor seinem Tode, als ich ganz allein bei ihm war, und er sehr viel Schmerzen hatte, sagte er, die Augen gen Himmel gerichtet: ›Ach Gott! Ach Gott! Hat denn mein Sohn in Rom auch so leiden müssen?‹« Goethes wenige Monate vor Augusts Tod in Rom geschriebener Brief an den Kanzler Müller vom 21. Mai 1830 ist noch heute eine bewegende Lektüre. Er greift Formulierungen auf, die Goethe auch in der Widmung des sechsten Bandes seines Briefwechsels mit Schiller an den König von Bayern (1829) verwendet hat. Er bezeugt einerseits Goethes Kenntnis der zunehmend heftigeren Angriffe der literarisch-politischen Kritik und andererseits seinen eisernen Willen, sich auf die Lebensaufgabe zu konzentrieren und das Poetengezänk sich selbst zu überlassen:

»In meinen hohen Jahren muß die unverbrüchliche Maxime sein: durchaus und unter jeder Bedingung im Frieden zu leben; ich möchte, um keinen Preis, bei irgend einer Kontestation, sie habe einen politischen, literarischen, moralischen Anlaß, als tätig mitwirkend erscheinen. / Was sollte aus den schönen, mir noch gegönnten Lebenstagen werden, wenn ich Notiz nehmen wollte von allem was in dem lieben Vaterlande gegen mich und meine Nächsten geschieht. Unserm werten Freunde [das heißt: dem Münchener Oberkonsistorialrat Friedrich Emmanuel Niethammer, der von Goethe eine öffentliche Stellungnahme im Streit um Schiller erwartete] ist wahrscheinlich mehr wie mir bekannt, was für Neckereien und Tücken, Unarten, Widerwärtigkeiten und Feindseligkeiten gegen mich aus gehen; ich weiß nur davon was manchmal ein gegenwärtiger teilnehmender Freund, oder wohlwollende Korrespondenten erwähnen. Hör ich doch auch selbst aus dem Königreiche [Bayern], dessen höchster Herrscher, wie ein Stern erster Größe, günstig über meinen Schicksalen waltet, das Widerwärtigste verlautet und zwar, was noch sonderbarer scheint, unter der Firma meines wertesten Verlegers, mit dem ich seit vielen Jahren in freundlichster Verpflichtung stehe. Hat man jemals von mir eine Reklamation deshalb vernommen, auch nur einen Laut?«

Die »heitere Ruhe« dieses Briefes hat sowohl Niethammer wie den Kanzler Müller beruhigt. Die fast hysterische Auseinandersetzung um die Schuld der deutschen Fürsten an Schillers frühem Tod, um die es damals ging, wurde nicht mehr mit gleicher Lautstärke fortgesetzt.

Goethe hat den seltsamen Vorschlag Friedrich von Müllers, eine neue Römische Elegie als Dank an Ludwig I. zu dichten, aus naheliegenden Gründen nicht aufgegriffen.[38] Die Zeit der »Erotica Romana« war endgültig vorüber. Die Anekdotenjägerei des bayerischen Königs aber hat Goethe in ihrer ganzen unverfrorenen Naivität erlebt. Karl Immermann berichtet, Ludwig I. habe, um in Goethes Arbeitszimmer zu gelangen, bei dem Geburtstagsbesuch 1827 sogar Nasenbluten vorgeschützt. Er habe es sich verbeten, daß ihm irgend jemand folge, und dem »draußenstehenden Bedienten Goethes [gesagt], er solle ihn zu einem Lavoir führen. Der Mensch brachte ihn, überrascht und bestürzt, in Goethes Schlafzimmer, welches hinter dem Arbeitszimmer liegt, und ließ den König auf dessen Befehl dort allein. Er blieb lange aus; Goethe ging endlich selbst, ihn zu suchen, und fand ihn in seinem Arbeitszimmer, in die Betrachtung der dortigen Dinge vertieft«.[39]

Goethe war vor allem erbost über die Verse »Nachruf an Weimar«, die Ludwig I. gedichtet und ihm durch den Kanzler Müller im September 1827 hat überbringen lassen. Dieses Gedicht nämlich behandelte den alten Dichter als einen »selig Abgeschiedenen«, stilisierte ihn zum Denkmal längst vergangener Größe und gab die Reise des bayerischen Königs nach Thüringen nun in aller Öffentlichkeit als die Besichtigung eines nationalen Denkmals zu erkennen. Erinnerung ist das Leitwort dieses Gedichtes, und das »eigentliche« Weimar wird in die Zeit der freundschaftlichen Zusammenarbeit zwischen Goethe und Schiller verlegt. Ludwig suchte in Weimar den »klassischen« Goethe, den Freund Schillers, den Italienkenner, den Interpreten antiker Kunst, er suchte den Goethe des 18., nicht den des 19. Jahrhunderts. Mit seinem Besuch – so sagte es nun unverblümt sein »Nachruf« – habe er in Weimar bewußt neben den Statuen des augusteischen Zeitalters ein neues Standbild errichten wollen:

»Hab' es noch geseh'n das geist'ge Regen,
Dieses froh ergreifende Bewegen,
Sah August und größern als Virgil;
Doch wenn Hermes Stab denselben winket,
In das Schattenreich mit ihnen sinket
Dieses heit're Weben, es wird still.«[40]

Lauter und indezenter konnte der alte Goethe, wenige Jahre vor seinem Tod, kaum noch an sein Alter und das nahende Lebensende erinnert werden. Der bayerische König stellte sich mit diesem zumindest taktlosen Gedicht unwillkürlich an die Spitze jener Kritiker Goethes, die sich am deutlichsten in Heinrich Heines »Romantischer Schule« (1836) artikuliert sehen konnten. Nach Heines Urteil nämlich waren Goethes Dichtungen den Statuen des Louvre zu vergleichen, sie seien »ebenso vollendet, eben so herrlich, eben so ruhig« und scheinen »ebenfalls mit Wehmut zu fühlen, daß ihre Starrheit und Kälte sie von unserem jetzigen bewegt warmen Leben abscheidet, daß sie nicht mit uns leiden und jauchzen können, daß sie keine Menschen sind, sondern unglückliche Mischlinge von Gottheit und Stein«.[41] Doch hat Heine zugleich die »Geringschätzung Goethes zu Gunsten des Schiller« gerügt, den man von jeher gepriesen habe, »um Goethe herabzusetzen. Oder wußte man wirklich nicht, daß jene hochgerühmten hochidealischen Gestalten, jene Altarbilder der Tugend und Sittlichkeit, die Schiller aufgestellt, weit leichter zu verfertigen waren als jene sündhaften, kleinweltlichen, befleckten Wesen, die uns Goethe in seinen Werken erblicken läßt?« Für Heine begann die Goethe-Kritik in Deutschland mit Johann Heinrich Wilhelm Pustkuchens Parodie von »Wilhelm Meisters Wanderjahren« im Jahre 1821: »Es ward dem Goethe in jenem Buche vorgeworfen: daß seine Dichtungen keinen moralischen Zweck hätten; daß er keine edlen Gestalten, sondern nur vulgäre Figuren schaffen könne; daß hingegen Schiller die idealisch edelsten Charaktere aufgestellt und daher ein größerer Dichter sey.« So hat der spätgeborene Dichter das Jahr 1821 als das Epochenjahr in der Einschätzung Goethes verstanden und dafür auch ein auffallendes Kriterium gefunden. In diesem Jahr nämlich sei man zuerst in Deutschland der Manie verfallen, Goethe und Schiller gegeneinander auszuspielen. Der Dichter des Ideals und der Tugend wurde gegen die (von ihm selbst mit entworfene) zweckfreie Dichtung ins Feld geschickt: »Die Schillerianer pochten auf die sittliche Herrlichkeit eines Max Piccolomini, einer Thekla, eines Marquis Posa, und sonstiger schillerschen Theaterhelden, wogegen sie die goetheschen Personen, eine Philine, ein Gretchen, ein Klärchen und dergleichen hübsche Kreaturen für unmoralische Weibsbilder erklärten.«

Aus dem Rückblick der dreißiger Jahre des 19. Jahrhunderts also wurde sehr deutlich, daß Goethe schon zu Beginn der zwanziger Jahre allen Grund hatte, seine Freundschaft mit Schiller zu verteidigen, sein Bild des Freundes der ideologisch verfälschenden Übermalung von Schillers Größe entgegenzustellen. Autoren des Jungen Deutschland, die späte novalisierende Romantik (wie etwa Otto Heinrich Graf von Loeben) und die frühhistoristische Poesie trafen sich in der Distanz zu dem aus den nationalen Querelen Deutschlands in die Weltliteratur flüchtenden Goethe. Nach der Vorstellung solcher Kritiker hatte Goethe nur die eine, je nach Standpunkt positiv oder negativ gewertete, Aufgabe, Weimar zum Wallfahrtsort der in Kunst und neuhumanistischer Bildung sich formierenden Kulturnation zu machen. In diesem Denkmalskult, in dem Goethe schon zu Lebzeiten idolisiert und ideologisiert, zuerst mystifiziert und dann diffamiert wurde, galt der tote, nationalliterarisch-patriotisch zu deutende Schiller mehr als der lebende, in Stil und Denken seinen Zeitgenossen längst entfremdete Goethe. Ludwig I. lieh dieser Tendenz seine Stimme:

»So wird, was in Weimar sie bekommen,
Nie der Menschheit jemals mehr genommen,
Große Männer, niemals euch der Ruhm.
Wenn ihr alle, alle auch gefallen,
Wird, wo ihr gelebt, man hin noch wallen,
Weimar bleibet Teutschlands Heiligtum.«[42]

Goethe hat sich zu diesem Gedicht gegenüber dem Kanzler Müller am 7. September 1827 recht unwillig geäußert. Er hat es als privatistisch-dilettantisch erkannt und seine Rekonstruktion der Vergangenheit als bloß nostalgisch, für die lebendige Gegenwart jedenfalls als belanglos durchschaut: »Es sei gar nicht poetisch, die Vergangenheit so tragisch zu behandeln, statt reinen Genusses und Anerkennung der Gegenwart, und jene erst totzuschlagen, um sie besingen zu können. Vielmehr müsse man die Vergangenheit so wie in den römischen Elegien behandeln. Graf Loeben habe auch einmal ihm, Goethen, zum Geburtstag vorgesungen, wie er ihn erst nach seinem Tode recht loben wolle. Weil die Menschen die Gegenwart nicht würdigen, zu beleben wüßten, schmachteten sie nach einer besseren Zukunft, kokettierten sie so mit der Vergangenheit.« Dieser Koketterie also wollte sich Goethe nicht aussetzen. Er schwankte in seinem Urteil über die Huldigung des Königs und deren Wirkung zwischen Stolz und Verärgerung. Eine neue Römische Elegie, mit der er die Anekdotenjägerei und den Denkmalskult des bayerischen Königs gebilligt hätte, kam als Dank nicht in Frage.

Die Widmung des letzten Bandes von Goethes Korrespondenz mit Schiller, überschrieben »An Seine Majestät den König von Bayern« und datiert auf »Weimar, den 18. Oktober 1829« war deshalb Kritik und Dank zugleich. Dank für die Huldigung, auf deren Ernst und Seriosität Goethe bestanden hat, auch als sich deren fürstlicher Urheber selbst nicht mehr dazu bekennen wollte; Kritik aber an der nostalgisch-ideologischen Entstellung des Schiller-Bildes, die eine schroffe Wand zwischen Goethe und dem Freund errichtete und die Kernthese des poetischen Autonomiegedankens, die Verwandlung von Leben in beständige Kunst, idealistisch verfälschte; Kritik auch an dem Irrealis (»hätt' er ihn noch am Leben gefunden«), der sich aus des Königs Worten im Weimarer Schillerhaus ablesen ließ. Bei Schillers Tod, heißt es in Goethes Widmung an Ludwig I., habe er, Goethe, nur den Verlust, den er selbst durch des Freundes Tod erlitten, schmerzlich empfunden, »aber der Gedanke, wieviel auch er [Schiller] von Glück und Genuß verloren, drang sich mir erst lebhaft auf, seit ich Ew. Majestät höchster Gunst und Gnade, Teilnahme und Mitteilung, Auszeichnung und Bereicherung, wodurch ich frische Anmut über meine hohen Jahre verbreitet sah, mich zu erfreuen hatte«.[43] Dies war unter anderem Kritik an der deutschen Nation, die sich rund zwanzig Jahre nach Schillers Tod mit den Werken, dem Ruhm und den Gesinnungen eines Poeten schmückte, dessen sie bei Lebzeiten keineswegs so lebhaft gedacht hatte: »Nun ward ich zu dem Gedanken und der Vorstellung geführt, daß auf Ew. Majestät ausgesprochene Gesinnungen dieses alles dem Freunde in hohem Maße widerfahren wäre; um so erwünschter und förderlicher, als er das Glück in frischen vermögsamen Jahren hätte genießen können. Durch allerhöchste Gunst wäre sein Dasein durchaus erleichtert, häusliche Sorgen entfernt, seine Umgebung erweitert, derselbe auch wohl in ein heilsameres Klima versetzt worden, seine Arbeiten hätte man dadurch belebt und beschleunigt gesehen, dem höchsten Gönner selbst zu fortwährender Freude und der Welt zu dauernder Erbauung.« Goethe bezieht sich in dieser Widmung also ausschließlich auf des Königs unwirksame Wunschformeln im Schillerhaus, die er (Goethe) in der Paraphrase von des Kanzlers Müller Gedicht in »Über Kunst und Altertum« (1828) veröffentlicht hatte. Die Ironie gegenüber den »höchsten Gönnern« ist nicht zu überhören. Die Widmung an den Bayernkönig ist somit auch ein öffentlicher Abschied von Carl August,[44] der Goethe tatsächlich ein freundschaftlich verbundener Gönner war, ist Goethes Hinweis darauf, welcher Anstrengung und Gesinnung es gegenüber den Dichtern bedürfte, wenn ein zweites Weimar gegründet werden sollte. Goethes Botschaft an Ludwig I. und die damals noch scheinbar mit ihm verbündeten patriotisch-konservativen und liberalistischen Schiller-Interpreten bestand in der Aufforderung, über Goethes Schiller-Bild nachzudenken, über die in Weimar durch Goethe und Schiller gemeinsam grundgelegte klassische Einheit von Sinnlichkeit und Sittlichkeit, über die sinnlich-sittliche Begötterung einer rationalistisch verödeten Welt. Es war die späte und nochmals vergebliche Aufforderung zu dem Versuch, sich über den an der antiken Götterwelt abzulesenden klassischen Menschentypus Schiller zu nähern.

Daß Goethes Botschaft ins Leere ging und Ludwig I. in seinen Gedichten ebenso wie im Denkmalskommentar, den er zu den Büsten in der »Walhalla« geschrieben hat (1842), die fast feindselige Fremdheit gegen Goethe und gegen dessen Schillerbild bekannte, hat tiefe Spuren in der deutschen Geschichte hinterlassen. Sie reichen bis zur Atomisierung von Schillers Texten in den Zitaten des Büchmann, bis zur anarchistischen und nationalsozialistischen Schiller-Rezeption.

5. Goethes Schiller-Deutung

Günter Hess hat beobachtet, daß Goethe schon bei der korrigierenden Abschrift von sieben Zeilen der vorletzten Strophe von Ludwigs Gedicht »An die Künstler« des Königs grobschlächtige Schiller-Deutung fast unmerklich kritisierte. Stieler, des Königs Porträtmaler, hat bekanntlich dieses Blatt, mit Goethes eigenhändiger Abschrift von sieben Zeilen einer Strophe Ludwigs, seinem *porträtierten* Goethe in die Hand gegeben. Dabei folgte er der Idee, »die vorletzte Strophe des Gedichtes [lesbar] auf das Blatt zu setzen«. Dies war Goethes eigener Vorschlag.⁴⁵ Der König sollte zur Meditation über sein die lebendige Gegenwart leugnendes Schiller- und Klassikverständnis aufgefordert werden. Ihm sollte die von Goethes Hand geschriebene Lesart des eigenen Gedichtes auffallen, er sollte zum Nachdenken provoziert werden. Goethe versuchte, mit philologischen Mitteln Ludwig I. zum »morphologischen Denken« anzuleiten. Daß dem König diese Raffinesse Goethes aufgefallen ist, ihm auf dem von ihm bestellten Goethe-Porträt eine versteckte Botschaft zu senden, darf man füglich bezweifeln. Doch sind wir heute dem höfischen Ton und seinen versteckten, aber kenntlichen Anspielungen schon zu lange entfremdet, um mehr als einen Zweifel zu äußern. Goethe hat durch die Streichung von drei Zeilen aus Ludwigs Strophe dessen Dekadenz-theoretischen Ansatz korrigiert, wonach Kunst allein aus dem Verzicht auf politische Macht entsteht. Er hat Kunst nicht aus der Meditation des Todes, sondern aus der lebendigen Erfahrung des Lebens entstehen lassen. So hat er die folgenden, für Ludwigs Klassik- und Antikeverständnis charakteristischen Zeilen der abgeschriebenen Gedichtstrophe gestrichen:

»Doch es kann nichts ewig hie bestehen,
Was geworden, daß muß auch verwehen,
Hellas Tempel selbst die Zeit zerbrach.«⁴⁶

Mit einem neuen syntaktischen Beginn hat er auf das von Stieler photographisch porträtierte Blatt dann nur die folgenden gegenwartsfrohen Zeilen übernommen:

»Ja, wie sich der Blumen Flor erneuet
Durch den Saamen, den sie ausgestreuet,
Zieht ein Kunstwerk auch das andere nach.
Aus dem Leben keimet frisches Leben,
Das zum Werk gewordene Gefühl

Wird ein neues künftig herrlich geben,
Selber nach Jahrtausenden Gewühl.«

In dieser Deutung wurde der Porträttext auch im »Tags-Blatt für München« am 1. September 1828 einem größeren Publikum mitgeteilt, welches weder des Königs Gedicht noch das Goethe-Porträt Stielers zu diesem Zeitpunkt kannte.[47] Und die »Abschrift des Königlichen Gedichtes an die Künstler«, die Goethe in seinem Tagebuch für den 28. Mai 1828 notierte, ist eben nicht, wie in den Goethe-Kommentaren vermutet wird, eine Abschrift von Ludwigs Versen »Den teutschen Künstlern zu Rom. Im Jahre 1818«, sondern die des von Stieler Goethe überbrachten Gedichtes »An die Künstler«. Goethe hat diese Abschrift in eigener Umschrift als Botschaft an Ludwig I. verwendet. In der Erstausgabe von des Königs Gedichten (1829) wurden diese Verse »als poetisches und ästhetisches Programm«[48] vorgestellt und vorangestellt. Die sieben Verszeilen aber wiederholen 1828 in Goethes Abschrift, zwar stammelnd, gleichwohl deutlich, Goethes autonomie-ästhetische Schönheitsdeutung aus der Winckelmann-Schrift (1805), wonach aus dem Leben das Kunstwerk, aus dem Werk neues Leben entsteht.

Was in der dem bayerischen König von seinem eigenen Hofmaler überbrachten Botschaft noch subtil verborgen ist, wird in der Edition von Goethes Schiller-Korrespondenz und zumal in der Widmung des sechsten Bandes im Klartext mitgeteilt: daß zu Schiller kein anderer Weg führe als der über das »Hohe-Geister-Gespräch«, das in diesem Briefwechsel als ein »treues unmittelbares Bild« gegeben wird. Goethe, der lebende Freund, ist, in der bei der Edition des Briefwechsels geschehenden Wiedergeburt Schillers, die Pforte zum Verständnis von dessen Person und Werk. Jeder, der diesen Weg nicht gehen will, so teilt Goethe hier im Hofton mit, werde in die Irre gehen. Für die Übertragung des Kunststaatsgedankens aus Weimar nach München, die in der Vorstellung Ludwigs I. durch die Überbringung von Stielers Goethe-Porträt symbolisch geschehen sollte, hat Goethe damit eine so hohe Hürde aufgerichtet, daß sie der bayerische König nicht überwinden konnte. Carl August von Sachsen-Weimar-Eisenach ist während der Arbeit an diesem Porträt, die von Ende Mai 1828 bis Anfang Juli dauerte, am 14. Juni auf einer Reise in Schloß Graditz bei Torgau gestorben. Sein Tod soll, nach Goethes Mitteilung an Boisserée, das Gemälde selbst »auf eine sonderbare Weise begünstigt« haben, nun war Goethe der letzte, der den Weimarer Kunststaatsgedanken verkörperte. Goethe hat sich in diesem Bild als jener schöne Mensch porträtiert gesehen, der für ihn »das letzte Produkt der sich immer steigernden Natur« war. Er hat sich im Moment einer Altersschönheit zu erkennen geglaubt, die von Leben und Gegenwart, nicht von historischem Denkmalskult sprach.

Wenn der Briefwechsel zwischen Goethe und Schiller tatsächlich der deutliche Ausdruck dessen ist, was klassisches Kunst- und Poesieverständnis in Deutschland bedeutet, dann hat Goethe dem bayerischen König und dessen Zeitgenossen in dieser Korrespondenz nicht nur ein anderes Schillerbild angeboten. Er hat auch die Kardinalfrage des Königs beantwortet, warum man ihn (Goethe) denn einen großen Heiden nenne. Goethe hat dem christlichen Vergänglichkeits- und Unsterblichkeitsdenken widersprochen. Das heißt, er hat die unmittelbar lebendige Möglichkeit der Wiedergeburt des Toten im Wort seines Werkes postuliert. Er hat lebendige Vergegenwärtigung und damit einen wahrhaft heidnischen, vorchristlichen Gedanken belegt, den Augenblick der Schönheit als den im Kunstwerk wiederholbaren Augenblick des Lebens selbst. Goethe hat also noch im hohen Alter Schillers Kritik am Christentum beziehungsweise an dessen zeitgenössischer Auslegung und Praxis bestätigt. Er hat Schillers Bekenntnis zum *Genuß* des Lebens statt zu Glaube und *Jenseitshoffnung*, zur Freude statt zur Askese wiederholt. Das bedeutet, daß

Goethe die Gedanken und die Form all jener Gedichte Schillers (der Thalia-Gedichte und der »Götter Griechenlandes«) bekräftigt hat, deren Lektüre der regierende bayerische König Ludwig I. seinen Kindern untersagt und vor deren unwillkürlicher Faszination er sich in die beschwörenden und widerrufenden Anmerkungen zu eigenen Gedichten geflüchtet hat.

6. Nachspiel

Alles, was im Verhältnis Ludwigs I. zu Goethe dem Geburtstagsbesuch, dem Stieler-Porträt, der Widmung der Schiller-Korrespondenz noch folgt, ist ein satirisches, aber konsequentes Nachspiel zu einer Tragikomödie. Das Schillerbild der Zeitgenossen entwickelte sich in patriotisch-liberalistischen Bahnen und wurde mit der Zerlegung von Schillers Texten zu Sprichwörtern und zu Bildungszitaten auch für den politischen Mißbrauch anfällig. Goethes lebendiges Bild der klassisch-antiken Größe Schillers, das vielleicht erst wieder Thomas Mann verstanden hat, wurde weder von Ludwig I. noch von seinen Zeitgenossen aufgegriffen. Im Gegenteil, Christian Dietrich Grabbe bezweifelte drei Jahre nach Goethes Tod (1835) dessen Schiller-Deutung entschieden und nannte die Widmung an den bayerischen König »das Widerlichste« dieser »Briefwechselei«.[49] Es zeugt für Goethes Treffsicherheit, aber auch für die Aufmerksamkeit seiner Gegner, daß die Einladung zur Korrektur des Schillerbildes verstanden und sogleich abgelehnt wurde. »Wer diesen Briefwechsel in das Publikum gegeben hat«, schrieb Grabbe, »ist auch imstande, seine und Schillers abgetragene Hosen lithographieren zu lassen. Goethe irrt sich aber, wenn er etwa glaubt, jeder Leser würde sein Verhältnis zu Schiller so annehmen, wie es hier sich darstellt. Ohne Kontrolle nichts Gewisses in der Welt – Sollte Schiller an dritte Personen so über Goethe geschrieben haben, wie an Goethe selbst? Man hat Grund zu zweifeln [...]«[50] Auf Goethes Kritik an Schillers beschränkten Lebensumständen erfolgte schon im April 1830 eine Erwiderung des ehemaligen preußischen Ministers Carl Friedrich von Beyme, der aus Goethes Dedikation an den bayerischen König, ähnlich wie Grabbe, einen Angriff auf alle deutschen Fürsten herausgelesen und mitgeteilt hat, daß König Friedrich Wilhelm III. von Preußen 1804, für den Fall der Annahme einer Schiller angebotenen und von ihm abgelehnten Akademieprofessur, ein bedeutendes Gnadengehalt nebst freiem Gebrauch einer Hofequipage vorgesehen hatte. Bedingung wäre Schillers Übersiedelung nach Berlin gewesen. Goethe hat – trotz des Drängens seiner Freunde – auch auf diesen (berechtigten) Angriff nicht geantwortet.[51]

Ludwig I. aber hat die Enttäuschung seiner Goethe-Begegnung ganz in den Kommentar zu dessen Büste in der »Walhalla« hineinformuliert. Er hat diesen Text schon kurz nach Goethes Tod 1832 entworfen, so daß sich in den »Entstehungsvarianten [...] ein geradezu ins Pathologische gebrochener Ton der Verstörung in immer neuen Versuchen, Streichungen und Spiralen des Kanzleistils verfolgen« läßt.[52] In der von Eduard von Schenk korrigierten Endfassung von »Walhalla's Genossen, geschildert durch König Ludwig den Ersten von Bayern, den Gründer Walhalla's« (1842) heißt es dann:

»Nebst *Schiller* Teutschlands *größter* Dichter, das ist *Göthe*, und nicht zu verübeln dem Dichtkunstfreunde der Wunsch, daß er nur hätte dichten sollen in gebundener und in ungebundener Rede, und weit mehr, als es geschehen, sich beschäftigen mit dem Dramatischen; aber wie manche große Männer liebevoll beflissener dessen sind, worin sie sich ausgezeichnet, so er der Farbenlehre, über 40 Jahr lang. Frühe schon war *Göthe* mit sich im Reinen und mit Allem; ihn ergriff nichts mehr, er schwebte wie ein Gott über der Welt, gestaltend nach Belieben. Hohe Klarheit sein Wesen, die sich auch in seiner unerreichten Schreibart zeigte. Verstand, wie in seinen meisten

Schriften, in seinem Leben vorherrschend; er gehörte dem heidnischen Altertume an, wäre einer seiner tiefsten Denker gewesen, und, wie Sinnlichkeit dasselbe durchdringt, ist sie fast mit allen seinen Werken verwebt.«[53]

Das Verdikt über die Farbenlehre war im 19. Jahrhundert verbreitet. Insbesondere die Physiker haben aus wissenschaftlichen Gründen die Vorbehalte gegen dieses Werk immer weiter genährt. Obwohl also in den vierziger Jahren des 19. Jahrhunderts das Zerwürfnis zwischen Ludwig I. und Heinrich Heine manifest war, ist Ludwigs I. Denkmals-Kommentar von Heinrich Heines Vorwurf, Goethes poetische Gestalten glichen der Starrheit und der Kälte der Skulpturen des Louvre, nicht weit entfernt.

Bereits beim Abschluß der Redaktion seines Briefwechsels mit Schiller (1827) hat Goethe, der Ärgernisse, der Angriffe, der Fälschungsvorwürfe und der Fälschungsabsichten späterer Editoren und Interpreten offenkundig gewiß, die gesamte Korrespondenz, »numeriert, in der Ordnung wie die einer für den Druck bestimmten Abschrift«, dem Schutz der Großherzoglichen Regierung in Weimar anvertraut. »Man braucht den künftigen Besitzern«, heißt es in einer testamentarischen Verfügung vom 20. Januar 1827, also mehrere Monate vor dem Geburtstagsbesuch Ludwigs I. in Weimar, »nicht umständlich zu bemerken, welcher Schatz ihnen hiedurch überliefert werde und wie vorsichtig sie bei allenfallsiger Benutzung oder Veräußerung zu verfahren haben.«[54] Goethe hat diesen Teil seines Nachlasses geradezu ängstlich und deshalb amtlich vor Verderben und Fälschung bewahrt. Noch auf dem Totenbett hat ihn die Vorstellung verfolgt, sein Briefwechsel mit Schiller könnte verschleudert und beschädigt werden. Mehrere Zeugen berichten, wie er in seiner Sterbestunde um diese Korrespondenz besorgt war. »Sein Geist beschäftigte sich darauf mit seinem vorausgegangenen Freund Schiller«, berichtet (freilich aus zweiter Hand) Karl Wilhelm Müller. »Als er nämlich ein Blatt Papier an dem Boden liegen sah, fragte er, warum man denn Schillers Briefwechsel hier liegen lasse; man möge denselben doch ja aufheben.«[55] Auch der weimarische Oberbaudirektor Clemens Wenzeslaus Coudray aber erinnert sich als Augen- und Ohrenzeuge von Goethes Tod, der Sterbende habe darüber phantasiert, daß der Briefwechsel mit Schiller auf dem Boden seines Zimmers liege. Dieser Briefwechsel, sein Gehalt und seine authentische Auslegung, wurde für Goethe in den letzten Lebensjahren zum Zeichen des Widerspruchs gegen den Zeitgeist.

Wenige Monate nach Goethes Tod waren seine schlimmsten Befürchtungen schon übertroffen. Im Sommer 1832 schrieb der Übersetzer Johann Diederich Gries an einen Bekannten: »Mir ist nichts widerwärtiger und zugleich lächerlicher als die Zudringlichkeit, mit welcher man jetzt dem toten Goethe noch auf den Leib rückt und von ihm verlangt, er hätte ein ganz anderer sein sollen, als er war, das heißt: nicht Goethe. Die eine Partei verlangt, er hätte Kirchenlieder und Erbauungsbücher, die andere, er hätte Turngesänge und Hambacher Reden schreiben sollen. Die einen wollen ihn nicht für einen Christen, die andern nicht für einen Deutschen gelten lassen; und während ganz Europa uns um sein Leben beneidet, um seinen Tod beklagt, hätten diese Unsinnigen nicht übel Lust, seine heilige Asche aus der Fürstengruft zu Weimar herauszureißen und in alle Winde zu zerstreuen. Solcher Wahnsinn ist doch nur in Deutschland möglich!«[56] Vielleicht ist demnach auch die Geschichte der Begegnung von Ludwig I. mit Goethe die einer vergeblichen Begegnung, eben die Geschichte von der Fremdheit der Poesie in der Welt des politischen und des populistischen Kalküls. Trotzdem verdanken wir wohl erst dieser Begegnung und der unterschiedlichen Dokumentation der beiderseitigen Befremdung den klaren, fast pädagogisch geschärften Blick auf die in der Goethe-Schiller-Korrespondenz enthaltene klassische Theorie des »Rein-Menschlichen«. So gesehen war der kuriose Besuch Ludwigs I. in Weimar letztlich doch aufschlußreich für die Geschichte der bürgerlichen Kultur in Deutschland und für den Konflikt um die sie leitenden Ideen.

1 Georg Kurscheidt (Hg.): Friedrich Schiller: Gedichte. Frankfurt am Main 1992, S. 414 (Frankfurter Schiller-Ausgabe [FSA] Bd. 1).
2 Benno von Wiese: Friedrich Schiller. Stuttgart 1959, S. 226.
3 FSA Bd. 1, S. 417–420.
4 Ebd. S. 958. Schillers Erwiderung auf die zeitgenössische Kritik an diesem Gedicht.
5 Wolfgang Frühwald: Der König als Dichter. Zu Absicht und Wirkung der »Gedichte Ludwigs des Ersten, Königs von Bayern«, in: Deutsche Vierteljahrsschrift für Literaturwissenschaft und Geistesgeschichte 50 (1976), S. 139. Dort die Stellenbelege aus den seit 1829 erscheinenden Bänden der »Gedichte Ludwigs des Ersten« 1829–1847.
6 Gedichte Ludwigs des Ersten, Königs von Bayern. Vierter Teil. München 1847, S. 28 f.
7 Frühwald: Der König als Dichter, S. 140.
8 FSA Bd. 1, S. 288.
9 Vgl. dazu und zum folgenden Wolfgang Frühwald: Die Auseinandersetzung um Schillers Gedicht »Die Götter Griechenlandes«, in: Jahrbuch der Deutschen Schillergesellschaft 13 (1969), S. 251–271, vor allem S. 264 f.; vgl. auch Sibylle Demmer: Von der Kunst über Religion zur Kunst-Religion. Zu Schillers Gedicht »Die Götter Griechenlandes«, in: Wulf Segebrecht (Hg.): Gedichte und Interpretationen. Bd. 3: Klassik und Romantik. Stuttgart 1984, S. 37–47.
10 Mathilde Ludendorff: Der ungesühnte Frevel an Luther, Lessing, Mozart, Schiller. Ein Beitrag zur Deutschen Kulturgeschichte. München 1931 (20.–25. Tausend).
11 Wolfgang H. Veil: Schillers Krankheit. Eine Studie über das Krankheitsgeschehen in Schillers Leben und über den natürlichen Todesausgang. Leipzig 1936. Vgl. dazu Rudolf A. Kühn: Schillers Tod. Kommentierter Reprint der Studie »Schillers Krankheit« von Wolfgang H. Veil aus dem Jahre 1936. Jena 1992.

12 Karl Eibl (Hg.): Johann Wolfgang Goethe: Gedichte 1756–1799. Frankfurt am Main 1987, S. 477 f. (Frankfurter Goethe-Ausgabe [FGA] Bd. 1); es handelt sich um die frühe Fassung des Lobgedichtes, die Goethe am 10. Mai 1789 dem Herzog Carl August angekündigt hat. Vgl. Eibls Kommentar ebd. S. 1153. Daß er sich auf den Erwerb schlecht verstanden habe, ist schlicht eine Untertreibung Goethes. Er hat sich, im Umgang mit dem Weimarer Hof und zumal mit seinen Verlegern, sehr wohl auf »Erwerb« verstanden. Bei den adeligen Zeitgenossen, für welche die Ausübung von Kunst und Wissenschaft gegen Entgelt als standeswidrig galt, hat dies mehr als einmal Erstaunen hervorgerufen.
13 Heinz Gollwitzer: Ludwig I. von Bayern. Eine politische Biographie. München 1986, S. 765. In dieser staunenswert genau und detailreich gearbeiteten Biographie wird dem poetischen Herrschaftsinstrument Ludwigs I. nur geringe Aufmerksamkeit geschenkt.
14 Max Spindler: Dreimal München. König Ludwig als Bauherr. Zwei Vorträge zur Geschichte Münchens. München 1958, S. 39 f. Seit Gollwitzers Biographie über Ludwig I. und der von Spindler herausgegebenen »Bayerischen Geschichte im 19. und 20. Jahrhundert« (2 Bde. München 1974/75) sind die älteren Biographien von Heigel, Sepp, Conte Corti über den bayerischen König überholt, aber wegen ihrer Detailinformationen noch immer lesenswert.
15 Vgl. Oswald Hederer: Die Ludwigstraße in München. München 1942. Auch wenn das Buch im Parteiverlag der NSDAP Franz Eher Nachf. erschienen ist, ist es eine beachtliche baugeschichtliche Studie und gegen die nationalsozialistischen Bausünden am klassizistischen München, gerade auch in der Ludwigstraße, gerichtet.
16 Vgl. Jörg Träger (Hg.): Die Walhalla. Idee, Architektur, Landschaft. Regensburg 1979.
17 Gerhard Schaub: Georg Büchner und Friedrich Ludwig Weidig: Der Hessische Landbote. Texte, Materialien, Kommentar. München 1976, S. 28 f., 87 f. Der Landtag von 1834 bewilligte dem bayerischen Königshaus ein Jahresgehalt von drei Millionen Gulden, die größtenteils zum Ausbau der Kunststadt München verwendet wurden. Vgl. Schaub, S. 88.
18 Zu den Vorgängen im Freien Deutschen Hochstift im November 1864 vgl. Frühwald: Der König als Dichter, S. 133 und ebd. Anm. 25. Das Eckermannzitat in der Depesche des Freien Deutschen Hochstifts an Ludwig von Bayern ist auf den 8. April 1829 datiert. Vgl. Christoph Michel unter Mit-

wirkung von Hans Grüters (Hgg.): Johann Peter Eckermann: Gespräche mit Goethe in den letzten Jahren seines Lebens. Frankfurt am Main 1999, S. 341 (FGA 2. Abteilung Bd. 12).
19 Vgl. Lili Partheys Tagebuch vom 23. Juli 1823, in: Horst Fleig (Hg.): Johann Wolfgang Goethe: Die letzten Jahre. Briefe, Tagebücher und Gespräche von 1823 bis zu Goethes Tod. Teil 1. Frankfurt am Main 1993, S. 64. FGA 2. Abteilung Bd. 10.
20 Goethe in vertraulichen Briefen seiner Zeitgenossen. Zusammengestellt von Wilhelm Bode. Bd. III 1817–1832. München 1982, S. 242. Karl August Varnhagen hat noch vor Empfang dieses Briefes (im Brief vom 7. September 1827 an seine Frau) den Besuch ähnlich eingeschätzt: »Und ich freue mich mit, gerührt und stolz, daß Goethe das erlebt und die Deutschen es ihn erleben lassen.« Ebd. S. 245.
21 Auch Gollwitzer (S. 759 f.) betont die »Signalwirkung«, die Ludwig I. beabsichtigt habe. Allerdings legte der standesbewußte Fürst Wert auf den »Ausnahmecharakter seiner Unvoreingenommenheit«, wenn er in der Erinnerung an seinen Weimar-Besuch 1827 bemerkte, daß »die Erinnerung an eine Art von Gleichstellung eines Privat-Mannes durch den Ruhm [...] doch allen Fürsten unangenehm sei«. Ebd. S. 907, Anm. 163.
22 Zu den zeitgenössischen Schilderungen des Besuchs, die alle in der Beschreibung der ungestümen ersten Begegnung übereinstimmen, vgl. z.B. FGA 2. Abteilung Bd. 10, S. 515, 519, 521. Goethes eigener Bericht an Amalie von Levetzow ebd. S. 523.
23 Goethes Gespräche. Eine Sammlung zeitgenössischer Berichte aus seinem Umgang auf Grund der Ausgabe und des Nachlasses von Flodoard Freiherrn von Biedermann ergänzt und hg. von Wolfgang Herwig. Bd. III, 2 1825–1832. Zürich und Stuttgart 1972, S. 172. Die Abbildung von Henkes (diesem Bericht für seine Mutter beigefügten) Zeichnung des Gespräches zwischen dem König, dem Großherzog und Goethe auch in: FGA 2. Abteilung Bd. 10, Abb. 9.
24 FGA 2. Abteilung Bd. 10, S. 520.
25 Vgl. Bericht von Friedrich von Müller vom 30. August 1827: FGA 2. Abteilung Bd. 10, S. 524.
26 Goethe an Amalie von Levetzow am 29. August 1827, FGA 2. Abteilung Bd. 10, S. 523.
27 Bericht des Kanzlers von Müller, FGA 2. Abteilung Bd. 10, S. 525.
28 Goethes Werke Bd. VI. Hamburg 1958, S. 623 (Hamburger Ausgabe).

29 Bericht des Kanzlers von Müller, FGA 2. Abteilung Bd. 10, S. 525.
30 Anne Bohnenkamp (Hg.): Johann Wolfgang Goethe: Ästhetische Schriften 1824–1832. Über Kunst und Altertum V–VI. Frankfurt am Main 1999, S. 472 (FGA 1. Abteilung Bd. 22), vgl. auch die zugehörigen Kommentare ebd. S. 1280, 1227–1230.
31 Kanzler von Müllers Bericht vom 30. August 1827, FGA 2. Abteilung Bd. 10, S. 524.
32 Peter Hasubek: Karl Leberecht Immermann: Briefe. Bd. I 1804–1831. München 1978, S. 744. Mit den »poetischen SchulExercitien« sind die 1829 erstmals gesammelten Gedichte des bayerischen Königs gemeint.
33 Vgl. Gollwitzer, S. 765. Zitat aus Heinrich von Treitschkes »Deutscher Geschichte im 19. Jahrhundert«. Bd. 3. 6. Auflage. Leipzig 1908, S. 348.
34 Karl-Heinz Fallbacher: Literarische Kultur in München zur Zeit Ludwigs I. und Maximilians II. München 1992, S. 46.
35 Vgl. den Bericht des Kanzlers von Müller vom 30. August 1828, FGA 2. Abteilung Bd. 10, S. 525.
36 Günter Hess: Goethe in München. Literarische Aspekte der Geschichte und Wirkung von Stielers Dichter-Porträt. In: Karl Richter und Jörg Schönert (Hgg.): Klassik und Moderne. Die Weimarer Klassik als historisches Ereignis und Herausforderung im kulturgeschichtlichen Prozeß. Stuttgart 1983, S. 292. Vgl. dort (S. 312 Anm. 6) auch die Hinweise auf die aus den Quellen gearbeiteten Studien von Ulrike von Hase und Rolf Meckler zu Stielers Goethe-Porträt. Die Wende in der zeitgenössischen Einschätzung Goethes geschah vermutlich bereits nach der Publikation der »Römischen Elegien«, sie ist von Weimar ausgegangen und hat von dort aus die öffentliche Meinung in Deutschland infiltriert. Vgl. Karl Eibl, FGA 1. Abteilung Bd. 1, S. 1095. 1828 (oder, wie Heinrich Heine meinte, 1821) war ein politisches Wendejahr in der Einschätzung Goethes.
37 Herwig: Goethes Gespräche. Bd. III, S. 926. Das folgende Zitat ebd. S. 878.
38 FGA 2. Abteilung Bd. 10, S. 525.
39 Peter Hasubek unter Mitarbeit von Bodo Fehling (Hgg.): Karl Immermann: Zwischen Poesie und Wirklichkeit. Tagebücher 1831–1840. München 1984, S. 667.
40 Gedichte des Königs Ludwig von Bayern. Zweiter Teil. München 1829, S. 67; vgl. Frühwald: Der König als Dichter, S. 135, Anm. 32.
41 Manfred Windfuhr (Hg.): Heinrich Heine: Historisch-kritische Gesamt-

ausgabe der Werke. Bd. 8,1: Zur Geschichte der Religion und Philosophie in Deutschland. Die romantische Schule. Hamburg 1979, S. 155 (Erstes Buch der »Romantischen Schule«). Die folgenden Zitate ebd. S. 157, 151. Der Bezug auf Philine, Gretchen und Klärchen verdeutlicht, daß Heine der Generationenbruch um 1795 sehr wohl bewußt ist.

42 Gedichte Ludwigs des Ersten, Königs von Bayern, Zweiter Teil, S. 68.

43 FGA 2. Abteilung Bd. 11, S. 181. Das folgende Zitat ebd.

44 Die Zeitgenossen (z.B. Karl Immermann) haben diesen Text auch als postume Kritik an Carl August gelesen.

45 Hess, S. 293.

46 Ebd. S. 295. Hess hat die gesamte Auseinandersetzung Goethes mit Ludwig I. auf dem Umweg über Stielers Porträt scharfsinnig rekonstruiert.

47 Ebd. S. 292.

48 Ebd. S. 294.

49 Karl Robert Mandelkow: Goethe im Urteil seiner Kritiker. Dokumente zur Wirkungsgeschichte Goethes in Deutschland. Teil I 1773–1832. München 1975, S. 467. Der 1830 geschriebene Text ist in einem Teildruck erstmals 1835 erschienen (vgl. ebd. S. 585).

50 Ebd. S. 467.

51 Der oben zitierte Brief an Friedrich von Müller vom 21. Mai 1830 (FGA 2. Abteilung Bd. 11, S. 268 f.) bezieht sich auf diese Auseinandersetzung.

52 Hess, S. 304.

53 Das Buch erschien in München 1842, der Text über Goethe dort S. 267 f.; auch in diesem späten Text des bayerischen Königs ist demnach das zuerst in Weimar in Umlauf gesetzte Stichwort von Goethes »Sinnlichkeit« leitend.

54 Irmtraut Schmid (Hg.): Johann Wolfgang Goethe: Tag- und Jahreshefte. Frankfurt am Main 1994, S. 473. FGA 1. Abteilung Bd. 17 (Anordnung vom 20. Januar 1827).

55 Herwig, Bd. III, S. 888, zum folgenden vgl. ebd. S. 886.

56 Bode, Bd. III 1817–1832, S. 346 f.

»Die Einheit des Menschengeschlechtes«.
Alexander von Humboldt
und der Jenaer Kosmopolitismus

Ein Wiedersehen mit Alexander von Humboldt, schrieb Goethe am 30. Juli 1804 an dessen Bruder Wilhelm, sei gewissermaßen wie das Wiedersehen mit einem, »der von den Toten wieder aufersteht«.[1] Am 5. Juni 1799 war Alexander von Humboldt mit seinem um vier Jahre jüngeren Reisebegleiter Aimé Bonpland von La Coruna aus zu einer Forschungsreise nach Lateinamerika aufgebrochen. Die Abenteuer und die Anstrengungen dieser lebensgefährlichen Reise durch die Gebiete der heutigen Staaten Venezuela, Kuba, Kolumbien, Ecuador, Peru und Mexiko hat Alexander von Humboldt selbst beschrieben: nicht nur in den beiden Bänden der »Ansichten der Natur« (1808), sondern vor allem in dem zwischen 1805 und 1839 veröffentlichten Hauptwerk »Voyage aux régions équinoxiales du Nouveau Continent« und der zugehörigen »Synopsis Plantarum«. Durch die Bearbeitung und die Publikation »seiner auf allen Gebieten der Geographie unendlich ertragreichen lateinamerikanischen Forschungsreise [...] im Zentrum der Wissenschaft, in Paris (bis 1827) [wurde] er zum international angesehensten Repräsentanten ›der‹ Naturforschung und vieler ihrer Gebiete, nicht nur der Geographie«.[2] Seine »Reise in die Aequinoctialgegenden des neuen Continents« ist eine der schönsten und teuersten Buchreihen, die jemals ein Gelehrter auf eigene Kosten, unter Preisgabe seines Vermögens, hat drucken lassen. Nicht einmal Alexander von Humboldt selbst hat schließlich davon ein vollständiges Exemplar besessen. Die Folioausgabe, mit über 1.200 Kupferstich-Tafeln, kostete ungebunden und ohne die zugehörigen Oktavbände 2.553 Taler, mehr als das Jahresgehalt eines damaligen höheren Ministerialbeamten, mehr als die Hälfte von Humboldts späterem Jahresgehalt als Kammerherr am preußischen Hof.

Am 1. Juni 1804 machte Humboldt, auf der Rückreise nach Europa, in Washington Station, wo er mit Thomas Jefferson, dem legendären dritten Präsidenten der Vereinigten Staaten, Freundschaft schloß.³ Am 3. August 1804, und darauf spielte der stets auf Neuigkeiten begierige Goethe an, betrat er nach fünfjähriger Abwesenheit wieder europäischen Boden. Am 27. August dieses Jahres war er wieder in Paris.⁴ Von Humboldts Entdeckungsreise in die neue Welt, die oft und zu Recht mit des Kolumbus Pioniertat verglichen wurde, datieren viele Länder Lateinamerikas den Beginn ihrer eigenständigen Geschichte. Simón Bolívar meinte: »Alexander von Humboldt hat Amerika mehr Wohltaten erwiesen als alle seine Eroberer«, er sei der »wahre Entdecker« Amerikas.⁵ Nicht zufällig also zählt ihn Thomas Nipperdey, zusammen mit Carl Friedrich Gauss und Joseph Fraunhofer, zu den »bedeutendsten, ja genialen Naturwissenschaftlern« der beginnenden Moderne. Humboldt, »der berühmteste von allen [war] ein empirischer, messender und experimentierender Geograph, ein ›moderner‹ Forscher und zugleich ein klassisch-universaler Geist, ein ›Naturforscher‹ vor aller Spezialisierung«.⁶ Seine Wiederentdeckung durch Ottmar Ette und Hans Magnus Enzensberger⁷ zu Beginn des 21. Jahrhunderts war lange überfällig.

Auf ihrer Reise durch die Urwälder und die Hochebenen Lateinamerikas waren Alexander von Humboldt und Bonpland für Europa verschollen. Dort galt im frühen 19. Jahrhundert schon eine Reise von nicht mehr als hundert Kilometern als eine gefährliche und anstrengende, vor allem aber als eine teure Unternehmung. Die Straßen waren schlecht, die Kutschen, auch im Linienverkehr, langsam und von Unfällen, von Achsen- und Radbruch, bedroht. In den lederverkleideten Kabinen herrschte ein unerträglicher Gestank. Die Wirte der Raststätten steckten oft mit den Räuberbanden unter einer Decke, welche die großen, grenzsetzenden Wälder, vor den Flächenrodungen am Ende des 18. Jahrhunderts, unsicher machten.

Die vielen Kriegszüge entließen starke Gruppen marodierender Soldaten. Die schlecht bezahlten Zöllner an den Grenzen der Kleinstaaten waren auf Betrug und Bestechung angewiesen. Humboldts meist loyale Truppen einheimischer Führer, Ruderer und Träger in den Urwäldern und auf den Hochebenen Lateinamerikas waren im Grunde leichter zu lenken als die Rotte betrunkener Kutscher auf den gefährlichen Straßen Europas. Der in den Wäldern der neuen Welt (selig) verschollene Entdecker und Abenteurer selbst aber fühlte sich von der Erinnerung und dem Gedächtnis der Freunde in Deutschland getragen. An Schillers Schwägerin Caroline von Wolzogen schrieb er, zwei Jahre nach der Rückkehr, aus Berlin am 14. Mai 1806: »Überall [auf der gefahrvollen Reise durch die Neue Welt] ward ich von dem Gefühle durchdrungen, wie mächtig jene Jenaer Verhältnisse auf mich gewirkt, wie ich, durch Goethes Naturansichten gehoben, gleichsam mit neuen Organen ausgerüstet worden war.«[8] Die Jenaer Verhältnisse – das bedeutet Humboldts Umgang mit Schiller, mit Goethe, aber auch mit Carl August, dem Herzog von Weimar. Nach dem überraschenden Tode Carl Augusts, am 14. Juni 1828, hat Alexander von Humboldt dem Kanzler von Müller einen Brief geschrieben, der (von Eckermann überliefert) bis zum heutigen Tag als der bedeutendste Nachruf auf den in seinem Kunsthandeln großen Fürsten von Weimar gilt. Goethe, der diesen Brief nicht ohne Rührung lesen konnte, hat darauf hingewiesen, daß Humboldt »während eines langen ganzen Lebens« dem Weimarer Großherzog »auf das Innigste befreundet« war, »welches freilich nicht zu verwundern, indem die reich angelegte Natur des Fürsten immer nach neuem Wissen bedürftig und gerade Humboldt der Mann war, der bei seiner großen Universalität auf jede Frage die beste und gründlichste Antwort immer bereit hatte«.[9]

Humboldt hat sich nach der Rückkehr von der fünfjährigen Reise zuerst wieder mit einem Brief vom 6. Februar 1806 aus Berlin bei Goethe gemeldet und ihm, mit handschriftlicher Widmung, seine Akademie-Abhandlung über »Ideen zu einer Physiognomik der Gewächse« zugesandt. Goethe hat sie sogleich (am 14. März 1806) in der »Jenaischen Allgemeinen Literatur-Zeitung« besprochen, zumal er selbst in dieser Abhandlung zitiert wurde. In Goethes Besprechung findet sich das berühmte Wort, das sich Humboldt später im »Kosmos« zugeeignet hat, weil es die Verbindung von Beobachtung und adäquater sprachlicher Darstellung auch für die Naturbeschreibung als leitend postulierte. Goethe hat Humboldt in dieser Besprechung in eine Reihe mit Linné und dem Pariser Botaniker Antoine Laurent de Jussieu gestellt und den genialen Vorgriff auf ein natürliches Pflanzensystem gerühmt. Hier tue »der Mann, dem die über die Erdfläche verteilten Pflanzengestalten in lebendigen Gruppen und Massen gegenwärtig« seien, »schon vorauseilend den letzten Schritt, und deutet an, wie das einzeln Erkannte, Eingesehene, Angeschaute, in völliger Pracht und Fülle dem Gefühl zugeeignet, und wie der so lange geschichtete und rauchende Holzstoß, durch einen ästhetischen Hauch, zur lichten Flamme belebt werden könne«.[10] Es ist, als habe Alexander von Humboldt vierzig Jahre lang versucht, dieses Lob Goethes einzuholen und als sei es ihm im »Kosmos« schließlich auch gelungen. Im Brief vom 6. Februar 1806 bekannte Humboldt Verehrung und Dankbarkeit, die ihn auf seinen abenteuerlichen Wegen begleitet hätten: »In den einsamen Wäldern am Amazonenflusse erfreute mich oft der Gedanke, Ihnen die Erstlinge dieser Reise widmen zu dürfen. Ich habe diesen fünfjährigen Entschluß auszuführen gewagt. Der erste Teil meiner Reisebeschreibung, das Naturgemälde der Tropenwelt, ist Ihnen zugeeignet.«[11] Goethe hat den hier angekündigten Text, die 1807 erschienenen »Ideen zu einer Geographie der Pflanzen nebst einem Naturgemälde der Tropenländer« mit der Widmung »An Göthe«, Mitte März durch den gemeinsamen Verleger Cotta erhalten, die zugehörige Kupferstichtafel im Mai des Jahres 1807.[12] Zwischen Humboldts Brief und dem Eintreffen der angekündigten Einleitung in sein Lebenswerk also lag der preußisch-französische Krieg, lag die Niederlage Preußens in der Schlacht von Jena und Auerstedt, lag die Plünderung Weimars und die Todesgefahr, in die Goethe im Oktober 1806 geriet.

Die wenigen Monate, die Alexander von Humboldt, während der langen und sorgfältigen Vorbereitung seiner Reise, vom 1. März bis zum 30. Mai 1797 in Jena, in der Gesellschaft von Goethe, Schiller, seines Bruders Wilhelm und dessen Frau zugebracht hatte, waren – so läßt sich aus diesem Briefwechsel schließen – für ihn zu einer Art von Lebenswende geworden. Sie haben sein Verhältnis zur Natur von Grund auf verwandelt. Goethe aber schrieb wenige Wochen nach Humboldts Ankunft in Jena, die Gegenwart dieses flinken und reichen Geistes reiche allein hin, »alles in Bewegung [zu bringen], was nur chemisch, physisch und physiologisch interessant sein kann, so daß es mir manchmal recht schwer ward mich in meinen Kreis zurückzuziehen«.[13] In einem Brief an den Herzog Carl August, von Anfang März 1797, bezeichnete er den »Bergrat von Humboldt« gar als ein wahrhaftes Füllhorn der Naturwissenschaften. »Sein Umgang ist äußerst interessant und lehrreich. Man könnte in 8 Tagen nicht aus Büchern herauslesen was er einem in einer Stunde vorträgt.«[14] So blieb Goethe während des ganzen März 1797 in Jena und beteiligte sich an Humboldts Experimenten im Laboratorium der Naturforschenden Gesellschaft. Humboldt wiederum besuchte Goethe und den Herzog Carl August vom 18. bis zum 25. April in Weimar.[15] Die Briefe und die Tagebücher Goethes lesen sich während dieser Monate so, als habe er seine Zeit zwischen den Brüdern Humboldt und Schiller aufgeteilt.

Damals (1797) stimmten Goethe und Alexander von Humboldt noch in der, auch von Humboldts Freiberger Lehrer Abraham Gottlob Werner vertretenen, neptunistischen Weltentstehungstheorie durch Wasser und Sedimentation überein. Aus den Gebirgen Südamerikas und dem Anblick des rezenten Vulkanismus aber ist Alexander von Humboldt als ein überzeugter Plutonist zurückgekommen. In einer Höhe von 14.000 Fuß, »auf dem Rücken der Andeskette«, hatte er zusammen mit Bonpland »Petrefacte von Seemuscheln« gesammelt und die Überzeugung gewonnen, daß sie »nicht durch eine allgemeine Wasserbedeckung, sondern durch vulkanische Hebungskräfte in diese Lage gekommen« seien. Vulkanismus nannte er nun, »sei es auf der Erde oder auf ihrem Trabanten, dem Monde, die Reaction, welche das Innere eines Planeten auf seine Rinde ausübt«.[16] Die Kenntnis der geothermischen Tiefenstufe, »der inneren Erdwärme«, wie Humboldt sie bezeichnete, warf für ihn »ein dämmerndes Licht auf die Urgeschichte unseres Planeten«. Die heute herrschende Kontinentalverschiebungstheorie und den jetzt möglichen Vergleich der toten Oberflächen von Mars und Titan mit der von einem glutflüssigen Motor angetriebenen, daher lebentragenden, aber auch katastrophenträchtigen Oberfläche der Erde hätte er mit Begeisterung weitergedacht und wohl zur Entschlüsselung der uns noch weitgehend unbekannten Dimension des Erdinneren beigetragen.

Goethe hat Humboldts »Konversion« vom Neptunismus zum Plutonismus zwar geärgert, aber der Freundschaft hat dies keinen Abbruch getan. Die »Jenaer Verhältnisse«, von denen Humboldt im Brief an Caroline von Wolzogen aus dem Jahre 1806 sprach, waren nicht nur die Experimente mit Goethe, sondern (für Humboldt) auch die Gespräche mit Schiller. Seiner gedenkt er deshalb am Ende der Vorrede zur ersten Ausgabe der »Ansichten der Natur«. Dort zitiert er Verse Schillers aus der »Braut von Messina« als den Inbegriff jener Lebenserfahrung, die ihm fernab der Zivilisation, in der unmittelbaren Begegnung mit unberührter Natur, zuteil geworden ist. Er hat, wie vor ihm Lichtenberg, Goethe, Jean Paul und nach ihm noch Adalbert Stifter, den psychosomatischen Zusammenhang zwischen der Naturbetrachtung und der Gemütsverfassung des Menschen betont und so überall »auf den ewigen Einfluß hingewiesen, welchen die physische Natur auf die moralische Stimmung der Menschheit und auf ihre Schicksale ausübt«.[17] Menschen, die trauern, und jene, die an der Zivilisationskrankheit des Jahrhunderts, an der Melancholie, leiden, sind die Adressaten seiner »Ansichten der Natur«. Er hat das Buch vorzugsweise »*bedrängten Gemüthern*« gewidmet und sich dabei der Autorität des moralischen Dichters der

Deutschen *par excellence*, Schillers, vergewissert.« »*Wer sich herausgerettet aus der stürmischen Lebenswelle*« [heißt es in dem genannten Vorwort], folgt mir gern in das Dickicht der Wälder, durch die unabsehbare Steppe und auf den hohen Rücken der Andeskette. Zu ihm spricht der weltrichtende Chor:

> Auf den Bergen ist Freiheit! Der Hauch der Grüfte
> Steigt nicht hinauf in die reinen Lüfte,
> Die Welt ist vollkommen überall,
> Wo der Mensch nicht hin kommt mit seiner Qual.«[18]

Im Vorwort zur zweiten und dritten Ausgabe seiner »Ansichten«, unterzeichnet »Berlin, im März 1849«, erinnert sich Humboldt dann lebhaft an die nunmehr ein halbes Jahrhundert zurückliegenden Jenaer Gespräche mit Schiller, der »in jugendlicher Erinnerung an seine medicinischen Studien« sich in Jena mit ihm gern »über physiologische Gegenstände« unterhalten habe.[19] Humboldts berühmte, in Jena schon während der Entstehung bewunderte »Arbeit über die Stimmung der gereizten Muskel- und Nervenfaser durch Berührung mit chemisch verschiedenen Stoffen« (1797) gab diesen Gesprächen oft »eine ernstere Richtung«. Schillers von Humboldt angenommene Vorliebe für den Aufsatz »Die Lebenskraft oder der rhodische Genius«, der in den »Horen« (1795) erstmals gedruckt wurde, schenkte dem Verfasser den Mut, diesen Text 1826 und 1849 noch einmal drucken zu lassen.[20] Er wollte am Beginn des von ihm selbst mit heraufgeführten Zeitalters der experimentellen Naturwissenschaften, wie seine Lehrer Goethe und Schiller, diese Epoche daran erinnern, wem sie zu dienen habe: – dem Menschen, nicht dem Profit.

Alexander von Humboldt, zwanzig Jahre jünger als Goethe, zehn Jahre jünger als Schiller, hatte die Fähigkeit, rasch mit jüngeren und älteren Menschen in freundschaftlichen Kontakt zu kommen. Er hat dabei gelegentlich übersehen, daß es den Partnern dieser Freundschaft keineswegs so ergangen ist wie ihm selbst. Schiller hat noch am 12. September 1794 an seinen Freund Christian Gottfried Körner geschrieben, daß er für seine Zeitschrift »Die Horen« von dem preußischen Oberbergmeister von Humboldt »über Philosophie des Naturreichs sehr gute Aufsätze« erwarte. »Er ist jetzt in Deutschland gewiß der vorzüglichste in diesem Fache, und übertrifft an Kopf vielleicht noch seinen Bruder [Wilhelm], der gewiß sehr vorzüglich ist.«[21] Der von Alexander von Humboldt dann gelieferte Aufsatz über die »Lebenskraft«, das heißt über eines der umrätselten Themen der Zeit, die *vis vitalis*, hat ihn ebenso wie Wilhelm von Humboldt, wegen der wenig gelungenen mythischen Einkleidung, nicht völlig überzeugt. Schließlich hat Alexander von Humboldt die Natur der »Lebenskraft« nicht zu erklären, sondern nur zu umschreiben vermocht, auch wenn er sie – darin nochmals der Moderne vordenkend – als das in allen Organismen, vom einfachen Wurm bis »zum göttlichen Geist des Pythagoras«, gleichermaßen herrschende Prinzip des Lebens beschrieben hat.[22] Nach den Monaten des persönlichen Umgangs aber hat Schiller, wieder in einem Brief an Körner, am 6. August 1797, ein gänzlich anderes Urteil als 1794 über den jüngeren Humboldt gefällt. Er fürchte, schrieb er, daß Alexander von Humboldt, »trotz aller seiner Talente und seiner rastlosen Thätigkeit [...] in seiner Wissenschaft nie etwas großes leisten [werde]«. Er habe »keine Einbildungskraft und so fehlt ihm nach meinem Urtheil das nothwendigste Vermögen zu seiner Wißenschaft – denn die Natur muß angeschaut und empfunden werden, in ihren einzelnsten Erscheinungen, wie in ihren höchsten Gesetzen«.[23]

Auch wenn dieses emotionale Fehlurteil so klingt, als sei Schiller wegen Goethes Begeisterung über den Naturkundigen auf diesen eifersüchtig gewesen, so liegt der Grund der Ablehnung doch tiefer. Schiller hat die moderne, erfahrungswissenschaftliche Methode

Humboldts nicht akzeptiert, er hat den »nakten, schneidenden Verstand« gerügt, »der die Natur, die immer unfaßlich und in allen ihren Punkten ehrwürdig und unergründlich ist, schaamlos ausgemessen haben will und mit einer Frechheit, die ich nicht begreife, seine Formeln, die oft nur leere Worte, und immer nur enge Begriffe sind, zu ihrem Maaßstabe macht«. Doch die Natur *mußte* zuerst auf Formeln, Daten, Begriffe und Gesetze reduziert werden, ehe auch in den Naturwissenschaften die Auffassung Platz greifen konnte, daß der Standpunkt der Beobachter die Beobachtung bestimmt.[24]

Goethe hat – anders als sein Freund Schiller – auf Humboldts Rede- und Ideenschwall nicht abwehrend, sondern kreativ reagiert. Er hat, nach Schillers Tod, im Jahre 1809 einen der bedeutendsten naturwissenschaftlichen Romane der Weltliteratur geschrieben und in dem mit einem Begriff aus der zeitgenössischen Chemie »Die Wahlverwandtschaften« benannten Roman auch Alexander von Humboldt ein Denkmal gesetzt. In Ottilies Tagebuch heißt es im 7. Kapitel des Zweiten Teiles: »Nur der Naturforscher ist verehrungswert, der uns das Fremdeste, Seltsamste, mit seiner Lokalität, mit aller Nachbarschaft, jedesmal in dem eigensten Elemente zu schildern und darzustellen weiß. Wie gern möchte ich nur einmal Humboldten erzählen hören.«[25] Humboldt hat die Gebildeten seiner Zeit durch Erzählung mit den fernsten Gegenden so vertraut gemacht, daß diese fernen Regionen ihren exotischen Schrecken und ihre Fremdheit verloren haben, daß sie erzählt wurden, nicht als das Land der Palmen, der Elefanten und der Tiger, nicht als der Lebensraum von Affen, Papageien und Mohren,[26] sondern als die Gefilde des Menschen. So lautet ganz konsequent die letzte Notiz auf diesen Tagebuchseiten Ottilies: »Dem Einzelnen bleibe die Freiheit sich mit dem zu beschäftigen, was ihn anzieht, was ihm Freude macht, was ihm nützlich deucht; aber das eigentliche Studium der Menschheit ist der Mensch.«[27] Damit hat sich der weltbürgerliche Enthusiasmus, der in

Jena und Weimar gepflegt wurde, der Abstraktion der Aufklärung entzogen. Diese hat, zumal im Berliner Spätrationalismus, einen flachen Universalismus und ein gleichförmiges Menschenbild überliefert. Johann Gottfried Herder, Justus Möser und Goethe dagegen haben dem abstrakten Bild des Menschen die Entdeckung der Individualität entgegengesetzt, die Individualität von einzelnen und Personen ebenso wie von Völkern und Kulturen, die menschenprägende »Natur und Not des Landes«, wie es in Mösers »Osnabrückischer Landesgeschichte« heißt. Das Vertrauen in den menschheitlichen Grund dieser Individualitäten aber ist das Fundament des Kosmopolitismus, wie er in Jena und in Weimar an der Wende vom 18. zum 19. Jahrhundert gelebt wurde.

Dabei ist zu bedenken, daß diese Art des Weltbürgertums, wie überhaupt »das Syndrom Kosmopolitismus [...] nur in Europa heimisch« war, daß es »ein Produkt des – trotz Christentums und Mystik – stark diesseits- und realitätsbezogenen, rationalen abendländischen Geistes« ist.[28] Die Inferiorität oder die Superiorität von Rassen, Nationen, Kulturkreisen und Weltanschauungen gegenüber anderen war diesem Bewußtsein fremd. Die im 18. und noch im 19. Jahrhundert (auch in den deutschen Staaten) verbreitete Versklavung von Menschen durch Menschen, die berüchtigte »Leibeigenschaft«, war den Weltbürgern des 19. Jahrhunderts ein finsteres, zu bekämpfendes Übel. Humboldt hat seine Fassung selten verloren, doch die Behandlung und die Taxierung der afrikanischen Sklaven auf dem Markt in Cumaná machten ihn krank. »He was a passionate man, but only one thing really made him lose his temper, and that was the slave system, for which he had nothing but absolute loathing.«[29]

Goethe hat in dem Roman »Die Wahlverwandtschaften« Humboldt nicht, wie die Kommentatoren allenthalben anzunehmen scheinen, nur nebenbei erwähnt. Er hat mit der Nennung einer lebenden und berühmten Person ein Signal für Leserinnen und Leser gesetzt und insbesondere Alexander von Humboldt selbst darauf aufmerksam gemacht. Mit einem (im Konzept erhaltenen) Brief vom 5. Oktober 1809 hat Goethe Alexander von Humboldt ein Exemplar seines Romans »Die Wahlverwandtschaften« gewidmet und dazu geschrieben: »Sie werden gewiß freundlich aufnehmen, daß darin Ihr Name von schönen Lippen ausgesprochen wird. Das was Sie uns geleistet haben, geht soweit über die Prose hinaus, daß die Poesie sich wohl anmaßen darf, Sie bei Leibesleben unter ihre Heroen aufzunehmen.«[30] Er ist in diesem Text, der die Kanonisierung der Einbildungskraft durch die romantische Generation entschieden kritisiert, exakt gegensätzlich verfahren wie Humboldt in seiner »Erzählung« über »Die Lebenskraft«. Wenn wir der mythopoetischen Lesart des Romans folgen, wie sie seit J. Hillis Miller,[31] Heinz Schlaffer, Gerhard Neumann, mit aller Konsequenz aber von Waltraud Wiethölter[32] vorgeschlagen wird, so hat Goethe versucht, den unerforschlichen elementar-mythischen Grund des Lebendigen in realer Nähe zu erzählen, als eine Ehegeschichte, als eine Geschichte von Scheidung und Tod. Humboldt dagegen hat versucht, den unerforschlichen realen Grund des Lebens in mythischer Erzählung verständlich zu machen. Zu den kreativ anverwandelten Quellen von Goethes Roman gehört ohne Zweifel Humboldts frühe Schrift über »Die Lebenskraft«. Ihre Lektüre könnte das naturwissenschaftliche Fundament des Romans festigen. Bei Alexander von Humboldt findet sich dessen Grundkonstellation, wenn es heißt: »In der todten anorganischen Materie ist träge Ruhe, so lange die Bande der Verwandtschaft nicht gelöst werden, so lange ein dritter Stoff nicht eindringt, um sich den vorigen beizugesellen [...]. / Anders ist die Mischung derselben Stoffe im Thier- und Pflanzenkörper. Hier tritt die Lebenskraft gebieterisch in ihre Rechte ein; sie kümmert sich nicht um die democritische Freundschaft und Feindschaft der Atome; sie vereinigt Stoffe, die in der unbelebten Natur sich ewig fliehen, und trennt, was in dieser sich unaufhaltsam sucht.«[33]

Erst nach dem Jenaer Umgang mit Goethe und Schiller hat Humboldt einen Stil gefunden, der »klassisch« insofern zu nennen ist, als er sich zur Vermittlung naturwissenschaftlicher Erfahrung der avanciertesten Sprache bediente, welche das Europa dieser Zeit zu bieten hatte, der in Weimar und Jena im Gespräch der »hohen Geister« entwickelten deutschen Literatursprache. Humboldt durfte sich als einen Schüler Goethes bezeichnen, nicht weil er dessen naturwissenschaftliche Erkenntnisse kritiklos übernommen hätte, sondern weil er (von Goethe selbst auf die Spur gesetzt) erkannte, daß allein dessen fortgeschrittene Sprachkultur das sich explosionsartig ausbreitende Erfahrungswissen fassen und noch einmal sprachlich gestalten konnte. Der bewußte Verzicht Humboldts auf formalisiertes und mathematisierendes Sprechen hat eine *naturwissenschaftliche*, an Goethe und Schiller geschulte *Sprachkultur* in Deutschland gestiftet, die über Hermann von Helmholtz, Max Planck und Werner Heisenberg tief ins 20. Jahrhundert weitergewirkt hat, auch als die Erkenntnisse der Quantenphysik einer physikalischen Deskription schließlich enge Grenzen setzten. Der sprachliche (nicht in Formeln und Graphiken) gefaßte Ausdruck der naturwissenschaftlichen Erkenntnisse hat zwar den frühen Durchbruch einer modernen Eigensprache der Naturwissenschaften behindert, aber eine gesamtwissenschaftliche Kultur geschaffen, in der es natürlich schien, daß Geistes- und Naturwissenschaften lange Jahre in einer *Fakultät*, eben der philosophischen, an den Universitäten zusammenlebten. Aus dieser Kultur ist die moderne Naturwissenschaft entstanden. Die Grenzen dieser Kultur waren die Grenzen des verständlichen Sprechens auch in den klassischen Naturwissenschaften, in der Physik und der Chemie. Sie mußte bis an die Grenzen der Sprache ausgeschritten werden, ehe die Weiterentwicklung der Formelsprache diese Grenzen radikal erweiterte. Durch die Betonung des Grundsatzes der Verständlichkeit hat Goethe über Alexander von Humboldt den naturwissenschaftlichen Diskurs des 19. Jahrhunderts mit angeleitet.

Als Humboldt (1797) in Jena Station machte, arbeitete Goethe an seinem Versepos »Herrmann und Dorothea« und Schiller an der dramatischen Trilogie »Wallenstein«. Hinter der Demarkationslinie des im April 1795 zwischen den europäischen Kriegsparteien geschlossenen Friedens von Basel entstand in Norddeutschland ein Denken und eine Literatur, die – gut kosmopolitisch – von einem dauerhaften Friedenssystem zu träumen begannen.[34] Herders »Briefe zur Beförderung der Humanität« (die in mehreren Lieferungen zwischen 1793 und 1797 erschienen und unter dem Eindruck der Königsmorde und der Terreur in Frankreich erheblich verändert wurden) gehören ebenso dazu wie Immanuel Kants bekannte und vielfach nachgeahmte Schrift »Zum ewigen Frieden« (1795) und eben Goethes idyllisches Epos »Herrmann und Dorothea«. Es hält in seinem letzten Wort, kurz vor Beginn des neuen Jahrhunderts, diesem Jahrhundert beschwörend vor Augen, was ihm am dringendsten zu wünschen ist: Friede.[35] Dieser zweite Bestseller, der Goethe nach den »Leiden des jungen Werthers« gelungen ist, kann auf fast bedrückende Weise gegenwartsnah gelesen werden. Ein unendlicher Zug von Flüchtenden und Vertriebenen zieht in diesem Versepos vorüber an einer kleinen deutschen Stadt, deren Bürgerinnen und Bürger zu helfen versuchen, so gut es eben geht. Von Horizont zu Horizont reicht der Wagenzug auf der staubigen Straße. Alte sind dabei, Frauen und Kinder, Sterbende und Gebärende. Meist haben sie alles verloren, außer ihrem Leben. Goethe zeichnet das immer gleiche Bild von Vertreibung und Flucht, die Urszene der Wanderung, die sich wiederholt seit der vierzigjährigen Wanderung des Volkes Israel durch die Wüste, seit Aeneas, den gelähmten Vater auf dem Rücken, aus dem brennenden Troja geflohen ist, seit den Zügen der Salzburger Emigranten und den nicht abreißenden Massenfluchten des 20. und des 21. Jahrhunderts. Immer schon, nicht erst in den Schrekkensbildern unserer Tage, besteht die Mehrzahl der Flüchtlinge aus Frauen und Kindern. Heute sind sie an manchen Fluchtbewegungen zu 80 und 90 Prozent beteiligt. So ist es auch nicht verwunderlich, daß Goethe, entgegen dem Regelkanon des epischen Erzählens und stracks entgegen der von den Autoren des 18. Jahrhunderts geforderten Dezenz, in den Mittelpunkt seiner Erzählung eine junge Frau gestellt hat, die Flüchtlingsfrau Dorothea. Zum Ärger auch wohlmeinender Kritiker hat er ihr sogar einen Säbel in die Hand gegeben, mit dem sie die ihrer Obhut anvertrauten Kinder gegen die Marodeure und die Gier der sexuell ausgehungerten Soldaten verteidigt.

So hat Goethe hier (wie oft in seinem Werk) menschliche Urszenen gestaltet, die der Flucht, der Wanderung, der Begegnung von Adam und Eva, der Konfrontation von Mut und Mord, des Konfliktes von Behausten und Unbehausten. Es sind die immer gleichen, großen, alten Geschichten, die in historisch wechselnden Gewändern die Geschichte der Menschheit begleiten. »Polyhymnia / Der Weltbürger« ist der fünfte Gesang des Epos überschrieben, der den Richter unter den Flüchtlingen wie einen Moses oder einen Josua figuriert. Dieser »Alte« verkündet den Flüchtlingen das von der Not einer überfüllten Erde erzwungene Gesetz der Duldung:

»Hat uns, rief er, noch nicht das Unglück also gebändigt,
Daß wir endlich verstehn, uns unter einander zu dulden
Und zu vertragen, wenn auch nicht jeder die Handlungen
                                              abmißt?
Unverträglich fürwahr ist der Glückliche. Werden die Leiden
Endlich euch lehren, nicht mehr, wie sonst, mit dem Bruder
                                              zu hadern?
Gönnet einander den Platz auf fremdem Boden, und teilet,
Was ihr habet, zusammen, damit ihr Barmherzigkeit findet.«[36]

Gonthier-Louis Fink und Andreas Klinger haben, unabhängig voneinander, darauf hingewiesen, daß dieser fünfte [weltbürgerliche] Gesang in Kontrast oder besser in Korrespondenz zum dritten Gesang von »Herrmann und Dorothea« steht, der überschrieben ist »Thalia / Die Bürger«. Das Weltbürgerliche erscheint bei Goethe demnach sowohl in der Figur des Flüchtlings, des Richters, wie auch in der Figur »des fest in stadtbürgerlichen Verhältnissen verwurzelten Pfarrers, der aber als ausgesprochen weltläufig erscheint«.[37] Sein langer Staatsdienst in verantwortlichen Positionen hat Goethe gelehrt, was »Weltbürgertum« (jenseits von Utopien und Visionen) am Ende des 18. Jahrhunderts realistischerweise nur bedeuten konnte: »Sinn und tatkräftiger Einsatz für die Aufrechterhaltung der politischen Ordnung im überschaubaren Rahmen bei gleichzeitiger Offenheit für die Welt jenseits dieser Ordnung, die immer wieder auf das Eigene Einfluß nimmt.«

Im Kern kosmopolitisch, das heißt weltbürgerlich im Sinne des »Reinmenschlichen«, ist in »Herrmann und Dorothea« vor allem Dorothea gezeichnet, das welterfahrene, mutige Flüchtlingsmädchen. Ihr erster Bräutigam hat sie verlassen, da ihn »die Liebe der Freiheit«, »die Lust im neuen veränderten Wesen zu wirken«, in das revolutionäre Paris trieb, »wo er Kerker und Tod fand«.[38] Seine Abschiedsworte an Dorothea schenkt diese nun, als eine kostbare, besondere Mitgift, Herrmann, dem neuen Bräutigam. Dabei hat Goethe auf alle märchenhaften Verrenkungen seiner Stoffquelle verzichtet. Dort zieht die Braut nach dem Eheversprechen plötzlich einen Beutel mit Gold aus ihrem Gewand und bezahlt für sich selbst die Mitgift. Diese Arabeske schien Goethe zu Recht entbehrlich. Dorothea selbst nämlich ist, wie ihr Name sagt, das Geschenk des Himmels für Herrmann. Aus dem Vermächtnis ihres toten Bräutigams hat sie Lebenskraft und (epische) Ruhe gewonnen; dieses Vermächtnis überliefert Goethe nun seinen Landsleuten am Übergang aus dem achtzehnten Jahrhundert in das neunzehnte als das Vermächtnis des scheidenden Zeitalters der Persönlichkeit. Dem Marschtritt der Armeen, unter dem die Erde Europas seit 1792 erzittert, setzt Dorothea somit den

Rat des Freundes entgegen, in Zeiten, in denen die Erde zu schwanken scheint, den Fuß nur leicht aufzusetzen, um nicht einzubrechen in gesetzlose Tiefen:

> »Liebe die Liebenden rein, und halte dem Guten dich dankbar.
> Aber dann auch setze nur leicht den beweglichen Fuß auf;
> Denn es lauert der doppelte Schmerz des neuen Verlustes.
> Heilig sei dir der Tag; doch schätze das Leben nicht höher,
> Als ein anderes Gut, und alle Güter sind trüglich.«

Schillers »Wallenstein«, in dem Goethe das »Reinmenschliche« festzuhalten versuchte,[39] ist in diesem Zusammenhang auch als eine Warnung vor dem neuen, 1806 blutig beginnenden und erst 1815 endenden Krieg zu lesen, als ein Drama, in dem (nach Hegels Kritik) der Tod gegen das Leben aufsteht, »und unglaublich! abscheulich! der Tod siegt über das Leben! Dies ist nicht tragisch, sondern entsetzlich! Dies zerreißt das Gemüt, daraus kann man nicht mit erleichterter Brust springen!«[40] Die tragische Liebesgeschichte zwischen Thekla und Max Piccolomini, über die seither Tausende von Menschen bittere Tränen vergossen haben, scheint ihm recht zu geben. Dem kosmopolitischen Denken (und Dichten) in Jena vor dem preußisch-französischen Krieg, den Schiller nicht mehr erlebte, den der in Todesgefahr geratene Goethe mit panischem Lebensschrecken bezahlte,[41] eignet tatsächlich ein Zug von untröstlicher Trauer. Auch diesen Grundzug teilte Alexander von Humboldt mit den Jenaer Lehrern. Daß er in Washington so raschen und freundschaftlichen Zugang zu dem amerikanischen Präsidenten fand, lag nicht allein daran, daß sie beide, Thomas Jefferson und Alexander von Humboldt, Weltbürger und Philanthropen waren, wie sie nur das Jahrhundert der Persönlichkeit hervorbringen konnte. Der vertraute Umgang, den der Präsident und der Naturforscher binnen weniger Tage pflegten, lag vor allem darin begründet, daß beide einer gemeinsamen (durchaus europäischen) Lebensstimmung unterworfen waren: Schwermut, entsprungen aus Einsamkeit. Jefferson war nach dem Tod seiner Frau und seiner Tochter, wie sein moderner Editor vermutet, »ultimately a lonely man«.[42] Dies trotz oder vielleicht sogar wegen seiner vor der Öffentlichkeit zu verbergenden Verbindung mit der Sklavin Sally Hemings, deren Nachkommen erst seit einem DNA-Test in neuerer Zeit zu offiziellen Empfängen ins Weiße Haus geladen werden. Einsam und schwermütig war auch Alexander von Humboldt. Die Töne tiefen Mißtrauens gegen das »unversöhnte« Menschengeschlecht sind in seinem Werk nicht zu überhören. Bekannt geworden ist seine Beschreibung der Begräbnisstätte eines untergegangenen Volkes, der »unter den Indianern weit berufenen Höhle von Ataruipe«, in der er etwa 600 erhaltene Skelette in Palmenkörben und zahlreiche Urnen zählte, »welche die Knochen von ganzen Familien zu enthalten scheinen«. Die Beschreibung schließt mit einer durchaus pessimistischen Betrachtung: »So sterben dahin die Geschlechter der Menschen. Es verhallt die rühmliche Kunde der Völker. Doch wenn jede Blüthe des Geistes welkt, wenn im Sturm der Zeiten die Werke schaffender Kunst zerstieben, so entsprießt ewig neues Leben aus dem Schooße der Erde. Rastlos entfaltet ihre Knospen die zeugende Natur: unbekümmert, ob der frevelnde Mensch (ein nie versöhntes Geschlecht) die reifende Frucht zertritt.«[43]

Seit Susan Faye Cannon's Buch über »Science in Culture: the Early Victorian Period« (1978) wird vom kosmopolitischen Charakter von Humboldts Wissenschaft gesprochen, ohne daß dieser Charakter näher bestimmt worden wäre.[44] Erst der Potsdamer Romanist Ottmar Ette hat 2002 diesen Kosmopolitismus mit der bei Humboldt vorherrschenden Figur »des einsamen (europäischen) Wanderers« in Verbindung gebracht und verdeutlicht, daß Humboldts Vorstellung von Wissenschaft als »Weltbewußtsein« zu bezeichnen ist. Dabei sprang dieser wahrhafte »Weltbürger« nicht im Sinne eines konturlosen

Multikulturalismus zwischen unterschiedlichen Kulturen hin und her, sondern ging stets von der eigenen, europäischen Perspektive aus, um von ihr geleitet Wert und Überlebensfähigkeit fremder Kulturen zu prüfen und zu beurteilen.»Gleichwohl beruhte die von ihm bewußt gewählte europäische Perspektive auf der Erfahrung des Eigenen als Fragment, [...] als Scherbe eines größeren Gefäßes, dessen Er-Kenntnis in vielfältigen Übersetzungsprozessen nur durch die Kenntnis anderer Kulturen vermittels einer in ständiger Bewegung befindlichen Er-Fahrung möglich sein konnte.«[45] So hat Humboldt den Eurozentrismus seiner Zeitgenossen (und zumal ihren Nationalismus) hinter sich gelassen, um auf einem von ihm selbst bestimmten Meridian eine »offene Weltkarte« zu erwandern.[46] Er hat dabei Wissenschaft, Zivilisation, Kultur und (die Beschreibung der) Natur, auch Poesie und andere Wertbereiche als Netze gesehen, die, über die Welt ausgespannt, mit unterschiedlichen Verdichtungen und Knoten eine andere Weltkarte als die der autonomen Staatlichkeit (mit heute 199 eigenständigen Ländern) beschreiben. »Schneidende Unterscheidungen zwischen barbarischen und zivilisierten Nationen«, im Rahmen des aus der griechischen Antike überkommenen Streites um den Kosmopolitismus, hat er nicht anerkannt. Seine Weltkarte (und darin folgte er nochmals Goethe) war offen für die Werthaltigkeit *aller* Kulturen, auch wenn der Meridian, auf denen der einsame Wanderer seines Weges zog, von Europa ausging und dorthin wieder zurückkehrte.

Es ist, als wiederhole Humboldt die Deklaration der Menschenrechte, wenn er, Begriff und Realität des Kosmopolitismus seiner Zeit zusammenfassend, am Schluß des ersten »Kosmos«-Bandes schreibt: »Indem wir die Einheit des Menschengeschlechtes behaupten, widerstreben wir auch jeder unerfreulichen Annahme von höheren und niederen Menschenracen. Es giebt bildsamere, höher gebildete, durch geistige Cultur veredelte, aber keine edleren Volksstämme. Alle sind gleichmäßig zur Freiheit bestimmt; zur Freiheit, welche in roheren Zuständen dem Einzelnen, in dem Staatenleben, bei dem Genuß politischer Institutionen der Gesammtheit als Berechtigung zukommt.«[47]

1 Johann Wolfgang Goethe: Sämtliche Werke. Briefe, Tagebücher und Gespräche. Hg. von Karl Eibl u.a. Bd. 5 (32), Frankfurt am Main 1999 (Frankfurter Goethe-Ausgabe), S. 506. Nach dieser Ausgabe wird fortan unter der Abkürzung FGA zitiert.
2 Thomas Nipperdey: Deutsche Geschichte 1800–1866. Bürgerwelt und starker Staat. München 1998, S. 485.
3 Zum 200. Jahrestag der Begegnung Humboldts mit Thomas Jefferson publizierte die Deutsche Botschaft in Washington eine informative Broschüre: 200th Anniversary of Alexander von Humboldt's Meeting with President Jefferson. Washington 2004.
4 Zu den allgemeinen Daten von Humboldts Leben vgl. u.a. Kurt.-R. Biermann: Alexander von Humboldt. Biographien hervorragender Naturwissenschaftler, Techniker und Mediziner. Bd. 47. Leipzig [4]1990 und Douglas Botting: Humboldt and the Cosmos. London 1973. Eine Auseinandersetzung mit der seit 1959 gewaltig angewachsenen Literatur zu Alexander von Humboldt führe ich im Rahmen des vorliegenden Textes nicht.
5 Ich verweise auf das Magazin des Eichborn-Verlages aus Anlaß der Edition von Humboldts »Kosmos. Entwurf einer physischen Weltbeschreibung«, Humboldts »Ansichten der Kordilleren und Monumente der eingeborenen Völker Amerikas« (erstmals in deutscher Sprache) und der Neuauflage von Humboldts »Ansichten der Natur. Mit wissenschaftlichen Erläuterungen und sechs Farbtafeln nach Skizzen des Autors« (sämtlich Frankfurt am Main 2004).
6 Nipperdey, S. 485.
7 Ich verweise insbesondere auf das Buch von Ottmar Ette: Weltbewußtsein. Alexander von Humboldt und das unvollendete Projekt einer anderen Moderne« (Weilerswist 2002), das sich zwar wenig bescheidene, aber vielleicht doch erreichbare Ziele setzt, nämlich »ein neues Bild Alexander von Humboldts zu entwerfen und sein Denken für eine erweiterte Diskussion nicht *der* Moderne, sondern unterschiedlicher, divergierender, peripherer Moderne-Projekte fruchtbar zu machen«, sowie »die Vorschläge und Erfahrungen, die

Theorie und Praxis der Humboldtschen Wissenschaft in die gegenwärtigen Diskussionen um Globalisierung und Weltethos [...] einzubringen« (S. 10).
Hans Magnus Enzensberger hat vor seinem Humboldt-Projekt in der »Anderen Bibliothek« (2004) Alexander von Humboldt bereits 1975 in dem Buch »Mausoleum. Siebenunddreißig Balladen aus der Geschichte des Fortschritts« (Frankfurt am Main) porträtiert. Das Gedicht ist wieder abgedruckt in: Hans Magnus Enzensberger: Die Elixiere der Wissenschaft. Seitenblicke in Poesie und Prosa. Frankfurt am Main 2002, S. 217-221.
8 Goethe in vertraulichen Briefen seiner Zeitgenossen. Zusammengestellt von Wilhelm Bode. Bd. II 1794–1816. München 1982, S. 326. Vgl. dazu auch den materialreichen Artikel Ilse Jahns über »Alexander von Humboldt«, in: Hans-Dietrich Dahnke und Regine Otto (Hgg.): Goethe-Handbuch. Bd. 4/1. Personen und Begriffe A–K. Stuttgart und Weimar 1998, S. 502.
9 FGA 2. Abteilung Bd. 12, S. 672. Eintrag Eckermanns vom 23. Oktober 1828.
10 Dorothea Kuhn (Hg.): Johann Wolfgang Goethe: Schriften zur Morphologie. Frankfurt am Main 1987, S. 378 f. (FGA 1. Abteilung Bd. 24).
11 Rose Unterberger (Hg.): Johann Wolfgang Goethe: Napoleonische Zeit. Briefe, Tagebücher und Gespräche vom 10. Mai 1805 bis 6. Juni 1816. Teil I: Von Schillers Tod bis 1811. Frankfurt am Main 1993 (FGA 2. Abteilung Bd. 6).
12 Vgl. den Kommentar ebd. S. 878 f.
13 Goethe an Knebel am 28. März 1797. FGA 2. Abteilung Bd. 4, S. 311.
14 Ebd. S. 303.
15 Jahn, S. 502.
16 Alexander von Humboldt: Kosmos. Entwurf einer physischen Weltbeschreibung. Bd. 1. Stuttgart und Tübingen 1845, S. 26. (Einleitende Betrachtungen über die Verschiedenartigkeit des Naturgenusses und eine wissenschaftliche Ergründung der Weltgesetze). Die folgenden Zitate ebd. S. 27.
17 Alexander von Humboldt: Ansichten der Natur, mit wissenschaftlichen Erläuterungen. Bd. 1. Dritte verbesserte und vermehrte Ausgabe. Stuttgart und Tübingen 1849, S. IX (Vorrede zur ersten Ausgabe). Die folgenden Zitate ebd. S. IX f.
18 Friedrich Schiller: Die Braut von Messina, Verse 2585–2588.
19 Humboldt: Ansichten der Natur, S. XIII. Das folgende Zitat ebd.
20 Humboldt: Die Lebenskraft oder der rhodische Genius. Eine Erzählung. In: ders.: Ansichten der Natur. Bd. 2. Stuttgart und Tübingen ^{3}1849, S. 297–314.
21 Georg Kurscheidt (Hg.): Friedrich Schiller. Briefe I 1772–1795. Frankfurt am Main 2002, S. 724 (Frankfurter Schiller-Ausgabe [FSA] Bd. 11).

22 Humboldt: Ansichten der Natur, Bd. 2, S. 207 f.
23 Norbert Oellers (Hg.): Friedrich Schiller. Briefe II 1795–1805. Frankfurt am Main 2002, S. 306 (FSA Bd. 12). Die folgenden Zitate ebd. Humboldt wird von Schiller (wie von den meisten seiner Zeitgenossen) weniger als beredt denn als geschwätzig geschildert, er habe »ein Maul« und könne »sich geltend machen«.
24 Vgl. Anton Zeilinger: Einsteins Schleier. Die neue Welt der Quantenphysik. München 2003, S. 213.
25 Waltraud Wiethölter in Zusammenarbeit mit Christoph Brecht (Hg.): Johann Wolfgang Goethe: Die Leiden des jungen Werthers, Die Wahlverwandtschaften, Kleine Prosa, Epen. Frankfurt am Main 1994, S. 452 (FGA 1. Abteilung Bd. 8).
26 Vgl. ebd.: »Es gehört schon ein buntes geräuschvolles Leben dazu, um Affen, Papageien und Mohren um sich zu ertragen«, und: »Es wandelt niemand ungestraft unter Palmen, und die Gesinnungen ändern sich gewiß in einem Lande wo Elephanten und Tiger zu Hause sind.«
27 Ebd. S. 452 f.
28 Vgl. Peter Coulmas: Weltbürger. Geschichte einer Menschheitssehnsucht. Reinbek bei Hamburg 1990, S. 13 und 15, zitiert in dem über Goethes Begriff des Weltbürgertums umfassend informierenden Aufsatz von Gonthier-Louis Fink: Weltbürgertum und Weltliteratur. Goethes Antwort auf den revolutionären Messianismus und die nationalen Eingrenzungstendenzen seiner Zeit. In: Klaus Manger (Hg.): Goethe und die Weltkultur. Heidelberg 2003, S. 174. Ich verweise auch auf die scharfsinnige, im gleichen Band enthaltene Analyse von Goethes Praxis des Kosmopolitismus bei Andreas Klinger: Goethe zwischen Landesstaat und Weltbürgertum (S. 417–452) sowie auf Helmut Koopmanns Artikel »Weltbürgertum« in: Goethe-Handbuch Bd. 4/2. Personen, Sachen, Begriffe L–Z. Stuttgart und Weimar 1998, S. 1133 f.
29 Botting, S. 79.
30 FGA 2. Abteilung Bd. 6, S. 498.
31 J. Hillis Miller: A »buchstäbliches« Reading of *The Elective Affinities*, in: Glyph: Textual Studies 6 (1979), S. 1–23 (The Johns Hopkins University Press).
32 Vgl. u.a. Waltraud Wiethölter: Legenden. Zur Mythologie in Goethes *Wahlverwandtschaften*. In: Deutsche Vierteljahrsschrift für Literaturwissenschaft und Geistesgeschichte 56 (1982), S. 1–64; die Antwort von Waltraud Wiethölter auf den Aufsatz von Gustav Seibt und Oliver R. Scholz, ebd. 59

(1985), S. 609–634, sowie den Kommentar zu Goethes Roman in FGA 1. Abteilung Bd. 8, 1994. Zu den Arbeiten von Gerhard Neumann und Heinz Schlaffer vgl. die Bibliographie in FGA 1. Abteilung Bd. 8, S. 1234. Die ungemein belebende Diskussion um die mythopoetische Lesart des Romans hat ihren Ursprung in Walter Benjamins berühmtem Essay über »Goethes Wahlverwandtschaften« (aus dem Jahre 1922); vgl. Rolf Tiedemann und Hermann Schweppenhäuser (Hgg.): Walter Benjamin: Gesammelte Schriften Bd. 1,1. Frankfurt am Main 1974, S. 123–201, Bd. 1,3, S. 811–867 (Anmerkungen).

33 Humboldt: Ansichten der Natur. Bd. 2, S. 306 f.

34 Zum Stichwort der »Demarkationslinie« vgl. Max Braubachs Beitrag in Bruno Gebhardts »Handbuch der deutschen Geschichte«, Bd. 3. hg. von Herbert Grundmann. Stuttgart [8]1960, S. 32–36.

35 »Und gedächte jeder wie ich, so stände die Macht auf / Gegen die Macht, und wir erfreuten uns Alle des Friedens.« (Verse 317/318 von Goethes »Herrmann und Dorothea«), FGA 1. Abteilung Bd. 8, S. 883.

36 Herrmann und Dorothea, Verse 198–204. FGA 1. Abteilung Bd. 8, S. 846.

37 Klinger, S. 451. Das folgende Zitat ebd. S. 451 f.

38 Herrmann und Dorothea, Verse 258–261. FGA 1. Abteilung Bd. 8, S. 881. Das folgende Zitat ebd. Verse 285 ff., S. 882.

39 Brief an Schiller vom 18. März 1799. Vgl. Helmut Koopmann: Friedrich Schiller II. 1794–1805. Stuttgart [2]1977, S. 45.

40 Frithjof Stock (Hg.): Friedrich Schiller: Wallenstein. Frankfurt am Main 2000, S. 912 (FSA Bd. 4).

41 Charlotte Schiller an Friedrich von Stein am 24. November 1806. Vgl.: Bode, Bd. II 1794–1816, S. 339.

42 Artikel Jefferson in: The New Encyclopaedia Britannica. Bd. 22. Macropaedia. Chicago u.a. 1994, S. 326.

43 Alexander von Humboldt: Ueber die Wasserfälle des Orinoco bei Atures und Maypures. In: Ansichten der Natur. Bd. 1, S. 282–286, bes. S. 286.

44 Ette, S. 78. Vgl. in diesem Buch vor allem die Kapitel 6 (Humboldt und die Entstehung eines neuen Kosmopolitismus) und 7 (Die Netze eines wissenschaftlichen Kosmopolitismus).

45 Ette, S. 79.

46 Zur »offenen Weltkarte« Humboldts und dem »festgelegten Meridian« vgl. etwa Ette, S. 227 u.ö.

47 Humboldt: Kosmos. Bd. 1, S. 385.

Büchmann und die Folgen.
Zur sozialen Funktion des Bildungszitats in der deutschen Literatur des 19. Jahrhunderts

In den Reden der nationalsozialistischen Parteiführer nehmen Zitate aus den Werken Friedrich Schillers eine merkwürdig herausgehobene Position ein. Als Hitler – in der Zeit des deutschen Einmarsches in das Sudetenland – am 5. Oktober 1938 auf einer Abendkundgebung im Berliner Sportpalast das neue »Winterhilfswerk« eröffnete, stellte er auch die Hilfe für die Armen (diesmal vor allem im Sudetenland) in den Dienst seiner imperialen Pläne und erwartete, »daß das Winterhilfswerk 1938 der geschichtlichen Größe dieses Jahres entspricht. Es muß der Ehrgeiz aller sein, zu solch einem monumentalen Erfolg beizutragen, um auch damit zu bekunden, daß für uns das Wort der Volksgemeinschaft kein leerer Wahn ist.«[1] Den eindrucksvollen Schlußakzent einer Rede, mit welcher – nach Hitlers eigenen Worten – »eine der schwersten Krisen Europas« zu Ende ging, setzte er mit einem Zitat aus Schillers Ballade »Die Bürgschaft«, die seinen Zuhörern nur allzu gut aus der Schule und den vielen Stunden des Auswendiglernens bekannt war.

»Und die Treue, sie ist doch kein leerer Wahn,
So nehmet auch mich zum Genossen an,«

spricht in der letzten der für die geplagten Schüler kaum enden wollenden Strophen Dionys, der Tyrann, zu Damon und seinem soeben vom Tode erretteten Freund. Solch formelhaft eingesetzte, kenntlich entstellte Schiller-Zitate sind in Hitlers Reden keine Seltenheit. Bekanntlich beginnt eine der wenigen Stegreifreden, die er gehalten hat, seine Antwort auf die Erklärung von Otto Wels zum Ermächtigungsgesetz am 23. März 1933 im Deutschen Reichstag, mit einem Zitat aus Schillers Drama »Die Piccolomini«:

»Spät kommt ihr, doch ihr kommt!«[2]

So ist es nicht verwunderlich, wenn der Geschäftsführer der NSDAP-Reichstagsfraktion, Dr. Hans Fabricius, in einem 1932 zum erstenmal und 1940 in dritter Auflage erschienenen Buch »Schiller als Kampfgenossen Hitlers« begrüßte und, unter Anspielung auf die Parteihymne, dem »leuchtenden Hakenkreuzbanner« an der Spitze der nationalsozialistischen Kampfkolonnen »Seite an Seite mit den lebenden Führern die großen Geister« voranschreiten sah, »deren Leiber die Erde deckt. Aufrecht und stolz ragt unter ihnen die Lichtgestalt Friedrich Schillers hervor.«[3] Schon im Juli 1932 hatte Joseph Goebbels, der Meister des entstellenden Zitatgebrauches, im Wahlkampf Schiller höhnisch gegen die Sozialdemokraten ausgespielt und in einer Rede in Bayern die Lacher auf seine Seite gezogen:

»[...] *wenn man vierzehn Jahre in der Regierung saß, dann hat man den Geruch der Massen aus der Nase verloren.* Hier gilt das Wort von Schiller aus ›Kabale und Liebe‹: ›Deine Limonade ist matt, Luise!‹«[4]

Daß sich Goebbels ausgerechnet an »Kabale und Liebe« vergriffen hat, hängt wohl damit zusammen, daß dieses Schauspiel in den dreißiger Jahren (bis 1943) das meistgespielte Schiller-Stück auf den deutschen Bühnen war. Im ersten Jahrzehnt der nationalsozialistischen Herrschaft wurde es auf den Bühnen des Deutschen Reiches 2046mal aufgeführt.[5] Der in den Jahren unmittelbar nach der »Machtergreifung« gehäufte Gebrauch bekannter Sentenzen schließlich hat Schillers Drama »Wilhelm Tell« nicht davor bewahrt, im Juni 1941 von den deutschen Bühnen und, im Dezember des gleichen Jahres, auch in »Kernsprüchen« und Liedern durch Führerbefehl aus den deutschen Lese- und Geschichtsbüchern verbannt zu werden. Allzu häufig bemächtigte sich der Volkswitz der verbreiteten Zitate, allzu leicht konnte sich die innerdeutsche Opposition mit Schillers Tyrannen-Schelte identifizieren.[6]

Wer die Schiller-Zitate in den Reden der nationalsozialistischen Parteiführer und Funktionäre näher prüft, wird rasch bemerken, daß sie nur in den seltensten Fällen auf eigener Lektüre beruhen, daß sie meist charakteristische Büchmann-Zitate sind, das heißt, Zitate aus dem von dem Philologen Georg Büchmann (1822–1884) im Jahre 1864 (in der Haude- und Spener'schen Buchhandlung in Berlin) erstmals veröffentlichten Buch »Geflügelte Worte. Der Citatenschatz des Deutschen Volks«. Das Buch, das schon im Jahre 1900 in mindestens 100 000 Exemplaren verbreitet war und bis heute weit über 30 Auflagen erlebte, fand, nach Ausweis der »Allgemeinen Deutschen Biographie«, »in den weitesten Kreisen der Gebildeten [...] lebhaftesten Anklang«, es schwang sich »zum Range eines – cum grano salis – deutschen Hausbuchs empor – und ist ein Denkstein unserer nationalen Bildung geworden.«[7] Der »Büchmann« also enthält den Kanon eines Bildungsdialektes, der weit über das 19. Jahrhundert hinausreicht und wohl erst in den siebziger Jahren unseres Jahrhunderts auch in seinen Kernbereichen zerstört wurde. Dabei ist charakteristisch, daß sich dieser Kanon bis zur 20. Auflage (1900) ständig erweiterte (von 750 Nummern in der ersten Auflage auf 2260 Nummern in der 17. Auflage 1892), seither aber – mit gewissen Schwankungen – doch kontinuierlich zurückgegangen ist, soweit es sich um den Kernbestand der Zitate handelte, um die »ihren Prägern nach bekannten gangbaren Sentenzen-Scheidemünzen«.[8] Immerhin behauptet noch in der von Adolf Langen »bis auf die jüngste Gegenwart« ergänzten Auflage des »Büchmann« von 1915 Schiller als »der Lieblingsdichter des deutschen Volkes, der am tiefsten in das Bewußtsein seiner Nation eingedrungen ist«,[9] die traditionelle Spitzenstellung unter den Autor-Zitaten; diese ist freilich weniger auf die innere Übereinstimmung der Nation mit Schillers Werk zurückzuführen als vielmehr auf die rhetorischen Qualitäten seines Stiles, die einer didaktisch-sentenziösen Isolierung von Einzelzitaten Vorschub leistet. Die Verwendung Schillers in der politischen Rhetorik hat also insofern Tradition, als von des Marquis Posa berühmter »Kirchhofsruhe«, die als Schlagwort gegen die Wucherungen der Ordnungsparole in der späten Metternich-Zeit gehäuft ausgespielt wurde, bis zu den Münchener Studenten, die im Februar 1919 gegen Kurt Eisner Flugblätter mit drohenden Schiller-Zitaten verteilten, und zu den Reden der Staats- und Parteiführer in Deutschland seit 1933 eine Linie zu ziehen ist. In dieser Tradition wird Schiller – der darin der Bibel durchaus vergleichbar ist – als Kronzeuge für revolutionäre Gesinnung ebenso in Anspruch genommen wie für reaktionäre Ideen und Agitation. Daß aber solche Kämpfe mit Hilfe der Autorität deutscher Klassiker geführt, daß Klassiker-Zitate überhaupt zu einer Waffe im politischen Tageskampf werden konnten und so noch die Auseinandersetzung zwischen dem deutschsprachigen Exil und dem Nationalsozialismus als ein Kampf um die *kulturelle* Weltgeltung des Deutschtums geführt wurde, scheint u.a. eine Folge jenes sich im 19. Jahrhundert ausbreitenden und am Ende des Jahrhunderts schon heftig angefochtenen Bildungsdialektes, der von der Formierung einer bildungsbürgerlich geprägten Literaturgesellschaft spricht und besser als andere Indikatoren die soziale Funktion von Literatur im Zeitalter der Bildung belegt.

Mit der Edition der ersten Auflage von Büchmanns »Citatenschatz des Deutschen Volks« scheint in der Ausbildung dieses Dialektes eine Etappe erreicht, welche drei Jahre später durch das sogenannte »Klassikerjahr« nochmals bestätigt wurde. Da 1837 und 1838 Württemberg Gesetze zum Verbot des Nachdruckes erlassen, Preußen, auf dem Höhepunkt der Urheberrechtsdebatte, am 11. Juni 1837, mit dem »Gesetz zum Schutz des Eigentums an Werken der Wissenschaft und Kunst« eine 30 Jahre währende Urheber-Schutzfrist eingeführt hatte und die deutsche Bundesversammlung diesen Regelungen am

9. November 1856 gefolgt war, erlosch am 9. November 1867 der Urheberrechtsschutz für alle Autoren, die vor dem 9. November 1837 gestorben waren. Dieser vom deutschen Buchhandel herbeigesehnte Tag brach vor allem das Verlagsmonopol der Cotta'schen Verlagshandlung in Stuttgart, die »bisher im Besitze des ausschließlichen Verlags unserer hervorragendsten deutschen Dichter« gewesen war.[10] In einem Bildungsenthusiasmus ohnegleichen erschienen nun »billige Klassikerausgaben, Romanreihen und Gesammelte Werke in Massenauflagen«,[11] so daß mit der Edition von Goethes »Faust. Eine Tragödie. Erster Theil« als Band 1 von Reclams Universal-Bibliothek im November 1867 ein Zeitalter der Klassiker-Popularisierung und des privaten Buchkaufes beginnen konnte. Reclams Universal-Bibliothek begann, bei einem Preis von 2 Silbergroschen pro Band, mit der Edition von »Goethe, Faust. Erster Theil«, »Goethe, Faust. Zweiter Theil« (Band 2) und »Lessing, Nathan der Weise« (Band 3); parallel dazu legte Reclam schon 1867 »einen ›gut ausgestatteten ganzen‹ Schiller in 12 Bänden zum Preis von 1 Taler für die broschierte und 1 Taler 25 Neugroschen für die Leinenausgabe« vor, »einen Lessing in 6 und einen Goethe in 45 Bänden«.[12] Damit aber wurde auch das in den Jahren vor 1867 immer heftiger diskutierte Preisdiktat der Cotta'schen Verlagshandlung gebrochen. Das Auflagenbuch der Universal-Bibliothek verzeichnet für die Jahre zwischen 1867 und 1900 steigende jährliche Auflagenziffern von 5 000 bis zu 25 000 Exemplaren (für Band 1; von 5 000 bis zu 20 000 für Band 2; von 3 000 bis zu 15 000 für Band 3); wenn »in den dreißiger Jahren des 19. Jahrhunderts [...] Auflagen von 1 000 Exemplaren die Regel« waren und »noch 1868 [...] die Verleger 750 Exemplare als Durchschnittsauflage« angaben[13], Band 1 von Reclams Universal-Bibliothek aber schon 1867 in 10 000 Exemplaren und im Februar 1868 nochmals in 10 000 Exemplaren aufgelegt wurde, so wird die mit dem Klassikerjahr beginnende Revolutionierung des Buchmarktes erkennbar.

Die Aufbruchsstimmung des Buchhandels und des Zeitschriftenwesens kann man sich kaum stark genug vorstellen. »Wenn die künstlerische Erziehung des Volkes«, schrieb Karl Frenzel am 5. November 1867 in »Die Presse« (Wien), »durch seine echten Freunde und Lehrer in demselben Grade wie die Verbreitung ›classischer‹ Literatur wächst, wenn in dieser Literatur vor Allem das hervorgehoben wird, was die Entwicklung des deutschen Geistes in entscheidender Weise gefördert hat, was noch einen Zusammenhang mit der lebendigen Gegenwart bewahrt, dann wird der Ruf: ›Die Classiker frei‹! ebenso eine neue Epoche unserer Dichtkunst und Wissenschaft begründen, ungeahnte Kräfte ihr zuführen, wie das Geschrei: ›Land! Land!‹, das vom Schiffe des Columbus erscholl, eine neue Weltperiode eröffnete.«[14] Zwar stand schon auf dem Umschlag jedes Bändchens der 1826 gegründeten »Miniaturbibliothek deutscher Klassiker« des Verlegers Joseph Meyer die bildungsliberalistische Parole »Bildung macht frei«, doch gehört es zu den Fakten der Entwicklung in Deutschland, daß im Augenblick, in dem die ökonomischen und gesetzlichen Grundlagen zur Realisierung dieses Grundsatzes geschaffen waren, die politischen Voraussetzungen dafür fehlten. Der Enthusiasmus des Klassikerjahres mit seinen enormen Anfangserfolgen wurde rasch gebrochen. »Wie die verlegerische Betriebsamkeit, so flauten auch die kritischen Debatten in der liberalen Presse schnell wieder ab. Nach den Ereignissen von 1870/71 war das ›Klassikerjahr‹ vergessen. Man hatte eingesehen, daß die erhoffte Kausalitätskette: billige Ausgaben – Erweiterung des Lesepublikums nach unten – Hebung der allgemeinen Bildung und ideologische Fraternisierung naives Wunschdenken war.«[15]

Zugleich mit dem Ende des Verlagsschutzes für die Klassiker der »Goethezeit« und dem Übergang der – wie es Rudolf Gottschall nannte – Klassiker in »Nationaleigenthum«[16] begann eine verstärkte Diskussion um die Zugehörigkeit zum Bildungskanon der Deutschen. Wielands Romane wurden als veraltet aus diesem Kanon ausgeschieden, auch »Heinse's Romane, die Novelle die *Marquise von O.*, Dramen wie die *Familie Schroffenstein* und *Penthesilea* von Heinrich v. Kleist« wurden durch die Kritik »von jeder National-Bibliothek« ausgeschlossen.[17] Wenn freilich Cotta gerügt wurde, weil er »das echte Silber, Schiller, Goethe, Lessing, Humboldt, mit dem Zinn, Thümmel, Pyrker, Houwald«, verfälscht habe,[18] so hat dies eine gewisse Berechtigung darin, daß »die buchhändlerische Spekulation [...] durch Aufnahme in ihre Nationalbibliotheken« nach 1867 »jeden namhaften deutschen Schriftsteller, der vor dem 9. November 1837 das Zeitliche gesegnet hat«, zum Klassiker machte.[19] So engte sich im Verlauf der Debatte der Begriff »klassischer deutscher Literatur« rasch auf vier unumstrittene Namen ein, die sowohl in den Verlagskatalogen bevorzugt erschienen, wie sie in den wechselnden Auflagen und Bearbeitungen des »Büchmann« neben der Bibel und Luther die Spitzenpositionen einnahmen: Goethe, Schiller, Lessing und – Shakespeare. Von den 40 ersten Nummern von Reclams Universal-Bibliothek, die im ersten erhaltenen Prospekt dieser Reihe aufgeführt sind, sind neun Shakespeare-Texte, fünf Texte stammen von Lessing, vier von Schiller, zwei (aber die beiden ersten) von Goethe. Genau 50 Prozent der ersten 40 Nummern also entfielen auf die im engeren Sinne klassischen Autoren Deutschlands. Die 100 ersten Nummern von Reclams Universal-Bibliothek, die am 10. November vorlagen, wurden von 25 Shakespeare-Bändchen angeführt, ihnen folgten (der Zahl, nicht der Reihenfolge nach) 15 Schiller-, 11 Goethe- und 6 Lessing-Texte. Das Verhältnis hatte sich also nochmals zugunsten eines sehr deutlich gebildeten Klassiker-Kernes verschoben.[20]

Der an solchen Stichproben erkennbare Klassiker-Kanon ist im Grunde konstant geblieben und wurde durch David Friedrich Straußens Programmschrift eines darwinistisch bestimmten Kunstglaubens im späten 19. Jahrhundert bestätigt. Nach dieser, bekanntlich von

Nietzsche heftig bekämpften, Programmschrift des deutschen Bildungsbürgertums »Der alte und der neue Glaube« (1872) steht Lessing am Anfang von Deutschlands »classischer Literaturepoche«, Goethe ist für Strauß als Lyriker »vielleicht der größte Dichter aller Zeiten«, und Schiller steht ihm in einem »eigenthümlichen Ergänzungsverhältniß« zu Goethe.[21] Daß Shakespeare in dieser Reihe eine so beherrschende Stellung behauptet, ist nicht nur auf die weite Verbreitung der Schlegel-Tieck'schen Übersetzung zurückzuführen, nicht nur auf die Reclams Universal-Bibliothek seit 1865 vorausgehende Einzelveröffentlichung von Shakespeare-Dramen, sondern vor allem auf die der bürgerlichen Literatur in Deutschland seit dem Ende des 18. Jahrhunderts immanente historistische Tendenz. Shakespeare wurde zu einem deutschen Klassiker stilisiert, weil sich die Genie-Ästhetik seit Lessing und Herder gegen die französische Regel-Poetik auf ihn berief und die Genie-Ästhetik selbst Teil der historisierenden Individualisierungswelle war, die Europa seit dem 18. Jahrhundert ergriffen hatte. Noch in der 21. Auflage der »Geflügelten Worte« (1903),[22] deren Herausgeber das Buch »einen Spiegel des Geschmackes unseres Volkes« nennt, behaupten »trotz des scheinbaren Siegeslaufes der ›Moderne‹, unsere Klassiker, an der Spitze Lessing, Goethe, Schiller und der uns verwandte Shakespeare, immer noch ihren festen Ehrenplatz«.

Für die Entwicklung der literarischen Bildung im 19. Jahrhundert ist es, parallel zur Herausbildung eines deutschen Klassik-Begriffes, charakteristisch, daß Georg Büchmann, angeregt durch das englische »Handbook of familiar quotations« (1853) und das französische Buch »L'esprit des autres« (1855),[23] betont »geflügelte Worte« kodifizierte und so einen Fundus schuf, aus dem das spätere 19. Jahrhundert schöpfen konnte, an dessen Veränderung Bildungsschwankungen abgelesen werden können, zumal die Veränderung und die Zurückdrängung des humanistischen Bildungsideals zugunsten der Realien-Pädagogik. Der von Büchmann in Anlehnung an Homer geprägte

Begriff des »geflügelten Wortes« meinte aus dem Bereich der Redensarten und Sprichwörter jene Zitate, deren Urheber und Quellen – trotz des Vorgangs des Zersprechens und Entstellens – historisch und literarisch fixiert werden können. »Die Citate des vorliegenden Büchleins«, heißt es im Vorwort zur ersten Auflage, »sind nicht solche, die citirt werden *könnten*, sondern solche, die wirklich citirt *werden*.«[24] Daß er mit diesem Inventar von eng umgrenzten Zitaten einen Bildungsdialekt meinte, hat er an der gleichen Stelle deutlich ausgesprochen, wenn er sein Buch dem Leser zudenkt, »der nicht ganz unbegründete Ansprüche auf Bildung zu machen sich für berechtigt halten darf«, und die Bildung als einen Weg mit unzähligen Stationen definiert, »die nach der einen Seite bergauf bis auf die Höhe der Zeit, und nach der anderen thalabwärts bis in die grauen Nebel des Alterthums reichen«. Büchmann also, der sich von Auflage zu Auflage um eine genauere Definition dessen bemühte, was er unter »geflügelten Worten« verstand, meinte lokalisierbare und zu belegende Zitate, die der Sammler »mit den Attesten ihres oft überraschend versteckten Ursprungs versehen« hat.[25] Die exakte Definition dessen, was das Jahrhundert dann unter einem »geflügelten Wort« verstanden hat, ist erst Walter Robert-tornow gelungen, dem Erben und Nachfolger Büchmanns, der als Bibliothekar Kaiser Wilhelms II. sein ganzes Leben an die Perfektionierung des »Büchmann« gewandt hat:

»Ein geflügeltes Wort ist ein in weiteren Kreisen des Vaterlandes dauernd angeführter Ausspruch, Ausdruck oder Name, gleichviel welcher Sprache, dessen historischer Urheber, oder dessen litterarischer Ursprung nachweisbar ist.«[26]

Der nachweisbare Ursprung also, der allgemeine und der dauerhafte Gebrauch sind die Elemente, welche das »landläufige Zitat« bestimmen. Georg Büchmann, dessen zahllose Nachahmer in vielen europäischen Sprachen belegen, daß er einen Nerv der bürgerlichen Kultur Europas getroffen hat, sammelte so all jene Redensarten, welche, durch die sich ausbreitende literarische Bildung, der Konversations- und Standardsprache einen im Kern festen, an den Rändern ungemein wandelbaren Vorrat an Zitaten hinzufügten, durch dessen Gebrauch, dessen kenntliche und erkennbare Entstellung, dessen Erkennung und Verkennung sich die gebildeten Bürger legitimierten, verständigten und gegenseitig einschätzten. Büchmann selbst schon setzte die Rangverschiedenheit der Zitate in unmittelbare Beziehung zu den Graden der Bildung, die bei ihm von einer polyglotten Bildungselite über die Halb- und Viertelgebildeten bis zum gebildeten Pöbel reichten, wobei auffällig ist, daß er den gebildeten Pöbel in allen sozialen Rängen ansiedelte, für die Halbbildung aber sozialmetaphorische Positionen, den Krämerlehrling und die Nähmamsell, angibt.[27] Er hat die Temperatur eines geistigen Klimas fixiert, das Jacob Burckhardt 1846 in einem satirisch gemeinten Beitrag für Gottfried Kinkels Bundesblatt »Der Maikäfer, eine Zeitschrift für Nicht-Philister« so umschrieben hat:

»Das vorige Jahrhundert trägt den Spottnamen des *Aufgeklärten*, das unsrige wird dereinst das *gebildete* heissen. Heut zu Tage strömen nämlich einem Jeden, er sei so dumm wie er wolle, so viele einzelne Funken der Bildung zu, daß er sich eben mit Haut und Haaren für gebildet hält. Vor Zeiten war Jeder ein Esel auf seine Faust und ließ die Welt in Frieden; jetzt dagegen hält man sich für gebildet, flickt eine ›Weltanschauung‹ zusammen und predigt auf die Nebenmenschen los. Lernen will Niemand mehr, schweigen noch weniger, einen Andern in seiner Entwicklung anerkennen am Allerwenigsten.«[28]

Der Erfolg des »Büchmann« als eines Inventars des »Citatenvermögens unserer gedankenreichen, begabten Nation«[29] ist demnach nur ein, aber ein besonders sinnfälliges Beispiel für jenen Grundzug des 19. Jahrhunderts, der seit Georg Büchner und Franz Grillparzer auch die deutsche Literatur geprägt hat: die Klage um den Zerfall universalistischer Wert- und Weltdeutungssysteme, die Erkenntnis von der fortschreitenden Spezialisierung des Wissens und damit von dem in Funken zerstiebenden Zusammenhang einer personal und sozial ganzheitlich gedachten Bildung. Am 4. Mai 1847 hat Jacob Burckhardt in einem Brief an Kinkel sein Jahrhundert »das gebildete, auch zersplitterte« genannt.[30] Daß diese Problematik nicht auf Deutschland allein beschränkt war und das »Problem der Bildung« zu den europäischen Krisensymptomen des 19. Jahrhunderts gehörte, hat Karl Löwith an »*Flauberts* unvollendetem Meisterwerk *Bouvard und Pécuchet*« gezeigt: »Das ganze Werk bewegt sich im Stil einer ›haute comédie‹ durch das Reich der entfremdeten Bildung, um bei dem absoluten Wissen zu enden, daß unsere ganze Bildung bodenlos ist«.[31] In deutscher Sprache hat Friedrich Nietzsche am deutlichsten jene Stelle markiert, an welcher der Begriff des gebildeten Bürgers oder des gebildeten Bürgertums unter Ideologieverdacht geraten ist.[32] Ein als sozial und politisch integrierend gedachter Begriff wurde zu einer ausschließenden Vorstellung, wobei die Wurzeln dieser Entwicklung schon im Bildungselitarismus frühliberaler, deutscher Literatur in den dreißiger Jahren des 19. Jahrhunderts erkennbar sind. Nietzsche hat, darin Burckhardt sehr ähnlich, die Gefahr gesehen, »daß die ungebildeten Klassen mit der Hefe der jetzigen Bildung angesteckt werden und die Scheinbildung allgemein machen. Denn niemand vermag die Entartung der Bildung zu einer *gelehrten Fachbildung* einerseits und einer *journalistischen Allgemeinbildung* andrerseits wahrhaft zu überwinden.«[33] Die Neubildung des Kompositums »Bildungsbürger(tum)«, die Ulrich Engelhardt erst für die zwanziger Jahre unseres Jahrhunderts belegt hat, also für eine schon »unbürgerlich« zu nennende Zeit,[34] verdeutlicht somit lediglich den Abschluß eines – wohl nicht notwendigen, aber doch faktischen – Negativierungsprozesses, der auffällig mit der Inventarisierung eines bildungsbürgerlichen Zitat-Codes begonnen[35] und einen ersten Höhepunkt in den frühen siebziger Jahren des 19. Jahrhunderts erreicht hat. Der »Bildungsphilister«, den Nietzsche in David Friedrich Strauß zu erkennen meinte, war für Karl Löwith in seinen im Exil entstandenen »Studien zur Geschichte des deutschen Geistes im 19. Jahrhundert« im zwanzigsten Jahrhundert keineswegs ausgestorben, er schien ihm vielmehr in den dreißiger Jahren dieses Jahrhunderts »als der politisch formierte Mensch mit vorgeschriebener Weltanschauung eine massenhafte Erscheinung geworden«.[36] Auch unter dieser Perspektive sollten die Bildungszitate in den Reden nationalsozialistischer Parteifunktionäre gewürdigt werden.

Vermutlich sind im historisierenden Interesse des »Büchmann« Definitionskriterien des gebildeten Bürgertums im 19. Jahrhundert zu erkennen, die Ulrich Engelhardt dann im 20. Jahrhundert suspekt geworden sieht: die weitgehende Gleichsetzung von »gebildet« mit »akademisch ausgebildet« und »die Projektion einer schichten- und klassenüberwölbenden bürgerlichen Kultur(nation) einschließlich der von daher legitimierten Sonderschätzung ihrer Träger und Agenten«.[37] Das erworbene Patent, nicht die existentielle Verfügbarkeit des Bildungswissens galt dem von Büchmann angesprochenen Publikum als Ausweis der Zugehörigkeit zu den Kreisen der Bildung; die – auch bei Büchmann noch sichtbare – Vorstellung kultureller Nationbildung aber mündete in die kleindeutsche Nationalstaatsdebatte, so daß Nietzsches unmutiges Wort von der »Exstirpation des deutschen Geistes zu Gunsten des deutschen Reiches« verständlich wird.[38] Für das Verhältnis des Lesepublikums zur Literatur aber bedeutet all dies die Abwendung von der kontemplativen Lektüre existentiell verbindlicher Werke und ihren Ersatz durch die historistische Quellensuche, durch das Déjà-vu-Erlebnis des sich selbst bestätigenden Bildungswissens, das für Rede und Konversation dann eher tauglich ist als für die private Lektüre. So ist es nur konsequent, wenn Büchmann noch zu seinen Lebzeiten Walter Robert-tornow zu seinem Nachfolger bestimmte, der sich für diese Aufgabe mit dem Büchmann »in verehrender Freundschaft« gewidmeten Buch »Goethe in Heine's Werken« (1883) empfohlen hatte. Höchst charakteristisch für bildungsbürgerliche Interessen treffen in dieser Schrift biographischer Anstoß und Goethekult des 19. Jahrhunderts aufeinander. Gleichsam als Testamentsvollstrecker der mit ihm verwandten Rahel Levin-Robert, die schon 1827 den Geburtstagsbesuch des regierenden bayerischen Königs bei Goethe in Weimar als die Demonstration einer deutschen Spielart des Konstitutionalismus gefeiert hatte,[39] und ihres Gatten Karl August Varnhagen von Ense, der mit Heinrich Heine befreundet war, suchte Robert-tornow die beiden einzigen deutschen Lyriker des 19. Jahrhunderts, die zu Weltruhm gekommen waren, miteinander postum zu versöhnen: Heine »schob sich die eigene Person mit ihren Bestrebungen allzu häufig in den Vordergrund, als dass er im Stande gewesen wäre, Goethe's Gestalt überall klar wiederzuspiegeln. Wo es ihm aber gelang, unbefangen über den ›grossen Meister‹ zu urteilen, da geschieht es mit so warmen, begeisterten Worten, dass Goethe's Manen dem schwer Geprüften die Hand der Versöhnung nicht vorenthalten werden.«[40] Wenn Biographismus, Heroen- und Klassikerkult, Kunstglauben und Zitatstil Kriterien eines literarischen Historismus sind, so war Robert-tornow die fast idealtypische Verkörperung dieser bildungsbürgerlichen Bewegung. Seine Belesenheit und sein starkes Gedächtnis wurden an ihm, der Büchmann »wie der Ährenleser dem Schnitter« gefolgt sei, besonders gerühmt.[41] Die Anekdote seines Todes (1895) erscheint wie eine makabere Karikatur zu Theodor Fontanes Bildungskritik aus ebendiesem Jahr 1895. Walter Robert-tornow nämlich, so heißt es in einem »Gedenkblatt« zur 21. Auflage des »Büchmann« von Georg Thouret, »verwuchs mit den geliebten ›Geflügelten Worten‹ so innig, dass er in der Todesstunde nur in Citaten sprach«.[42] Am 17. September 1895 ist Robert-tornow auf Helgoland gestorben, am 9. August dieses Jahres aber hatte Theodor Fontane an seine Tochter Mete geschrieben:

»Ich bin fast bis zu dem Satze gediehn: ›Bildung ist ein Weltunglück.‹ Der Mensch muß klug sein, aber nicht gebildet. Da sich nun aber Bildung, wie Katarrh bei Ostwind, kaum vermeiden läßt, so muß man beständig auf der Hut sein, daß aus der kleinen Affektion nicht die galoppirende Schwindsucht wird.«[43]

Georg Büchmann hat in seinem erfolgreichen Inventar des bürgerlichen Bildungsdialektes auch die Struktur der modernen Dichtersprache bloßgelegt, die seit dem Ende des 18. Jahrhunderts zunehmend »literarische Literatur« erzeugte, das heißt Literatur, die primär von kultureller, nicht von außerkultureller Realität lebt, wobei das Literatur- und das Bildungszitat die auffallendsten Kriterien dieser bis heute herrschenden Technik sind. Die Anreicherung der Sprache durch »landläufige Zitate« ist nur die Spiegelung eines am Ende des 18. Jahrhunderts ausgebildeten und insbesondere durch die deutsche Romantik populär gewordenen Literaturbegriffes. Sie scheint mir das Derivat der Vorstellung einer bei Novalis und Friedrich Schlegel auch sozial und politisch gemeinten Poetisierung der Welt, wobei diese Art von Poesie das ganze Jahrhundert hindurch mit der Wissenschaft um den ersten Erkenntnisrang konkurrierte. Poesie schien in der Romantik der Wissenschaft insofern überlegen, als in Poesie die von der explosionsartigen Produktion des Erfahrungswissens zerstörte Einheit von Welt und Person wiederhergestellt werden sollte. Poesie konkurrierte in Biedermeierzeit und Realismus mit der zeitgenössischen Wissenschaft erfolgreich um die Erklärung psychischer Vorgänge, bis sich – zumindest in der Theorie – im wissenschaftsgläubigen Zeitalter des Naturalismus die Literatur völlig der experimentell-naturwissenschaftlichen Methodik unterordnete. Nicht die Konkurrenz von Glauben und Wissen also, wie man mit Hegel und Görres annehmen könnte, ist der das geistige Leben des 19. Jahrhunderts strukturierende Wettstreit, innerbürgerlich dominierte eher der (um 1890) kurzfristig zugunsten der experimentellen Wissenschaften entschiedene Streit um den Vorrang von universalistisch angelegter und argumentierender Poesie vor differenzierender wie spezialisierender Wissenschaft. An dieser Auseinandersetzung aber sind Erscheinungsformen des Bildungsdialektes abzulesen, die zur Definition und zur Kritik bildungsbürgerlichen Verhaltens im 19. Jahrhundert beitragen können. Der Zitatgebrauch ist dabei jeweils Indiz der Zugehörigkeit zu der soziologisch nicht scharf zu umreißenden Gruppe des gebildeten Bürgertums; Zitatfunktion und Zitathäufigkeit aber sind Kriterien für den Pegelstand[44] der sozialen Geltung bildungsbürgerlichen Verhaltens.

Klaus Jeziorkowski hat das Phänomen »der literarischen oder literarisierten Literatur des 19. Jahrhunderts« als eine literarische Erscheinungsform des Historismus gekennzeichnet: »Wir schauen in einen unabsehbar in die Tiefe gestaffelten Spiegelsaal mit immer weiter nach hinten fliehenden Brechungsebenen, wobei diese Brechungsebenen literarische Schichten und als solche wiederum die Dokumentation historischer Schichten sind. Hier stehen wir mitten im schwindelerregenden Spiegelkabinett des Historismus.«[45] Daß aus der Art, wie dieses Spiegelkabinett im Einzelfall angelegt ist, ob der literarisierend-historisierende Rahmen schematisch gesetzt oder kritisch kontrastiert und mit Leben erfüllt wird, Unterscheidungskriterien für hoch und minder zu wertende Literatur gewonnen werden können, versteht sich von selbst. Jeziorkowski beruft sich dabei zur Beschreibung »bildungshistoristischer Poesie« auf Hugo von Hofmannsthal, der in den Gedichten Conrad Ferdinand Meyers den ganzen bildungsbürgerlichen Apparat des 19. Jahrhunderts zu erkennen meinte:

»[...] Ketzer, Gaukler, Mönche und Landsknechte, sterbende Borgias, Cromwells, Colignys; Medusen, Karyatiden, Bacchantinnen, Druiden, Purpurmäntel, Bahrtücher; [...] – Wämser und Harnische, aus denen Stimmen reden, – welch eine beschwerende, fast peinliche

Begegnung: das halbgestorbene Jahrhundert haucht uns an; die Welt des gebildeten, alles an sich raffenden Bürgers entfaltet ihre Schrecknisse; ein etwas, dem wir nicht völlig entflohen sind, nicht unversehrt entfliehen werden, umgibt uns mit gespenstischer Halblebendigkeit; wir sind eingeklemmt zwischen Tod und Leben, wie in einen üblen Traum, und möchten aufwachen.«[46]

Der Beginn dieser von Hofmannsthal mit dem wohligen Schauder des Nachgeborenen zitierten Kunstwelt ist so alptraumartig nicht, denn er bedeutete die Entdeckung und die Aktualisierung lange vergessener Kunstwelten, des Mittelalters, der frühen Neuzeit, der Volksliteratur und des Brauchtums; er bedeutete die Befreiung der Kunst vom verödenden Terror der Nützlichkeit und dem spätrationalistischen Zwang zur Verständlichkeit, das Zerbrechen der Geschmacksverengung und die Bildung einer deutschen Literatursprache, welche die moderne Dichtersprache bis tief in das 20. Jahrhundert hinein geprägt hat. Das Kunstzitat in romantischer Literatur, das Goethe, Schiller und Jean Paul bevorzugte, Goethe zum Meister der Poesie deklarierte und die Bildung eines deutschen Klassik-Begriffes damit erst ermöglichte, richtete sich noch nicht an einen allgemeinen Verständnishorizont, sondern eröffnete – im Gegenteil – ein Literatengespräch, in welchem der Primat der Schönheit eingeübt wurde, die Phantasie als eine über die Literatur aller Zeiten und Zonen gleichermaßen verfügende Grundkraft galt und das zitatdurchsetzte Idiom als die Sprache von Sehern und Propheten, verständlich nur dem engen Zirkel der von der *disciplina arcani* der Kunst erfaßten, in Freundschaft und Liebe verbundenen Menschen, verkündet wurde. So haben die Romantiker Goethes Gestalten des Harfners und Mignons sich anverwandelt, in Goethes König von Thule ebenso wie in Jean Pauls Roquairol ein Porträt romantischer Dichterexistenz gesehen, Zitat und Original oft so vermengt, daß sie fast ununterscheidbar wurden und ein objektives Fremdzitat subjektiv als Eigenzitat empfunden werden konnte. Wer die Impulszitate in romantischer Lyrik mit der von Herman Meyer bei Hedwig Courths-Mahler und Paul Heyse festgestellten zitierenden Titelgebung vergleicht, wird mit der Einengung des Zitatenfundus auf den Büchmann-Bestand die Verflachung des Zitates zum Werbeslogan, das heißt die Erstarrung und Schematisierung literarischer Techniken des Jahrhundertbeginns, bemerken. Jean Pauls »Leben des vergnügten Schulmeisterlein Maria Wutz in Auenthal« zum Beispiel evoziert Clemens Brentano zu Beginn der Hymne auf den Tod seiner Schwester Sophie – »Wie war dein Leben / So voller Glanz« –, um dadurch den Freunden, denen dieses Gedicht zugedacht war, den Trost der Literatur zum frühen Tod des geliebten Mädchens zu spenden. Aus Goethes Gedicht »An Mignon« (»Über Tal und Fluß getragen«) gestaltete er ein symbolistisch zu lesendes Liebeslied (»Über Berg und Tal getragen«), in dem das Anfangszitat, die Stilisierung der angesprochenen Geliebten zur Mignon-Gestalt, die Leidenschaft der Liebesaussprache lindert. Solcher Zitierkunst gegenüber ist die werbende Titelgebung durch die fragmentarischen Bildungszitate bei Courths-Mahler und Heyse auf Leser abgestellt, deren Sensationsgedächtnis angeregt werden soll. »Deines Bruders Weib«, sind etwa solche Bücher überschrieben; »Was Gott zusammenfügt«, »Es irrt der Mensch«, »Liebe ist der Liebe Preis«, »Im Bunde der Dritte«, »Über allen Gipfeln«, »Zwischen Lipp' und Bechersrand« sind andere solche, der Bibel, Goethe und Schiller entlehnte Titel.[47] So ist es kaum verwunderlich, daß »die Zitatverwendung bei E.T.A. Hoffmann, bei Immermann und ganz besonders bei Raabe und Fontane einen eminent kulturkritischen Charakter« gewinnt. »Als Teilelement mimetischer Gesellschaftsdarstellung ist sie ein wirksames Mittel, die satte und seichte Selbstgefälligkeit der Bildung gewisser bürgerlicher Kreise zu charakterisieren. Die Sucht des gebildeten Philisters, die Konversation mit geflügelten Worten zu schmücken, erscheint als ein bedenkliches Zeichen kultureller Ermüdung und Erschlaffung.«

Quantität und Qualität des Zitatgebrauches wandelten sich im 19. Jahrhundert im gleichen Maße, in dem sich eine Bildungsreligion auszubreiten begann, das gebildete Bürgertum an die Stelle von Glauben und Religion die Weisheit der Klassiker zu setzen bestrebt war. Damit änderte sich die Rezeptionssituation von Literatur entscheidend, da nicht mehr (wie noch vor 1815) die Kunst als ordnende Universalsprache der zersplitternden Menschheit im Mittelpunkt des Interesses stand, sondern ein psychologisches Interesse um sich griff, jener »anthropologische Heißhunger«, die »psychologische Neugierde«, wovon der Rahmenerzähler in Grillparzers »Der arme Spielmann« (1848) spricht. Die starken politischen Energien, die diesem anthropologischen Interesse noch vor und um 1848 innewohnten, entschwanden nach der Revolution weitgehend, so daß in der zweiten Jahrhunderthälfte die Bildungsdroge tatsächlich zum Religionsersatz wurde, wovon nicht nur David Friedrich Strauß und seine Gegner kündeten. Fontane hat diese Entwicklung, die sich vor allem im deutschen Kaiserreich als der »Halbbildungsdünkel« breiter Schichten dokumentierte, schon relativ früh gerügt. Nach dem Attentat des Dr. Karl Eduard Nobiling auf Kaiser Wilhelm I. (2. Juni 1878), nach einem Attentat also, das ein Angehöriger des gebildeten, weil mit einem akademischen Grad versehenen Bürgertums verübt hatte, schrieb er an seine Frau:

»›Die Zeit ist aus den Fugen‹, sagt Hamlet, und ›Ich verstehe diese Zeit nicht mehr‹, sagt der alte Tischlermeister in Hebbels ›Maria Magdalena‹. Freilich, zu verstehn ist es schon; Massen sind immer nur durch Furcht oder Religion, durch weltliches oder kirchliches Regiment in Ordnung gehalten worden, und der Versuch, es ohne diese großen Weltprofosse leisten zu wollen, ist als gescheitert anzusehn. Man dachte, in ›Bildung‹ den Ersatz gefunden zu haben, und glorifizierte den ›Schulzwang‹ und die ›Militärpflicht‹. Jetzt haben wir den Salat.«[48]

Der Weg vom Impuls- und Kunstzitat zum bloßen Bildungszitat und zur Verfügbarkeit eines allgemeinen Zitatenfundus dokumentiert die Entwicklung einer bürgerlichen Gesellschaft, die sich durch Literatur und in Literatur als gebildet legitimierte und sich darin verständigte, so daß Literatur immer stärker gezwungen wurde, auf vorgeprägtes, geläufiges Material zurückzugreifen, um Publikumswirksamkeit und Erfolg durch die Technik des Wiedererkennens zu garantieren. Der Weg der Zitatverwendung führt vom primär mündlich verbreiteten Zitat – durch Lied, Rede, Theater – zum Lektürezitat, wobei durch den Rückgang der klassisch-humanistischen Bildung (mit den entsprechenden Wirkungen auf fremdsprachige Zitate), durch die Herausbildung eines relativ kleinen Klassiker-Kanons, also durch die Reduzierung der Zitatspender, und gleichzeitig durch die quantitative Erweiterung des Zitatenfundus die Zitatverwendung konzentriert und intensiviert wurde. Fontane, der sich auch in privaten Briefen des Zitatstils bediente, ist ein Beispiel für diese Entwicklung; an ihrem Ende stehen nicht Thomas Mann oder Bertolt Brecht, deren parodistische Montage-Kunst die Perfektionierung der Zitat-Technik voraussetzt, sondern steht Wilhelm Raabe, dessen enzyklopädisches Zitatverhalten auf den Gebrauch von Konversationslexika verweist. Raabe verkündete eine Besitzideologie, die sich auch auf den Bildungsbesitz erstreckt, gleichzeitig aber die modellhafte Bevorzugung von Zitatquellen belegt. Die Individualisierung von dargestellten Personen erfolgt bei Raabe – in dessen Werk mehr als 3600 Zitate gezählt wurden, wobei aber mit der doppelten Zahl zu rechnen ist, je nachdem, was unter »Zitat« verstanden wird – über die Bevorzugung eines bestimmten, charakterisierenden Zitates, so daß – in Abwandlung von Max Frischs Begriff des »Plagiatprofils« im Bürgertum der fünfziger Jahre – vom Zitatprofil der Figuren bei Raabe gesprochen werden kann. In den »Akten des Vogelsangs« (1895) verkündete Raabe mit Lessing und Heinrich Heine, den er zum letzten Sänger idealistischer Dichtung verklärte, gegen den »größten Egoisten der

Literaturgeschichte«, also gegen Goethes »Ode an Behrisch«, die Botschaft vom rechten und bescheidenen Besitz, dem allein Glück und Hab-Seligkeit zu verdanken seien. Glück aber bedeutet hier, inmitten der darwinistisch-pessimistischen Weltverdüsterung, den dumpfen Druck der Materie zu lindern, die nackte Brutalität des Evolutions- und Selektionsgesetzes illusionierend zu verkleiden. Extrempositionen, das heißt Reichtum und Armut, werden verworfen, die mittlere Position des Dr. jur. Karl Krumhardt – »Das Haus, die Frau und die Kinder!...«[49] – ist die Position des erzählenden Ich, für welches Besitz nicht nur eine materielle Frage ist, sondern eine Frage der Zuneigung von Mensch zu Mensch; nur der mäßige Besitz ermöglicht für diesen Erzähler solche Zuneigung. Die hier verkündete Bildungsideologie ist eingekleidet in eine Debatte dichtungstheoretischer Positionen, da Raabe sowohl den spätidealistischen Preis der Schönheit wie die naturalistische Phänomenbeschreibung des Kampfes ums Dasein verwarf und Akten geschrieben hat, also realistische, wirklichkeitsnahe, zumindest wahrscheinliche Protokolle der Bescheidung mit dem kleinen Glück. So wurde Raabe zum Interpreten eines – positiv verstandenen – Bildungsbürgertums, Fontane aber der literarische Entdecker eines Besitzbürgertums, das seine Geldsackgesinnung bildungsbürgerlich kaschierte. Fontane hat die wilhelminische Fassadenkultur nicht nur in den Typen der wölfischen Bourgeoisie beschrieben, sondern das Bourgeoise als eine Zeitstimmung gekennzeichnet, der sich niemand im Umkreis dieser Gesellschaft entziehen konnte, so daß dieser Stimmung selbst autobiographisch akzentuierte Romanfiguren, etwa Professor Schmidt und die lebenskluge Corinna in »Frau Jenny Treibel«, verfallen. Der Kampf zwischen Corinna Schmidt und Jenny Treibel ist als ein Kampf zwischen Bildungs- und Besitzbürgertum dargestellt; er endet weder komödiantisch, dazu nämlich sind Typ, Milieu und persönlichkeitszerstörende Wirkung des Bourgeois zu ernst, noch tragisch, weil der Typus des Bourgeois weder für die Tragödie der Liebe noch für eine Tragödie der Ehe taugt. Er endet tragikomisch, wenn Corinna und Marcell, mit dem sich Corinna zufriedengegeben hat, weil sie den schwächlichen Sohn der Jenny Treibel nicht halten konnte, ausgerechnet nach Verona, zum Grab von Romeo und Julia, zur Hochzeitsreise aufbrechen. Das Schicksal von Shakespeares berühmtem Liebespaar – und das Shakespeare-Zitat ist mit der Nennung von »Julias Grab« genügend deutlich evoziert – kontrastiert in jedem Zug, in Liebe, Ehre, Kampf der Eltern und selbst in der Intrige, mit der moderaten Liebesgeschichte der Moderne. In dieser Moderne hat das Licht der Technik das Bedürfnis nach dem von Goethe noch im Tode gemeinten Licht vertrieben; nicht das Licht wahrhafter Herzensbildung, sondern die vielen seelenlosen Lichter des modernen Erfindergeistes beherrschen die »bürgerliche Nacht«. »Mehr Licht«, sagt Professor Schmidt am Ende des Romans zu dem Sänger Krola, »– das war damals ein großes Wort unseres Olympiers; aber wir bedürfen seiner nicht mehr, wenigstens hier nicht, hier sind Lichter die Hülle und Fülle.«[50]

Wie in Fontanes »Frau Jenny Treibel« (1892) die eher beiläufig genannte Shakespeare-Folie der Erzählung Farbe gibt, so entwickelte sich innerhalb der zeitkritischen Literatur des 19. Jahrhunderts der Zitatstil so weit, daß ein einziges ungenanntes Zitat die Basis einer ganzen didaktisch gemeinten Erzählung oder eines Romans abgeben konnte. Es gab – zumindest in Österreich und der Schweiz – regelrechte Nationalzitate, deren Nennung unnötig war, da sie – nach Meinung des Autors – vom Leser auch als kryptische Zitate verstanden und entschlüsselt werden konnten. Beispiele für den kryptischen Gebrauch solcher Nationalzitate, deren Entschlüsselung aber, wie die Rezeptionsgeschichte zeigt, zu hohe Ansprüche an die Assoziationsfähigkeit der zeitgenössischen Leser stellte, sind Adalbert Stifters Erzählung »Der Kuß von Sentze« (1866) und Gottfried Kellers letzter Roman »Martin Salander« (1886).

Die in der ersten Nummer der »Gartenlaube für Österreich« in Graz 1866 erschienene Erzählung Adalbert Stifters berichtet vom

Geschlecht der Sentze, in dem sich die Mitglieder der Familie den Friedenskuß als einen Vertragskuß geben müssen, damit Krieg, Kampf und Haß zwischen den Vertragspartnern künftig ausgeschlossen sind. Hiltiburg und Rupert, Geschwisterkinder aus den Geschlechterlinien der Sentze, die sich zunächst feindlich gesinnt scheinen, geben sich statt des Vertragskusses den Liebeskuß, so daß die Erzählung in einem glücklichen Ende ausklingt. Diese Erzählung, geschrieben in der Phase der offensichtlichen Vorbereitung und der Durchführung des deutschen Krieges von 1866 (also zwischen dem 23. Januar und dem 16. November 1866), angesiedelt in den Jahren der Revolutionskriege 1846 bis 1849, berichtet in unaufdringlicher Allegorese, kenntlich an Datengerüst, historischer Situierung und Farbsymbolik, die Geschichte des preußisch-österreichischen Dualismus. Stifter hat am Krieg von 1866 und der Ausstoßung Österreichs aus dem Deutschen Bund heftig gelitten, weil er das politische System, das sein Leben getragen hat, zerbrechen sah; nur der Vertragskuß, scheint er zu sagen, der zum Liebeskuß zwischen den verwandten Völkern wird, kann einen dauerhaften Frieden begründen. Er wendet sich betont an das gebildete Bürgertum seiner Zeit, an jene, welche »an festem Besitze und an Ausbildung hervorragen« als den »Säulen des rechtlichen Bestandes«[51], und erinnert dieses Bürgertum in der Darstellung der Wandlung des Friedenskusses in einen Liebeskuß an eine alte, in der Neuzeit immer mehr verdrängte österreichische Maxime. Der Erzählung nämlich ist, inmitten von Krieg und Verzweiflung, heimlich die Maxime eingeschrieben, die als ein österreichisches Nationalzitat bekannt geworden ist:

»Bella gerant alii, tu felix Austria nube,
Nam quae Mars aliis, dat tibi regna Venus.«[52]

Ein zweites Beispiel, das sich durch den Gebrauch des Nationalzitates als Erzählfolie einer bürgerlichen Utopie erweist, ist Gottfried

Kellers noch immer umrätselter Roman »Martin Salander«. Es ist ein satirisch angelegter Text, der, im Blick auf die Gründungsideale der schweizerischen Eidgenossenschaft, Bildungsglauben, Erziehungseuphorie und die kapitalistischen Auswüchse in den Jahren der schweizerischen Prosperität tadelt. Keller, seit 1876 seines Amtes als Staatsschreiber von Zürich ledig, war ebenso bildungskritisch eingestellt wie Fontane, Raabe, Nietzsche und andere seiner Zeitgenossen. Seine Satire der schweizerischen Ausbildungseuphorie klingt ungemein modern:

»Lernen und immer lernen! Üben und wieder üben! Bedenke doch nur, wie sehr sich der Stoff häuft! Haben wir erst durchgesetzt, daß der tägliche Schulbesuch bis zum fünfzehnten Jahre dauert und ein allgemeiner Sekundarunterricht eingeführt ist, so fängt die Fortbildung an in den mathematischen Fächern, im schriftlichen Ausdrucke, in der Kenntnis des tierischen Körpers und Gesundheitspflege, vermehrten Landeskunde und Geschichte.«[53]

Nach dem Motto »Es ist bei uns wie überall« schrieb Keller die Satire der schweizerischen Demokratie, die für ihn Modell eines allgemeinen Verfalls politischer, ökonomischer und kultureller Moral in den europäischen Staaten war.

Bekanntlich hat Friedrich Schiller in seinem Drama »Wilhelm Tell« jenen schweizerischen Nationalmythos geschaffen, von dem Keller erklärt haben soll, die Schweizer glaubten so zu sein, wie Schiller sie im »Tell« dargestellt habe. Von diesem überzogenen Selbstbewußtsein eines nach der Verfassungsreform relativ stark zentralisierten Staates ging Keller offensichtlich aus und verwendete den Rütli-Schwur als kryptische Zitatfolie einer durch Verkehrung aller Verhältnisse definierten Satire. Der bekannte Schwur im Zweiten Aufzug von Schillers Drama lautet:

»– Wir wollen sein ein einzig Volk von Brüdern,
In keiner Not uns trennen und Gefahr.
– Wir wollen frei sein, wie die Väter waren,
Eher den Tod, als in der Knechtschaft leben.
– Wir wollen trauen auf den höchsten Gott
Und uns nicht fürchten vor der Macht der Menschen.«[54]

Diesem Text entsprechend sind die handelnden Personen im »Martin Salander« auffallend häufig als Geschwisterpaare dargestellt. Von den zu jedem Lumpenstreich brüderlich bereiten Zwillingen Isidor und Julian Weidelich, über die Söhne des Kleinpeter, denen der eigene Vater mit Polizei und Gericht droht, um sie vom Diebstahl der ihnen anvertrauten Steuergelder abzuhalten, bis zu der Parabel der alten Brüder, die seit einem Menschenalter schon im Erbschaftsstreit leben, reicht die Palette der Brüderpaare. Wie dieses Volk, vereint in Geiz, Haß und Neid, aneinandergeschmiedet durch die gemeinsamen Untaten, dem Ideal der Brüderlichkeit abgeschworen hat, so auch allen anderen daraus fließenden Tugenden der alten Schweiz. Der Freiheitsschwur wird in der Satire der Wirtschaftsverbrechen verdeutlicht und die Defizienz des Väterglaubens durch die Satire der mit Vererbungslehre, Selektionstheorie und darwinistischem Materialismus versöhnten Immanenztheologie gekennzeichnet. Die Geschichte der Familie Weidelich ist die Geschichte der von Gott und den Menschen verlassenen Emporkömmlinge, die es nur auf Macht und Ansehen angelegt haben, da ihr großer Kanzelherr ihnen verkündet hat, daß Gott sie persönlich nicht kenne. So setzte Keller, in der darstellenden Verkehrung des Rütli-Schwures, die Satire von vier grundlegenden Lebensbereichen ins Werk: die Satire der Politik in der Zeit des Parteienhaders, die der Wirtschaft in der Zeit des Spekulationsfiebers und der schrankenlosen Hochkonjunktur, die der Erziehung in der Zeit gedankenloser Bildungseuphorie und schließlich die Satire der Wissenschaftsgläubigkeit eines sozialen Darwinismus, der die Phrasen und die Parolen einer landesweiten Verführung lieferte.

Daß der hier an der Literatursprache skizzierte Bildungsdialekt als ein bürgerliches Idiom das ganze 19. Jahrhundert hindurch gesehen und verteidigt wurde, mag zunächst nicht überraschen, ist aber in den Kämpfen der Zeit für die Selbstverständigung des gebildeten Bürgertums doch von Bedeutung. War in der Zeit vor der Restauration der Bezug zum »Volk«, zum Mittelstand, zu den Ungelehrten und Ungebildeten, aber Lebensklugen und Erfahrenen, noch ein Kriterium von Literatur und Journalismus – Joseph Görres hat an diesem Bezug bis zu seinem Tod 1848 festgehalten –, so wurde schon im Vormärz die Entwicklung zu einer mit Bildungszitaten angereicherten Literatur, zu einem durch Bildung und Besitz ausgezeichneten, sich vom »Volk« separierenden Bürgertum deutlich. 1834 verweigerte der romantische Dichter Clemens Brentano eine wohlfeile Volksausgabe seiner Darstellung des Leidens Jesu, weil es ihm, als ein im katholischen Süden verbreitetes Buch, zu sehr in den Mittelstand geraten war und zu wenig auf die »denkende Klasse« wirkte, für die er es geschrieben hatte. 1827 jubelte ganz Deutschland König Ludwig I. von Bayern zu, weil er mit der bei Goethe genommenen Audienz den bürgerlichen Dichterfürsten dem Geburtsadel zur Seite gestellt hatte. Die Schriften des Jungen Deutschland schließlich wandten sich ausschließlich dem Dritten Stand zu; das Bürgertum begann, sich selbst als politisch aufstrebende, einflußreiche Klasse zu verstehen. Selbst Joseph von Eichendorff – seit 1844 von der zentralistischen Bürokratie Preußens aus seinem Amt vertrieben – nahm an diesen Bildung und Politik mischenden Bestrebungen teil und ließ sich 1847 in Wien im »juridisch-politischen Leseverein« feiern, der – nach Grillparzers Meinung – doch »die Pulvermühle für eine künftige Explosion« gewesen ist. Der Haß Ludwig Börnes, Heinrich Heines, Georg Büchners und vieler anderer Dichter auf König Ludwig I. von Bayern, der seine – zugegeben schlechten – Gedichte als ein politisches Mittel zur Verständigung mit dem Bürgertum ganz Deutschlands (am wenigsten wohl des eigenen Landes) einsetzte, war weniger von persönlichen Gründen bestimmt, obwohl auch diese bei Heine eine nicht geringe Rolle spielten, als vielmehr von der Absicht der Verteidigung einer bürgerlichen Domäne gegen den in Auffassung und Ausübung des Königtums, trotz kultureller Großtaten, absolutistisch gesinnten König. Die bürgerlichen Pseudonyme, welche sich adelige Autoren, etwa der Graf Loeben, Graf Auersperg oder Fürst Pückler-Muskau, geben, sprechen eine ebenso deutliche Sprache wie Börnes Besprechung von Pückler-Muskaus »Briefen eines Verstorbenen«:

»Der Fürst mag zwar keinen Überfluß an Mangel haben, wie Fallstaff sagt, sondern nur Mangel an Überfluß. Aber nur immer herein […] Doch müssen wir ihm, wie allen adligen Schriftstellern, sehr auf die Finger sehen. Nicht damit sie nichts mitnehmen, was ihnen nicht gehört (was wäre bei uns zu holen?), sondern daß sie nichts da lassen, was nicht uns gehört – keinen Hochmut, keinen Adelstolz.«[55]

Nach 1848 wandelten sich die politischen Energien des Bürgertums auch in der Literatur in ein quasireligiöses Bildungsengagement. Der historische Roman etwa, der im 19. Jahrhundert in der Masse kulturkämpferisch orientiert war,[56] ist nun Vorreiter einer Literatur, die Heinrich Keiter in seinem Pamphlet »Konfessionelle Brunnenvergiftung« (1896) gesammelt hat. Das Bürgertum und die deutschen Regierungen verwendeten schließlich »Bildung« als Machtinstrument im Kampf mit Weltanschauungen und Minderheiten. Am 6. September 1867 schon wurde in Baden für die angehenden Geistlichen beider Konfessionen das sogenannte »Kulturexamen« eingeführt, das die Kandidaten »einer vor einer Staatskommission abzulegenden Prüfung in Latein, Griechisch, deutscher Literaturwissenschaft, deutscher Geschichte sowie im Staatsrecht und Staatskirchenrecht unterwarf«, wobei im Großherzogtum – in voller Übereinstimmung mit der Goethephilologie der Zeit – die »übersichtliche Kenntniß der deutschen Literaturgeschichte seit Klopstock und der wichtigsten Werke der deutschen Klassiker aus dieser Zeit« gefordert wurde.[57] In Preußen wurde das Kulturexamen (nach badischem Vorbild) durch das Gesetz vom 11. Mai 1873 vorgeschrieben und forderte von den angehenden Geistlichen das Bestehen einer Staatsprüfung, die darauf gerichtet war, »ob der Kandidat sich die für seinen Beruf erforderliche allgemeine wissenschaftliche Bildung, insbesondere auf dem Gebiete der Philosophie, der Geschichte und der Deutschen Literatur erworben habe«. Nur wer die weltanschaulich-ideologische Orientierung der Klassikerdeutung im 19. Jahrhundert bedenkt, wird erkennen, daß diese Kulturexamina ein Mittel zur ideologischen Disziplinierung zumal der katholischen Geistlichkeit sein sollten, daß sie auf die Formierung einer kultur-liberalistischen Staatsgesinnung zielten und gerade, weil sie am passiven Widerstand der Bischöfe und der Geistlichen gescheitert sind, die katholische Distanz zur klassischen deutschen Literatur bis zum heutigen Tage erklären können.

So wuchs zu Beginn der siebziger Jahre die Kritik an der herrschenden Bildungsideologie, es entstand in allen Lagern jene bildungskritische Literatur, welche »Bildung« in Anführungszeichen setzte oder gar als Schimpfwort gebrauchte. Bildungsbürgerliche Literatur wiederum verband sich im deutschen Kaiserreich mit Chauvinismus und Antisemitismus, wofür das nur scheinbar heitere, in Wahrheit aus dem weltanschaulichen Pessimismus der Zeit gespeiste Werk Wilhelm Buschs ein Gradmesser ist.

Die patriotischen Bildergeschichten Wilhelm Buschs nämlich richteten sich gegen die Reichsfeinde im Inneren und gegen die von außen; ihre weite Verbreitung belegt nicht nur die Stärke des Kultur-Liberalismus, sondern auch die Degeneration bildungsbürgerlicher Literaturschemata. In der allegorischen Bildergeschichte »Pater Filuzius« (1872) hat Wilhelm Busch, auf dem Höhepunkt des Kulturkampfes, die jesuitische Verschwörung gegen das Deutschtum gestaltet. Hiebel (die deutsche Armee), Fibel (die deutsche Bildung) und Bullerstiebel (das deutsche Volkstum) sind mit Gottlieb Michael (also dem von Gott geliebten deutschen Michel) gegen den mit Welschtum (Jean Lecaq) und Sozialismus (Inter-Nazi) verbündeten Jesuitismus (Pater Luzi) vereint. Gottlieb Michael wird von seinen Tanten Petrine und Pauline (den Allegorien der katholischen und der protestantischen Orthodoxie) schlecht versorgt; er wäre wohl längst verhungert, wenn da nicht seine Base Angelika wäre, Figuration des wirklichkeitszugewandten Menschenverstandes der Deutschen, mit der sich Gottlieb Michael, nach Bestehen aller Abenteuer, vermählt. Der Internationalismus also und der französische Erbfeind suchen, auf Anstiftung des jesuitischen Ultramontanismus, Deutschland zu ermorden und werden vom guten Geist dieses Deutschland, der engelgleichen Angelika, mit Hilfe ihrer Bundesgenossen, der modernen Waffentechnik, der deutschen Bildung und dem deutschen Volkstum vertrieben. Sicher ist nicht das Gesamtwerk von Wilhelm Busch derart plakativ zu charakterisieren. »Busch, der so viel Unordnung dargestellt hat, war für eine [...] unpedantische Ordnung, nachsichtig im Kalkül des menschlichen Wesens – daher sein Reagieren gegen behördliche oder kirchliche Intoleranz.«[58] Einige seiner Bildergeschichten aber sind treffende Beispiele dafür, wie die im strengen Sinne bildungsbürgerliche Literatur in Kulturkampf, Nationalismus und dem im »Studierzimmer des ›Pessimismus‹« geborenen Schlagtot-Humor endete.

Die international konkurrenzfähige Literatur in Deutschland nahm diese Literatur und die sie tragende Gesellschaft zur Folie von Kritik und Ironie, so daß Raabe und Fontane, nicht nur stilistisch, den Weg zu Thomas Mann, zur Neuromantik der Jahrhundertwende bis hin zum jungen Bertolt Brecht gewiesen haben.

1 Max Domarus: Hitler. Reden und Proklamationen 1932–1945. Kommentiert von einem deutschen Zeitgenossen. Bd. I: Triumph. Zweiter Halbband 1935–1938. München 1965, S. 952.
2 Domarus, Bd. I. Erster Halbband 1932–1934. München 1965, S. 242.
3 Joseph Wulf: Literatur und Dichtung im Dritten Reich. Eine Dokumentation. Gütersloh 1963, S. 342. Vgl. dazu Georg Ruppelt: Schiller im nationalsozialistischen Deutschland. Der Versuch einer Gleichschaltung. Stuttgart 1979; dort S. 203 ein Vergleich der Fassungen von 1932 und 1940. Das Buch erschien in Bayreuth 1932 unter dem Titel »Schiller als Kampfgenosse Hitlers. Nationalsozialismus in Schillers Dramen«; der Titel der Kriegsausgabe 1940 lautet »Schiller, unser Kampfgenosse. Ein Nationalsozialist erlebt Schillers Dramen«.
4 Vgl. Wolfgang Frühwald: »Ruhe und Ordnung.« Literatursprache – Sprache der politischen Werbung. Texte, Materialien, Kommentar. München 1976, S. 44.
5 Vgl. Ruppelt, S. 107.
6 Vgl. ebd. S. 40–45 den Abschnitt über den »Fall ›Wilhelm Tell‹«.
7 Ludwig Fränkel: Büchmann, Georg B., in: ADB 47 (1903), S. 323 und 324.
8 Ebd. S. 323.
9 Geflügelte Worte. Der Zitatenschatz des Deutschen Volks. Auf Grund der von Georg Büchmann selbst besorgten Ausgaben bis auf die jüngste Gegenwart ergänzt von Adolf Langen. Berlin 1915, S. 4.
10 Dietrich Bode: 150 Jahre Reclam. Daten, Bilder und Dokumente zur Verlagsgeschichte 1828–1978. Stuttgart 1978, S. 30; Zitat aus dem »Leipziger Tageblatt und Anzeiger« vom 9. November 1867.
11 Horst Albert Glaser (Hg.): Deutsche Literatur. Eine Sozialgeschichte. Bd. 7: Vom Nachmärz zur Gründerzeit: Realismus (1848–1880). Reinbek 1982, S. 81.
12 Bode, S. 40.
13 Ebd. S. 37.
14 Realismus und Gründerzeit. Manifeste und Dokumente zur deutschen Literatur 1848–1880. Mit einer Einführung in den Problemkreis und einer Quellenbibliographie hgg. von Max Bucher, Werner Hahl, Georg Jäger und Reinhard Wittmann. Bd. 2: Manifeste und Dokumente. Stuttgart 1975, S. 661.
15 Reinhard Wittmann, in: Realismus und Gründerzeit, Bd. 1: Einführung in den Problemkreis, Abbildungen, Kurzbiographien, annotierte Quellenbibliographie und Register. Stuttgart 1976, S. 182.

16 Vgl. Realismus und Gründerzeit, Bd. 2, S. 654.
17 Zitat aus Karl Frenzels Aufsatz, ebd. S. 659.
18 Ebd. S. 658.
19 Zitat von Rudolf Gottschall bei Wittmann, in: Realismus und Gründerzeit, Bd. 1, S. 181.
20 Vgl. die Dokumente bei Bode, S. 33, 39, 41.
21 David Friedrich Strauß: Der alte und der neue Glaube, in: Gesammelte Schriften von David Friedrich Strauß. Nach des Verfassers letztwilligen Bestimmungen zusammengestellt. Eingeleitet und mit erklärenden Nachweisungen versehen von Eduard Zeller. Bd. 6. Bonn 1877, S. 203 und 220.
22 Geflügelte Worte. Der Citatenschatz des deutschen Volkes gesammelt und erläutert von Georg Büchmann. Fortgesetzt von Walter Robert-tornow. Einundzwanzigste vermehrte und verbesserte Auflage bearbeitet von Eduard Ippel. Berlin 1903, S. XXX f.
23 Vgl. ADB 47 (1903), S. 323.
24 Geflügelte Worte. Der Citatenschatz des Deutschen Volks. Von Georg Büchmann. Berlin 1864, S. 6; das folgende Zitat ebd. S. 4.
25 Büchmann, 21. Auflage, ed. Ippel, S. XXIII.
26 Ebd. S. XXV f.
27 Büchmann (1864), S. 4.
28 Rudolf Meyer-Kraemer (Hg.): Briefe Jakob Burckhardts an Gottfried (und Johanna) Kinkel. Basel 1921, S. 82.
29 Büchmann (1864), S. 8.
30 Meyer-Kraemer, S. 144.
31 Karl Löwith: Von Hegel zu Nietzsche. Der revolutionäre Bruch im Denken des 19. Jahrhunderts. 7., unveränderte Auflage, erweitert mit einer Gesamtbibliographie Karl Löwith von Klaus Stichweh. Hamburg 1978, S. 325.
32 Ulrich Engelhardt: »Bildungsbürgertum«. Begriffs- und Dogmengeschichte eines Etiketts. Stuttgart 1986, S. 192.
33 Löwith, S. 328.
34 Engelhardt, S. 189.
35 Terminus nach einem Hinweis von M. Rainer Lepsius bei der Diskussion der vorliegenden Arbeit.
36 Löwith, S. 326. Zur möglichen Analogiebildung von »Bildungsbürger« zu »Bildungsphilister« vgl. Engelhardt, S. 191.
37 Engelhardt, S. 189.
38 Vgl. Löwith, S. 326.

39 Vgl. dazu Wolfgang Frühwald: Der König und die Literatur. Zu den Anfängen historischer Dichtung in Deutschland, in: »Vorwärts, vorwärts sollst du schauen ...« Geschichte, Politik und Kunst unter Ludwig I. Bd. 9: Aufsätze. Hgg. von Johannes Erichsen und Uwe Puschner. Regensburg 1986, S. 371.
40 Goethe in Heine's Werken dargestellt von Walter Robert-tornow. Berlin 1883, S. 90.
41 Büchmann, 21. Auflage, ed. Ippel, S. XX.
42 Ebd. S. XXI.
43 Theodor Fontane: Briefe. Bd. 4: 1890–1898. Hgg. von Otto Drude und Helmuth Nürnberger. Unter Mitwirkung von Christian Andree. München 1982, S. 467.
44 Herman Meyer: Das Zitat in der Erzählkunst. Zur Geschichte und Poetik des europäischen Romans. Stuttgart 1961, S. 172.
45 Klaus Jeziorkowski: Literarität und Historismus. Beobachtungen zu ihrer Erscheinungsform im 19. Jahrhundert am Beispiel Gottfried Kellers. Heidelberg 1979, S. 10.
46 Ebd. S. 230. Hofmannsthal wird zitiert nach: Hugo von Hofmannsthal: Gesammelte Werke. Reden und Aufsätze III 1925–1929. Buch der Freunde. Aufzeichnungen 1889–1929. Hgg. von Bernd Schoeller und Ingeborg Beyer-Ahlert (Aufzeichnungen) in Beratung mit Rudolf Hirsch. Frankfurt am Main 1980, S. 61 f.
47 Meyer, S. 24; das folgende Zitat ebd. S. 23.
48 Theodor Fontane: Briefe. Bd. 2: 1860–1878. Hgg. von Otto Drude, Gerhard Krause und Helmuth Nürnberger unter Mitwirkung von Christian Andree und Manfred Hellge. München 1979, S. 576.
49 Wilhelm Raabe: Die Akten des Vogelsangs. 3. Auflage. Berlin 1904, S. 230.
50 Theodor Fontane: Sämtliche Romane, Erzählungen, Gedichte, Nachgelassenes. Bd. 4. Hgg. von Walter Keitel und Helmuth Nürnberger. München ²1974, S. 476.
51 Adalbert Stifter: Bunte Steine und Erzählungen. Vollständiger Text nach der Erstausgabe von 1853 (Bunte Steine) und den jeweiligen Erstdrucken (Erzählungen). Mit einem Nachwort von Fritz Krökel und Anmerkungen von Karl Pörnbacher. München 1979, S. 641.
52 Eine ausführliche Interpretation der in der Stifter-Literatur seltsam vernachlässigten Erzählung in der Vierteljahresschrift des Adalbert Stifter-Institutes (Linz) 36 (1987). Folge 3/4, S. 31–41.

53 Gottfried Keller: Sämtliche Werke in vierzehn Teilen. Hg. von Conrad Höfer. Dreizehnter Teil: Martin Salander. Leipzig o. J., S. 191. Vgl. auch die Satire des Gastarbeitertums ebd. S. 193.
54 Friedrich Schiller: Sämtliche Werke. Bd. 2. Auf Grund der Originaldrucke hgg. von Gerhard Fricke und Herbert G. Göpfert in Verbindung mit Herbert Stubenrauch. München ⁴1965, S. 964.
55 Vgl. dazu Wulf Wülfing: Reiseliteratur und Realitäten im Vormärz. Vorüberlegungen zu Schemata von Wirklichkeitsbeschreibung im frühen 19. Jahrhundert, in: Wolfgang Griep und Hans-Wolf Jäger (Hgg.): Reise und soziale Realität am Ende des 18. Jahrhunderts. Heidelberg 1983, S. 380 (Zitat aus Börnes »Briefen aus Paris«).
56 Vgl. dazu Günter Hirschmann: Kulturkampf im historischen Roman der Gründerzeit 1859–1878. München 1978.
57 Vgl. Ernst Rudolf Huber und Wolfgang Huber: Staat und Kirche im 19. und 20. Jahrhundert. Dokumente zur Geschichte des deutschen Staatskirchenrechts. Bd. II: Staat und Kirche im Zeitalter des Hochkonstitutionalismus und des Kulturkampfs 1848–1890. Berlin 1976, S. 250, 252; das folgende Zitat ebd. S. 595.
58 Vgl. den Einleitungsessay von Theodor Heuss, in: Rolf Hochhuth (Hg.): Wilhelm Busch: Und die Moral von der Geschicht. Gütersloh 1959, unpaginiert. Das folgende Zitat ebd.; Text und Bilder zu »Pater Filuzius. Eine allegorische Geschichte« ebd. S. 686–715.

Die »gesunde Vollständigkeit«.
Über Zahnlücken, Zahnschmerz und Zahnersatz in der deutschen Literatur von Goethe bis Grass

1. Der verlorene Vorderzahn:
Goethes Erzählung »Der Mann von funfzig Jahren«

Im Juni 1807 begann Goethe in Weimar, eine Geschichte zu diktieren, die er (als Fragment) zunächst im »Taschenbuch für Damen« 1817 publizierte, dann erneut 1821 in der ersten Fassung seines Romans »Wilhelm Meisters Wanderjahre«. Den ganzen Text veröffentlichte er erst in der zweiten und letzten Fassung dieses Romans, 1829 (drei Jahre vor seinem Tod). »Der Mann von funfzig Jahren«, wie diese Geschichte von Anfang an überschrieben war, hat demnach Goethes Alter (vom 58. bis zum 80. Lebensjahr) begleitet. Sie erzählt (durchaus zeitlos) die Geschichte des Alterns in Würde, eine Geschichte der »Freude an sich selbst« und der »Ehrfurcht vor sich selbst«.[1] Sie ist Teil jener Anthropologie, die Goethe wie keiner der deutschen Dichter vor ihm oder nach ihm entfaltet hat, einer Menschenkunde, welche von den Erfahrungen der Jugend und damit von der Fülle der Kraft ebenso berichtet wie von der Lebenswende, vom Alter und der Abnahme aller Kräfte des Körpers und des Geistes.

In »Der Mann von funfzig Jahren« erzählt Goethe von einem Major, der, an der Lebenswende angekommen, von seiner um Jahrzehnte jüngeren Nichte geliebt wird und sich noch einmal dem Glück jugendlicher Liebe hinzugeben versucht. Der kosmetischen Kur, die ihm ein älterer Freund, ein Schauspieler, verordnet, unterzieht er sich um so lieber, als er sich durch die »Verjüngungs- und Verschönerungsmittel«, mit denen er nun vor der Nachtruhe behandelt wird, zwar »etwas mumienhaft [fühlt], zwischen einem Kranken und einem Einbalsamierten«, er sich aber dem Mädchen, das er zu lieben meint, kosmetisch nähert. Die Erkenntnis, daß der Altersabstand zu groß ist, daß der späte Mond vor der aufgehenden Sonne verblaßt, daß die im Winter so kräftig grün erscheinende Fichte »im Frühling verbräunt und mißfärbig aus[sieht], neben hellaufgrünender Birke« (so heißt es in einem von dem Major paraphrasierten Gedicht), überfällt den alternden Bräutigam durch ein Zeichen, das ihm sein Körper gibt: er verliert kurz vor der Hochzeit einen Vorderzahn. Der Erzähler teilt uns mit: »[...] wie ein kleines Ereignis die wichtigsten Folgen haben kann, so entscheidet es auch oft wo schwankende Gesinnungen obwalten, die Waage dieser oder jener Seite zuneigend.«[2] Das nur scheinbar unbedeutende, »kleine Ereignis«, von dem nun berichtet wird, verletzt sichtbar die »gesunde Vollständigkeit« des Körpers und verdeutlicht dem daran gewöhnten Mann im Alter von fünfzig Jahren den Eintritt in eine neue Phase seines Lebens, mit eigenen Regeln und Gewöhnungen:

»Dem Major war vor kurzem ein Vorderzahn ausgefallen und er fürchtete den zweiten zu verlieren. An eine künstlich scheinbare Wiederherstellung war bei seinen Gesinnungen nicht zu denken, und mit diesem Mangel um eine junge Geliebte zu werben, fing an ihm ganz erniedrigend zu scheinen, besonders jetzt, da er sich mit ihr unter *einem* Dach befand. Früher oder später hätte vielleicht ein solches Ereignis wenig gewirkt, gerade in dem Augenblick aber trat ein solcher Moment ein, der einem jeden an eine gesunde Vollständigkeit gewöhnten Menschen höchst widerwärtig beggnen muß. Es ist, als wenn der Schlußstein seines organischen Wesens entfremdet wäre und das übrige Gewölbe nun auch nach und nach zusammenzustürzen drohte.«[3]

Dieser kurze Text aus Goethes großem Altersroman »Wilhelm Meisters Wanderjahre« enthält im Bild des Zahnverlustes und der Reflexion des Zahnersatzes die ganze Geschichte des Körpergefühls am

Beginn des 19. Jahrhunderts. Wir heute sind durch Anästhesie und Analgetica, durch gut sitzende Zahnbrücken und durch Implantate der Schmerzen weitgehend entwöhnt. Auf der 55. Jahrestagung der Arbeitsgemeinschaft für Kieferchirurgie wurde im Mai 2004 mitgeteilt, daß vom Jahr 1980 an bis zum Jahr 2003 in Deutschland die Implantation von Zahnwurzeln aus Titan von 5000 auf 180.000 zugenommen habe. So ist unser Körpergefühl heute von dem des 18. und dem des 19. Jahrhunderts gravierend unterschieden. Die Zeiten von Jugend und Alter haben sich auch biologisch gegeneinander verschoben. Mit 50 Jahren beginnt für viele Menschen in den hochindustrialisierten Ländern der Erde keineswegs das Alter, sondern oftmals das beste Jahrzehnt ihres Lebens; ein gesundes Gebiß hat daran nicht unwesentlich Anteil. Das frühe 19. Jahrhundert aber war gepeinigt vom Kinder- und vom Müttersterben, von Kriegen, Hungersnöten und der Cholera, die als eine andere Pest die Länder Europas durchzog. Es gab wenig ärztliche Hilfe, doch hat sich in dieser wahren Schwellenzeit ein modernes Körpergefühl langsam entwickelt. Die Zeit war fasziniert von der anatomischen Zergliederung des Körpers, von der Entdeckung der Hirnareale und der Hygiene; sie entwickelte neue diagnostische Möglichkeiten (Perkussion und Auskultation), doch wurde der Abstand zu den schwachen Therapiemöglichkeiten dadurch nur um so fühlbarer. Die Ärzte der Zeit konnten das, was zu sehen und zu hören war, erstaunlich modern und scharfsinnig analysieren, eine experimentelle Medizin aber gab es noch nicht einmal in Anfängen. Die Geschichte des Zahnersatzes zeigt die schmerzhafte Rückseite des scheinbar so strahlenden Beginns eines Zeitalters, in dem der Rechtsstaat und die moderne Technik als die eigentlich bürgerlichen Lebenszwecke grundgelegt wurden.[4]

Bei Goethe wird ein nur für den äußeren Anschein nützlicher, über das Alter des Menschen hinwegtäuschender Zahnersatz Anlaß zum

Nachdenken über das Ende des Lebens. Der scheinbar geringe Einbruch in die »gesunde Vollständigkeit« des Körpers, zu der eben auch *alle* Zähne gehören, ist ein Vorbote schlimmerer Schäden und wird mit jenem Schlußstein verglichen, der das ganze Gewölbe des Körpers in Balance hält. Gesa Dane hat in einem klugen und informativen Buch über »Kosmetik und Bildung in Goethes *Der Mann von funfzig Jahren*« (1994) belegt, daß damals »der technisch mögliche, medizinisch-hygienisch aber umstrittene Zahnersatz [...] unter anderem an die Voraussetzung gebunden [war], daß der Patient ›nicht über funfzig Jahre alt‹ sein durfte, da die Wahrscheinlichkeit, daß der Körper die eingesetzten Zähne annimmt, nach diesem Zeitpunkt geringer war«.[5] Sie zitiert aus einem Buch des Weimarer Hofzahnarztes Friedrich Hirsch (1801), der »bey mehreren Personen [durch Zahnersatz] nicht bloß die Unförmlichkeit behoben, sondern auch einige Zähne so eingesetzt [hat], daß sie zum wirklichen Dienst brauchbar wurden«, doch mußte es sich »um Schneide-, Spitz- oder vordere Backenzähne handeln, die Patienten [mußten] gesundes Zahnfleisch und ›weder venerische noch skorbutische Schärfe in den inneren Säften‹ haben«. Fünfzig Jahre alt ist Goethes Major. Er leidet weder an einer der verbreiteten Geschlechtskrankheiten noch an dem im 18. Jahrhundert so häufigen, Skorbut genannten, von Zahnausfall begleiteten Vitamin-C-Mangel. Ein Alter von fünfzig Jahren sei »noch nicht gar zu viel für einen Deutschen«, sagt seine Schwester zu ihm, »wenn vielleicht andere lebhaftere Nationen früher altern«. Doch Deutscher hin, Deutscher her – als ihm sein Vorderzahn ausfällt, ist dieses Vorzeichen des Alterns für den Mann von fünfzig Jahren die entscheidende Grenzlinie. Der Major jedenfalls lehnt einen nur ästhetisch motivierten Zahnersatz (»eine künstlich scheinbare Wiederherstellung«) ab und heiratet seine schon von ihrem Namen her der Heiterkeit der Jugend verbundene Nichte Hilarie nicht.

2. Das Maß der Humanität – die menschliche Gestalt

Der künstliche, nicht zu Heilzwecken nötige Eingriff in den Körper des Menschen wird bis tief in das 19. Jahrhundert hinein, angesichts der Exzesse der plastischen Chirurgie, die heute selbst Kinder in ihre Werbekampagnen einbezieht, auch heute noch ethisch diskutiert. Vorgetäuschte Schönheit, vom Schminken über den Zahnersatz bis zum Stützkorsett, galt als Verstoß gegen die Ehrlichkeit sich selbst und anderen gegenüber. Das Verbrechen der Vortäuschung körperlicher Schönheit wird am Entsetzen jenes Käthchen von Heilbronn kenntlich, die (in Kleists berühmtem, gleichnamigem Schauspiel von 1810) ihre nur scheinbar schöne Rivalin um die Gunst des Grafen Friedrich Wetter vom Strahl, Kunigunde von Thurneck, ungeschminkt und ohne Körperstütze nackt in der Badegrotte gesehen hat.[6] Über mehrere hundert Jahre hin wurde der traditionell aus Elfenbein gefertigte Zahnersatz als Zeichen des sündhaft verwendeten Reichtums beurteilt. »Die [...] ihre Zahnlucken mit helffenbeinernen Commissariis ersetzet«, sagte Abraham a Santa Clara, der wortgewaltige Wiener Bußprediger in Pest- und Türkengefahr des letzten Drittels im 17. Jahrhundert, »werden [...] mit einem zahnlucketen Maulkorb [...] auferstehen.«[7] Erst gegen Mitte des 19. Jahrhunderts scheint die Ästhetik des Aussehens über ethische und hygienische Bedenken gesiegt zu haben. Der Pariser Mode-Dentist George Fattet jedenfalls wird von Edouard Pingret in seinem Behandlungsraum inmitten der von ihm bevorzugten Materialien, den Stoßzähnen von Elefanten und den Eckzähnen von Flußpferden, gemalt. Er setzt einer Dame der Pariser Gesellschaft soeben das für sie maßgefertigte Gebiß ein, im Vorzimmer warten ebenfalls ausschließlich Damen, mittleren Alters. Der Schrank im Hintergrund ist angefüllt mit Gebißmodellen, die Mumie daneben weist vielleicht auf den Ursprung der Zahnersatzkunst im alten Ägypten.

Hilarie, in Goethes »Der Mann von funfzig Jahren«, ist von solchen Zahn- und Schönheitsproblemen noch frei. Wir müssen sie uns in der Blüte ihrer Jugend vorstellen, als ein etwa fünfzehn- oder sechzehnjähriges Mädchen. Mit fünfzehn Jahren, nach der Konfirmation, waren Mädchen im 18. Jahrhundert heiratsfähig. Sechzehnjährige Mütter waren keine Seltenheit, zehn oder zwölf und mehr Schwangerschaften, mit entsprechenden Zahnverlusten, standen ihnen nach der Heirat bevor. Die Wochenbettkrankheiten und die durchwachten Nächte am Bett der kranken Kinder trugen zu einem frühen Kräfteverschleiß bei. Die Pocken, die durch Jahrtausende hindurch die Welt gepeinigt hatten, konnten erst seit dem Ende des 18. Jahrhunderts wirksam bekämpft werden. Vorher wurden vielerorts den Kindern erst dann Namen gegeben, wenn sie die Pocken überstanden hatten.

Daß Goethe im ersten Jahrzehnt des 19. Jahrhunderts die an der Zahnlücke sichtbare Lebenswende auf das fünfzigste Lebensjahr angesetzt und noch einmal, kurz vor dem Umschlag in naturwissenschaftlich dominiertes Körperdenken, an den älteren, medizinisch-ethischen Zahndiskurs erinnert hat, liegt demnach an der zeitgenössischen Medizin ebenso wie an seiner (Goethes) gefährdeten Gesundheit in den Jahren nach Schillers Tod und schließlich am klassizistischen Körperkult. Die Plastik der griechisch-römischen Antike, deren marmorne Glätte und ihre bisweilen nach dem Goldenen Schnitt berechneten Körpermaße galten als das Idealbild der Humanität. Humanität wurde definiert als das, was dem Menschen Maß ist; »das A und O aller uns bekannten Dinge«, schrieb Goethe im Januar 1788 aus Italien, sei nun einmal »die menschliche Figur«.[8] Wie intensiv der Diskurs über den Ursprung des Menschen und seine Entwicklung, die gesellschaftlichen Debatten über die menschliche Gestalt und das menschheitliche Maß geführt wurden, verdeutlichen unter anderem die anatomischen Lehrbücher der Zeit, in denen es heißt, daß »die aufrechte Stellung der Schneidezähne einen Hauptcharakter der Humanität« belege, daß »vorzüglich die Zähne, die beim Sprechen und Ausdruck der Freude so offen da liegen, den physischen Wert des Menschen« bestimmen.[9]

Das herausragende Wesensmerkmal der menschlichen Gestalt ist im Denken der Zeit ihre Ganzheitlichkeit, ihre »gesunde Vollständigkeit«. Sie ist der ideale, der gleichsam paradiesische Zustand des Menschen. Die Lücke, auch die Zahnlücke, bedeutet einen Einbruch in diese Vollständigkeit. Sie ist Zeichen der Vertreibung aus einem Paradies, dem in seiner figürlich schönen Ganzheit nur in der Kunst Dauer zu verleihen ist. Der bayerische Hofmaler Joseph Karl Stieler hat 1828 den 79 Jahre alten Goethe im Auftrag des bayerischen Königs Ludwigs I. gemalt.[10] Er stellte ihn dar als einen stattlichen älteren Herrn, mit großen, ausdrucksvollen Augen, mit geschlossenem, aber keineswegs eingefallenem Mund und vollen Lippen, mit kräftigem Haar, gekleidet in einen eleganten schwarzen Rock, das sorgfältig geknüpfte Halstuch von einem Rubin gehalten. In der Hand, an der die gepflegten Fingernägel auffallen, hält der Porträtierte eine Abschrift von König Ludwigs Gedicht »An die Künstler«, welche dieser seinem Hofmaler für Goethe mitgegeben hatte.

Die vorletzte Strophe dieser Abschrift ist auf dem Bild sogar lesbar. Goethe war von Stielers Porträt tief ergriffen. Er hat sich darin im Moment einer Altersschönheit erkannt, welche von Leben und Gegenwart, nicht von jenem Denkmalskult sprach, den Ludwig I. mit diesem Porträt angestrebt hatte. Zu Stieler soll Goethe gesagt haben: »Sie zeigen mir, wie ich sein könnte. Mit diesem Manne auf dem Bild ließe sich wohl gerne ein Wörtchen sprechen. Er sieht so schön aus, daß er wohl noch eine Frau bekommen könnte. Vortrefflich, dies ist nicht mehr gemalt, es ist ein Körper, es ist das Leben.« Einen Körper, meinte Goethe, habe Stieler in diesem Kunstwerk erschaffen, er habe das geleistet, was Kunst im Höchsten leisten könne, dem Augenblick, in dem der Mensch schön ist, Dauer zu verleihen. So führt dieses Porträt zu Goethes Schrift über »Winckelmann«[11] aus dem Jahre 1805, in dem die soeben zitierten Sätze über die höchste Bestimmung der Kunst enthalten sind. Dort ist der Mensch in Schönheit und »gesunder Vollständigkeit« in den Mittelpunkt der Natur gestellt, dort ist einer Lebensfreude und einem menschheitlichen Selbstbewußtsein Ausdruck gegeben, wie es sonst in deutscher Literatur kaum zu lesen ist. »Wenn die gesunde Natur des Menschen als ein Ganzes wirkt, wenn er sich in der Welt als in einem großen, schönen, würdigen und werten Ganzen fühlt, wenn das harmonische Behagen ihm ein reines, freies Entzücken gewährt – dann würde das Weltall, wenn es sich selbst empfinden könnte, als an sein Ziel gelangt aufjauchzen und den Gipfel des eigenen Wesens und Werdens bewundern.«

3. Der zahnlose Mund: Schicksal vieler Jahrhunderte

Die Begeisterung über die Schönheit des menschlichen Körpers, die in den Schriften des deutschen Klassizismus, bei Winckelmann, Herder, Goethe, Schiller und anderen, zu vernehmen ist, kann nicht darüber hinwegtäuschen, daß ihr die Realität des 18. und noch des 19. Jahrhunderts nicht entspricht. Es ist nur »ein Augenblick«, in dem der Mensch schön ist, Zerbrechlichkeit, nicht gesunde Vollständigkeit ist sein Schicksal, und die Zähne sind Symbol des körperlichen Verfalls. Der als Göttersohn, als ein Liebling des Glücks gerühmte Goethe wird von den Zeitgenossen in dem Moment mit realistischem Blick geschildert, in dem die idealistische Kunstauffassung durch eine respektlose Generation junger Dichter in Frage gestellt ist. Heinrich Heine gehört zu dieser Generation. Als er am 2. Oktober 1824 von einem verunglückten Besuch bei Goethe kam (Heine war damals 27 Jahre, Goethe bereits 75 Jahre alt, im Jahr vorher hatte er zwei Herzinfarkte erlitten), beschrieb er sein Erschrekken über das greisenhafte Aussehen des Dichters, das mit dem späteren Porträt Stielers auffällig kontrastiert: »Über Goethes Aussehen erschrak ich bis in tiefster Seele, das Gesicht gelb und mumienhaft, der *zahnlose* Mund in ängstlicher Bewegung, die ganze Gestalt ein Bild menschlicher Hinfälligkeit. Vielleicht Folge seiner letzten Krankheit. Nur sein Auge war klar und glänzend. Dieses Auge ist die einzige Merkwürdigkeit, die Weimar jetzt besitzt.«[12] Auch wenn dieser Besuchseindruck ebenso ins Hinfällige überzeichnet ist, wie die sonstigen Beschreibungen idealisiert sind, nähert sich Heines unbarmherzig-realistischer Blick doch eher der Wirklichkeit von Goethes Körper als Stielers Porträt. Goethe hatte (wir wissen es aus vielen Schilderungen) von Kindertagen an schlechte, als Erwachsener offenkundig »gelbe, äußerst krumme Zähne«. Frank Nager zählt bis zu Goethes 50. Lebensjahr etwa zwei Dutzend Notizen über Zahnprobleme, die Goethe nicht mit der sonst an ihm zu bemerkenden Energie bekämpfte – ein Ausdruck auch der Rückständigkeit der Zahnheilkunde seiner Zeit.[13] Zahnausfall ließ sich durch Aderlaß, Brechmittel und Diätetik (das heißt durch gesunde Lebensweise und Heilkräuter) kaum bekämpfen, auch wenn die noch in den dreißiger Jahren des 20. Jahrhunderts gebrauchten Hausmittel gegen Zahnweh Legion sind. Aderlaß, Purgation und Diätetik aber waren die hauptsächlichen Methoden der vorwissenschaftlichen Medizin. Der Zahnbrecher ist durch Jahrhunderte hindurch eine Schreckensgestalt der Kultur- und Sozialgeschichte, eher der Jahrmarktsattraktion als dem diätetischen Arzt vom Format Christoph Wilhelm Hufelands (der auch Goethe behandelte) zugesellt. Zahnbrecher wurde er genannt, weil er mit seiner Zange die Zähne über der Wurzel abgebrochen hat.

Nicht zufällig ist die heilige Apollonia, mit den Attributen Zahn und Zange, schon seit der Spätantike die Patronin der Zahnärzte und wird bei Zahn- und Mundkrankheiten um Fürbitte angerufen. Ihr sollen, ihres Glaubens wegen, als eine spezielle Art der Folter alle Zähne ausgebrochen worden sein, ehe sie auf dem Scheiterhaufen verbrannt wurde.

Die wissenschaftliche Zahnheilkunde entstand in Frankreich, etwa 20 Jahre vor Goethes Geburt (mit Pierre Fauchards zweibändigem Werk *Le chirurgien dentiste*, Paris 1728). Am Ende des 19. Jahrhunderts (das heißt zur Lebenszeit meiner Großeltern) gab es in Deutschland erst zwei Lehrstühle für Zahnmedizin, in Berlin und in Leipzig. Die Zahl der Zahntechniker, also der praktizierenden Dentisten, oftmals waren sie Künstler ihres Faches, übertraf noch in meiner Kindheit (in den vierziger Jahren des 20. Jahrhunderts) die Zahl der approbierten Zahnärzte bei weitem. Wie in der Humanmedizin allgemein ist auch in der Zahnmedizin das letzte Drittel des 20. Jahrhunderts, mit der Entstehung der Implantologie, die eigentliche Entwicklungszeit der Zahnheilkunde und des Zahnersatzes. Ob *Goethe* Zahnersatz getragen hat, ist ungewiß. Wolfgang Fischer, der 1950 in Bonn über »Goethes Zähne« promoviert hat, meinte, daß Goethe bis zu seinem Tod nicht völlig zahnlos gewesen sei; die Frage nach seinem Zahnersatz läßt er offen.[14] Dagegen behauptet Frank Nager in einer Studie mit dem Titel »Der heilkundige Dichter« (1990), daß sich Goethe etwa um das 80. Lebensjahr (also um 1829) doch entschlossen habe, »seine Zähne, so gut dies damals möglich war, zu ersetzen, prothetische Oberkieferzähne aus Porzellan einzubinden«.[15] Wir wissen, daß Goethe 1809, also mit 60 Jahren, einen Vorderzahn verloren und hörbar zu lispeln begonnen hat; die Entstehung seiner Erzählung »Der Mann von funfzig Jahren« ist davon beeinflußt.[16]

4. Der Zahnarzt als Visionär:
Der Roman »Örtlich betäubt« von Günter Grass

Wer sich auf die Suche nach einer Beschreibung des menschlichen Zahnelends begibt, wird in der Literatur zwar fündig werden; doch hat Ulrich Dittmann in einer anregenden Studie über »Dichters Zahnweh« (1999) belegt, daß im Unterschied zu anderen Körperzonen das menschliche Gebiß weniger häufig behandelt wird, fast von einer Art »Schweigezone« umgeben ist. Eine der tatsächlich bedeutenden Ausnahmen, auf die Ulrich Dittmann verweist, ist der Roman »Örtlich betäubt« von Günter Grass, erschienen im Revolutionsjahr 1969.[17] Die Gespräche des Berliner Studienrates Eberhard Starusch mit seinem Zahnarzt während der Behandlung von Unter- und Oberkiefer geben eine Innensicht der alten Bundesrepublik Deutschland, zur Zeit der Kanzlerschaft Kurt Georg Kiesingers, vor dem Schah-Besuch in Berlin 1967. Die »Degudentbrücke«, deren Entstehung der Leser in allen Einzelheiten verfolgen kann, deren Vorzüge gegenüber den modischen Jacketkronen ihm erklärt werden, korrigiert nicht nur die Bißlage des Gymnasiallehrers, sie korrigiert, zusammen mit der Veränderung der Bißlage des Vorzugsschülers aus der Klasse 12a, die »Bißlage« der deutschen Gesellschaft in den europäischen Erschütterungen am Ende der sechziger Jahre des 20. Jahrhunderts.

Auch in dieser Erzählung ist der Zahnersatz eine Verjüngungskur, individuell wie gesellschaftlich: »Ach, Dokter! Einen krachenden Boskop vernichten, zubeißen, jung sein, neugierig und mit lärmendem Gaumen ...«[18] Das sind die überlieferten und vielfach durch Erfahrung bestätigten Stichworte für den Bildgehalt des Zahnersatzes oder seines Gegenbildes, der Zahnlücken, bei Goethe wie bei Günter Grass: »zubeißen«, »jung sein«, gesund sein. Grass entwirft in diesem Roman nicht nur das Bild einer ratlosen und daher rebellierenden Jugend auf der Suche nach neuen Mythen. Diese Jugend wird von zwei sympathisch skeptischen Visionären belehrt, von einem Zahnarzt, dem es gelingt, den Schmerz zu »beschwichtigen«, und einem Deutsch- und Geschichtslehrer, der den Schmerz zum Motor der Geschichte und des Lebens verklärt. So parallelisiert der Erzähler hier Gesellschaftsreform und Jugenderziehung mit der Zahnbehandlung und beseitigt einen doppelten Mangel in der Geschichte der modernen Literatur: den Mangel an zeitgenössischen, literarischen Lehrergestalten und den an Zahnärzten in der Literatur. »Machen Sie sich nichts draus«, tröstet der Zahnarzt den Studienrat, als der darüber klagt, noch immer mit Gestalten wie dem Professor Unrat (Heinrich Manns) verglichen zu werden. »Auch Zahnärzte kommen in der Literatur kaum, nicht mal in Lustspielen vor. (Es sei denn in Spionageromanen: Der Mikrofilm in der Degudentbrücke.) Wir geben nichts her. Oder: Heute geben wir nichts mehr her. Allenfalls Nebenrollen. Wir arbeiten zu schmerzlos unauffällig. Die Lokalanästhesie hindert uns, Originale zu werden.«[19]

Günter Grass hat seinen heiteren Rebellionsroman vielleicht zum Beweis des Gegenteils geschrieben. Er hat einen hochgebildeten Zahnarzt entworfen, der ständig Seneca zitiert, den skeptischen Liebling der Jugend zu Kaiser Neros Zeiten. Den Vorzugsschüler des Herrn Starusch aber, an dem der Charme des Studienrats versagt, bringt der Zahnarzt dazu, auf den unsinnigen, öffentlichen Protest durch die Verbrennung seines Hundes zu verzichten, sich statt dessen einer »Distalbiß-Spätbehandlung« zu unterziehen.

5. Der Zahnschmerz und der Tod:
Thomas Manns Roman »Buddenbrooks«

Von Anfang an mischen sich in der literarischen Darstellung des Zahnschmerzes, im Diskurs um den Ersatz ausgefallener und beschädigter Zähne, um Zahnkorrektur und Zahnarzneikunst Ironie und Ernst miteinander. Auch die Degudentbrücke des Studienrates Eberhard Starusch muß schließlich wieder durchgesägt werden; unten links hatte sich ein Eiterherd gebildet: »Minus sechs mußte gezogen werden. Der Herd wurde ausgekratzt. Mein Zahnarzt zeigte mir ein an der Wurzelspitze hängendes Säckchen: eitrig-wässriges Gewebe. Nichts hält vor. Immer neue Schmerzen.«[20] Die Neigung, den Schmerz als das Agens des Lebens und der Geschichte zu verstehen, aber auch, ihn mit Ironie zu verklären, verstärkt sich in Epochen, die sich als »späte Zeiten« verstehen, wie etwa in der Wendezeit am Übergang vom 19. zum 20. Jahrhundert. Die Zeit der Dekadenz, wie diese Epoche auch genannt wird, hat – im Werk von Thomas Mann – die enorme Symbolkraft des Zahnschmerzes und des Zahnverfalls erst eigentlich entdeckt.

»Brecht« heißt – symbolisch genug, aber noch ohne jede Anspielung auf den Autor gleichen Namens – der Zahnarzt im Roman »Buddenbrooks«, den Thomas Mann mit 22 Jahren (1897) zu schreiben begonnen und mit 26 Jahren in Druck gegeben hat. »Es war Winter geworden, Weihnacht war vorüber, man schrieb Januar, Januar 1875.«[21] So beginnt das siebente Kapitel des achten Teiles dieses Romans, in dessen Verlauf der Senator Thomas Buddenbrook an den Folgen einer Zahnbehandlung stirbt. In das eigene Geburtsjahr hat Thomas Mann diesen Tod und das vorangehende Koma verlegt, das im Anschluß an eine mißglückte Zahnextraktion – die Krone des defekten Zahnes brach ab, vier Wurzeln sollten »vermittels des Hebels« noch entfernt werden – den Senator auf dem Heimweg überfällt. Mit präzise, ja mit schmerzhaft genau beobachteten Details hat Thomas Mann die Extraktion geschildert, die den Zahnarzt wie seinen Patienten erschöpft. Läuft im Behandlungsraum des Berliner Zahnarztes, den Günter Grass beschrieben hat, der Fernseher zur Ablenkung der Patienten, so hat der Lübecker Zahnarzt Brecht zur Aufmunterung seiner Patienten einen Papagei, namens Josephus, im Wartezimmer plaziert. »Bitte«, sagte der Zahnarzt, als er den Senator zur Behandlung bat. »›Bitte!‹ schrie auch Josephus. Der Senator folgte der Einladung ohne zu lachen. Ein schwerer Fall! dachte Herr Brecht und verfärbte sich ...«[22] In der Tat: der Senator hat nichts mehr zu lachen. Als er nach der Behandlung die Praxis von Herrn Brecht in der Mühlenstraße verläßt, fällt er in eine Ohnmacht, aus der er nicht mehr erwacht: »Er vollführte eine halbe Drehung und schlug mit ausgestreckten Armen vornüber auf das nasse Pflaster. / Da die Straße stark abfiel, befand sich sein Oberkörper ziemlich viel tiefer als seine Füße. Er war aufs Gesicht gefallen, unter dem sofort eine Blutlache sich auszubreiten begann. Sein Hut rollte ein Stück des Fahrdammes hinunter. Sein Pelz war mit Kot und Schneewasser besprizt. Seine Hände, in den weißen Glacéhandschuhen, lagen ausgestreckt in einer Pfütze.«[23] So also stürzte Thomas Buddenbrook. Er, der immer adrett und ohne ein Stäubchen auf dem eleganten Mantel gekleidet war, lag im Dreck der Straße. Wenig später starb er. In der Stadt hieß es, er sei »an einem Zahne« gestorben. »An einem Zahne ... Senator Buddenbrook war an einem Zahne gestorben [...]. Aber, zum Donnerwetter, [sagten die Leute], daran starb man doch nicht! Er hatte Schmerzen gehabt, Herr Brecht hatte ihm die Krone abgebrochen, und daraufhin war er auf der Straße einfach umgefallen. War dergleichen erhört? ...« Hätten die Menschen, die so redeten, die Zahnschmerzen des Thomas Buddenbrook gekannt, die uns der Erzähler miterleben läßt, die Entzündung, die mit »glühenden Hämmerchen« in seinem Unterkiefer pochte »und machte, daß ihm die Fieberhitze ins Gesicht und die Tränen in die Augen schossen«,[24] das Rätsel wäre ihnen kein Rätsel mehr gewesen. Wenn Thomas Buddenbrook an einem Zahnleiden stirbt, erläutert Ulrich Dittmann, »so heißt das, daß Thomas Mann tödliches Lebensleid im Zahnweh gipfeln läßt«.[25] Im Gesamtwerk von Thomas Mann bedeuten schlechte Zähne die Zerbrechlichkeit des Menschen, sie sind Zeichen frühen Verfalls und werden

den mythischen Todesgestalten zugewiesen, die uns in diesem Werk begegnen. Der Zahnarzt in den »Buddenbrooks« ist, zumindest in der vom Schmerz umnebelten Einbildungskraft Thomas Buddenbrooks, eine solche dämonisch-mythische Figur. Mit graumeliertem Schnurrbart, Hakennase und kahler Stirn wird Herr Brecht vom Erzähler ausgestattet, und die Beschreibung der Extraktion selbst, wie sie der Senator erfährt, ist bei einem mit Worten und Redensarten so genau kalkulierenden Autor wie Thomas Mann kein Zufall. Herr Brecht nämlich sieht nach dem gescheiterten Experiment, nach dem Versuch, den Zahn mit seinen Wurzeln zu ziehen, aus »wie der Tod«.

6. Bedroht von schlechten Zähnen: Thomas Manns Erzählung »Der Tod in Venedig«

In der wohl berühmtesten Erzählung Thomas Manns, der von Luchino Visconti verfilmten und von Benjamin Britten als Oper gestalteten Künstlernovelle »Der Tod in Venedig« (1912), sind alle Todesgestalten, denen Gustav von Aschenbach auf seinem Wege nach Venedig und in Venedig begegnet, durch ihre Zähne charakterisiert.[26] Von der Gestalt des rothaarigen Fremden, dem er am Nordfriedhof in München begegnet, von dem »aufgestutzten« und geschminkten Greis auf dem Schiff, das ihn nach Venedig bringt, über die unheimliche Charonsgestalt des Gondoliers, der ihn zum Lido rudert, bis zu dem neapolitanischen Straßensänger in Venedig, dem der Karbolgeruch der städtischen Maßnahmen gegen die Cholera entströmt, und schließlich zu dem unvergleichlich schönen Tadzio, dem polnischen Knaben, in den sich der alternde Aschenbach leidenschaftlich verliebt, ist der charakterisierende Blick des Erzählers immer auf die Zähne gerichtet; auf bis zum Zahnfleisch bloßgelegte Zähne, die weiß und lang zwischen den zu kurz geratenen Lippen hervorblekken, auf das falsche Obergebiß, das dem betrunkenen Alten auf dem

Schiff plötzlich »vom Kiefer auf die Unterlippe« fällt, und auf die zärtlich beobachteten, schlechten Zähne Tadzios:

»Schönheit macht schamhaft, dachte Aschenbach und bedachte sehr eindringlich, warum. Er hatte jedoch bemerkt, daß Tadzio's Zähne nicht recht erfreulich waren: etwas zackig und blaß, ohne den Schmelz der Gesundheit und von eigentümlich spröder Durchsichtigkeit, wie zuweilen bei Bleichsüchtigen. ›Er ist sehr zart, er ist kränklich‹, dachte Aschenbach. ›Er wird wahrscheinlich nicht alt werden.‹ Und er verzichtete darauf, sich Rechenschaft von einem Gefühl der Genugtuung oder Beruhigung zu geben, das diesen Gedanken begleitete.«[27]

Thomas Manns Erzählung ist in groben Zügen Goethes Novelle »Der Mann von funfzig Jahren« nachgestaltet. In »groben Zügen« deshalb, weil alle parodierten Konstellationen überzeichnet sind. Aus der Liebe des Majors zu seiner Nichte wird hier die homophile Leidenschaft eines 53 Jahre alten Mannes zu einem vierzehnjährigen Knaben. Freilich entstehen aus dem Erlebnis dieser Liebe »jene anderthalb Seiten erlesener Prosa [...], deren Lauterkeit, Adel und schwingende Gefühlsspannung binnen kurzem die Bewunderung vieler erregen sollte«. Das Anstößige daran, die am Ende des prüden, viktorianischen Zeitalters in Europa als indezent empfundene Beschreibung der Entstehung eines solchen Kunstwerkes, hat der Erzähler selbst reflektiert. Er schreibt: »Es ist sicher gut, daß die Welt nur das schöne Werk, nicht auch seine Ursprünge, nicht seine Entstehungsbedingungen kennt; denn die Kenntnis der Quellen, aus denen dem Künstler Eingebung floß, würde sie oftmals verwirren [...].«[28]

Auch die Schminkszenen, die Sehnsucht von Goethes Major nach verjüngender Kosmetik, werden von Thomas Mann parodistisch gesteigert; zunächst in der Gestalt des »falschen Jünglings« auf dem Schiff nach Venedig, dessen matt karmesinrote Wangen sichtbar geschminkt sind, »das braune Haar unter dem farbig umwundenen Strohhut Perücke, [...] sein gelbes und vollzähliges Gebiß, das er lachend zeigte, ein billiger Ersatz«. Der sechzigjährige Freund von Goethes Major, der »bejahrte Jüngling«, wie der Erzähler den Schauspieler im »Mann von funfzig Jahren« bezeichnet, wird so bis in den Wortlaut hinein, hier satirisch gespiegelt. Die Szene beim Friseur, in der sich der verliebte Aschenbach dann selbst den geschmacklosen Anschein der Jugend zurückzugeben sucht, die Haare färben, die Wangen, die Lippen, die Augen schminken läßt, ist die Groteske jener »heilsamen Toilette«, wie sie Goethe beschrieben hat. Wir sollten uns nichts vormachen: Urteile und Vorurteile gegen kosmetische Täuschung sitzen auch heute noch tief. Gerhard Schröder ist gerichtlich gegen die Behauptung vorgegangen, seine Haare seien gefärbt. Der kalifornische Gouverneur ließ 2004 durch seinen Friseur dementieren, daß er sich die Haare färben lasse. Nicht nur, aber erst recht in einem Medienzeitalter hängt offenkundig die Glaubwürdigkeit der Politiker von der Glaubwürdigkeit ihres Aussehens ab. Welche Wahlkämpferin, welcher Wahlkämpfer kann sich heute noch einen schlechten Zahnarzt leisten?

Gustav von Aschenbach, dem sich die Welt entfremdet hat, der »wie irgendein Liebender [...] zu gefallen [wünschte] und [...] bittere Angst [empfand], daß es nicht möglich sein möchte«, sah im Spiegel beim Friseur, wie »die Furchen der Wangen, des Mundes, die Runzeln der Augen unter Creme und Jugendhauch verschwinden, – erblickte mit Herzklopfen einen blühenden Jüngling«. Die eine Zahnlücke also, die in Goethes Erzählung so folgenschwere Ereignisse auslöst, hat sich bei Thomas Mann gleichsam über den ganzen Text verbreitet. Der träumerisch verliebte Schriftsteller sieht sich umstellt von zum Biß bereiten Zähnen alptraumhaft erscheinender Todesfigurationen. Aber sein Tod ist anders als der Thomas Buddenbrooks. Gustav von Aschenbach, der nobilitierte Künstler, stirbt im Anblick Tadzios, der sich in einen Todesboten verwandelt, in den »bleichen und lieblichen Psychagogen«. Im Gegenlicht sieht ihn Aschenbach in der seichten Vorsee, hinausschreitend ins Meer, und wie so oft in den letzten Tagen, macht er sich auf, ihm zu folgen. »Minuten vergingen«, so lauten die letzten Sätze der Erzählung, »bis man dem seitlich Hinabgesunkenen zu Hilfe eilte. Man brachte ihn auf sein Zimmer. Und noch desselben Tages empfing eine respektvoll erschütterte Welt die Nachricht von seinem Tode.«

7. Die Zähne, »Instrument der Macht«: Elias Canettis »Masse und Macht«

Seit Thomas Manns »Tod in Venedig« stand das Material zur Mythisierung des menschlichen Körpers bereit, zur nicht mehr biologischen oder historischen Deutung der Zähne, sondern zur Mythographie von deren Existenz oder deren Fehlen, welche Kraft oder Schwäche, Jugend oder Alter, Schönheit oder Verfall andeuten. Elias Canetti (1905–1994), eine ganze Generation jünger als Thomas Mann, wie dieser Nobelpreisträger für Literatur (1981), hat in »Masse und Macht« (1960), einem Buch, das oft als sein Hauptwerk bezeichnet wird, diesen Mythos beschrieben.[29] Da Macht immer Herrschaft des Stärkeren über das Schwächere bedeutet, hat sie mit Jagd und Beute, mit Ergreifen und Verschlingen zu tun. Der entscheidende Akt der Macht, heißt es bei Canetti, sei »dort zu finden, wo er seit altersher unter Tieren wie Menschen am auffallendsten ist: eben im *Ergreifen*. Das abergläubische Ansehen, das die Katzenraubtiere, Tiger wie Löwe, unter den Menschen genießen, beruht darauf. Sie sind die großen Ergreifer [...].« Solche Tiere ergreifen und zerreißen ihre Beute mit dem Maul, ihre Zähne sind entsprechend stark ausgebildet. Sie sind bei vielen Tieren und auch beim Menschen –

so Canetti – »das auffallendste Instrument der Macht«. Wer die Zähne fletscht, die Zähne bleckt, mit den Zähnen knirscht, macht sich bereit, Macht auszuüben, Macht zu erproben. Der Tarzanschrei zeigt das zum Kampf bereite Gebiß.

Auch das Essen, vor allem das gemeinsame Mahl, ist in diesem Sinne Machtausübung, jedenfalls über das, was gegessen wird, vor allem wenn es ein Tier ist, das wir gemeinsam verzehren. Es ist deshalb ritualisiert (unsere Kinder sollen nicht schmatzen, sie sollen ruhig sitzen, die Instrumente des Essens richtig bedienen, mit geschlossenem Mund kauen, aufessen etc.), weil wir die tiefsitzende Erinnerung an den gemeinsamen Verzehr der erjagten Beute zu verdrängen, weil wir die »leise Bedrohung, die im naiven Öffnen des Mundes lag, [...] auf ein Mindestmaß herabzudrücken« suchen. Selbst das Lachen, zumindest eine bestimmte Art des Lachens, bei dem die Zähne weit sichtbar werden, ist seinem animalischen Ursprung nach eine Ersatzhandlung für das Ergreifen der Beute und von den Philosophen auch so gedeutet worden. »Man lacht [behauptet Canetti] anstatt [die Beute] zu essen. Die entgangene Speise ist es, die zum Lachen reizt; das plötzliche Gefühl der Überlegenheit, wie schon Hobbes gesagt hat. Doch hat er nicht hinzugefügt, daß sich dieses Gefühl nur dann zum Lachen steigert, wenn die Folge dieser Überlegenheit ausbleibt.«

Doch damit nicht genug: Zähne sind – so lautet eine weitere These dieser Mythographie – glatt und geordnet. Ihr Material »ist verschieden von den übrigen augenfälligen Bestandteilen des Körpers«, glatt und hart wirken sie »wie eingesetzte und wohlpolierte Steine«, und die Zahnersatzkunst versucht sogar, sie wie Edelsteine, das heißt wie einen sehr kostbaren Besitz, aussehen zu lassen. Daß vom Beginn der Geschichte des Zahnersatzes an kostbare Materialien, Elfenbein zum Beispiel, für den menschlichen Zahnersatz verwendet wurden, liegt nicht nur an der Qualität dieser Materialien, sondern vermutlich daran, daß der Mensch sich mit dem Zahnmaterial auch die Stärke dieser Tiere, der Flußpferde, der Elefanten, einzuverleiben suchte. »Glätte und Ordnung, als manifeste Eigenschaften der Zähne«, heißt es bei Canetti schließlich, »sind in das Wesen der Macht überhaupt eingegangen. Sie sind unzertrennlich von ihr und an jeder Form der Macht das erste, das sich feststellen läßt.« Zunächst haben die Menschen ihre Werkzeuge der Glätte und der Form der Zähne nachzubilden versucht, dann ihre Waffen und schließlich die Funktionalität der modernen Industriewelt. »Man spricht von Funktion, von Klarheit und Nützlichkeit, aber was in Wirklichkeit triumphiert hat, ist die *Glätte* und das geheime Prestige der Macht, die ihr innewohnt.« So wie wir heute versuchen, die Verschaltungen unseres Gehirns in der technischen Struktur unserer elektronischen Kommunikationsverbindungen abzubilden, neuronale Netzwerke auch im übertragenen Sinne zu schaffen, so haben die frühen Menschen Maß genommen an ihrem Körper und insbesondere an den Zähnen. »Geregelte Gruppen aller Art, die uns heute selbstverständlich sind«, sagt Canetti, mochten ursprünglich aus der Anordnung der Zähne abgeleitet sein. Die Anordnung ganzer Heeresteile »wird von der Sage mit Zähnen in Verbindung gebracht. Die Soldaten des Kadmos, die aus dem Boden sprangen, waren als Drachenzähne gesät«.

Nachbemerkung

Kaum ein sozialpolitisches Problem beschäftigte Öffentlichkeit und Politik in Deutschland zu Beginn des 21. Jahrhunderts stärker als die Neuregelung der Zahnersatzversicherung. In Deutschland, schrieb Roger Köppel in der »Welt« am 1. Juli 2004, werde die Frage diskutiert, »wie weit der Staat in die Mundhöhle seiner Bürger eindringen darf«. Es sei an der Zeit, »die deutsche Mundhöhle zu privatisieren. Es wäre ein hoffnungsfrohes Signal für weit schwierigere Reformvorhaben«.[30] Im WHO-Index der gesunden Zähne steht Deutschland 2004 im Mittelfeld, zwar vor Frankreich und den USA, aber hinter Australien, den Niederlanden, Dänemark und der Schweiz.

Daß der Zahnersatz zum fokussierten Streitpunkt der Moderne werden könnte, hat schon Martin Walser in dem 1976 erschienenen, damals heftig kritisierten Roman »Jenseits der Liebe«[31] erkannt. Dort wird Franz Horn, Vertreter einer Firma für Zahnersatz, einerseits mit den Wünschen seines Chefs konfrontiert, die neue Produktlinie (Infupress, »eine Kombination aus Spritzguß- und Preß-Schöpfung«) mit entsprechenden Werbesprüchen zu verkaufen; andererseits hört er auf der Verkaufstour fasziniert den Geschichten von Tommy O'Sullivan zu, einem irischen Arbeiter aus Belfast, der oben nur noch einen Zahn im Munde hat, »einen felsfarbenen Schneidezahn, der etwas verdreht war, so daß eine Seitenkante fast nach vorne schaute«. Aus dieser Konfrontation von Ersatz und Natur lebt die Geschichte. Franz Horn erkennt sofort, welchen Ersatz seine Kunden im Munde tragen, ob Chemnitzer Zähne, aus der Firma von Arthur Thiele, in der er seit vielen Jahren arbeitet, oder andere Produkte. Die neue Produktlinie, meint Direktor Thiele, sei eine reine »Tigerausstattung« gegenüber dem Zahnsortiment, mit dem Franz Horn vor 15 Jahren durch die Welt gefahren sei: »Und hier diese neue Sagittallinie für die Molaren, da, visieren Sie die doch einmal an und dann tasten Sie mal, das möchte man doch am liebsten der Natur zum Nachmachen empfehlen. Die Evolution braucht bestimmt noch 10.000 Jahre, bis sie eine solche Zahnlinie schafft. Wenn sie überhaupt noch dazu kommt. Ich glaube, Zähne, dafür müssen wir selber sorgen.« Doch Tommy O'Sullivan, dessen Oberlippe sich »um den einen Querzahn [den er oben noch hatte] wie eine Bogensehne spannte«, hat zwar keine Zähne mehr, kann aber (vielleicht deshalb) wunderbar heitere Geschichten erzählen. Von seinem Großvater weiß er, daß die größten Erzähler die Pappeln sind, zu Hause, in Irland, »die am Fluß entlang bis hinunter zur Mühle« stehen.

Die Moderne möchte beides, einen kaum merkbaren, wunderschön aussehenden und besser als die natürlichen Zähne funktionierenden Zahnersatz *und* das innere Ohr für die Geschichten des Windes auf der irischen Insel. Vielleicht ist beides zusammen nicht möglich, vielleicht entfremdet uns der immer perfektere und unser Leben tatsächlich erleichternde Ersatz, einer wachsenden Zahl von Organen, anderen, unsichtbaren Organen, mit denen wir einst ausgestattet waren? Jeder Fortschritt nämlich ist begleitet von Verlusten. Wir haben nun einmal mit dem Design des menschlichen Leibes begonnen. Die plastische Chirurgie hat einen Aufschwung genommen wie niemals in der Geschichte der Medizin vorher. Radikal zu Ende gedacht zielt diese Entwicklung auf die Veränderung des menschlichen Phänotyps, welche der schon jetzt möglichen Veränderung des Genotyps folgen wird. Die Forschung an embryonalen und adulten Stammzellen hat sich (zumindest in der Legitimationsdebatte) auf Gewebezucht festgelegt, auf körperkompatiblen Organersatz.

»Zähne lügen nicht« hat eine große deutsche Tageszeitung (im Jahre 2004) ihre Seite 3 überschrieben und dazu einen Mund mit strahlend weißem Zahnersatz gezeigt. Dieser Mund erinnert nicht nur an den Triumph der Zahnersatz-Technik, sondern – wir wissen es jetzt – auch an die animalischen Ursprünge des Menschen. Die moderne Wissenschaft trägt archaische Bedrohungen in sich. Solche Bedrohungen zu minimieren und zugleich durch moderne Technik und Wissenschaft die »Mühseligkeit der menschlichen Existenz zu erleichtern«[32], ist eine Aufgabe, die niemals endet. Vielleicht kann das Wissen um Bild und Deutung und Mythos der Zähne in den Kulturen der Welt dabei ein wenig helfen.

1 Vgl. dazu Gesa Dane: »Die heilsame Toilette«. Kosmetik und Bildung in Goethes ›Der Mann von funfzig Jahren‹. Göttingen 1994, S. 132.
2 Alle Zitate aus Goethes »Der Mann von funfzig Jahren« sind entnommen der Frankfurter Goethe-Ausgabe 1. Abteilung Bd. 10 (FGA): Johann Wolfgang Goethe: Wilhelm Meisters Wanderjahre. Hgg. von Gerhard Neumann und Hans-Georg Dewitz. Frankfurt am Main 1989, S. 433 ff., bes. S. 486 ff. (letzte Fassung von 1829).
3 FGA 1. Abteilung Bd. 10, S. 486 f.
4 Franz Schnabel: Deutsche Geschichte im neunzehnten Jahrhundert. Dritter Band: Erfahrungswissenschaft und Technik. 2. Auflage. Freiburg i.Br. 1950, S. 239 f.
5 Dane, S. 109.
6 Heinrich von Kleist: Das Käthchen von Heilbronn oder Die Feuerprobe, ein großes historisches Ritterschauspiel (1810), 4. Akt, 5. bis 8. Auftritt.
7 Deutsches Wörterbuch von Jacob und Wilhelm Grimm (Nachdruck), Bd. 31, 1984, Sp.173.
8 Zur Humanitätsdebatte um die menschliche Gestalt verweise ich auf den gelehrten Kommentar von Hans Dietrich Irmscher zu Johann Gottfried Herders »Briefen zu Beförderung der Humanität« (Frankfurter Herder-Ausgabe, Bd. 7, 1991, S. 817 ff., vor allem S. 820–824; dort S. 821 auch der Nachweis des Goethe-Zitats).
9 Dane, S. 109.
10 Vgl. dazu Wolfgang Frühwald: »Sittliche Herrlichkeit« und »unmoralische Weibsbilder«. Zum Goethe-Bild Ludwigs I., Königs von Bayern. In: Literatur in Bayern 65 (September 2001), S. 2–11, bes. S. 9 f. und oben S. 186–189.
11 Goethes Schrift »Winckelmann« wird zitiert aus Bd. 12 der Hamburger Ausgabe, textkritisch durchgesehen von Werner Weber und Hans Joachim Schrimpf. Mit Anmerkungen von Herbert von Einem und Hans Joachim Schrimpf. Hamburg 1956, S. 98 und 102 f.
12 Heinrich Heine: Sämtliche Schriften, Bd. 2, hg. von Günter Häntzschel. München 1969, S. 806. Vgl. dazu: Ulrich Dittmann: Dichters Zahnweh. In: Hypnose und Kognition Bd. 16 (1999), S. 131.
13 Frank Nager: Der heilkundige Dichter. Goethe und die Medizin. Zürich und München 1990, S. 31.
14 Wolfgang Fischer: Goethes Zähne. Eine Zusammenstellung und kritische Untersuchung der Zahn-, Mund- und Kieferleiden Goethes unter Beachtung des Standes der Zahnheilkunde im 18. Jahrhundert [...]. masch. Diss., Bonn

1950, zitiert bei Dane, S. 108, Anm. 32.
15 Nager, S. 32 f.
16 Ebd. S. 32 und FGA 1. Abteilung Bd. 10, S. 1121.
17 Der Roman von Günter Grass wird zitiert nach der Taschenbuchausgabe in der Sammlung Luchterhand (Bd. 195, 4. Auflage 1981). Vgl. dazu Dittmann, S. 129.
18 Grass, S. 61.
19 Ebd. S. 92.
20 Ebd. S. 190.
21 Thomas Manns Roman wird zitiert nach der Ausgabe: Buddenbrooks. Verfall einer Familie. (Sonderausgabe) Berlin 1930. Zitat S. 646. Zu der Szene der Zahnextraktion vgl. Dittmann, S. 132–136. Dort S. 136 auch der Hinweis auf Hans Christian Andersens Geschichte »Tante Zahnweh« als Quellenlektüre Thomas Manns.
22 Thomas Mann: Buddenbrooks, S. 650 f.
23 Ebd. S. 653; das folgende Zitat ebd. S. 661.
24 Ebd. S. 649 f.
25 Dittmann, S. 133. Die folgenden Zitate bei Thomas Mann: Buddenbrooks, S. 650 und 652.
26 Thomas Manns »Der Tod in Venedig« wird zitiert nach Thomas Mann: Die Erzählungen. Bd. 1. Frankfurt am Main und Hamburg 1967, S. 338–399 (Thomas Mann: Werke. Taschenbuchausgabe in zwölf Bänden). Vgl. auch die bei T. J. Reed erstmals gedruckten Arbeitsnotizen des Autors: Thomas Mann: Der Tod in Venedig. Text, Materialien, Kommentar, mit den bisher unveröffentlichten Arbeitsnotizen Thomas Manns. München 1983.
27 Thomas Mann: Der Tod in Venedig, S. 365.
28 Ebd. S. 375; die folgenden Zitate ebd. S. 350; FGA 1. Abteilung Bd. 10, S. 439; Thomas Mann: Der Tod in Venedig, S. 394 f. und 399.
29 Zitiert wird aus dem Kapitel »Die Eingeweide der Macht«. In: Elias Canetti: Masse und Macht. Sonderausgabe. Hamburg 1984, S. 231–240, S. 252–255.
30 In dieser Ausgabe der »Welt« lautet die Titelschlagzeile: »So krank sind Deutschlands Zähne«, der Leitartikel ist überschrieben »Verstaatlichte Mundhöhlen«, auf S. 3 geht es unter der Überschrift »Zähne lügen nicht« um den Vergleich des deutschen Gesundheitssystems mit dem anderer Länder. Das Fazit lautet: »Wer selbst zahlen muß, hat die besseren Zähne.« Dort (S. 3) auch die Statistik nach Angaben der WHO.

31 Zitiert wird aus der ersten Auflage des Romans: Martin Walser: Jenseits der Liebe. Roman. Frankfurt am Main 1976. Um den Roman ist damals eine erste heftige Kontroverse zwischen dem Kritiker Marcel Reich-Ranicki und dem kritisierten Martin Walser entstanden.

32 Dies bezeichnet Galileo Galilei in Bertolt Brechts Schauspiel »Leben des Galilei« (14. Szene der Fassung von 1955/56) nur halb ironisch als das »einzige Ziel der Wissenschaft«.

THOMAS MANN
IN SEINER FAMILIE

»Der christliche Jüngling im Kunstladen«.
Milieu- und Stilparodie in Thomas Manns Erzählung »Gladius Dei«[1]

Im München der letzten Jahrhundertwende, so berichtet ein Reiseführer des Jahres 1905, der sich selbst als »Kulturbild« versteht, als ein »Nachschlagewerk« über »Deutschlands künstlerische Hauptstadt«,[2] gab es um 12.15 Uhr meist zwei Paraden; die an der Feldherrnhalle – dort spielte die Kapelle des Leibregiments »sehr viel Wagner« – und die tägliche »Bauernparade« auf dem Marienplatz, welche die Kapellen des Ersten und Zweiten Infanterieregiments – aber ohne Wagner – musikalisch gestalteten.[3] Das Publikum der Wagner-Parade auf dem Odeonsplatz wird ironisch als eine

»Hochschule für Eleganz und Schönheit« beschrieben, »hier ist der Ausgangspunkt aller Karrieren in und außerhalb der Welt. Hier herrscht eine wohltuende Scheidung der Wertklassen nach Regimentsnummern und Schneiderkategorie. Im Quadrat der Entfernung vom Kandelaber nimmt die Bedeutung des Publikums für die Existenz und den Fortschritt der Menschheit ab«.[4]

Noch im »Doktor Faustus« erinnert sich Thomas Mann vor allem an dieses München vor dem Ersten Weltkrieg,

»mit seinen Wachtparade-Konzerten in der Feldherrnhalle, seinen Kunstläden, Dekorationsgeschäftspalästen und Saisonausstellungen, seinen Bauernbällen im Fasching, seiner Märzenbier-Dicktrunkenheit, der wochenlangen Monstre-Kirmes seiner Oktoberwiese, wo eine trotzig-fidele Volkhaftigkeit, korrumpiert ja doch längst vom modernen Massenbetrieb, ihre Saturnalien feierte; München mit seiner stehengebliebenen Wagnerei, seinen esoterischen Koterien, die hinter dem Siegestor ästhetische Abendfeiern zelebrierten, seiner in öffentliches Wohlwollen gebetteten und grundbehaglichen Bohème.«[5]

Es ist, als hole er sich in den späten Roman, beschreibend aufgelöst, Stimmung und Milieu der frühen Erzählung »Gladius Dei«. Die Kombination von Wagners Musik mit florentinischer Architektur, welche die Atmosphäre dieser im Sommer 1901 entstandenen und im Juli 1902 erstmals gedruckten Erzählung beherrscht,[6] ist also nicht bloß eine Erfindung des Dichters, sondern, wie zahlreiche Details der Novelle, Reflex und bewußte Übertragung einer fast täglich möglichen Beobachtung im »München der späten Regentschaft« des Prinzen Luitpold von Bayern. Auch wenn sich Arthur Holitschers Erinnerungen an die Promenade auf dem Odeonsplatz stärker an den einleitenden Abschnitten von Thomas Manns »Gladius Dei« als an der Realität orientieren, so bestätigen sie doch indirekt, wie genau Thomas Mann die dort herrschende Atmosphäre getroffen, ja sie gleichsam zitiert hat:

»An schönen, sonnenhellen Vormittagen – die Sonne leuchtet blau und golden über dem Schnee, auf Frühlingsbäume, auf Sommerasphalt nieder – bewegt sich eine bunte Menge im behaglichen Bummlerschritt vor der Feldherrnhalle, der Residenz, vor dem Tor des Hofgartens und dem Platz vor dem Odeon auf und nieder. Die Wache zieht auf, mit vollendetem Mechanismus blau und weiß gewandeter Automaten. Die Militärmusik in der Feldherrnhalle spielt Wagner oder Ganne, das Tempo fährt den Schlenderern, den Gaffern, den Spaziergängern in die Glieder. [...] Hier sieht der Bewohner der Künstlervorstadt, der Atelierhäuser, belustigt auf den Spießer, den Ureinwohner Münchens herab. [...] Vielleicht verirrt sich einmal eine der beneideten, an die Künstlerfürsten der Renaissance in ihrer Lebensführung aber nicht in ihren Werken gemahnenden Brühmtheiten aus den prunkvollen Villen um die Propyläen, den

Englischen Garten und die Isarhöhen hierher. Ehrfürchtiges Flüstern bezeichnet ihre Spur durch die Menge: ›Das ist der Stuck! Schau, der Kaulbach! Der Lehnbach!‹«[7]

Der Schauplatz von »Gladius Dei« ist auf diese von Holitscher beschriebene Künstlervorstadt eingeschränkt, auf die vom Odeonsplatz ausgehende, in der Perspektive der Erzählung aber in ihm mündende Prachtstraße König Ludwigs I.; im gleichen Maße aber, in dem sich der »Held« der Novelle, aus der Schellingstraße kommend, über die Ludwigstraße »der gewaltigen Loggia mit ihren Statuen« (146)[8] nähert, verengt sich der Schauplatz noch einmal auf den Odeonsplatz und das an ihm gelegene »weitläufige Schönheitsgeschäft von M. Blüthenzweig« (146), als dessen Vorbild Ernest M. Wolf den um 1900 tatsächlich dort existierenden »Kunst-Salon« J. Littauer's ausfindig machte, mit einer Front von elf Schaufenstern eine auch in der Realität »große Kunsthandlung« (146).[9] Nicht der Marienplatz, der städtische Mittelpunkt des alten München, ist Ort der Handlung, sondern jenes Straßengeviert, das der Kunstsinn Ludwigs I. zwischen der Akademie der Künste und der bekanntlich der florentinischen Loggia dei Lanzi nachgebildeten Feldherrnhalle in der Mitte des 19. Jahrhunderts hatte erstehen lassen. Der Ludwigstraße, die schon das Erstaunen der Zeitgenossen ihres Erbauers erregt hatte,[10] galt das Entzücken und die kritische Aufmerksamkeit auch der Brüder Heinrich und Thomas Mann, als sie in München den nördlichen Süden entdeckten, das heißt in dieser »perspektivenschönen Hauptstadt«[11] architektonisch ebenjene südliche Kulisse, wie sie durch die Nachbildung von Florentiner Palästen an der Ludwigstraße gebildet wird.[12]
Der Autor von »Gladius Dei«, der inmitten der Münchener Künstlervorstadt lebte, seit er 1898 in seine erste Junggesellenwohnung Theresienstraße 82 eingezogen war, trifft, wohin er auch blickt, auf Nachahmung, Wiederholung und – literarisch gesprochen – Zitat,

denn die florentinische Kulisse ist um die Jahrhundertwende Schauplatz des Renaissancismus,[13] dessen künstlerische, psychische und soziale Erscheinungsformen Thomas Mann mit der Attitüde des ironisierenden Chronisten beschreibt. Der unmerkliche Wechsel vom Präteritum zum Präsens in den berühmten, »München leuchtete« beginnenden und endenden Einleitungsabschnitten (139 und 143) verdeutlicht dabei den innerhalb der Erzählzeit noch andauernden Zustand und die innige Beteiligung des Chronisten am Bildgeschehen seiner Erzählung. Durch die Konzentration zahlloser reproduktiver Elemente, architektonischer, musikalischer, literarischer, handwerklicher und sozialer, auf kleinstem Raum wird eine Atmosphäre erzeugt, in welcher die Häufung von Bild-, Wort- und Milieuzitaten einerseits die parodistische Absicht des Erzählers ankündigt, andererseits zur Vollendung einer Reproduktion des mediceischen Florenz scheinbar nur noch sein asketischer Kontrapunkt fehlt, die mächtige Bußpredigt des Girolamo Savonarola, des Frater Hieronymus de Ferrara, wie er sich in seinen Briefen unterzeichnete. Savonarola, der Typus des »asketischen Priesters«, ist ja in Nietzsches von Thomas Mann eifrig studierter Schrift »Zur Genealogie der Moral«[14] das notwendige Pendant zu dem in der Kunstblüte sich äußernden Vitalismus, Figuration jenes Selbstwiderspruches des Lebens, der für Nietzsche in der Wortverbindung »asketisches Leben« erscheint:

»Es muß eine Nezessität ersten Ranges sein, welche diese *lebensfeindliche* Spezies immer wieder wachsen und gedeihen macht – es muß wohl ein *Interesse des Lebens selbst* sein, daß ein solcher Typus des Selbstwiderspruches nicht ausstirbt. Denn ein asketisches Leben ist ein Selbstwiderspruch: hier herrscht ein Ressentiment sondergleichen, das eines ungesättigten Instinktes und Machtwillens, der Herr werden möchte, nicht über etwas am Leben, sondern über das Leben selbst, über dessen tiefste, stärkste, unterste Bedingungen;

hier wird ein Versuch gemacht, die Kraft zu gebrauchen, um die Quellen der Kraft zu verstopfen; hier richtet sich der Blick grün und hämisch gegen das physiologische Gedeihen selbst, insonderheit gegen dessen Ausdruck, die Schönheit, die Freude; während am Mißraten, Verkümmern, am Schmerz, am Unfall, am Häßlichen, an der willkürlichen Einbuße, an der Entselbstung, Selbstgeißelung, Selbstopferung ein Wohlgefallen empfunden und *gesucht* wird.«[15]

Noch deutlicher als auf die Mittelpunktsfigur in »Gladius Dei« ist dieser Nietzsche-Text auf die Gestalt des Savonarola in Thomas Manns Drama »Fiorenza« zu beziehen, als dessen »psychologische Vorstudie« der Autor seine Erzählung ursprünglich geplant hatte.[16] Dort ist der cäsarische Machtwille des Priors von San Marco als das »Wunder der wiedergeborenen Unbefangenheit« gekennzeichnet, er ist der Typus des Geistes, der die Kunst und das Leiden, das Wissen und die Erkenntnis der Qual dieser Welt zur Herrschaft gebraucht, sein »Ehrgeiz spricht: Das Leiden darf nicht umsonst gewesen sein, Ruhm muß es mir bringen!«[17] Doch auch in »Gladius Dei« tritt unmittelbar im Anschluß an den Lobpreis der Kunstblüte und des Festglanzes, in welchen die Junisonne »die schöne Stadt« getaucht (144), jene vom Leben aus sich selbst geborene Gestalt des Selbstwiderspruches auf, bei deren Anblick es war, »als ob ein Schatten über die Sonne ginge oder über das Gemüt eine Erinnerung an schwere Stunden« (143 f.). Fast spielerisch erfüllt Thomas Mann in seiner Erzählung die von Nietzsche postulierte »Nezessität ersten Ranges« und stellt als dunklen Kontrast zu dem leuchtenden München den »Repräsentanten des Ernstes«[18] auf die Bühne, als welche der Schauplatz der Erzählung in allen Details gekennzeichnet ist: »Es schritt ein Jüngling die Schellingstraße hinan; er schritt, umklingelt von den Radfahrern, in der Mitte des Holzpflasters der breiten Fassade der Ludwigskirche entgegen.« (143) Das Äußere dieses Jünglings bildet der Autor exakt Pasquale Villaris Beschreibung von Savonarolas Aussehen und Temperament nach:

»Savonarola war von mittlerer Größe und von dunkler Gesichtsfarbe, von sanguinisch-cholerischem Temperament und von unsäglich zarten und reizbaren Nerven. Er hatte flammende Augen unter schwarzen Brauen, eine Adlernase, einen breiten Mund und große aber fest geschlossene Lippen, ein Zeichen von unerschütterlicher Festigkeit. Die Stirn, schon damals von tiefen Furchen durchschnitten, deutete bereits auf einen Geist voll ernster Betrachtung und tiefer Gedanken.«[19]

Aus der »Adlernase« wird bei Thomas Mann – auch an der Variation seiner Hauptquelle ist die parodistische Absicht kenntlich – eine Nase, »die groß und gehöckert aus dem Gesichte hervorsprang« (144). Um auch die letzten Zweifel des gebildeten Lesers über die vom Autor erzeugte Parallele zwischen der historischen Gestalt und ihrer poetischen Parodie zu zerstreuen, tritt dann neben die Nietzsche-Evokation und das Villari-Zitat das Bild-Zitat:

»Im Profil gesehen, glich dieses Gesicht genau einem alten Bildnis von Möncheshand, aufbewahrt zu Florenz in einer engen und harten Klosterzelle, aus welcher einstmals ein furchtbarer und niederschmetternder Protest gegen das Leben und seinen Triumph erging […].« (144)

Unter dem Florentiner Bild aber steht: »Hieronymi Ferrariensis a Deo Missi Prophetae Effigies.«[20] So vorbereitet erscheint nun auch der Name des Jünglings, und niemand mehr wundert sich, wenn es heißt: »Hieronymus schritt die Schellingstraße hinan, schritt langsam und fest, indes er seinen weiten Mantel von innen mit beiden Händen zusammenhielt.« (144 f.)

Schon bei der Evokation der Atmosphäre des mediceischen Florenz im München der Jahrhundertwende läßt der Erzähler keinen Zweifel an seiner Einschätzung der Zeit und des Ortes als einer vollendeten Kopie des Originals. »Reproduktionen«, nicht Originale »von Meisterwerken aus allen Galerieen der Erde« (141) sind zu erkennen, »die Plastik der Renaissance« bietet sich »in vollendeten Abgüssen« an (141), »von Donatello und Mino da Fiesole« sprechen die Kunsthändler, als hätten sie das »Vervielfältigungsrecht« von ihnen persönlich erhalten (141), das »tizianische Blond« der reichen und schönen Damen, die durch die Kunst ihrer Porträtisten berühmt geworden sind, ist »künstlich« hergestellt (143), – die Beispiele ließen sich häufen. Die Klimax all dieser Nachbildungen, Reproduktionen, Kopien und Wiederholungen – intensiviert durch die Leitmotivtechnik des Erzählens – ist schließlich das verführerische Madonnenbild im Schaufenster des Herrn Blüthenzweig, vor dem sich die Neugierigen drängen:

»eine wertvolle, in rotbraunem Tone ausgeführte *Photographie* in breitem, altgoldenem Rahmen, ein Aufsehen erregendes Stück, eine *Nachbildung* des Clou der großen internationalen Ausstellung des Jahres [...].« (142)[21]

Schon das dieser Nachbildung zugrundeliegende Gemälde selbst – »eine Madonna, eine durchaus modern empfundene von jeder Konvention freie Arbeit. Die Gestalt der heiligen Gebärerin war von berückender Weiblichkeit, entblößt und schön« (147) – ahmt in seiner renaissancistischen Modernität den der Malerei und der Plastik des 15. und 16. Jahrhunderts zugehörigen Typus der Venus-Madonna nach. »Voll einer edlen Pikanterie« (143) schauen aus den Auslagen die Büsten der florentinischen Quattrocento-Frauen dem Betrachter entgegen (141), »voll einer edlen Pikanterie« bewegen sich die berühmten Modelle Münchens in der Menge ihrer Bewunderer, und die Madonna im Schaufenster des Herrn Blüthenzweig ahmt beide nach, die toten wie die lebenden Modelle: »Ihre großen, schwülen Augen waren dunkel umrändert, und ihre delikat und seltsam lächelnden Lippen standen halb geöffnet.« (147) Den Typus der Venus-Madonna aber hat Savonarola als eine Entartungserscheinung der christlichen Maler seiner Zeit heftig gegeißelt.[22] So sind die dem mediceischen Typus zugehörigen und doch auch porträtähnlichen Züge der »mater amata« in »Gladius Dei«, deren bedrängende Sinnlichkeit die Träume und die Gebete des Jünglings Hieronymus belastet, ebenso zeit- wie quellennah.

Vor dem Schaufenster des großen Kunstmagazins hört Hieronymus die skandalträchtige Geschichte des »stark ins Gebiet des Korrupten« hinaufstilisierten Gemäldes (148), die Geschichte des vom Regenten empfangenen und ausgezeichneten Malers, dem »seine kleine Putzmacherin« Modell gestanden hat (148). Die quellenorientierte Parallele zu diesem Gespräch findet sich in »Fiorenza«, wo der Maler Aldobrandino nach einer Predigt Savonarolas vom Volk verprügelt wird, weil er das Gemälde »einer Madonna« verfertigt hatte, zu der ihm, wie er Pico von Mirandola berichtet, »ein sehr schönes Mädchen Modell gesessen hat, das zu meiner Lust bei mir lebt«.[23] Die Porträtierung ihrer Maitressen in der Maske biblischer Gestalten ist eine bei den Malern der Renaissance weit verbreitete, von Savonarola getadelte Unsitte; in der Erzählung und mehrfach in »Fiorenza« gestaltet Thomas Mann diese Mode wiederum nach der Quellenmonographie des Pasquale Villari.[24] Danach soll Savonarola sich in der »Prediche sopra Amos e Zaccaria« an die Künstler gewandt haben,

»die, wenn sie ihre Heiligen und Madonnen malten, nicht nur die größte Mühe und Sorgfalt an die Darstellung prachtvoller Stoffe und Costüme verschwendeten, sondern auch, statt nach einem edlen und heiligen Ausdruck eines erhabenen Typus zu streben, häufig Personen zum Modell nahmen, die wegen ihrer schamlosen Aufführung und Unsittlichkeit in der ganzen Stadt berüchtigt waren. Da sagen dann die jungen Männer von diesem oder jenem Weibe: das ist die Magdalena, das ist St. Johannes, das ist die Jungfrau. Denn ihre Porträts sind es, die ihr in den Kirchen malt, und das untergräbt die Ehrfurcht vor den heiligen Dingen.«

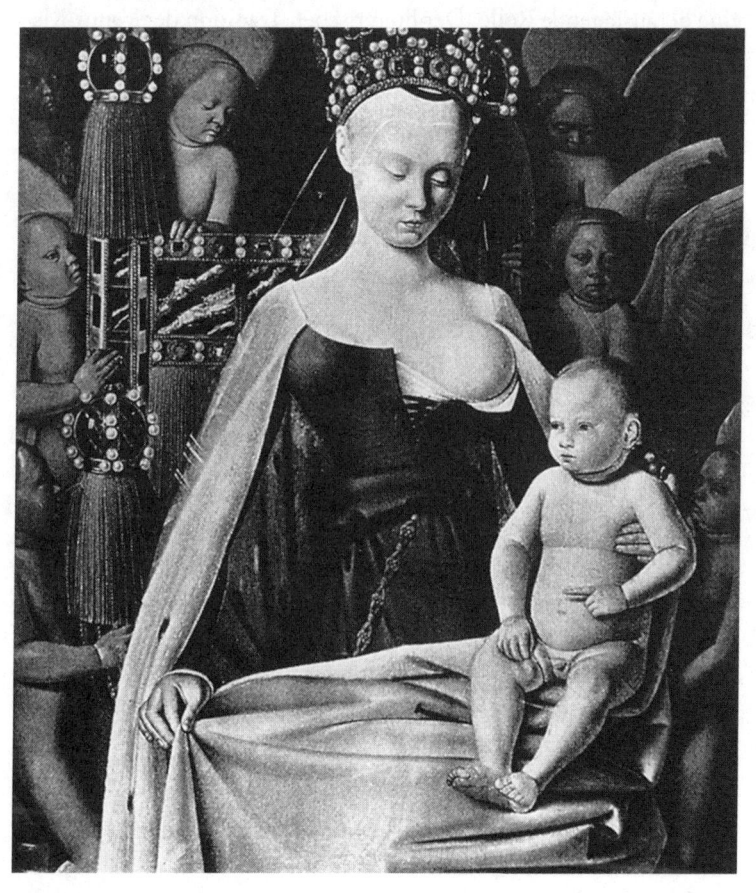

Einer im 17. Jahrhundert aufgezeichneten Überlieferung zufolge soll ja eines der bekanntesten dieser Madonnenbilder, Jean Fouquets rechter Flügel des Diptychons von Melun, die Züge von Agnes Sorel, der Maitresse König Karls VII. von Frankreich, tragen.[25] Seit der Statuen-Romantik, seit Heinrich Heines viel bewundertem und viel gescholtenem Wort von »Unserer lieben Frau von Milo« und seit Gottfried Kellers »heinesierenden« »Sieben Legenden« spielt der Typus der Venus-Madonna auch in der Literatur des 19. Jahrhunderts eine herausragende Rolle. Der literarischen Tradition der Venus-Madonna-Typologie, nicht so sehr der Eva-Maria-Typologie, wie sie die Malerei der Jahrhundertwende in der Nachfolge Rossettis und der Präraffaeliten pflegt,[26] ist Thomas Mann verpflichtet; darauf weist die Formulierung von der aphrodisischen Farbwirkung des Originals der bei Blüthenzweig ausgestellten Photographie, in »Fiorenza« der Ausruf Leones beim Erscheinen der Geliebten des Lorenzo Magnifico: »Bei der Venus! Bei der Mutter Gottes! Sie ist es!«[27] Doch hat der Autor in »Gladius Dei« literarische und bildliche Typologien miteinander verschmolzen, es ist die Darstellung der Madonna in der Erzählung für den zeitgenössischen Leser kenntlich auf die Münchener Maler der Jahrhundertwende bezogen, auf ihre maskierende Porträtkunst und die Bildnisse ihrer Frauen und Madonnen. Zwar ist Edvard Munchs zwischen 1895 und 1902 in farbigen Lithographien weit verbreitete »Madonna« die bekannteste Darstellung der Eva-Maria-Typologie in der Malerei der Jahrhundertwende, doch gelangte durch das Werk des Münchener Professors Franz Stuck, durch die zahlreichen, von ihm und von Lenbach gemalten Porträts seiner als die schönste Münchenerin gefeierten Frau »die von ihm propagierte Eva-Maria-Typologie in der deutschen Kunst am Ende des 19. Jahrhunderts zu größter Popularität.«[28] Thomas Manns Zeitgenossen ist daher sehr wohl bewußt, auf wen der Autor anspielt, wenn er von den »berühmten Frauen« spricht,

»die man durch das Medium der Kunst zu schauen gewohnt ist, [...] Königinnen der Künstlerfeste im Karneval, ein wenig geschminkt, ein wenig gemalt, voll einer edlen Pikanterie, gefallsüchtig und anbetungswürdig.« (142 f.)

Sie konnten in den Münchener Kunstführern unter der – an den Gründer der Kunststadt erinnernden – Rubrik »Lebende Schönheitsgalerie« nachlesen und fanden dort von Lady Blennerhasset über die Gräfin Knyphausen, Lolo von Lenbach, Lilli Merk, Frau von Poschinger bis zu Frau Stuck, Emma von Süßkind und die Baronin Wimpffen die Namenreihe berühmter Modelle der Lenbach, Kaulbach, Fuks, Kirchner und Stuck. Der von Thomas Mann gemeinte Typus also, und mit ihm sein ideen- und bildgeschichtlicher Horizont, wird in der Erzählung völlig deutlich, eine konkrete auf ein Einzelgemälde oder ein Einzelmodell zu beziehende Vorlage läßt sich für die geschilderte Madonna freilich nicht nachweisen. Wie die Künstler seiner Umgebung beschreibt auch Thomas Mann den haarscharfen Grat zwischen Amusement und Skandal, der den Erfolg garantieren, aber auch den gesellschaftlichen Untergang des allzu kühnen, gerade um gesellschaftliche Anerkennung bemühten Autors zur Folge haben kann. Er parodiert die Reproduktionskunst seiner Zeit, indem er deren Kult des Modells zum Modell des eigenen Werkes macht und sich so der Reihe der großen zeitgenössischen Porträtisten einfügt. Das von ihm angewandte Verfahren ist das Verfahren dieser Maler, die, wie etwa Lenbach, zum Teil nach photographischen Vorlagen gearbeitet haben; das von ihm durch die Detailmontage realistischer Elemente hergestellte symbolistische Beziehungsgeflecht ist so eng, daß er mit Milieu und Atmosphäre scheinbar auch den Einzelfall erfaßt und damit die Sensationslust der Anekdotenjäger, die »Volksneugier nach Persönlichem« (142) auf eine dann ins Leere (ins Literarische) führende Spur setzt.
Wie im Drama »Fiorenza« nämlich die venus- und madonnengleiche Fiore Sinnbild des »Lebens« und das heißt der Schönheit, der Kunst und zugleich Bild der »Stadt Florenz mit ihrer stilvollen

Pracht und Lüsternheit«ist,²⁹ so ist in »Gladius Dei« die »Siebenzig-Mark-Reproduktion« der entblößten Madonna, die skandalöse Mischung aus Patrona Bavariae und femme fatale, Sinnbild der Kunststadt München, Bild einer Sinnen- und Oberflächenkunst, die Hieronymus mit der Stimme seines Gewissens – einer für den blühenden Kunsthandel und seine Lieferanten freilich »gänzlich belanglosen Einrichtung« (155) – dem Feuer preiszugeben sucht. Die von Hans Wanner erkannte implizite Parodie auf Heinrich Manns Roman »Die Göttinnen oder Die Leidenschaften der Herzogin von Assy«³⁰ knüpft dann das ironische Beziehungsgeflecht noch enger, blendet dabei aber trotz der parodistisch-porträtierenden Konzentration auf »Renaissance-Wiederholung und Künstlerkolonie«³¹ die soziale Realität des modernen München nicht völlig aus.

Die von Thomas Mann gegenwartsnah beschriebene Herrschaft des Ornamentes und der Schönheit ist ja weniger Beschreibung der Kunst der Jahrhundertwende als des Kunstgewerbes, des Kunstbetriebes, des Geschäftes mit der Kunst im weitläufigen Schönheitsmagazin des Herrn Blüthenzweig. Schon Ernest M. Wolf hat erkannt, daß sein Name den Inhaber des Unternehmens unmißverständlich als jüdisch kennzeichnet, wobei einzelne karikierende Züge zu dieser Kennzeichnung beitragen.³² Das angebliche jüdische Monopol im Kunsthandel Münchens um die Jahrhundertwende war aber in einer Zeit, in der im Gefolge der bis 1896 reichenden, großen wirtschaftlichen Depression der wirtschaftliche und nationale Antisemitismus stark angeschwollen waren³³, ein immer wieder auch in der Öffentlichkeit heftig diskutiertes Thema.

Nun hat Thomas Mann in der Konfrontation von Hieronymus und dem Packer des Herrn Blüthenzweig, einem Monstrum namens Krauthuber, zunächst das alte Münchener Sozialproblem dargestellt, die Spannung zwischen der autochthonen, dialektsprechenden Unterschicht und der dominierenden »Nebenbevölkerung«, der »zugereisten« künstlerischen und technischen Intelligenz. Die Karikatur der

Münchener Urbevölkerung ist in der Gestalt des Packers Krauthuber unverkennbar; denn was auf den Ruf des erzürnten Herrn Blüthenzweig erscheint, ist

»ein massiges und übergewaltiges Etwas, eine ungeheuerliche und strotzende menschliche Erscheinung von schreckeneinflößender Fülle, deren schwellende, quellende, gepolsterte Gliedmaßen überall formlos ineinander übergingen [...], eine unmäßige, langsam über den Boden wuchtende und schwer pustende Riesengestalt, genährt mit Malz, ein Sohn des Volkes von fürchterlicher Rüstigkeit!« (162)

Das den Lübecker Senatorensohn in München viele Jahre bedrängende Dialektproblem, das in den Notizbüchern zu den »Buddenbrooks« und im ausgeführten Roman bei der Darstellung von Tonys Haushalt in München und ihrer Ehe mit dem Herrn Permaneder eine so große Rolle spielt, die in Aggressionen sich entladenden sprachlichen Mißverständnisse, ja die durch gegenseitiges Unverständnis erzeugte Konfrontation von Fremdenhaß und Bildungshochmut ist hier auf einen einzigen karikierenden Laut reduziert, der dem Akt der Brachialgewalt vorausgeht:

»›Ha?‹ sagte der Mann, indem er mit seinen kleinen Elefantenaugen abwechselnd Hieronymus und seinen erzürnten Brotherrn betrachtete [...] Es war ein dumpfer Laut von mühsam zurückgedämmter Kraft. Dann ging er, mit seinen Tritten alles um sich her erschütternd, zur Thür und öffnete sie.« (163)[34]

Die hier auf die Sprachproblematik konzentrierte Bevölkerungsspannung, die knapp zwanzig Jahre später in Revolution und Gegenrevolution in München virulent wurde, wird vom Erzähler nicht unabhängig von jenem zweiten, das München der Jahre 1918/19 vor allem charakterisierende Sozialproblem gesehen: dem des Antisemitismus und der wirtschaftlichen Einflußpositionen in der Stadt, von Fragen also, wie sie sich im Umland Münchens nicht in gleicher Weise stellten.

München erlebte im Mai 1896, als Thomas Mann dort soeben seine ersten Schritte als Künstler und Literat getan hatte, in der Bayerischen Kammer der Abgeordneten eine »Kunstdebatte«, die in der Presse ein breites Echo fand und sich offenkundig noch in »Gladius Dei« widerspiegelt. Aus einer Diskussion über den Etat der Kunstgewerbeschulen entwickelte sich am 18. Mai 1896 eine allgemeine Debatte über das Verhältnis von Kunst und Moral, über die beliebten Nuditätenjagden und schließlich über die Judenfrage, wobei sich Vorurteile und Argumente des christlichen Antisemitismus mit denen des wirtschaftlichen und sogar des rassischen Antisemitismus mischten. Der Abgeordnete Georg von Vollmar, »von 1889 bis zum Weltkrieg der anerkannte Führer der bayerischen Sozialdemokratie«,[35] zitierte dabei einen länger zurückliegenden Artikel des »Fremdenblattes« – nach seiner Meinung damals »Hauptorgan der Centrumspartei« –, worin »eine Denunziation gegen Nuditäten erfolgte, welche in einer hiesigen Kunsthandlung ausgestellt gewesen sein sollten. Nun, die denunzierten ›Obszönitäten‹ waren Niemand anders als die mediceische und die melische Venus!«[36] Er korrigierte auch den in der Debatte erhobenen Vorwurf, wonach »vor einigen Tagen in Magdeburg die Photographie eines Bildes von Stuck als obscön und unsittlich konfisziert wurde«. Eine künstlerische Photographie von Stucks berühmtem, aus Heinrich Heines Vorwort zum »Buch der Lieder« (1839) entstandenem Gemälde »Der Kuß der Sphinx«[37] war tatsächlich wenige Tage vor dieser 284. Sitzung der Bayerischen Kammer der Abgeordneten in Magdeburg als »unsittlich oder unzüchtig« konfisziert worden, doch wurde sie kurz darauf vom zuständigen Landgericht wieder freigegeben, was aber die Angriffe auf ein Bild Stucks in der Sezessionsausstellung dieses Jahres nicht milderte. In München, so betonten die dem Staatsminister des Innern für Kirchen- und Schulangelegenheiten Robert von Landmann widersprechenden Abgeordneten der Rechts-Fraktionen, werde die »Nudität gerade der Nudität wegen gesucht«, jede Art der Kunst aber, so wird betont, habe sich »in den Grenzen des Anstandes und der Sittlichkeit« zu halten. Damit war die Gelegenheit für eine Denunziation des Münchener Judentums gewonnen, die Dr. Georg Ratzinger vom Bayerischen Bauernbund auch sogleich ergriff, um die nach seiner Meinung in der Kunst um sich greifende »Geschmacklosigkeit« der »Judaisierung der Kunst in der Mitte der christlichen Völker« zuzuschreiben. Die Juden, so erklärte der Abgeordnete unter dem Beifall der Rechts-Parteien und der »andauernden Heiterkeit« der anderen Fraktionen des Hauses,

»bestimmen aber die Kunst dadurch, daß sie kaufen [...] Allein daß das Gros des Judenthums zu den zersetzenden Elementen in den christlichen Völkern gehört, das ist meine Ueberzeugung [...] und die werde ich bei jeder Gelegenheit zum Ausdruck bringen, so oft ich irgend einen Gegenstand finde, wo ich sehe, daß jener Theil des Judenthums, welcher zu den zersetzenden Elementen in der Nation gehört, einen ungünstigen Einfluß ausübt. Es ist dies, meine Herren, nicht blos bei der Kunst der Fall, sondern auch im Kunstgewerbe. Es ist gerade beim Kunstgewerbe, namentlich in der Ausstattung der Wohnungen, in München großentheils gelungen, daß das Judenthum ein gewisses Monopol immer mehr erreicht in Folge des schlechten Geschmackes, der leider nicht blos bei reichen Juden, sondern auch beim Hofe, Adel und anderen Kreisen jetzt zum Ausdruck gekommen ist.«

Georg von Vollmars engagierte Antwort zeichnete dann ein erschütterndes Bild von der Kunstbarbarei im Bayern des Prinzregenten Luitpold; da wurden romanische Portale geweißt, Grabsteine glattgemeißelt, um eine glatte, zu tünchende Wand zu erhalten, in der Würzburger Marienkapelle wurden den Grabsteinen fränkischer Ritter »gewisse Theile einfach vom Steinmetz« weggehauen – und dies mit Zustimmung des Kirchenvorstandes, auf Michael Wohlgemuths Tafelbild »Die Anbetung der Könige« wurde der nackte Jesusknabe durch eine gemalte Draperie bekleidet, Riemenschneiders Figuren des ersten Menschenpaares in der Würzburger Marienkapelle wurden ins Museum verbannt, etc. Auf diesem Hintergrund ist das unter dem Zepter der Kunst leuchtende München, »die sinnlich-dekorative und karnevalistische Kunstgesinnung dieses selbstvergnügten Capua«[38] nur eine vom Ausbruch der Barbarei – auch in ihrem Inneren – bedrohte Insel. Der »Himmel von blauer Seide« (139), der sich an den von Thomas Mann beschriebenen Junitagen strahlend und Italien imitierend über der Residenz spannt, ist demnach Kriterium der instabilen Föhnluft, die am Ende der Erzählung von einer über die Theatinerstraße heraufziehenden, schwefelgelben Gewitterwand verdunkelt wird.[39]

Der Name des Kunsthändlers ist nicht nur Hinweis auf die jüdische Beteiligung am Kunsthandel der Jahrhundertwende, er ist gleichzeitig sprechender Name für den Angehörigen eines florierenden Gewerbes: »Die Kunst blüht, die Kunst ist an der Herrschaft, die Kunst streckt ihr rosenumwundenes Scepter über die Stadt hin und lächelt.« (143) Im Namen Blüthenzweig eröffnet sich, nach H. Rudolf Vagers Feststellung,[40] durch die Verbindung von »Blüthenzweig« und »rosenumwundenes Scepter« eine Assoziationskette, die unmittelbar zum zweiten bestimmenden Motivstrang der Erzählung führt, zur Verbindung von Richard Wagners Musik mit dem titelprägenden Traum des Savonarola.[41] Ganz nebenbei wird Wagners Musik schon in den ersten Abschnitten von »Gladius Dei« zitiert:

»Junge Leute, die das Nothung-Motiv pfeifen und abends die Hintergründe des modernen Schauspielhauses füllen, wandern, litterarische Zeitschriften in den Seitentaschen ihrer Jackets, in der Universität und der Staatsbibliothek aus und ein.« (140)

Das den »Ring des Nibelungen« durchziehende Nothung-Motiv, sonst auch als Schwertmotiv bekannt, hat Thomas Mann nach eigenem Bekenntnis im Herbst 1895 überwältigt, als er auf der Piazza Colonna in Rom das Munizipal-Orchester inmitten lärmender, nationaler Proteste »Siegfrieds Tod« spielen hörte:

»Aber nie vergesse ich, wie unter Evvivas und Abbassos zum zweiten Male das Nothung-Motiv heraufkam, wie es über dem Straßenkampf der Meinungen seine gewaltigen Rhythmen entfaltete, und wie auf seinem Höhepunkt, zu jener durchdringend schmetternden Dissonanz vor dem zweimaligen C-Dur-Schlage, ein Triumphgeheul losbrach und die erschütterte Opposition unwiderstehlich zudeckte, zurücktrieb, auf längere Zeit zu verwirrtem Schweigen brachte [...] Der zwanzigjährige Fremde – fremd hier wie diese Musik *mit* dieser Musik – stand eingekeilt in der Menge auf dem Pflaster.[42]

Das Nothung-Motiv ist für Thomas Mann noch in den »Betrachtungen eines Unpolitischen« Ausdruck für das Erlebnis der Kunst überhaupt, da Nietzsches Wagner-Kritik ihn gelehrt hatte, Wagner nicht »als Musiker, nicht als Dramatiker, auch nicht als ›Musikdramatiker‹, sondern als Künstler überhaupt« zu sehen. Dem »jungen Menschen«, so beschreibt er dieses sein »überdeutsches Geisteserlebnis«, »für den zu Hause kein Platz war und der in einer Art von freiwilliger Verbannung in ungeliebter Fremde lebte, war diese Kunstwelt buchstäblich die Heimat seiner Seele.«[43] In diese Heimat also, die Welt des modernen Künstlers par excellence,[44] versetzt sich der Erzähler zu Beginn von »Gladius Dei« mit der Evokation des Nothung-Motivs und weist damit auf seinen Willen, Heimatrecht in der Kunststadt München zu erwerben, die sich selbst eine Wagner-Stadt nannte; er machte sie in der Erzählung zum Modell seines Werkes, da er sie – nach Peter de Mendelssohn – darin erstmals »aus genauester Anschauung geschildert und in ihrer unverwechselbaren Besonderheit verstanden« hat.

Das Schwertmotiv aus Wagners »Ring« verbindet in der Zepter-Schwert-Variation Anfang und Ende der Erzählung,[45] so daß der Autor in der verzerrten Wiederholung von Savonarolas Schwertvision – am Ende der Geschichte: »›Gladius Dei super terram ...‹ flüsterten seine dicken Lippen, und in seinem Kapuzenmantel sich höher emporrichtend, mit einem versteckten und krampfigen Schütteln seiner hinabhängenden Faust, murmelte er bebend: ›Cito et velociter!‹« (164) –, in die hinein gleichsam das Nothung-Motiv des Anfangs (140) erklingt,[46] mythische Travestie als das Gestaltprinzip seines Werkes bestimmt. Die von Herbert Lehnert gestellte Frage, ob »nicht die mythische Welt von Wagners Musikdramen die stärkste Lockung für Thomas Mann gewesen [sei], auf seine Weise den Mythos zu verlebendigen«,[47] läßt sich an »Gladius Dei«, als einem Versuch ironisch-parodistischer Aneignung von Wagners künstlerischer Mythos-Adaption, bejahen. Dabei verdeutlichen die in Einleitung und Schluß einander zugeordneten Schwertmotive – das mythisch-musikalische und das mythisch-historische – durch die tragikomische, theatrale Schlußinszenierung Thomas Manns Prinzip der »allseitigen Ironie«,[48] Distanz nämlich zur Rolle Wagners im München der Jahrhundertwende, wie auch zur Reproduktion florentinisch-mediceischer Kultur, als deren Ingredienz Thomas Mann den »Künstler« Savonarola, beziehungsweise seine mythische Wiedergeburt Hieronymus, gesehen hat; die Kunst selbst also wird hier »zum zweideutig schillernden ›Opfer‹ der Parodie«.[49]

Bei Villari wird Savonarolas prophetischer Traum zur Zeit der Adventspredigten des Jahres 1492 wie folgt beschrieben:

»Es war ihm, als sähe er mitten am Himmel eine Hand mit einem Schwert, auf dem geschrieben stand: Gladius Dei super terram cito et velociter [...] Zugleich hörte er bestimmt und klar viele Stimmen, welche den Guten Barmherzigkeit versprachen, die Bösen mit Strafen bedrohten und riefen, der Zorn Gottes sei nahe. Plötzlich wendet sich das Schwert gegen die Erde, die Luft verfinstert sich, es regnet Schwerter, Pfeile und Feuer, furchtbare Donnerschläge ertönen, und die ganze Erde verwüsten Krieg, Hungersnoth und Pest.«[50]

Von den Zeitgenossen des Predigers wurde diese Schwertvision, in der von ihm selbst immer wieder betonten Erwartung der Endzeit, auf den Eroberungszug Karls VIII. von Frankreich durch Italien bezogen; die »impresa d'Italia« war ja »der Kreuzzug des 15. Jahrhunderts geworden«.[51] Bei Thomas Mann erlebt der gedemütigte Hieronymus – in einer durchaus endzeitlich gestimmten Vision – in den Blitzen des aufziehenden Gewitters die mythische Wiederholung der berühmten Verbrennungen der Eitelkeiten,[52] doch vermischt sich für den gebildeten zeitgenössischen Leser, dessen Geschichtskenntnisse durch die Feier des Savonarola-Gedenktages 1898[53] und die reiche belletristische, dramatische und wissenschaftliche Savonarola-Literatur der Zeit erheblich erweitert waren,[54] die Vision des feurigen Schwertes mit der Hinrichtung des Mönches und der Verbrennung seiner Leiche auf der Piazza della Signoria in Florenz.[55] Hieronymus erfleht das Strafgericht Gottes über die Stadt des sakrilegischen Kunstbetriebes,[56] doch wird in Anlehnung an Jes. 49,2 und Apoc. 2,16[57] das strafende Schwert des Herrn vom Wort des Propheten nicht nur ausgelöst, sein Wort *ist* vielmehr dieses Schwert, welches Bekehrung oder den Untergang erzwingt. Der Opfergang, den Hieronymus in die Mitte der ruchlosen, dem Schönheitsdünkel und Ästhetizismus ergebenen Händler und Käufer antritt, ist einerseits die Wiederholung von Savonarolas Bußpredigt, die beginnt, als er den charakteristischen Kampf des Propheten mit Gott und damit seine Furcht bestanden hat, er ist andererseits durch die appellative Zuspitzung des Quellentextes als ein Kreuzzug gegen Sinnenfreude und Oberflächenkunst gekennzeichnet: »›Gott will es!‹ sagte er und trat in den Laden.« (151) Drei Nächte kämpfte Hieronymus mit seiner Menschenfurcht, darin Savonarola ähnlich, als dieser 1491 den Entschluß gefaßt hatte, seine Predigtweise zu ändern und sich wenigstens »für einige Zeit allein auf die Lehren der Moral und der Religion« zu beschränken. »Gott ist mein Zeuge«, wird der Prediger des 15. Jahrhunderts bei Villari zitiert,

»daß ich den Sonnabend und die ganze Nacht bis zum folgenden Morgen kämpfte und wachte, und daß mir jeder andere Weg, jede andere Lehre verschlossen war. Und bei Tagesanbruch, während ich mich von der langen Nachtwache müde und matt fühlte, hörte ich im Gebet eine Stimme, welche zu mir sprach: Thörichter, siehst du nicht, daß es Gottes Wille ist, daß du diesen Weg gehest? – Da hielt ich an jenem Tage eine gewaltige Predigt.«[58]

Die Psychologisierung und die Ironisierung dieser den ganzen dritten Abschnitt von »Gladius Dei« einnehmenden Quellenadaption ist schon daran kenntlich, daß Hieronymus seine Unfähigkeit, der durch das Bild der Madonna ausgelösten erotischen Phantasien Herr zu werden, als »Befehl und Ruf aus der Höhe« deutet, »seine Stimme zu erheben gegen leichtherzige Ruchlosigkeit und frechen Schönheitsdünkel.« (150) Etwas Don-Quijote-Artiges haftet dem Kreuzzug des seltsamen Ritters für die Ehre der Jungfrau Maria an, so daß auch das Ende der Erzählung, wo er – in wörtlichem Sinne – zu Fall gebracht wird, nicht tragisch ist wie das Ende Savonarolas, sondern tragikomisch.[59] Inmitten der »permanenten Maskenfreiheit«,[60] florentinischer Kulissenarchitektur und renaissancistischer

Reproduktionskunst, im Bereich der Kunstgewerbe- und Dekorationsgesinnung ist, so scheint Thomas Mann zu sagen, auch die mythische Wiederholung der mächtigen Bußpredigt des Savonarola und ihrer Folgen nur als tragikomisch-theatrale Szene möglich, da die Struktur des neuen Kunst-Asketismus der Struktur seines Wurzelbodens, des reproduzierten und maskierten Lebens entspricht.

Auf das in der Schlußszene besonders hervorgehobene Schwertmotiv aber bezogen ist diese Szene als Parodie von Siegmunds Tod aus dem Zweiten Akt von Richard Wagners Oper »Walküre« erkennbar. Dem Spätling, der Nothung, das vom »Vater« überkommene Schwert, zum Kampfe ergreift, ergeht es wie Siegmund: an Wotans Speer zersplittert das Schwert; des Hieronymus Bußpredigt hat eine Blamage, sonst nichts zur Folge.[61] Daß in dieser Theateratmosphäre das Bildnis der Muttergottes, das »mit schwülen, umränderten Augen, mit rätselhaft lächelnden Lippen, entblößt und schön« (150) auch die Niederlage ihres Ritters vor dem Schaufenster des Herrn Blüthenzweig mit ansieht, unvermittelt in die Nähe Brünnhildes gerückt wird, ist nicht verwunderlich in einer künstlerischen Welt, welche germanische, antike und christliche Mythen mischt, um daraus Stoff für die ironische Parodie zu gewinnen. Als einen christlichen Mythos nämlich interpretiert Thomas Mann das Dogma von der unbefleckten Empfängnis, daß »Maria im ersten Augenblick ihres Empfangenwerdens durch eine einzigartige Gnade und Willensentscheidung des allmächtigen Gottes, im Hinblick auf die Verdienste Jesu Christi, vor jeder Befleckung durch die Erbsünde bewahrt geblieben sei«, und Hieronymus ist durchaus kein solch schlechter Theologe, wie Theodor van Stockum behauptet.[62] Wie den germanischen und den antiken Mythos parodiert Thomas Mann auch den – in seinem Verständnis – christlichen Mythos von der Bewahrung Mariens vor der Erbschuld in einer populären Reproduktion, eben im respektlosen Gespräch der »humanistisch gebildeten« (147) Jünglinge. Schließlich ist noch heute in populären Handbüchern nachzulesen, daß dieses Dogma meint, Maria sei frei von der Begehrlichkeit und jeder persönlichen Sünde geblieben. Eher als den Gegensatz zur theologischen Lehre von der *Immaculata Conceptio* meint das Bild der entblößten Madonna aber den malerischen Gegensatz zu dem Typus der im 17. Jahrhundert beliebten *Immaculata-Darstellung*, als das Fest der unbefleckten Empfängnis noch durchaus als ein Fest der Empfängnis der unbefleckten Jungfrau Maria gefeiert wurde.

Thomas Mann war – nicht nur in seinen frühen Werken – ein Bewunderer jener »Mode des Polarisierens«,[63] die Ronald Gray als eine deutsche literarische Tradition bis in die Goethezeit und weiter zurück verfolgt hat. Von polaren Begriffs- und Bildpaaren ist auch die Erzählung »Gladius Dei« durchzogen. Der Süden und der Norden, Renaissance und Reformation, Heidentum und Christentum, Venus und Maria, Leben (das heißt Kunst) und Geist, Ästhetik und Ethik sind nur eine Auswahl der den Aufbau beherrschenden Paarungen. Kunstklage und Kreuzzug des Hieronymus, welche als Inhalt des 4. Kapitels den bedrohlichen Kontrast zu den heiter gestimmten Anfangskapiteln (1. und 2.) bilden, übertragen diese Polarisierungen aus den Einzelszenen auf den Gesamtbau der Erzählung. Beide Teile, der Lobpreis des ästhetizistischen München und seine Bedrohung durch den zelotischen Propheten, sind auf die Kunst bezogen, meinen nur ein jeweils anderes Verständnis von ihr:

»Du schmähst die Kunst, antworten Sie mir, du, Unbekannter. Sie lügen, sage ich Ihnen, ich schmähe nicht die Kunst! Die Kunst ist kein gewissenloser Trug, der lockend zur Bekräftigung und Bestätigung des Lebens im Fleische reizt! Die Kunst ist die heilige Fackel, die barmherzig hineinleuchte in alle fürchterlichen Tiefen, in alle scham- und gramvollen Abgründe des Daseins; die Kunst ist das göttliche Feuer, das an die Welt gelegt werde, damit sie aufflamme und zergehe samt all ihrer Schande und Marter in erlösendem Mitleid!« (160)[64]

Beide Weisen des Kunstverständnisses aber, sowohl der »Götzendienst der gleißenden Oberfläche« (160) wie die Kunst als Wissen und Erkenntnis, als die »tiefste Qual der Welt« (159), sind geprägt von Distanz und Sympathie des Erzählers zugleich, der sich hier – wie später in »Fiorenza«[65] – nicht für einen der beiden Pole entscheiden kann und will. Ob die Kunst rosenumwundenes Zepter oder feuriges Schwert, Kult der Oberfläche oder Erkenntnis der Lebensqual zu sein hat, ist eine Frage, die in dieser antithetischen Ausschließlichkeit für Thomas Mann falsch gestellt ist. Schwert und Zepter sind Variationen eines Themas, im schwebenden Gleichgewicht gehalten durch den kritisch analysierenden und daher die Vereinseitigung ironisch relativierenden Geist des Dichters. Jene mittlere, später ideologisch patriotisierte, dann aber endgültig am Ethos von Schillers Humanitätsdenken gefestigte Position, die so kennzeichnend für die Gestalt Thomas Manns geworden ist, ist schon in »Gladius Dei« an der parodistischen Haltung des Autors gegenüber den autobiographisch legitimierten Positionen zu bemerken.
Gebieterisch allerdings postuliert die Erzählung im »gänzlich unliterarischen«, von den Malern und den Wagnerverehrern dominierten München den Primat der Literatur vor Malerei und Musik. In der Parodie der aktuellen Kunstbewegung, der grundlegend musikalischsymbolischen Struktur der Erzählung, damit in der Erzeugung einer künstlerischen Atmosphäre, in der zwar nicht Savonarola selbst erscheinen muß, es aber doch so ist, als ob er durch die Ludwigstraße schreite, hat Thomas Mann eine Art Gesamtkunstwerk geschaffen, die Wortkunst nicht nur gleichrangig neben die mythenerneuernde Kunst des Tages gestellt, sondern ihr kritisch übergeordnet. Ein »Unbekannter« – wie sich der Autor mit seinem Helden nennt – rückt den Rang der Wortkunst in den Blick der parodierten Gesellschaft

und erhebt so Anspruch auf Beachtung und Aufnahme in jenen Kreis nobilitierter Künstler, der in »Gladius Dei« nicht nur als ästhetisch, sondern auch als sozial und wirtschaftlich dominierend dargestellt wird.[66] –

Die meist außerliterarische Wirkungsgeschichte von »Gladius Dei« ist durch Verharmlosung gekennzeichnet, da die düsteren Kontraste verdrängt, die Abschnitte des ersten Kapitels häufig isoliert zitiert, das »München leuchtete« schon bald absolut gesetzt und allzu optimistisch ins Präsens verwandelt wurden.[67]

So hat unter den neueren Autoren allein der in München lebende Berliner Ernst Augustin das Janusgesicht von Thomas Manns berühmtem Preislied auf München erkannt. Er konnte, darin mit der Selbstdeutung Thomas Manns einig, nicht mehr davon absehen, daß die theatralische Vision am Ende von »Gladius Dei« – unter Berufung auf Nietzsche und Wagner – in einem »politischen Dominikanertum«[68] Wirklichkeit geworden ist. Sie begann, als sich unter den Folgen des Ersten Weltkrieges Münchens »Gemütlichkeit in Gemütskrankheit« verwandelte und »eine trübe Groteske nach der anderen« zeitigte.[69] Thomas Mann wurde diese Verwandlung der Kunststadt zur »Hauptstadt der Bewegung« schmerzhaft bewußt, als ihn, der in München eine Heimat gefunden hatte und als ein in München lebender Künstler dort wohl gelitten war, unversehens der opportunistische »Protest der Richard-Wagner-Stadt« traf. Die Krankheitsgeschichte des leuchtenden München ist in Ernst Augustins kritische Parodie der einleitenden Abschnitte von Thomas Manns Erzählung eingegangen. Im Roman »Raumlicht: Der Fall Evelyne B.« ist diese Parodie gemischt aus Zuneigung und Furcht, sie verdeutlicht ganz im Sinne Thomas Manns und versehen mit all den Unter- und Nebentönen, die er diesem Begriff gegeben hat, das Bekenntnis einer »Passion« zu München:

»Aber München. Das gar nicht mehr so sehr leuchtet, eher etwas bösartig unter seinen Kuppeln sitzt. Bei Regen im Englischen Garten, wenn das bayerische Wasser von den grünen Bäumen tropft, oder bei Sonnenschein in dieser ungeheuerlich klaren Föhnluft mit den geradezu beängstigenden Fernblicken auf hundert Kilometer entfernt liegende blaue Bergspitzen. Überhaupt dieses ganze beängstigende Karussell in Weiß und Blau der an sich gemütlichen, dennoch völlig unverständlichen Leute in weißblauen Rautenmustern, die ununterbrochen Maßkrüge aus den Fenstern halten, und wie sie sprechen, völlig unverständlich dröhnend aus riesigen Hälsen [...] Wer einmal nachts auf den Nockernberg gefahren ist, der sich mitten in München erhebt [...], und wer das riesige Bierlokal auf der Spitze des Berges einmal betreten hat, wird den Laut nie vergessen. Es gibt nichts auf der Welt, das ihm gleicht, dem Geschrei von dreitausend Menschen, die mit schwarzem Starkbier auf den Bänken festgeklebt sind. Man sagt, wenn sie alle gemeinsam aufstehen, hebt sich das gesamte Mobiliar um einen dreiviertel Meter, und das gleicht einem Erdrutsch, wenn sie wieder Platz nehmen. Ich habe es gehört. Es gibt sogar Musikstücke, welche dieses Phänomen des gleichzeitigen Aufstehens und Platznehmens ausnutzen, auch das habe ich gehört. Trotzdem. Wenn an warmen Sommerabenden die zweihundert Türme schwarz vor den apfelsinenfarbenen Alpen stehen. Und sich durch eine Luftspiegelung auch noch das abendliche Verona über die Alpen hereinspiegelt – an vier Tagen im Jahr sind sogar die Glocken zu hören –, wenn an den vier Tagen München an allen vier Ecken durch eine überirdische Beleuchtung brennt, dann gibt es sogar Straßen, die wie früher aussehen.«[70]

---

1 Der Obertitel ist dem 3. Notizbuch Thomas Manns entnommen, in das sich der Autor, wohl um 1899, notierte: »Der christliche Jüngling im Kunstladen. (Psychol. Vorstudie zum Savonarola)«. Vgl. Thomas Mann – Heinrich Mann. Briefwechsel 1900–1949. Hg. von Hans Wysling. Frankfurt am

Main 1968, S. 249. Beim Begriff der Parodie folge ich der von Alfred Liede bevorzugten älteren Umschreibung Gustav Gerbers, wobei aber für Thomas Mann Wort-, Bild- und Milieuzitate zusammen erst die sehr komplexe Parodie des München der Jahrhundertwende bestimmen und Parodie mit Travestie gleichgesetzt wird. Liedes kritische Einschätzung der »alternden Travestie« bei Thomas Mann teile ich nicht, wie überhaupt die Parodie in »Gladius Dei« keineswegs auf Zerstörung, sondern auf Analyse von Bildung und Kultur ausgeht. Vgl. Alfred Liede: Parodie. In: Reallexikon der deutschen Literaturgeschichte. Bd. III, Berlin 1977 (die Lieferung mit Liedes Artikel erschien 1966), S. 12 ff., bes. S. 12 und 40 f. – Die Spezialliteratur zu Thomas Manns früher Erzählung ist relativ spärlich. Joachim Wich (Thomas Manns ›Gladius Dei‹ als Parodie. GRM 22, 1972, S. 389 ff.) hat in seiner Anm. 2 die ältere Literatur zusammengestellt; zu ergänzen ist der informative und um neue Hinweise erweiterte Forschungsüberblick, den Herbert Lehnert schon 1969 gegeben hat (Thomas-Mann-Forschung. Ein Bericht. Stuttgart 1969, S. 133 und 156); vor allem H. Rudolf Vagets wichtige Erwiderung auf Ernst Fedor Hoffmanns Deutung der Erzählung als Zeitsatire: Ernst Fedor Hoffmann: Thomas Manns ›Gladius Dei‹. PMLA 83, 1968, S. 1353 ff.; H. Rudolf Vaget: Thomas Mann's ›Gladius Dei‹ Once Again. PMLA 86, 1971, S. 482 ff.

2 Vgl. dazu: München und die Münchener. Leute. Dinge. Sitten. Winke. Karlsruhe 1905, S. 3.

3 Vgl. ebd. den Abschnitt »Wo trifft man sich?« (S. 303).

4 Ebd. S. 303.

5 Thomas Mann: Doktor Faustus. Das Leben des deutschen Tonsetzers Adrian Leverkühn erzählt von einem Freunde. Kapitel XXIII (Gesammelte Werke. Frankfurt am Main 1960, Bd. VI, S. 270).

6 Zu den Entstehungsdaten von »Gladius Dei« vgl. Thomas Mann. Eine Chronik seines Lebens. Zusammengestellt von Hans Bürgin und Hans-Otto Mayer. Fischer Taschenbuch Verlag 1974, S. 24; und Dichter über ihre Dichtungen: Thomas Mann. Teil I: 1889–1917. Hgg. von Hans Wysling unter Mitwirkung von Marianne Fischer. München 1975, S. 174 f. Das Quellenstudium zu »Fiorenza« (Pasquale Villari: Savonarola und seine Zeit, Jacob Burckhardt: Kultur der Renaissance in Italien, Giorgio Vasaris Künstlerbiographien, vgl. Chronik, S. 23) geht der Ausarbeitung der Erzählung voraus, für die demnach die gleichen Quellen in Frage kommen. Die Beziehungen zwischen den München-Kapiteln der »Buddenbrooks« (der Roman erschien

im Oktober 1901) und der Erzählung, die am 18. November 1901 in München erstmals öffentlich gelesen wurde, sind offenkundig. – Das durch die Wagner-Parade auf dem Odeonsplatz sinnfällig demonstrierte Zusammenspiel von florentinischer Kulisse und Wagner-Musik verdeutlicht, daß Vagets Widerspruch gegen Hoffmanns Interpretation im Sinne einer Ergänzung, das heißt der Entdeckung einer zusätzlichen Sinnschicht, nicht als Antithese zu werten ist.

7 Arthur Holitscher: Lebensgeschichte eines Rebellen. Meine Erinnerungen. Berlin 1924, S. 196–200; Zitat S. 196 f. Zu Holitschers Verhältnis zu Thomas Mann vgl. ebd S. 218 ff. Holitscher erkannte, wie wohl die Mehrzahl der Betroffenen, im Novellenband »Tristan«, der auch »Gladius Dei« enthält, sich selbst und andere »Urbilder aus Münchens Straßen, aus dem ›engeren Kreis‹, sie waren mit allen Einzelheiten deutlich erkennbar dem Gelächter der lesenden und schreibenden Spießerwelt preisgegeben. [...] Erst einige Monate später gab ich Mann in einem Briefe zu erkennen, daß man ja, auch wenn man nicht persönlich betroffen war, gegen diese Art von Interpretation lebender Modelle einige moralische und künstlerische Bedenken haben könne. Er antwortete wehleidig und verletzt, die zarte melancholische Ironie schien mit einmal gallig bitter und scharf geworden zu sein.« (S. 221)

8 »Gladius Dei« wird nach folgender Buchfassung – die Seitenzahlen in Klammern – zitiert: Gladius Dei. In: Tristan. Sechs Novellen von Thomas Mann. 2. Auflage. Berlin 1903, S. 137–164.

9 Ernest M. Wolf: Savonarola in München – Eine Analyse von Thomas Manns ›Gladius Dei‹. Euphorion 64, 1970, S. 88 Anm. 4.

10 Vgl. etwa: Erinnerungen aus meinem Leben. Von Ludwig Emil Grimm, Maler und Radierer, 1790–1863 [...] Hg. und ergänzt von Adolf Stoll. Leipzig 1911, S. 479.

11 Thomas Mann: Doktor Faustus, S. 270.

12 Vgl. dazu Heinrich Mann: Die Jagd nach Liebe. Hamburg 1970, S. 399. Zum Verhältnis der Brüder Thomas und Heinrich Mann während der Zeit der Entstehung von »Gladius Dei« vgl. Hans Wanner: Individualität, Identität und Rolle. Das frühe Werk Heinrich Manns und Thomas Manns Erzählungen ›Gladius Dei‹ und ›Der Tod in Venedig‹. 2. Auflage. München 1977, S. 160 ff.; vgl. auch Herbert Lehnert: Die Künstler-Bürger-Brüder. Doppelorientierung in den frühen Werken Heinrich und Thomas Manns. In: Thomas Mann und die Tradition. Hg. von Peter Pütz. Frankfurt am Main 1971, S. 14 ff., bes. S. 31 f.

13 Zum Renaissancismus der Jahrhundertwende vgl. den immer noch grundlegenden Aufsatz von Walther Rehm: Der Renaissancekult um 1900 und seine Überwindung. ZfdPh 54, 1929, S. 296 ff.
14 Auf die Rolle von Nietzsches »Zur Genealogie der Moral« in »Gladius Dei« verweist nachdrücklich Herbert Lehnert in seinem Forschungsbericht (s. Anm. 1), S. 133; vgl. aber besonders Lothar Pikuliks höchst anregenden Aufsatz über: Thomas Mann und die Renaissance, bei: Pütz (s. Anm. 12), S. 101 ff., bes. S. 111–113, und den Beitrag von Peter Pütz selbst in dem von ihm hg. Band: Thomas Mann und Nietzsche, S. 225 ff.
15 Friedrich Nietzsche: Zur Genealogie der Moral. Eine Streitschrift. In: Nietzsche: Werke in drei Bänden. Hg. von Karl Schlechta. Bd. II, München 1955, S. 859.
16 Vgl. dazu oben Anm. 1.
17 Fiorenza III, 7. in Thomas Mann: Die Erzählungen, Bd. II. Frankfurt am Main 1967, S. 809 (Thomas Mann: Werke. Taschenbuchausgabe in zwölf Bänden).
18 Nietzsche: Zur Genealogie der Moral, S. 857.
19 Geschichte Girolamo Savonarola's und seiner Zeit. Nach neuen Quellen dargestellt von Pasquale Villari. Unter Mitwirkung des Verfassers aus dem Italienischen übersetzt von Moritz Berduschek. 2 Bde. Leipzig 1868. Zitat: I, S. 17. Das von Thomas Mann benutzte, mit Anstreichungen und Randbemerkungen versehene Exemplar dieses Buches befindet sich im Thomas Mann-Archiv in Zürich. Vgl. Pikulik (s. Anm. 14) S. 106, Anm. 12.
20 Thomas Mann standen bei seiner Arbeit an »Fiorenza« und »Gladius Dei« eine ganze Reihe von Savonarola-Bildnissen zur Verfügung; vgl. dazu: Bild und Text bei Thomas Mann. Eine Dokumentation. Hg. von Hans Wysling unter Mitarbeit von Yvonne Schmidlin. Bern und München 1975, S. 48 und 60 f. In der Münchener Neuen Pinakothek konnte er zudem Granets Bild »Savonarola in seiner Zelle« sehen.
21 Die lange gesuchte Quelle zu dem Bild in der Auslage des Herrn Blüthenzweig ist keine Bildvorlage, sondern eine literarische Quelle. Hans Rudolf Vaget hat sie (in: Thomas Mann – Kommentar zu sämtlichen Erzählungen. München 1984) entdeckt. Es handelt sich um die Novelle »Madonna« von Max Grad aus der »Neuen Deutschen Rundschau (Freie Bühne)« Jg. VII, 1896, S. 988–996. Grads Erzählung ist eine kitschige, naturalistisch-präraffaelitische Erzählung aus dem Münchner Maler-Milieu der Jahrhundertwende. Der junge Thomas Mann hat die laszive Schilderung seiner Vorlage de-

zent und trotzdem skandalträchtig verändert und das Bild, das hier wie dort lebensnah im Mittelpunkt des Interesses steht, mit wenigen Strichen nun ganz in die Empfindungswelt des zelotischen Hieronymus verlegt. »Eines Tages«, heißt es bei Max Grad, »stand man bestürzt vor einem Bild, unter dem in gothischen, bunten Lettern ›Mariä Empfängnis‹ zu lesen war und das einen Hauptattraktionspunkt der Sonderausstellung einiger ganz ganz ›Neuer‹ bildete. In der sich endlos hinausdehnenden Haide [...] kniete, oder kauerte vielmehr, in beinahe Lebensgrösse, die ›Heilige Maria!‹ / Das scharlachrote Untergewand mischte sich auf's Merkwürdigste mit dem rosig-schimmernden Haidekraut [...]. Mit leichtgeöffnetem Munde und halbgeschlossenen Augen, sich wie in verzücktem Krampfe in den Gras- und Haidekrautbüscheln festhaltend, schien Maria in Wonne zu beben.« Nur halb komisch beschreibt Max Grad das Bild der Begattung Mariens, einen Orgasmus der Madonna. Thomas Mann macht aus der Wirkung des bei ihm in der Manier Stucks und Lenbachs geschilderten Bildes ein Sittengemälde Münchens am Ende des bürgerlichen Zeitalters.

22 Vgl. Wolf, S. 94.
23 Fiorenza II, 4, S. 759.
24 Vgl. Fiorenza II, 1, S. 752. Das folgende Zitat bei Villari II, S. 116.
25 Vgl. Johan Huizinga: Herbst des Mittelalters. Studien über Lebens- und Geistesformen des 14. und 15. Jahrhunderts in Frankreich und den Niederlanden. Hg. von Kurt Köster. Stuttgart 1953, nach S. 128 und 167.
26 Zur literarischen Tradition der Venus-Madonna-Typologie vgl. Wolfgang Frühwald: Heinrich Heine und die Spätromantik: Thesen zu einem gebrochenen Verhältnis. In: Heinrich Heine. Dimensionen seines Wirkens. Ein internationales Heine-Symposium. Hgg. von Raymond Immerwahr und Hanna Spencer. Bonn 1979, S. 52 f. Zur Eva-Maria-Typologie in Literatur und Malerei vgl. Peter-Klaus Schuster: Theodor Fontane: Effi Briest – Ein Leben nach christlichen Bildern. Tübingen 1978, S. 82 ff.
27 Fiorenza II, 1, S. 754.
28 Schuster (s. Anm. 26), S. 86. Daß sich im – üblichen – Braunton der Photographie auch ein Hinweis auf Lenbachs Porträtkunst und ihre bekannten Brauntöne verbirgt, kann nur vermutet werden.
29 Pikulik, S. 108, vgl. Fiorenza III, 5, S. 792 u.ö.
30 Vgl. Wanner, S. 164 f.
31 Lehnert: Forschungsbericht, S. 156.
32 Vgl. Wolf, S. 88, Anm. 4.

33 Im Jahre 1893 hatte die Antisemitische Partei immerhin 16 Reichstagsmandate.
34 Vgl. in den »Buddenbrooks« den Sechsten Teil, die Kapitel 8 ff. und dazu Peter de Mendelssohn: Ein Schriftsteller in München. In: Thomas Mann 1875–1975. Vorträge in München – Zürich – Lübeck. Hgg. von Beatrix Bludau, Eckhard Heftrich und Helmut Koopmann. Frankfurt am Main 1977, S. 24 f.
35 Vgl. Bayerische Geschichte im 19. und 20. Jahrhundert 1800–1970. Erster Teilband: Staat und Politik. Hg. von Max Spindler. München 1978, S. 310.
36 Zitiert wird nach dem gedruckten Protokoll der 284. Sitzung der Bayerischen Kammer der Abgeordneten vom 18. Mai 1896. Stenographische Berichte. Bd. VIII, S. 490 ff.
37 Vgl. dazu Dolf Sternberger: Heinrich Heine und die Abschaffung der Sünde. Hamburg und Düsseldorf 1972, Abb. XIV, und dazu die Texte S. 292 f. und 402.
38 Thomas Mann: Doktor Faustus, S. 269.
39 Im »Doktor Faustus« (S. 269) erinnert sich der Erzähler an »die monumentale und bergbachdurchrauschte Dörflichkeit des Stadtbildes« von München »unter föhnblauem Alpenhimmel«.
40 Vgl. Vaget (Anm. 1), S. 483: »This musical relationship between the sword, the sceptre, and the name Blüthenzweig must be taken as the key to the cultural criticism of Gladius Dei.«
41 Vgl. dazu Theodor C. van Stockum: Von Friedrich Nicolai bis Thomas Mann. Groningen 1962, S. 326; Wolf, S. 86, Anm. 2; vgl. auch Villari I, S. 114.
42 Thomas Mann: Betrachtungen eines Unpolitischen. In: Thomas Mann: Politische Schriften und Reden. Bd. I. Frankfurt am Main 1968, S. 60 (Thomas Mann: Werke. Das essayistische Werk. Taschenbuchausgabe in acht Bänden. Hg. von Hans Bürgin).
43 Betrachtungen eines Unpolitischen, S. 59 f.
44 Ebd. S. 59.
45 Vgl. Vaget, S. 482.
46 Zur Wagner-Motivik als Verfalls-Motivik in der europäischen Literatur vgl. Erwin Koppen: Vom Décadent zum Proto-Hitler. Wagner-Bilder Thomas Manns. In: Pütz, S. 208. »Wagner-Musik« ist bei Thomas Mann demnach im gesamten Frühwerk, auch in »Gladius Dei«, »das rauschhafte Präludium

zum Tode.« (Koppen, S. 205) – Zur mythischen Wiederholung Savonarolas in Hieronymus vgl. Bernt Richter: Der Mythos-Begriff Thomas Manns und das Menschenbild der Josephsromane. Euphorion 54, 1960, S. 411 ff.
47 Herbert Lehnert: Thomas Mann – Fiktion, Mythos, Religion. 2., veränderte Auflage. Stuttgart u.a. 1968, S. 105.
48 Vgl. Wich, S. 398.
49 Ebd.
50 Villari I, S. 113.
51 Ebd. S. 142.
52 Vgl. Villari II, S. 106 f. und 199 ff.
53 Savonarola wurde am 23. Mai 1498 in Florenz hingerichtet. Den Hinweis auf die Feier seines 400. Todestages 1898 gibt Pikulik, S. 105.
54 Zur »Theatral-Renaissance« in der deutschen Literatur der Jahrhundertwende vgl. Rehm, S. 308 f. Elisabeth Stopp verwies mich freundlicherweise u.a. auf folgende Titel: Ludwig Kelber: Savonarola. Dramatisches Gedicht. Leipzig 1900; Wilhelm Uhde: Savonarola. Tragödie in 5 Akten. Berlin 1902; Maria Brie: Savonarola in der deutschen Literatur. Diss. Breslau 1903.
55 Vgl. dazu Villari II, S. 299 ff.
56 Für Villari gehört auch die Reformation zu den Folgen der Hinrichtung Savonarolas, vgl. II, S. 313.
57 Jes. 49,2: »Der Herr […] hat meinen Mund gemacht wie ein scharfes Schwert.« Apoc. 2,16: »Tue Buße; wo aber nicht, so werde ich dir bald kommen und mit ihnen kriegen durch das Schwert meines Mundes.«
58 Villari I, S. 96 f.
59 Zu den tragikomischen Stilzügen der Erzählung vgl. bes. Wich, S. 392 ff.
60 Thomas Mann: Doktor Faustus, S. 269.
61 Auf Wagners Oper »Die Walküre« 1,3 verweist bereits Vaget, S. 482; hier liegt eine Anspielung auf die Szenerie im II. Aufzug, 5. Szene vor.
62 Vgl. van Stockum, S. 327 f.
63 Vgl. Pikulik, S. 112 f.
64 Die Bußpredigt des Hieronymus klingt nur noch entfernt an Savonarolas bei Villari (II, S. 115–120) referierte »Apologie der Dichtkunst« an.
65 Vgl. dazu Pikulik, S. 112 f.
66 Mir scheint die Verleihung des persönlichen Adels, die Thomas Mann bei den berühmten Malern Münchens erlebte, auch ein Ziel des Autors gewesen zu sein. Vgl. dazu Tony Buddenbrooks Apologie des Adels gegenüber ihrem Bruder Tom: »Ja, Tom, wir fühlen uns als Adel und fühlen einen Abstand und

wir sollten nirgend zu leben versuchen, wo man nichts von uns weiß und uns nicht einzuschätzen versteht.« (Sechster Teil, zehntes Kapitel).

67 Die den Freunden Münchens heute von der Stadt verliehene Medaille heißt »München leuchtet«; vgl. zum Präsens auch Thomas Mann: Tagebücher 1918–1921. Hg. von Peter de Mendelssohn. Frankfurt am Main 1979, S. 386.

68 Vgl. dazu Pikulik, S. 128.

69 Thomas Mann: Doktor Faustus, S. 270.

70 Ernst Augustin: Raumlicht: Der Fall Evelyne B. Frankfurt am Main 1976, S. 187–189.

Thomas Manns »Moses-Phantasie«.
Zu der Erzählung »Das Gesetz« (1943)[1]

»It is my hope«, heißt es im Vorwort des Buches »The Ten Commandments« am 6. Oktober 1943, »that this book – Thomas Mann's« story of the man who gave the world the Ten Commandments, and the other nine stories dealing with the men who have sought to destroy those Commandments – will help to open the eyes of those who still do not recognize what Nazism really is.«[2] Armin L. Robinson, der aus Österreich stammende New Yorker Literaturagent, der dieses Vorwort als Herausgeber unterschrieben hat, verdeutlichte damit, wer für ihn der »Kaiser des [deutschsprachigen] Exils« gewesen ist: Thomas Mann, der im Exil zum Repräsentanten des »anderen Deutschland« wurde. Obwohl Robinson für sein Projekt (einer Darstellung von Hitlers Zerstörung des im Dekalog konzentrierten Sittengesetzes der zivilisierten Welt) die Elite der in den zwanziger und dreißiger Jahren populären Schriftsteller hatte gewinnen können, obwohl er zumal den Kern der europäischen Exil-Kolonie in Südkalifornien in seinem Buch versammelt hatte, galten ihm der Name und das Ansehen Thomas Manns offenkundig so viel, daß er ihm 1000 Dollar für die einleitende Novelle über Mose, den Schöpfer des Dekalogs, zahlte und seine Hilfe auch bei dem Plan eines Hollywood-Filmes, der dem Buchprojekt voranging, in Anspruch nahm.[3]

Schon im Juli 1942 »diskutierte Thomas Mann den Plan eines »10 Gebote-Propaganda-Films« mit seiner Tochter Erika,[4] am 1. September 1942 besprach er mit Robinson und dem »alten Mayer« von der Filmfirma Metro Goldwyn Mayer sowie »einer Corona von Hochmögenden der Firma« den Plan des Filmes; am 14. September 1942 war er wegen dieses Projektes mit Lion Feuchtwanger, Bruno Frank, Robinson und drei Amerikanern bei Mayer zum Lunch eingeladen,

– das heißt, Thomas Mann hat sich für Robinsons Projekt nicht nur als Autor und Beiträger, sondern gleichsam als Agent des Agenten engagiert. Trotzdem hat M.G.M. das Erfolgsrisiko eines solchen Filmes gescheut. So versprach Thomas Mann am 24. November 1942 Robinson (in New York), einen Beitrag zu dem jetzt als Buch geplanten Projekt zu liefern. Am 28. November wurde der Vertrag mit Robinson beim Rechtsanwalt unterschrieben. »Begrüßung mit Frau Undset«, notierte Thomas Mann im Tagebuch, »die zu demselben Zwecke dort.«[5] Ab Dezember 1942 betrieb er Quellenstudien zu seiner »Moses-Phantasie«, wie er sie am 6. Dezember nannte. Am 10. Januar begann sich Thomas Mann Notizen zu der Novelle zu machen und notierte am 11. Januar 1943 im Tagebuch: »Notizen, Exzerpte, Überlegungen zum ›Gesetz‹. Es ist im Grunde ein schlimmer Fall: Du sollst nicht töten, du sollst nicht begehren ... und schicken sich nach der Eroberung von Kadesch zu der von Kanaan an.« Am 18. Januar begann er »vormittags den Moses zu schreiben«, am 12. März 1943 bereits schrieb er am Schluß der Erzählung und las am 13. März die letzten Kapitel vor, »komisch und eindrucksvoll«. Am 25. März 1943 wurde »das Manuskript des Moses per Flugpost« nach New York abgesandt. Der 6. Dezember 1943 ist der Tag, an dem die »Ten Commandments« ausgeliefert wurden; das erste druckfrische Exemplar erhielt der Autor von seinem Übersetzer, George R. Marek, am 14. Dezember dieses Jahres, und am 19. Dezember 1943 erschien im »New York Times Book Review« schon eine (erste) Besprechung, die Thomas Mann ebenfalls von Marek zugesandt wurde. »Der Moses bevorzugt«, notierte der Autor stolz in sein Tagebuch und zitierte einen Satz aus der Besprechung: »One of the best short novels he has written. A beautiful fable.« Erst am letzten Tag des Jahres 1943 erhielt er, zusammen mit der brasilianischen Ausgabe der »Buddenbrooks«, die ihm zustehenden Freiexemplare des Buches. Werkgeschichtlich gehört die Moses-Novelle Thomas Manns damit noch in den Zusammenhang der »Joseph«-Tetralogie, doch überschneidet sich ihre Beendigung auch mit dem Beginn des Romans »Doktor Faustus«. Thomas Mann war sich dieses Werkzusammenhanges deutlich bewußt. »Dieses Heft [der Tagebücher]«, heißt es am 23. August 1943 im Tagebuch, »verzeichnet den Abschluß des ›Joseph‹, die Herstellung des ›Moses‹ und den anlaufhaften Beginn des ›Doktor Faustus‹. Nicht wenig.« In der »Entstehung des Doktor Faustus«, dem »Roman eines Romans«, wird mit deutlicher Selbstironie der Umstände bei der Entstehung der Moses-Erzählung gedacht. Daß es eine »1000-Dollar-Erzählung«[6] war, scheint Thomas Manns immer wieder gebrauchtes Argument zu sein, durch das er diesen seine Physis überfordernden Kraftakt rechtfertigte. Immerhin beginnt ja die Geschichte von der »Entstehung des Doktor Faustus« mit der kuriosen Frage eines Korrespondenten des »Time Magazine« in Los Angeles, wie es der Autor denn »vor der Öffentlichkeit rechtfertigen wolle, daß [er] immer noch am Leben sei.«[7] Hatte er nicht in seinem auch ins Englische übersetzten »Lebensabriß« (vor »anderthalb Jahrzehnten«) die doch »ziemlich bestimmte Vermutung geäußert, daß [er] im Jahre 1945, siebzigjährig, im selben Alter also wie [seine] Mutter, das Zeitliche segnen würde«? Die Antwort Thomas Manns auf die unverschämte Frage verwies auf den Raubbau, den er mit seiner Kraft getrieben hatte, darauf, daß die Jahre vor 1945 seine physischen Kräfte so ziemlich aufgezehrt hatten, daß – wieder einmal – das große Kunstwerk der physischen Schwäche abgerungen werden mußte: »[...] wie der Besucher mich da sehe, sei immerhin in dem Jahr, das ich dafür angesetzt, mein Leben – biologisch genommen – auf einen Tiefpunkt gekommen, wie es ihn noch nicht gekannt habe. Ich hoffte, daß es aus dieser Depression mit meinen vitalen Kräften noch wieder aufwärtsgehen werde, aber als Bewährung meines Sehertums genüge mein gegenwärtiger Zustand mir vollkommen, und es sollte mir lieb sein, wenn er und sein geschätztes Blatt sich auch derart genügen ließen.« Selbst die heitere und der ganzen Familie Mann so wohltätige »Einlage« in die Riesenarbeit der »Joseph«-Tetralogie, der Goethe-Roman »Lotte in Weimar«, wurde einem rebellierenden Körper, einer über ein halbes Jahr andauernden infektiösen Ischias abgerungen: »Nach Nächten, vor deren Wiederholung mich Gott bewahre, pflegte das Frühstück eine gewisse Besänftigung der in Entzündungsgluten stehenden Nerven zu bringen, und in irgendeiner schräg angepaßten Sitzmanier an meinem Schreibtisch vollzog ich danach die Unio mystica mit Ihm, dem ›Stern der schönsten Höhe‹.«[8]

So bedurfte es schon eines stichhaltigen Argumentes, um die Energieleistung, die sich Thomas Mann mit der in wenigen Monaten abgeschlossenen Moses-Erzählung abverlangt hat, auch vor sich selbst und der Familie zu rechtfertigen. Das 1000-Dollar-Argument scheint ein solches gewesen zu sein, aber auch die nachträgliche Einordnung des Textes in den eigenen Werkzusammenhang, was bedeutete, daß er es von der Auftragsarbeit und der (deutlich im Text gespiegelten) Situation der Entstehung abzurücken suchte. Thomas Mann hat in der »Entstehung des Doktor Faustus« deshalb darauf hingewiesen, daß er damals – am 28. November 1942 in New York – »einen an Fußangeln und Widerhaken reichen Vertrag« unterschrieben habe, »den ich kaum gelesen hatte und mit dem ich ewig dauernde Rechte des Unternehmers auf eine Arbeit besiegelte, die noch nicht existierte, von deren Entwicklung ich keine Vorstellung hatte und mit der ich es weit ernster nehmen sollte, als der Anlaß forderte. Ist es leichtsinnig, ›die Katze im Sack zu kaufen‹, so ist, sie darin zu ver̲kaufen, noch weniger empfehlenswert.« Die Forschungsliteratur ist Thomas Mann in diesem Versuch, die Erzählung aus dem Reigen der »Propaganda«-Novellen auszugliedern, nur zu gerne gefolgt und ist nicht müde geworden darauf hinzuweisen, daß »Das Gesetz« schon im englischsprachigen Erstdruck quer zur Intention des Herausgebers gestanden, sich im Grunde dem Zyklusgedanken nicht gefügt habe.[9] Thomas Mann hat viel dafür getan, um diese Lesart der Novelle zu fördern. Für die englischsprachige Einzelausgabe der Moses-Erzählung, 1945 im Verlag Knopf, hat ihm (vermutlich unabhängig von den Vertragsbestimmungen) die Fassung des Übersetzers der Erstausgabe, George R. Marek, nicht mehr genügt. Helen T. Lowe-Porter, seine geübte und erfahrene amerikanische Übersetzerin, hat sie neu übersetzt und auch dadurch sichtbar der Folge seiner Werke eingeordnet.[10]

Im Rückblick aber sind die Spuren der Auftragsarbeit und der Entstehungssituation an diesem Werk kaum zu übersehen. Es ist in den Tagebuch-Heften eingebettet in eine Fülle tages- und kriegspolitischer Notizen, es ist von Ängsten und Hoffnungen umgeben, ob es Hitler endgültig gelingen werde, die zivilisierte Welt zu bezwingen, oder ob es deren vereinten Kräften gelingen werde, die Umklammerung durch Japan und die Achsenmächte aufzubrechen. Die strategischen Überlegungen Joschuas, die Vernichtung der Streitmacht des Pharao, die Eroberung der Oase Kadesch sind nicht ohne den von Thomas Mann genau verfolgten Wüstenfeldzug Rommels zu denken, ohne den Zweifrontenkrieg bei Tunis, ohne die Schlacht von Stalingrad, die den Untergang der deutschen Armeen einleitete. »Die Deutschen offenbar entschlossen, Stalingrad um jeden Preis zu nehmen. Offensive des Rommel in Ägypten. Japanischer Angriff auf Sibirien gewinnt neue Wahrscheinlichkeit.« Dieser prototypische Eintrag in das Tagebuch am 1. September 1942 umreißt die Kriegslage, die Thomas Mann mit Spannung täglich verfolgte. Das Jahr 1943 wurde für ihn durch die Nachrichten von den Fronten, vom innerdeutschen Widerstand, von der Selbstzerstörung der französischen Flotte in Toulon,[11] vom Abfall Italiens etc. zu einem Hoffnungsjahr, in dem er – mit vielen anderen Emigranten – Pläne für die demokratische Zukunft Deutschlands nach dem Sturz des Nazi-Regimes und dem Ende des Krieges schmiedete.

Thomas Mann hat die zweckgerichtete Arbeit an der Erzählung und ihren Propaganda-Auftrag im Dienst der psychologischen Kriegsführung sehr ernst genommen, auch wenn er sich wenig später schon nicht mehr daran erinnern wollte. Die Überschrift seiner Erzählung in Robinsons Sammlung ist das Erste Gebot des Dekalogs und lautet »Thou shalt have no other gods before me«. Es ist der unsichtbare Gott, Jahwe, den Mose dem Volk offenbart, jener Gott, der im Inneren des Mose und aus seinem Inneren spricht. Das nämlich war die »Gottesentdeckung« des Mose,[12] daß er den »Gott der Väter, will sagen, der Väter der armen, dunklen, in ihrer Anbetung schon ganz konfusen, entwurzelten und versklavten Sippen zu Haus in Ägyptenland, deren Blut von Vaters Seite in seinen, des Mose, Adern floß«,[13] als einen unsichtbaren Gott erfahren hat, und daß die »Implikationen der Unsichtbarkeit, [...] Geistigkeit, Reinheit und Heiligkeit« dem Volke verborgen bleiben mußten, um es vor dem Auszug aus Ägypten nicht zu sehr zu ängstigen. Von da an entwickelte sich die Erzählung, als eine Erzählung von der Entstehung der Zivilisation, ganz konsequent bis zur Niederschrift des »Ewig-Kurzgefaßten, des Bündig-Bindenden«, eben der Niederschrift von »Gottes gedrängtem Sittengesetz«, der »Quintessenz des Menschenanstandes«, dem »ABC des Menschenbenehmens«,[14] und bis zum feierlichen Fluch des Mose über jenen, »der da aufsteht und spricht: ›Sie [die Gesetze] gelten nicht mehr.‹« Auch die Verfluchung jener, die das Grundgesetz des menschlichen Benehmens brechen, entwickelt sich konsequent aus der langen Kurzgeschichte[15] von der Entstehung des Dekalogs. Philologisch betrachtet tatsächlich eine Moses-*Phantasie*,[16] schlägt der Schluß der Erzählung den Bogen zu Herman Rauschnings (damals für echt gehaltenen) Gesprächen mit Hitler, die als »Preface« dem Zyklus der Novellen beigegeben sind. »I am the Lord thy God!« soll Hitler demnach gesagt haben. »Who? That Asiatic tyrant? No! The day will come when I shall hold up against these commandments the tables of a new law. And history will recognize our movement as the great battle for humanity's liberation, a liberation from the curse of Mount Sinai, from the dark stammerings of nomads who could no more trust their own sound instincts, who could understand the divine only in the form of a tyrant who orders one to do the very things one doesn't like. This is what we are fighting against: the masochistic spirit of self-torment, the curse of so-called morals, idolized to protect the weak from the strong in the face of the immortal law of battle, the great law of divine nature. Against the so-called ten commandments, against them we are fighting.«[17]

Die Erzählung Thomas Manns nimmt auf diesen einleitenden Text Rauschnings so genau Bezug, und dies in allen ihren Passagen, nicht nur in dem abschließenden Mose-Fluch über die Gesetzesbrecher, daß Thomas Mann der Text vorher bekannt gewesen sein muß, vielleicht sogar von ihm für das Vorwort vorgeschlagen wurde. Schließlich hat er sich schon 1940 intensiv mit Rauschnings im Exil erschienenen »Gesprächen mit Hitler« befaßt, sie allerdings im Tagebuch am 3. März 1940 eine »schlechte Lektüre« genannt.

Thomas Mann war für Robinsons Plan eines Zyklus von Dekalog-Novellen gegen Hitlers Verachtung der Zehn Gebote so lange Feuer und Flamme, wie er das Endprodukt noch nicht in Händen hatte. Er sprach mit Werfel über sein »Vorspiel« auf der Orgel, wie dieser die von Thomas Mann deutlich als *Einleitung* konzipierte Novelle nannte; bei den Werfels in Beverly Hills las er am 17. April 1943 vor deren Gästen die letzten Kapitel der Erzählung vor »mit starkem Eindruck in Heiterkeit und Ernst«.[18] Und die Radiosendung an die »Deutschen Hörer« über BBC London vom 25. April 1943 ist ganz dem von Robinson herausgegebenen Buch gewidmet. Zwar zitiert der Redner aus dem Text der Erzählung nur die Verfluchungsrede des Mose, da sich »die Worte, mit denen er die Gesetzestafeln seinem Volk überhändigt, sich durchaus in den Rahmen meiner Sendungen an euch, deutsche Hörer, fügen«;[19] doch ist die ganze Sendung nichts anderes als eine begeisterte Ankündigung der Gemeinschaftsarbeit. In diesem Buch, so Thomas Mann über BBC London noch vor Erscheinen der »Ten Commandments«, »wandeln die zehn Autoren [...] die Gebote ab, die in Urzeiten der Menschheit gegeben wurden als ihr sittliches Grundgesetz. Vielmehr, sie wandeln, Punkt für Punkt, die blasphemische *Schändung* ab, die diesem Grundgesetz des Menschenanstandes heute von den Mächten zugefügt wird, gegen die eine der Religion und Humanität noch anhängliche Welt nach langem Zögern zu den Waffen gegriffen hat. Mit anderen Worten: Das Buch handelt vom Kriege und von dem, um was er geht.«

Nach Erscheinen des Buches fühlte sich Thomas Mann blamiert. Für ihn jedenfalls hat das Buch nicht gehalten, was *er* sich und der Welt davon versprochen hatte. Auch die besseren Erzählungen der Sammlung trugen zu sehr den Stempel der Auftragsarbeit an sich, als daß sie selbständig hätten bestehen können. Sigrid Undsets Versuch, die Lächerlichkeit der Nationalsozialisten bloßzustellen, blieb ebenso an der Oberfläche wie andere Versuche, in die Mentalität der vom Nationalsozialismus verführten Menschen einzudringen. Einige Erzählungen des Buches aber, etwa die von Maurois und West, hat Thomas Mann innerlich abgelehnt, weil ihm die gesinnungsästhetische Grundtendenz solcher Texte zutiefst mißfallen hat. Insgesamt wohl war ihm zu viel von Religion und zu wenig von Humanität die Rede. Und auch an den Überlegungen des »christusgläubigen Juden« Franz Werfel, in der Erzählung zum Dritten Gebot (»Thou shalt not take the name of the Lord thy God in vain«) das Hakenkreuz in das Kreuz Jesu zurückzuverwandeln,[20] das heißt an Franz Werfels ureigenen Konversionsproblemen, konnte er kein Interesse finden. So ist es nicht verwunderlich, daß Thomas Mann am 16. Januar 1944 an Erich von Kahler schrieb: »Sie haben recht, nach dem Buche nicht zu verlangen. Ich fürchte ehrlich, daß mein Beitrag mit Abstand der beste ist. Manches ist geradezu lächerlich und kompromittierend, z.B. eine Beschreibung der Rebecca West von Kopenhagen, so ignorant, daß man sich in Europa den Bauch halten wird. Sehr zu bedauern.«[21]

Und im Tagebuch notierte er am 13. Januar 1944 Gespräche mit den Nachbarn und Freunden Bruno und Liesl Frank: »Unterhaltung bis ½ 12 Uhr über die Zeit, Menschen, unsere Söhne, das Commandments-Buch, das vorwiegend schlecht ist, aber jetzt auf der best seller-Liste steht. Der Moses hat eine große Presse, wird gelegentlich zu rationalistisch gefunden.«[22]

Der Vorwurf des »Rationalismus« konnte Thomas Mann kaum treffen. Schließlich gehörte Sigmund Freuds »Der Mann Moses und die monotheistische Religion« (1939) sowie Ernest Renans »Geschichte der Ursprünge des Christentums«, insbesondere dessen in den Tagebüchern immer wieder erwähnte Paulus-Darstellung, zur Quellenlektüre der Moses-Erzählung. Diese Novelle bot nun einmal Thomas Manns Variante der bei Nietzsche vorgebildeten »Genealogie der Moral«.[23] Er sah in Mose den Urvater einer Zivilisation, die er das »Menschenbenehmen« nannte und die für ihn mit der Entdeckung und der Bewahrung der Hygiene begann. Mose, der als ein anderer Michelangelo, am Volke, das er aus Ägypten geführt hatte, »herumzuwerken, zu meißeln und zu sprengen begann«,[24] gab diesem Volke zunächst und zuerst die von den Menschen als unnatürlich empfundene Vorschrift, ihre Leiber nicht ins Lager zu entleeren: »Du sollst außen vor dem Lager einen Ort haben, wohin du zur Not hinauswandelst […] Und sollst ein Schäuflein haben, womit du gräbst, ehe du dich setzest […] Denn die Heiligkeit fängt mit der Sauberkeit an, und ist diese Reinheit im Groben aller Reinheit gröblicher Anbeginn.« Grotesk (und durchaus einprägsam) also beginnt die Reihe der Gebote, mit denen Mose den Alltag und das Benehmen seines Volkes zu verändern begann, mit der Erfindung – der Latrine. Es soll lernen, das, was wider die Natur, was scheinbar unbequem und lästig ist, als der Natur des Menschen angemessen zu verstehen, so daß diese »Zivilreligion«, genannt »Gottesanstand«,[25] eine Reihe durchaus humaner Benehmensvorschriften einübte, von der Reinlichkeit des Körpers bis zur Reinlichkeit des Denkens, von den Speisevorschriften über Vorschriften zur Ordnung »in Dingen der Lust und Liebe, denn auch darin ging es bei ihnen drunter und drüber nach rechter Pöbelart«[26] – bis zu den kultischen Vorschriften, mit denen der Schreiber dieser Geschichte auf den Titel seiner Erzählung, das Erste Gebot des Dekalogs, zurückweist. »Unterscheide« ist das scharfe, mit Unheil an Leib und Leben bewehrte Grundgebot des Mose für sein Volk. Unterscheide dich von den Tieren, von den umgebenden Völkern, deiner Bequemlichkeit, deiner Natur: »Das Allerunreinste ist, sich um irgendeinen Gott zu kümmern, außer um mich, denn ich heiße ein Eiferer. Das Allerunreinste ist, sich ein Bild zu machen, sehe es nun aus wie ein Mann oder Weib, ein Ochs oder Sperber, ein Fisch oder Wurm, denn damit ist man schon abtrünnig von mir, auch wenn das Bild mich vorstellen soll, und könnte ebensogut mit seiner Schwester schlafen oder mit einem Vieh, das liegt ganz nahe dabei und ergibt sich gar bald daraus.« Insbesondere die Beschreibung des Ruhegebotes für den Sabbat, in dem Thomas Mann die beiden Fassungen des Dekalogs aus Ex 20 und Dtn 5 miteinander kontaminierte, enthält die zentrale Botschaft des Mose für die Völker dieser Erde bis auf den heutigen Tag, daß durch Unterscheidung der Mensch Mensch werde, daß er aber seiner selbst an einem Tag der Woche bewußt werden solle, am siebenten Tag der Woche, an dem Tag, an dem Gott von seinem Schöpfungswerk ruhte, an dem Mose sein Volk aus Ägypten herausgeführt ins Freie, wo die Reinheit zu erlernen war. An diesem Tag sollen alle zivilen Unterscheidungen ruhen und der Mensch sich bewußt werden, daß er nichts ist als Mensch im Angesicht des unsichtbaren Gottes: »[...] und mein Tag soll der Tag deiner Freiheit sein, die sollst du feiern. Sechs Tage lang sollst du ein Ackerer sein, oder ein Pflugmacher, oder ein Topfdreher, oder ein Kupferschmied, oder ein Schreiner, aber an meinem Tag sollst du ein rein Gewand anlegen und gar nichts sein, außer ein Mensch, und deine Augen aufschlagen zum Unsichtbaren.« Das große Gleichheitsgebot der Gottes- und der Nächstenliebe, das im Neuen Testament so eindrucksvoll wiederholt wird, ist in diesem Sabbat-Gebot angelegt. Es ist jenes Gebot des Menschseins und des Gleichseins – »und es ist nur ein Zufall, daß du nicht er bist« –, das von den Nationalsozialisten, um des Vorrangs der Rasse und der »Art« willen, so grausam gebrochen wurde. Sie haben ebendem Volk das Daseinsrecht abgesprochen und durch physische Vernichtung zu nehmen versucht, von dem das Gebot des Menschseins der Menschen seinen Ursprung genommen hat.

Die Zivilisationsgeschichte, die Thomas Mann skizzierte, ist zunächst die modellhafte Geschichte von der »Volkwerdung« des Volkes Israel, das aus einer Horde nomadisierender ehemaliger Sklaven, der Eigenbestimmung entwöhnt, nun zu einer Gemeinschaft geformt und gemeißelt wird, in welcher der unsichtbare Gott, mit dem zu reden Mose möglich ist, über Jahrtausende hin das einende Band darstellt. Daß Thomas Mann eine solche Erzählung in ebendem Jahr zu schreiben begann, in dem in Deutschland die »Endlösung«, das heißt die physische Vernichtung des europäischen Judentums, beschlossen wurde, gehört mit zum Situationshintergrund der »Sinai-Phantasie«. Die kleine, aber schlagkräftige Truppe des Joschua und seines »Leutnants« Kaleb, die nach innen ebenso wirksam eingesetzt wird wie gegen die Streitmacht der Amalekiter, war für die Zeitgenossen Thomas Manns ein Spiegel der Stoßtruppen der *Haganah* und der *Irgun Zwai Le'umi* im jetzt intensivierten Kampf um einen jüdischen Staat in Palästina. Thomas Mann hat wenigstens seit 1942 die Auseinandersetzung um die Bildung einer »jüdischen Armee«, um die »Zulassung der Juden zu den United Nations«, kurz um die Geburtswehen des israelischen Staates verfolgt.[27] Sie standen für ihn selbstverständlich im Zusammenhang mit dem nationalsozialistischen Völkermord, mit jener »shoah«, die er zumindest ahnte, auch wenn er sie damals (1943) noch nicht in ihrem ganzen Ausmaß kannte. Die von Mose angeleitete Zivilisationsgeschichte ist aber auch die prototypische Geschichte des Künstlertums in dieser Zeit und in allen Zeiten. Zu den Zeiten des Mose war die priesterliche Funktion mit der poetischen und der politischen noch eng verbunden. Die Trennung all dieser Funktionen ist auch im Denken Thomas Manns, nicht nur in der Vorstellung Max Webers, eine Folge jenes Prozesses der Modernisierung, die durch Rationalisierung, Säkularisierung und Ausdifferenzierung aller Wertsphären gekennzeichnet ist. Thomas Mann habe, meint Hans R. Vaget, »mit der Konzeption des Künstlers als Volksbildner [...] im Grunde das Problem Aschenbach noch einmal verhandelt«.[28] Sein Mose sei das Gegenbild zur prototypischen Künstlergestalt im »Tod in Venedig« (1912): Gustav von Aschenbach. Was Mose dazu befähigte, ein Volk, das Volk Israel, als das dauerhafteste Volk der Geschichte zu erschaffen, und was »Aschenbach auf exemplarische Weise fehlte«, sei »jene ›gesundere Geistigkeit‹, die Thomas Mann von einer künftigen Kunst erwartet«. Diese gleichsam poetologische Lesart der Erzählung drängte im Denken Thomas Manns, in seinen Selbstinterpretationen, die er in Tagebüchern und Briefen von der Erzählung gab, im gleichen Maße in den Vordergrund, in dem er sich enttäuscht von der offenkundig mißlungenen Gemeinschaftsarbeit – einer Darstellung der Perversion des Dekalogs und damit der Zurücknahme der Zivilisationsgeschichte durch die, steinzeitliche Moral und modernste Technik miteinander verbindende, »Bewegung« des internationalen Faschismus – abwandte.

Alle Künstlerfiguren Thomas Manns, so auch Gustav von Aschenbach und Mose, treffen sich im Begriff der Repräsentation. Der *Künstler* repräsentiert das Volk, nicht die Politiker (oder im Altertum die Priester), denn der Künstler hat dieses Volk erschaffen und erschafft es täglich neu. Unter dem Schlag seines Meißels, unter der Wucht seiner Worte, welche sittliche Gebote, Benehmensgebote (damals wie heute) sind, entsteht aus dem wilden Pöbelhaufen, aus dem rohen Klotz das Kunstwerk, die Statue eines zivilisierten Volkes. Mose hat bei Thomas Mann nicht nur den Kult des unsichtbaren Gottes und die Hygiene mit allen aus den Reinlichkeitsgeboten fließenden Vorschriften zur Gesittung des Volkes entdeckt, sondern auch das (hebräische) Alphabet erfunden, mit dem er die zehn Gebote des »Unsichtbaren« in die steinernen Gesetzestafeln metzt, sie mit seinem Blut, nicht nur der Einprägsamkeit wegen, ausmalend. Dieser Mose Thomas Manns also ist ein Führer des Volkes dadurch, daß er das Volk erst zum Volke macht, dadurch, daß er ihm jene Gebote gibt, die auf der Erde seither als das Sittengesetz, als die »Ten Commandments«, gelten. In den Schlachten und Kriegen des Volkes hat er nicht mitgestritten, aber die Arme schützend über sein Volk gehalten, das so lange gesiegt, wie er seine Arme erhoben hat, das dann unterlegen ist, wenn er die Arme hat sinken lassen. »Was das aber heißen will, mag man daran ermessen, daß die Schlacht [gegen die Amalekiter] vom Morgen bis an den Abend währte, in allwelcher Zeit Mose seine schmerzhafte Stellung einhalten mußte. Da sieht man, wie schwer die geistliche Männlichkeit es hat auf ihrem Gebetshügel – wohl wahrlich schwerer als die, die drunten dreinhauen darf im Getümmel.«[29] Der Künstler, der schützend auf dem Gebetshügel die Arme über jenes im Lebenskampf streitende Volk erhebt, welches er selbst erst zum Volk gebildet hat, ist die gleichsam ikonographische Verdichtung der Botschaft in Thomas Manns später Erzählung »Das Gesetz«. Dieser Autor ist – wie Mose – Repräsentant der Menschheit und der Menschlichkeit, das ist seine Aufgabe, sein Auftrag, sein schweres, den Anfechtungen seiner Sinne abzuringendes Tage- und Lebenswerk. Daß Thomas Mann seinen Sohn Klaus, dessen Liebesleben er stets mit Sorgen gesehen hat, mit diesem Mose vergleicht, mag im Sinne des Vaters ein großes Lob gewesen sein, der Sohn wird den Eingriff in sein Intimleben kaum so empfunden haben. Als nämlich Klaus Mann in der amerikanischen Armee zum »Staff Sergeant« ernannt wurde, schrieb ihm der Vater einen »Glückwunsch« mit den Worten des Mose, der von Jahwe »zum furchtbaren Stelldichein« auf den Gipfel des Sinai gerufen wird: »Jetzt sollt ihr sehen, und alles Volk soll es sehen, ob euer Bruder entnervt ist von schwarzer Buhlschaft, oder ob Gottesmut in seinem Herzen wohnt, wie in keinem sonst.«[30]

Mose trägt, wie alle Künstlergestalten im Werke Thomas Manns, auch Züge seines Schöpfers, der nur allzu sichtbar als der Chronist all dieser Ereignisse beim Auszug Israels aus Ägypten und bei der Schaffung des Dekalogs auftritt und immer wieder mit Interjektionen und (vor allem stilistischen) Fiktionsbrechungen seine Leser in ihre Gegenwart zurückruft. Thomas Mann hat auch in seiner Moses-Phantasie eine autobiographische Erzählung geschrieben, die von einer Sehnsucht berichtet, die er zeitlebens mit sich getragen hat: Repräsentant der Deutschen in dem Sinne zu sein, daß sie seinem Humanitätsdenken folgen, daß sie die »Höhere Heiterkeit« seines Werkes zur Basis ihres Lebens zu machen versuchen. Diese Sehnsucht war jetzt (im Exil und zumal im Wendejahr des Krieges 1943) auf die Zeit nach dem Kriege gerichtet, in welcher das durch Naziherrschaft und Krieg verrohte deutsche Volk der priesterlichen Führung seiner Künstler mehr bedurfte als jemals zuvor in seiner langen Geschichte. Charakteristisch für diese Auffassung ist die seltsame Notiz vom 11. September 1942 im Tagebuch, wo es über ein Gespräch Thomas Manns mit seiner Frau und seiner ältesten Tochter heißt: »Gespräch mit K. und Erika über die Unvorstellbarkeit der Zukunft Deutschlands. Das Grauen von amerikanischen Offizieren vor deutschen Gefangenen (in Canada?). ›There is nothing human left.‹ Gefährlich auch ohne Waffen, entschiedener Eindruck, daß man sie töten muß.« In dieser Zeit, in der Thomas Mann an die Existenz eines in Deutschland, zumal in den deutschen Armeen, verbreiteten faschistischen Menschentypus glaubte, in der er – darin seiner Tochter Erika enger als seinem Bruder Heinrich verbunden – die »reeducation« der Deutschen als eine schier unvorstellbar schwere Aufgabe vor sich und seiner Familie sah, hat er sich selbst in der Rolle des Mose gesehen, dem die Führungsrolle in einem neuen Deutschland übertragen werden würde. »Die Meyer schreibt«, heißt es im Tagebuch am 6. Juli 1943, »in der ›Post‹ erscheine ein Artikel, nach dem alle Emigranten der Meinung seien, ich gehöre an die

Spitze des neuen Deutschland.«[31] Der Autor hat sich für wenige Monate tatsächlich der Vorstellung hingegeben, er könne an die Spitze einer amerikanischen Variante des »Nationalkomitees Freies Deutschland« treten und die politische Zukunft eines Nachkriegsdeutschland mit vorbereiten helfen. Schon am 2. November 1943 aber heißt es im Tagebuch: »Im Laufe des Abends viel über meine Führer-Zukunft in Deutschland, vor der mich Gott bewahre.« Und am 16. Dezember dieses Jahres, kurz nach Erscheinen der »Ten Commandments«, sind bereits alle Hoffnungen zerstört: »Melancholisch. Auch die Aussichten des europäischen Krieges scheinen mir wieder dunkel u. fragwürdig, die Sorge um die ›deutsche Demokratie‹ höchst voreilig und absurd.«[32]

So bleibt für Thomas Mann aus dem Abenteuer des Propaganda-Krieges gegen Hitler-Deutschland, dem er sich in der Zusammenarbeit mit Robinson ausgeliefert hatte, auch in diesem Falle das Bewußtsein seiner literarischen Modernität im Vergleich mit der europäisch-amerikanischen Elite der Schriftstellerinnen und Schriftsteller seiner Zeit. Diese Vorzugsstellung wurde ihm durch Parodie und Ironie geschenkt, und in der Moses-Erzählung, wie vorher schon in der »Joseph«-Tetralogie, hat er beide Stilelemente zur Meisterschaft gebracht. Am durchaus objektiven Vergleich der eigenen stilistischen Leistung etwa mit der des Freundes Bruno Frank, der dem Klassizismus der konservativen Moderne anhing, hat Thomas Mann diese seine Modernität scharf bezeichnet und damit auch den Abstand benannt, der ihn von den Beiträgern zu Robinsons (freilich nie verfilmtem)[33] Bestseller trennte. Seine Bemühungen, »Das Gesetz« aus dem Zusammenhang des in seinen Augen völlig mißglückten Zyklus zu lösen, die Erzählung in deutscher und in englischer Fassung dem eigenen Werkzusammenhang als eine längere Kurzgeschichte einzureihen, sind letztlich von dieser Überzeugung und dieser Erkenntnis bestimmt. Am 19. September 1943 hörte er in Kalifornien einer Vorlesung von Bruno Frank, der gleich ihm einen

Beitrag zu den »Ten Commandments« geschrieben hatte, zu und notierte anschließend in sein Tagebuch: »Vorlesung Br. Franks im jüdischen Tempel, mit schlechter Musik. Limonade in der Pause. Große Hitze im Saal. Er benützt den humanistischen Erzähl-Stil Zeitbloms vollkommen ernst, als seinen eigenen. Ich kenne im Stilistischen eigentlich nur noch Parodie, stehe darin Joyce nahe.«[34] Während nach Rudolf Smends Befund die Geschichte der philologischen Mose-Exegese eine Geschichte der Subtraktionen ist, ist die Entwicklung von Thomas Manns Mose-Gestalt die Geschichte von Additionen. Erst dadurch allerdings, daß die historische Bibelwissenschaft den »Mann Mose« im Nebel der Vermutungen und der Hypothesen hat entschwinden lassen, haben sich für die Modernen, für Sigmund Freud ebenso wie für Arnold Schönberg und für Thomas Mann, jene – von Golo Mann so genannten – »informativen Lücken des informativen Wissens« aufgetan, die immer schon das Feld der historischen Dichtung gewesen sind. Thomas Manns Mose hat mit jenem Mose, den Rudolf Smend im Dunkel der Überlieferungsgeschichte vermutet,[35] kaum etwas zu tun. Der Dichter hat nicht jenen Menschen gezeichnet, der den Schritt Gottes hörte, vorsprang und den Zipfel seines Mantels faßte. Er hat auch in Mose eine uns aus seinem Werk seit jeher vertraute Repräsentationsfigur gezeichnet, die stärkere Züge ihres Autors als Züge einer historischen Gestalt an sich trägt. Daß der »historische« Mose ein Werk, das Volk Israel, hinterlassen hat, tritt in der Darstellung Thomas Manns zurück hinter seiner Aufgabe, Gesetzgeber der zivilisierten Menschheit zu sein. So berichtet dieser Mose aus dem Jahre 1943 von sich selbst und vom Glück seines Autors über das wohlgelungene Werk. Ihm näherzukommen bedeutet nicht, einer geschichtlichen Gestalt näherzukommen, sondern seinem Autor näherzukommen. Und was dieser über Mose im Jahre 1943 geschrieben hat, galt in der Mitte dieses Jahres auch für ihn selbst: »Mose, obgleich ihn noch lange die Arme schmerzten, war ein glücklicher Mann.«[36]

1 Rudolf Smend hat in den von W. Barner herausgegebenen »Querlektüren« (Göttingen 1997, S. 232–246) eine Interpretation von Thomas Manns Erzählung »Das Gesetz« vorgelegt, in deren Verlauf er belegt, weshalb er sein Eingangsurteil über die eher als Nebenarbeit zu bezeichnende Novelle am Ende so revidiert, daß er »sie jetzt zu dem zu nehmen« gedenkt, was er »alle Jahre, oder doch alle paar Jahre« wieder lesen möchte. So ist die vorliegende Miniatur gedacht als Erinnerung an diesen Vorsatz. Rudolf Smend wird mir daher auch verzeihen, wenn sich mein Abschnitt über die »Entstehungsgeschichte« von Thomas Manns »Moses-Phantasie« mit seiner »Querlektüre« überschneidet.

2 Armin L. Robinson (Hg.): The Ten Commandments. Ten Short Novels of Hitlers War Against the Moral Code, with a Preface by Herman Rauschning. Simon and Schuster: New York 1943, ²1944. Eine deutsche Fassung des zu wenig bekannten Buches erschien 1988 unter dem Titel »Die zehn Gebote. Hitlers Krieg gegen die Moral« in der Übersetzung von U. Walberer in der Reihe »Verboten und Verbrannt/Exil« des Fischer-Verlages. In diesen Band sind die Texte von Thomas Mann und Franz Werfel nach den deutschen Originalfassungen aufgenommen, der Text von Jules Romains wurde nach einem französisch gedruckten Text übersetzt. Während in der amerikanischen Erstausgabe jeweils der Wortlaut eines Gebotes des Dekalogs als Überschrift der jeweiligen Erzählung dient, stammen die Überschriften in der deutschen Fassung (mit Ausnahme der Titel zu den Erzählungen von Mann und Werfel) vom Übersetzer.

3 Mitarbeiter des Bandes waren schließlich neben Thomas Mann (1. Gebot): Rebecca West, Franz Werfel, John Erskine, Bruno Frank, Jules Romains, André Maurois, Sigrid Undset, Hendrik Willem van Loon, Louis Bromfield (10. Gebot).

4 Vgl. die entsprechenden Einträge im Tagebuch: Thomas Mann: Tagebücher 1940–1943, hg. von P. de Mendelssohn. Frankfurt am Main 1982.

5 Sigrid Undset war neben Thomas Mann der zweite Nobelpreisträger, der an Robinsons Projekt mitarbeitete. Sie hatte den Nobelpreis für Literatur im Jahr vor Thomas Mann erhalten (1928).

6 Vgl. u.a. den Brief Thomas Manns an Agnes E. Meyer vom 15. Dezember 1942: Thomas Mann: Briefe 1937–1947, hg. von E. Mann. Frankfurt am Main 1979, S. 285.

7 Thomas Mann: Doktor Faustus. Die Entstehung des Doktor Faustus, Frankfurt am Main 1967, S. 682. Die folgenden Zitate aus der »Entstehung

des Doktor Faustus« (1949) ebd. S. 680 f. sowie die Zitate zur Entstehung der Moses-Novelle S. 687 f.
8 Die Entstehung des Doktor Faustus, S. 683.
9 Auf eine systematische Auseinandersetzung mit der germanistischen Forschungsliteratur zu Thomas Manns Erzählung »Das Gesetz« verzichte ich. Unentbehrlich sind nach wie vor die grundlegenden quellenkritisch-literarhistorischen Studien von K. Hamburger: Thomas Mann: Das Gesetz: vollständiger Text der Erzählung. Dokumentation, 1964 (Dichtung und Wirklichkeit 17), und H. Lehnert: Thomas Manns Erzählung ›Das Gesetz‹ und andere erzählerische Nachspiele im Rahmen des Gesamtwerks: DVFLG 43 (1969), S. 315–543. Hilfreich für die vorliegende Arbeit waren u.a. S. Strohm: Selbstreflexion der Kunst. Thomas Manns Novelle ›Das Gesetz‹. Jahrbuch der Deutschen Schillergesellschaft 31 (1987), S. 321–353, sowie H. R. Vaget: Das Gesetz, in: H. Koopmann (Hg.): Thomas Mann-Handbuch, Stuttgart 1990, S. 605–610. Eine Auseinandersetzung mit der neueren Literatur findet sich in den Anmerkungen zu J. Strobel: Entzauberung der Nation. Die Repräsentation Deutschlands im Werk Thomas Manns. Dresden 2000, S. 231–224; vgl. auch K. Makoschey: Quellenkritische Untersuchungen zum Spätwerk Thomas Manns. ›Joseph der Ernährer‹, ›Das Gesetz‹, ›Der Erwählte‹. Frankfurt am Main 1998.
10 Vgl. dazu die Anmerkung von P. de Mendelssohn zu S. 569 der Tagebücher 1940–1943.
11 Tagebücher 1940–1943, S. 502. Für Thomas Mann bedeutete dieses Ereignis das Ende von Hitlers Plänen eines »deutschen Europa«.
12 Thomas Mann: Das Gesetz, in: ders: Die Erzählungen. 2. Bd., Frankfurt am Main 1967, S. 627 (Thomas Mann: Werke. Taschenbuchausgabe in zwölf Bänden. Moderne Klassiker. Fischer-Bücherei.) Nach dieser Ausgabe wird der deutsche Text der Erzählung »Das Gesetz« nachfolgend zitiert.
13 Das Gesetz, S. 621 f. Das folgende Zitat ebd. S. 622.
14 Das Gesetz, S. 663 und 672. Das folgende Zitat ebd. S. 672.
15 Eine »long short story«, mit der Betonung auf »long« hat Thomas Mann seine Erzählung im Brief an Agnes E. Meyer vom 28. Januar 1943 genannt: Briefe 1937–1947, S. 293.
16 Wie weit Thomas Mann sich in seiner zwischen psychologischer Studie und Groteske schwankenden Erzählung von der Exegese des Alten Testamentes entfernt hat, läßt sich aus einem Vergleich zwischen der Erzählung und Rudolf Smends fulminantem Vortrag über »Die Zehn Gebote«

leicht erschließen (vgl. R. Smend: Bibel, Theologie, Universität, 1997, S. 21–34).

17 Ten Commandments, S. XIII.

18 Tagebücher 1940–1943, S. 564.

19 Thomas Mann: Politische Schriften und Reden 3. Frankfurt am Main 1968, S. 251. Das folgende Zitat ebd.

20 Vgl. dazu W. Frühwald: »Er war mein Vater«. Menschenrechte und Menschenwürde in der Literatur des Exils. In: W. Odersky (Hg.): Die Menschenrechte. Herkunft, Geltung, Gefährdung. Düsseldorf 1994, S. 149–163.

21 Thomas Mann: Briefe 1937–1947, S. 349.

22 Thomas Mann: Tagebücher 1944–1.4.1946, hg. von I. Jens. Frankfurt am Main 1986, S. 9.

23 Vgl. Vaget, S. 609, der Thomas Manns Rechtfertigung der Sinnlichkeit als »einer unverzichtbaren Komponente der Moral«, betont und hervorhebt, daß dadurch »die Idee der moralischen Ordnung mit dem Element der moralischen Unordnung versöhnt« wird.

24 Das Gesetz, S. 651. Das folgende Zitat ebd.

25 Das Gesetz, S. 653.

26 Das Gesetz, S. 652. Die folgenden Zitate ebd. S. 653 und 655.

27 Vgl. Tagebücher 1940–1943, S. 461, 474, 478, 483 u.ö.

28 Vaget, S. 608. Zum folgenden vgl. ebd. S. 608 f.

29 Das Gesetz, S. 645.

30 Brief an Klaus Mann vom 27. April 1943: Briefe 1937–1947, S. 308 f.

31 Tagebücher 1940–1943, S. 597.

32 Ebd. S. 658, das vorhergehende Zitat ebd. S. 645.

33 Ich vermute, daß die Abmachung mit Metro Goldwyn Mayer dahingehend lautete, daß zuerst die Buchausgabe der »Ten Commandments« abgewartet und dann noch einmal über das Film-Projekt gesprochen werden sollte.

34 Tagebücher 1940–1943, S. 627.

35 Vgl. R. Smend: Mose als geschichtliche Gestalt. Theodor-Schieder-Gedächtnisvorlesung. München 1993. In: ders.: Bibel, Theologie, Universität, S. 19 f.

36 Das Gesetz, S. 645.

Eine Kindheit in München.
Die Familie Mann und das Genre
der Inflationsliteratur*

1. Repräsentation als Lebensstil

Wenn Katia Mann ihren Kindern an Samstagabenden aus Werken der Weltliteratur vorlas, soll sie, so berichtet Golo Mann, in Clemens Brentanos »Geschichte vom braven Kasperl und dem schönen Annerl« nach ein paar Seiten unterbrochen und stets eine Stelle überschlagen haben: »Es war die Stelle, an der die alte Bäuerin den Erzähler fragte, von welchem Handwerk er sei, und er nach einigem Zögern antwortet, er sei ein Schreiber.«[1] Später hat Golo Mann die von der Mutter unterdrückte Stelle nachgeschlagen und gelesen: »Es ist wunderbar, daß ein Deutscher immer sich ein wenig schämt, zu sagen, er sei ein Schriftsteller; [...] eine gewisse innere Scham hält uns zurück, ein Gefühl, welches jeden befällt, der mit freien und geistigen Gütern, mit unmittelbaren Geschenken des Himmels Handel treibt. [...] Einer, der von der Poesie lebt, hat das Gleichgewicht verloren, und eine übergroße Gänseleber, sie mag noch so gut schmecken, setzt doch immer eine kranke Gans voraus.«[2] Dies, so überlegte Golo Mann, wollte die Mutter den Kindern wohl nicht lesen, es hätte ihnen »die Idee eingeben können«, der Vater habe »einen ausgefallenen oder gar unehrenhaften Beruf«.[3] Der Ruhm des Vaters, Thomas Mann, auf den die Kinder ebenso stolz waren, wie er sie quälte und in ihrer eigenen Entwicklung behinderte, stand im Mittelpunkt eines prototypisch spätbürgerlichen Hauses;[4] prototypisch in dem Sinne, daß hier nicht Besitz und Bildung die Eckpfeiler einer direkt auf Nobilitierung zustrebenden bürgerlichen Dynastie bildeten, sondern diese Dynastie, als auch wirtschaftlich beständiger Familienverband, auf einem der zerbrechlichsten Güter unserer Lebenswelt aufgebaut war: auf der Kunst. Nicht nur die Adelsgespräche in den »Buddenbrooks«, auch die Schilderung Gustav von Aschenbachs im »Tod in Venedig« und die lebenslang, viele Jahre in heftiger Konkurrenz mit Gerhart Hauptmann, entfaltete Goethe-Nachfolge weisen auf das durchaus reale Streben Thomas Manns nach persönlicher Nobilitierung noch im wittelsbachischen Kunststaat.[5] Gustav von Aschenbach, der zur Ehre der Schulbücher erhobene und wegen seiner Vorbildlichkeit geadelte Schriftsteller, trägt nur seinen Vornamen nach Gustav Mahler, sein Nachname erinnert beziehungsvoll-ironisch an die nobilitierten Malerfürsten Münchens, die Stuck, Lenbach und Kaulbach, von deren repräsentativem Lebensstil ihre Münchner Wohnpaläste bis heute zeugen. Auch die Orientierung an der von Richard Wagner (oder besser: von Cosima Wagner) begründeten Familiendynastie belegt die sozialgeschichtlichen Wurzeln des ungemein tiefgreifenden und vielfältigen Themenkomplexes der Familie im Werke Thomas Manns, seiner Kinder und seiner Enkel. Noch über den letzten Büchern dieser Familie, über Frido Manns viel zu wenig beachtetem, autobiographischem Roman »Professor Parsifal« (1985) und Golo Manns »Erinnerungen und Gedanken« (1986), liegt der Schatten des Familiengründers. In Golo Manns melancholisch-heiteren Erinnerungen ist der Vater stets mit den beiden versal geschriebenen Anfangsbuchstaben seines Namens, als TM, gegenwärtig; und der Roman des vom Großvater als Himmelsgestalt verklärten Enkels Frido beginnt mit dem lapidar-befreienden Satz: »Mein Großvater war tot.«[6] Der Ich-Erzähler dieses als Roman kaschierten Bekenntnisbuches erinnert sich, daß sich in die Trauer des letzten bewußten Abschiedes vom Großvater »eine Art Triumph« mischte, »etwa in dem Sinne: ›Der König geht. Jetzt bin ich endlich frei, Großes und Wichtiges, wozu ich aufgerufen, mit Lust und Freude zu vollbringen!‹« Die Fixierung auf die Familiendynastie, deren Fesseln der Theologe und medinzinische Psychologe Frido Mann noch mit 45 Jahren zu spüren meinte,[7] ist so stark, daß sie, schon für Thomas Mann, dann auch für seine Kinder und seine Enkel, nicht nur zur inneren Perspektive des Werkes wurde. Die Familie war ein erster Kreis von sachkundigen Adressaten und Hörern, in dem in Lesung und Kritik die Öffentlichkeitswirkung des Werkes erprobt wurde; sie wurde zu einem Modell von Wirklichkeit, dessen Grenzen oft genug die Grenzen der erfahrbaren Welt waren. Es ist auffällig, wie intensiv sich die Kinder an die Zauberatmosphäre der Lesungen Thomas Manns erinnern, auffällig aber auch, wie deutlich, mit nur mühsam unterdrückten Konkurrenzgefühlen, sich Thomas Mann der Lesungen seines Sohnes Klaus erinnert, und wie Frido noch 1985 das Gelächter seines Vaters Michael und seines Onkels Golo Mann im Ohr klingt, wenn er sich seiner ersten schriftstellerischen Versuche erinnert.[8] Für Thomas Mann ebenso wie für seinen Sohn Klaus war die Familie der modellhafte Ort, an dem sich der gewaltige Wertesturz der eigentlichen Revolutionsjahre in Deutschland, der Jahre der Inflation, vollzogen hat. Für Frido Mann aber war das Schicksal seines Onkels Klaus Vorbild jener Generation, der er selbst zugehörte und die wir uns die Achtundsechziger Generation zu nennen angewöhnt haben. Obwohl ihn mehr als drei Jahrzehnte von seinem Onkel trennten, meinte er 1967 noch die prophetische Stimme des 1949 freiwillig aus dem Leben geschiedenen Klaus Mann zu hören: » – die verstörte Jugend Europas braucht anderes. Sie braucht Führung und Trost, neue Ideale und Hoffnungen, einen Glauben.«[9]

2. Sozialer Wandel und Kontinuitätsbruch

Das Gespräch der Familie Mann ist nicht nur deshalb so zeitsymptomatisch, weil es sich auf die in der literarischen Moderne seit Lessing immer stärker entfaltete und differenzierte, schließlich schon im 19. Jahrhundert ideologisierte Familienthematik konzentriert, sondern weil es an der Stelle intensiviert wird, an der zugleich mit den bürgerlichen Vermögen auch die ethischen Maximen des Bildungsbürgertums zerbrechen. Es ist die Zeit, in der sich in Europa die Welt sichtbar in eine Welt von gestern, die Zeit der ökonomischen und ethischen Sicherheit, und die Welt von morgen, die ungesicherte, zerbrechliche und gefährdete Zukunft teilt, in welcher die Welt der Person und der auf Individualität gegründeten Institutionen übergeht in die der Gruppen, der Kollektive und – der Cliquen. Thomas Mann selbst hat seine Inflationsnovelle »Unordnung und frühes Leid« (1925), die in der »Revue de France« den bezeichnenden Titel »Au temps de l'Inflation« trägt, als eine »Geschichte aus Revolutionszeiten« beschrieben, »erzählt von einem, der nicht gerade ein Revolutionär ist, aber so ziemlich Bescheid weiß und nach Valmy nicht weissagt, daß alles beim alten bleibt.«[10] Bei aller Sympathie für die ästhetische Kraft und den stilistischen Glanz des Werkes von Thomas Mann steht uns, beim Gespräch zwischen Alten und Jungen, welches »die ›Unordnung‹ in den Familienrahmen spannt«, unter der Perspektive von Weltwandel, Traditionsbruch und Kontinuitätsverlust das Werk Klaus Manns näher als das seines Vaters, so daß Frido Manns autobiographischer Roman in diesem Sinne seiner Zeit weit voraus gewesen ist. Im gleichen Maße nämlich, in dem Frido Mann den vom Ruhm des Großvaters errichteten »goldenen Käfig« der Familie verlassen konnte, erschien ihm das Werk des Onkels, aber auch dessen letzte (vergebliche) Anstrengung eines religiösen Aufbruchs als die noch unsichere Spur des eigenen Weges. »Heute ist ihm voll bewußt«, heißt es von Alexander, der Mittelpunktsfigur des »Professor Parsifal«, »daß der verlorene Friede, der dem Zweiten Weltkrieg unmittelbar folgte, eine solche verbindende und zugleich trennende Gegebenheit zwischen ihnen ist. [...] In seinem Schulalltag hatte Alexander schon einiges von der wachsenden Atomkriegs-Hysterie mitbekommen, wenn natürlich auch nicht so scharf gesehen wie von seinem Onkel K. Was also für ihn, den am Anfang Stehenden, zwar eine erschreckende Begegnung mit jenem neuen Desaster auf heimatlichem Boden gewesen war, zugleich aber Auftakt für kommende Auseinandersetzungen, war für K. das Ende eines langen, zuletzt nur noch qualvollen Tanzes auf dem Vulkan.«[11]

3. Die Zerstörung der Individualität

Klaus Mann, der seinen Neffen geliebt und ihn doch auf Distanz gehalten hat, vielleicht weil er zu dieser Zeit schon davongehen wollte, schon »im Aufbruch begriffen« war,[12] hat in seinem frühen autobiographischen Roman »Kind dieser Zeit« (1932) den gewaltigen Generationenbruch erkannt, der seine Erfahrungswelt von der seiner Eltern trennte: »Unsere Kindheit, nach außen noch ziemlich behütet, war, tiefer drinnen, von den abnormen, ungeheuren Umständen der Zeit derart in Mitleidenschaft gezogen, daß sie fragwürdiger, gefährdeter wurde, als man sich ›bürgerliche Kindheiten‹ gemeinhin vorstellt. [...] Sowohl geistig-moralisch als wirtschaftlich hatten wir gar nichts, womit wir rechnen konnten. Auf irgendwelche ethischen Voraussetzungen war ebensowenig zu bauen, wie auf die Zinsen irgendwelcher Vermögen.«[13] Klaus Manns Werk ist, in immer neuem Ansatz, um dieses große Thema der Zerstörung einer Individualität konzentriert, und zugleich um die Zerstörung jenes Kontinents, Europa, auf dem seit Antike und Renaissance der Begriff des Individuums ausgebildet worden ist. Daß es die väterliche Übermacht ist, welche im Grunde diese Individualität zerstört,[14] ist Bild für die enge Bindung des in München geborenen und mit 29 Jahren aus seiner Vaterstadt vertriebenen Autors an die Heimat, die sich ihm zuerst im Bild der Heimatstadt und des europäisch-offenen Elternhauses gezeigt hat. Thomas Mann hat den Lebenshunger der von Unsicherheit und Zukunftsangst gepeinigten Jugend durch die Kategorie der »Unordnung« zu fassen versucht, welche »frühes Leid« erzeugt, und dies an seiner jüngsten Tochter Elisabeth, dem Patenkind des Kölner Germanisten Ernst Bertram, demonstriert, dem Urbild Lorchens in der Erzählung »Unordnung und frühes Leid«.[15] Er hat »das Alte« im Professor der Historie Abel Cornelius konfiguriert, da ihm der »historische Mensch‹ (ein wesentlich frommer Mensch) in revolutionären Zeiten die melancholischste und auch die komischste Figur« schien, das Neue aber im Freundeskreis seiner ältesten Kinder, dessen Unordnung »die arme kleine Trägerin des ›frühen Leides‹« so weitgehend ergreift, daß sie dieser »Unordnung« das ihr »freilich sehr zugehörige Element analytischer Sexualproblematik hinzufügt«.[16] Klaus Mann, der in der Familie, welche vom inflationären Wertesturz, trotz ökonomischer Sicherheit, nicht verschont wurde, vergeblich Sicherheit und Zuflucht vor der in totalitäre Gruppierungen zerfallenden Öffentlichkeit gesucht hatte, kämpfte seit seiner »Kindernovelle« (1926) immer wieder und immer vergeblich um das Verständnis des Vaters für seine Angst vor der Individualitätszerstörung; zum Vaterfluch hat er sich freilich nicht durchgerungen, sondern ebenjene zutiefst bürgerliche Dezenz bewahrt, die in der Familie Mann – auch im Tode – selbstverständliche Pflicht gewesen ist. Zum Vaterfluch hat sich erst die Generation bereitgefunden, für die Bernward Vespers Romanessay »Die Reise« (1977) zum Kultbuch geworden ist. »Angst«, die unverstandene, kreatürliche Angst des Kindes vor dem Chaos der Welt und der Dunkelheit des Lebens, ist eines der Leitworte in Klaus Manns Werk; er weist schon 1932 auf Golo Manns alptraumartige Angstzustände hin, die dieser im Kapitel »Angst« seiner »Erinnerungen und Gedanken« nochmals bestätigt hat.[17]

4. Angst und Todeswunsch

»Ein großes und schweres Kapitel«, meint Klaus Mann in »Kind dieser Zeit«, »wäre über die Angst zu schreiben, von welcher das Kind nachts, und nicht nur nachts, angepackt wird. Sicher ist mir, daß in diesen schauerlich tiefen Ängsten atavistisches Sich-Erinnern an Zustände des Grauens liegt, die in frühen Menschheitsepochen mit den Zuständen der Lust und Beutegier abwechselten.«[18] Aber auch und gerade die von den Kindern Thomas Manns erlebten Angstzustände deuten auf den Grundzug der Individualitätszerstörung hin, denn die Einsamkeit des Kindes Klaus Mann mit seinem Spiegelbild scheint dem Autor von »Kind dieser Zeit« als die Klimax der Anfälle, bei denen eine kalte Hand das Herz zusammenpreßte: »Als Kind, allein mit seinem Spiegelbild in einem halbdunklen Zimmer gelassen, hat man alle Verzweiflungen des Irrenhauses kennengelernt.«[19] Diesem Spiegelbild, dem Bild einer zerstörten und in sich tief zerspaltenen Jugend ist Klaus Mann dann 1945 auf dem Balkon des zerstörten Vaterhauses wiederbegegnet; in einem Brief an den Vater, datiert »US Press Camp, Rosenheim (Bayern), den 16.V.1945«, hat er diese Begegnung der deutschen Jugend mit sich selbst, im zerstörten Münchner Vaterhaus, geschildert. Der »Lebensborn«, die nationalsozialistische Organisation zur Erzeugung reinrassiger Arier, hatte in Thomas Manns enteignetem Haus in der Poschinger Straße bekanntlich sein Münchner Hauptquartier: »Stramme Burschen von der SS waren hier einquartiert, sehr feine Leute, wirklich: die reinsten Bullen.«[20] Man muß diesen stilisierten Brief, den Klaus Mann in seinen Lebensbericht »Der Wendepunkt« (1949) aufgenommen hat, genau lesen, um die Töne des Entsetzens und des endgültigen Verlustes von Heimat und Lebenszuversicht daraus zu hören, denn die Begegnung mit dem Vaterhaus 1945 ist das Schlußwort Klaus Manns zu dem von ihm zeitlebens bedachten Weg der deutschen Jugend; in dem Mädchen, das auf dem Balkon der zerstörten Villa in München 1945 haust (»[...] gemütlich [...] Beinah wie daheim [...]«)[21] begegnet er sich selbst und doch nur einem abgespaltenen Teil von sich selbst: »›Kaputt!‹ Sie wiederholte das Wort, in der Annahme wohl, daß ich des Deutschen nicht recht mächtig sei. [...] Ohne zu lächeln, mit feindlich verschlossener Miene geleitete sie mich durch eine Flucht von Dachkammern, die in unseren Speicher eingebaut worden sind und auf deren lamentablen Zustand meine Führerin mich immer wieder hinweisen zu müssen glaubte. ›Kaputt! Nix gut!‹ sie blieb dabei. Auch in ›meinem‹ Zimmer – wild-wildfremd: mit makabren Resten von Urvertrautheit – deutete sie, nicht ohne Schadenfreude, zum zerrissenen Plafond: ›Nix gut! Understand!‹« In einem weiten

Bogen also ist Klaus Mann im »Wendepunkt«, nach der erzwungenen Wanderung durch die Welt, verkleidet in die Uniform der amerikanischen Armee, an den Ausgangspunkt zurückgekehrt und mit der Perversion ebenjenes »äußersten Lebensoptimismus«[22] konfrontiert, der ihn seither am Leben erhalten hatte. Nun sah er nochmals und wieder alles vor sich, das zerstörte Haus und das zerstörte Leben, die Kindheit und den Herzogpark, in dem der wilde, ungestillte Lebenshunger begonnen hatte: Wenige Seiten vor dem großen Brief an den Vater finden sich im »Wendepunkt« Hinweise auf »sehr innige und dankbare Wiederbegegnungen mit deutschen Mystikern: Mechthild von Magdeburg, Jakob Böhme, Meister Eckart, Angelus Silesius, Franz von Baader, Novalis [...] Zauberhafte Sphäre! Das ›andere Deutschland‹ [...] ja, hier offenbart es sich in seiner reinsten und schönsten Form!«[23] Golo Mann, dem der Bruder von seinen Deutschlandabenteuern berichtet hatte, vom »Besuch im ruinierten Elternhaus, den skurrilen Begegnungen mit Emil Jannings, Richard Strauss und anderen«,[24] hat den Bruder als einen zutiefst gespaltenen Menschen geschildert, der zu seinen ehemaligen Landsleuten sich hilfreich und freundlich verhielt und sich darin von seiner Schwester Erika unterschied: »Aber kein Elend konnte den Moralisten in ihm vergessen machen, was ehedem geschehen war. Über ›die Deutschen‹ im Kollektiv dachte er pessimistisch, jetzt und während der Jahre, die ihm blieben.« So ist es, als begegne man im Tagebuch des Klaus Mann dem Tagebuch des Novalis, dem immer wieder bekräftigten und niedergeschriebenen Todeswunsch. Im Oktober 1942 nämlich notierte Klaus Mann, und in der Novalis-Anspielung, auch wenn sie – nach Golo Mann – erheblich später als im Jahre 1942 geschrieben wurde, ist es ihm bitterernst: »Furchtbare Traurigkeit – alles überschattend. Der Todeswunsch.« – »Der Todeswunsch ... (Wie lang erträgt man das?)« – »Ich wünsche mir den Tod. Der Tod wäre mir sehr erwünscht. Ich möchte gerne sterben.«[25] Dem Todeswunsch, und nur ihm, entflieht er, der vom Krieg – auch von dem gegen Hitler – meinte, er verdumme und brutalisiere das Volk,[26] in die Armee. Die »Army« markiert gleichsam den an Wedekind orientierten Zweig seines Lebenshungers, der an den Mystikern orientierte Zweig gebiert den Wunsch zu sterben, dem er im Sommer 1948 und endgültig im Mai 1949 nicht mehr widerstanden hat.[27]

5. Unordnung und frühes Leid

Thomas Mann, der seine Inflationserzählung »Unordnung und frühes Leid« rechtzeitig zu seinem 50. Geburtstag für das Juniheft 1925 der »Neuen Rundschau« fertiggestellt hatte, meinte im Selbstkommentar 1926, daß dieses »Dokument persönlichsten Charakters« schon zur Zeit seiner Entstehung historisiert habe, denn die Erzählung wurde 1925 geschrieben und »spielt einige Jahre vorher, zu einem Zeitpunkt also, als seelische Wirrungen, die sich seitdem nicht gemildert haben, noch durch den kleidsamen Hintergrund verrücktester wirtschaftlicher Umstände pittoresk gehoben wurden«.[28] Diese Art von Ironie, von Thomas Mann als »erzählerischer Humor« ausgegeben, konnten Thomas Manns Kinder nicht verstehen; für sie waren Szenerie und Konfliktdarstellung der Novelle lebendigste Gegenwart, und Bert Fischel, das allzu kenntliche Urbild des Schauspielers Herzl der Erzählung, soll wegen des bösen Porträts einige Zeit sogar an Selbstmord gedacht haben.[29] In der nach dem Abschluß des »Zauberberg« rasch und mit der Lust am »Fertigwerden« niedergeschriebenen Erzählung tritt Thomas Mann in der Maske des Professors Cornelius auf, um die Zerstörung seiner bürgerlichen Welt und damit die Zerstörung des Spannungspoles für seine ästhetische Welt in der Darstellung des Generationenkampfes zu modellieren. Der Kampf dieses Historikers um die Liebe seines jüngsten Kindes geht verloren, weil sich Lorchen hoffnungslos in Hergesell, den affektierten Freund ihrer älteren Geschwister, verliebt hat. Nichts kann sie in ihrem nächtlichen Schmerz trösten als die Gegenwart dieses dem Professor sehr unsympathischen Max Hergesell. Gegen seine innere Überzeugung, vom Kummer des Kindes überwältigt, läßt es Abel Cornelius zu, daß Hergesell an das Bett des Kindes tritt: »›Damit sie nicht‹, sagt er, ›auf ihrem Bette weinend sitzt die kummervollen Nächte!‹ Und er äugelt nach dem Professor, um Beifall einzuheimsen für seine Bildung.«[30] Thomas Mann wendet sich, nach Herbert Lehnerts Feststellung, »an Leser, die die Inflationszeit mit dem Autor gemeinsam durchgemacht haben«,[31] in erster Linie aber an seine Kinder und deren Münchner Freundeskreis, die ihm Modell für die Darstellung der zeitgenössischen Jugend stehen mußten, so daß Hans Kafka in einem offenen Brief im November 1926 heftig gegen die Gleichsetzung der »heutigen Jugend« mit Klaus und Erika Mann und »anderen Einzelgestalten aus der jungen Münchner Gesellschaft« protestierte.[32] 1925 wurde auch Thomas Manns Essay »Die Ehe im Übergang« gedruckt, in dem er sich »für die ›lebensgutwillige Bravheit‹ der bürgerlichen Ehe« aussprach und »die Homosexualität [...] dem Ästhetizismus« zuordnete, »womit ihr sittlich das Urteil gesprochen sei. Diese Sätze richteten sich im Geheimen wohl an seinen Sohn Klaus, der 1924 in Wirklichkeit wie im Literarischen sich zu seiner Homosexualität bekannt«[33] und in der im Mai 1925 erstmals erschienenen Erzählung »Der Vater lacht« die homophile Thematik von Thomas Manns Meistererzählung »Der Tod in Venedig« parodiert hatte.[34] Kein Wunder, daß innerhalb dieses öffentlichen und halböffentlichen Gespräches zwischen Thomas Mann und seinen Kindern, von Brecht schon 1926 heftig gerügt,[35] Klaus Mann die Verflüchtigung des Todeswunsches ins Ironische, seine ästhetische Sublimierung im Kummer Lorchens nicht verstehen konnte und nicht verstehen wollte. Die parodistische Stilisierung des jüngsten Kindes, in der Erzählung Lorchen, genannt Loreleyerl,[36] zu einer der fatalen Kindfrauen in der Tradition des Jugendstils, hat in der Tat nur wenig Humoristisches an sich. Klaus Mann fand es in einem Brief an Erich Ebermayer (vom 15. Januar 1926) nicht gerade erfreulich, daß sein Vater die Erzählung »Unordnung und frühes Leid« überall auf seinen Lesereisen, zwischen Zürich und Frankfurt an der Oder, vorgetragen hat, und in einem Brief an seine Schwester Erika (vom 17. Mai 1925) nannte er sie geradewegs des »Zauberers Novellenverbrechen«.[37] Immer wieder kam Klaus Mann auf diese Erzählung seines Vaters zurück. Im »Wendepunkt« ist ein ganzes Kapitel, das der Jahre 1923/24, mit ›Unordnung und frühes Leid‹ überschrieben, denn nun, mit der verzweifelten Huldigung Klaus Manns zu Thomas Manns 50. Geburtstag (am 6. Juni 1925) nahm das zunächst heiter-parodistische Gespräch, die Schriftstellerkonkurrenz zwischen Vater und Sohn, endgültig tragische Züge an. Am 8. Juni 1925 erschien in zwei Berliner Zeitungen Klaus Manns Aufsatz »Mein Vater. Zu seinem 50. Geburtstag«, der die Stichworte aus »Unordnung und frühes Leid« aufnahm und den Konflikt beim Wort nannte: »noch nie vielleicht war der Abgrund breiter, noch nie war er so beinahe unüberbrückbar zwischen den Generationen, wie heute. Unsere Jugend, hineingeboren in den Aufbruch des Weltkrieges, aufgewacht und aufgewachsen in den Jahren des Chaos, der Unordnung, da ein Altes sich auflöste und ein Neues sich versuchte und tastete und nicht fand, hat ja beinahe noch kein eigenes Gesicht, noch keinen eigenen Ton […].«[38] »Die neuen Eltern« hat Klaus Mann dann seine eigentliche Antwort auf die Erzählung des Vaters überschrieben, es war ebenjene, die Bertolt Brecht so erboste. Der Aufsatz erschien im August 1926 in der Berliner Zeitschrift »Uhu«, und damit noch vor der »Kindernovelle« (1926), in welcher das Bildnis des Vaters nur als »weiße Totenmaske […] mit der großen Nase, dem unerbittlichen Mund, der reinen schimmernden Stirn«[39] erscheint. Hier ist ins Bild gefaßt, was im Aufsatz direkt benannt wurde: das Gefühl der Fremdheit und der Nähe zum Vater zugleich; denn die Maske des Toten, die jede Bewegung des Kindes zu verfolgen scheint, deutlicher und unerbittlicher, als es der lebende Vater jemals könnte, verdeutlicht den kalt beobachtenden Schriftstellerblick, der auch den Sohn nur als ästhetisches Objekt erfassen kann. Die Eltern, meinte Klaus Mann, hätten aufgehört, »ihre Autorität unbedingt geltend zu machen. Sie verzichteten auf das ›brave‹ Kind, und so bleibt das ›revolutionäre‹ ihnen erspart. – Wir aber erkennen darum: ›Die Eltern sind gut. Sie sind so gut zu uns gewesen.‹ Und keinerlei Verachtung, vielleicht etwas von der Schwermut des Auf-sich-selbst-Gestellten schon eher, findet sich in dem Tonfall, mit dem wir hinzufügen: ›Aber sie können nicht helfen.‹«[40] Wilhelm Emanuel Süskind (geb. 1901), der wenige Jahre ältere Freund von Erika und Klaus Mann, der Mittelpunkt ihres Münchner Inflationskreises, hat im »Uhu« dem Aufsatz Klaus Manns ein »Die neuen Kinder« überschriebenes Interview mit Thomas Mann hinzugefügt, in dem sich Thomas Mann zurückzieht auf den Fontane-Blick des im Leben Erfahrenen, der – gleich dem Geschichtsprofessor Abel Cornelius – die geschehene Geschichte der geschehenden vorzieht: »Aber Thomas Mann weicht aus. Er antwortet indirekt, das aber mit großer Lebhaftigkeit. Er geht auf sein Jahrhundert zurück, das neunzehnte – und bekennt sich zu ihm –, was Wunder, daß das zwanzigste darunter zu leiden hat?«[41]

6. Die Inflationsdebatte

Die Münchner Inflationsdebatte in der Literatur kreist damit nicht so sehr um die Darstellung des großen amoralischen Außenseiters, den Dschungelkampf in der Großstadt oder den moralischen Melancholiker, das scheint – mit den Namen Fallada, Brecht und Kästner – eher die Berliner Variante dieser Debatte zu sein; die Münchner Debatte kreist um ein bürgerliches Kernproblem, das Eindringen des inflationären Wertesturzes in die Familie, die Auflösung der nur noch ästhetisch integrierten Familienstruktur, um die Darstellung eines intensiv erfahrenen Kontinuitätsbruches, dessen Bild die Generationenkluft ist, welche in der Familie die »geschätzten Greise«[42]

von der Gruppe der ganz auf sich selbst gestellten Jungen sondert. Diese Debatte vollzieht sich, wieder in München stärker als in Berlin, nicht im Sprachexperiment, in Formzertrümmerung und ekstatischem Aufschrei – dies alles war expressionistische Mode; sie vollzieht sich vielmehr in traditioneller Sprache, im Ausdruckswillen der »geschätzten Greise« und weist sich damit als ein innerbürgerlicher Vorgang aus. »Ich glaube«, schrieb Klaus Mann in »Die neuen Eltern«, »daß unser Erlebnis neu ist, neu vielleicht bis zur letzten Gefährlichkeit, unser Erlebnis der Leiber, der Dinge und Gottes [...], aber unseren Stolz setzen wir nicht mehr darein, dieses Erlebnis recht formlos und chaotisch auszuschreien.«[43] So ist Herbert Lehnert zuzustimmen, wenn er darauf hinweist, daß der Expressionismus »nur provokativ sein konnte, solange er noch auf eine harte Bürgerwelt traf. Wenn diese sich entstellte, dann war sie mit Entstellungen literarisch nicht mehr einzuholen. Das ist offensichtlich der Grund für das Absterben des Expressionismus.«[44] Nur Heinrich Manns Buch »Kobes«, die Satire des Großindustriellen Stinnes, scheint hier eine Ausnahme zu machen, wie überhaupt Heinrich Mann von allen Mitgliedern der Familiendynastie am stärksten »exterritorial« war, früh schon aus München an den »Zivilisationsherd« Berlin ging und für die Kinder Thomas Manns stets der »geheimnisvolle Fremde« blieb, zu dem sie sich vor der Übermacht des Vaters flüchteten. Die Erfahrung der neuen Zeit, eines unbegrenzten Freiheitshungers gegenüber allen Konventionen und modernen Kollektivierungszwängen, äußerte sich also nicht in einer neuen literarischen Form, in einer neuen Sprache, sondern thematisch in der Dominanz der Erinnerungsliteratur junger Menschen, in einer Fülle von Kinder- und Jugendgeschichten, und trat so in der Sprache des Alten in Konkurrenz mit diesem Alten, so daß die Zeitgenossen die Differenzqualität nicht genügend deutlich erkennen konnten. Das Ringen um die Jugend, die Zerstörung oder die Bewahrung der Familie wurde, von München ausgehend, zu dem großen Inflationsthema in Deutschland, an dessen Debatte sich sogleich auch die auf der Inflationswelle aufschwimmende Barbarenbewegung des Nationalsozialismus beteiligte. So standen nun, um nur wenige Beispiele zu nennen, nebeneinander und gegeneinander Hans Carossas »Eine Kindheit« (1922), Ernst Glaesers »Jahrgang 1902« (1928), Wilhelm Emanuel Süskinds »Jugend« (1929), Klaus Manns »Kind dieser Zeit« (1932), Karl Aloys Schenzingers »Hitlerjunge Quex« (1932, verfilmt im September 1933), Ödön von Horváths »Jugend ohne Gott« (1938), Erika Manns »Zehn Millionen Kinder« (1938) – und natürlich gehört der als Kriegsbuch mißverstandene Bestseller »Im Westen nichts Neues« (1928) dazu, in dem Erich Maria Remarque den Versuch machte, »über eine Generation zu berichten, die vom Kriege zerstört wurde – auch wenn sie seinen Granaten entkam«.[45] Hans Carossa suchte die »unzerstörte Kindheit« zu gestalten, mit Bildern des ärztlichen Ethos, da das Kind, von welchem berichtet wird, Teile seiner eigenen Haut opferte, um einem Verletzten zu helfen; die zerstörte Kindheit schilderte Ernst Glaeser unter dem Motto »La guerre – ce sont nos parents ...«,[46] wenn er den inneren und den äußeren Aufmarsch der Elterngeneration zum Krieg darstellt; eine todbereite Kindheit findet sich bei Karl Aloys Schenzinger, der die Abenteuerlust und den Freiheitsdrang dieser Jugend umgelogen hat in die Ideale einer atavistischen Lebensbewegung; und diese todesneugierige und todbereite Jugend findet sich ebenso, nur kritisch, nicht zustimmend beleuchtet, bei Ödön von Horváth und Erika Mann. Die lebenshungrige Kindheit, die von den Eltern nichts erbittet als die Freiheit zum eigenen Lebensweg und sie nicht bekommt, ist Zielpunkt von Klaus Manns »Kind dieser Zeit«. Im Gegensatz zu Schenzingers plebejischer Hinwendung zum Instinkt hat Klaus Mann die Kinder einer hochintellektutalisierten Bourgeoisie dargestellt, deren Lebensgefühlt sich mit dem der Schwabinger Bohème mischte, so daß letztlich – darin dem jungen Brecht sehr ähnlich – intellektualisierte Baals-Figuren die Zerstörung des Individuums

347

durch die maßlose Übersteigerung und Überforderung aller seiner Kräfte anzeigen. Klaus Mann hat selbst darauf hingewiesen, daß nicht »Überwindung des Individualismus« sein Ziel gewesen sei, »sondern Einfügung des individuellen Bewußtseins in ein umfassendes, kollektiveres. Die Schriftsteller, unverbesserlich, werden nie aufhören, von sich selbst zu erzählen. Aber sie werden sich als Teil eines Ganzen wissen, wenn sie in ihr Privatestes einzukehren scheinen«.[47] Aus einer ähnlich wie bei Carossa noch unzerstörten Kindheit (bis etwa 1916) entsteht bei Klaus Mann nicht, wie bei dem Kollegen aus der Generation seines Vaters, das Bild einer heilen und heilbaren, sondern das einer heillosen Zukunft. Der Ich-Erzähler von »Kind dieser Zeit« entzieht sich allen Erziehungsversuchen und allen pädagogischen Experimenten, die eine erziehungsgläubige Zeit mit ihm anzustellen versucht, dem Gymnasium alten Stils ebenso wie dem Landerziehungsheim, der Odenwaldschule, dem Stift Neuburg, doch er entzieht sich nicht der Geschwisterliebe, nicht der ästhetisch erfahrenen, in ihrem Zerfallsprozeß nur widerwillig wahrgenommenen Familie und nicht einer forcierten Bindung an den Vater, in der Haß und Liebe kaum noch zu unterscheiden sind. Das dahinstürzende Leben wird in einem so raschen Erfahrungswandel erlebt, daß die Realität nur noch der Erinnerung zugänglich scheint und Erinnerung allein, wie es das Proust-Motto des Buches ausweist, Realität verbürgt: »La réalité ne se forme que dans la mémoire.«[48] Das sich erinnernde Kind, eine Art von *puer senex*, ist die Erzählerfigur der frühen Novellen und Lebensberichte von Klaus Mann. Dieser junge Autor ist in allem die konzentrierte, doch nicht mehr bürgerlich gebändigte Erscheinung seines Vaters. »Ich habe«, heißt es in Klaus Manns Lebensbericht, »meine unvoreingenommenen Leser noch nicht gefunden. […] Man beurteilt mich *als den Sohn*. Von Anfang an hätte ich versuchen können, mich dieser schwersten Belastung zu entledigen, indem ich unter einem Pseudonym veröffentlichte. Aber – sogar vorausgesetzt, solche Maske wäre zu wahren gewesen –

ist es statthaft, um die bitterste Problematik des eigenen Lebens, die zugleich die höchste Verpflichtung ist, sich einfach herumzuschwindeln?«[49]

7. Der Sprachkampf

Damit wird die Genialität eines an Umfang geringen Textes der deutschen Literatur deutlich, der mehr als zehn Jahre vor Klaus Manns vergeblichem Ringen mit der väterlichen Übermacht niedergeschrieben wurde, Franz Kafkas 1912 entstandener Geschichte »Das Urteil«. Diese Geschichte steht in einem engen strukturellen und thematischen Zusammenhang mit Kafkas 1919 entstandenem und nie abgesandtem »Brief an den Vater«. Das ganze Werk Klaus Manns aber ist, wenn eine solche Verkürzung erlaubt ist, ein einziger Brief an den Vater, ein Kampf zwischen der Sprache des Vaters und der Sprache des Sohnes, wie er in Kafkas »Urteil« dargestellt ist und dort mit der Verurteilung des Sohnes zum Tod durch Ertrinken endet.[50] Dieses väterliche Urteil ist exakt jene Erfahrung, die Klaus Mann machen mußte, dessen Sprache sich von der des Vaters nicht trennen konnte, der seine künstlerische Individualität im Strom der väterlichen Sprachgewalt untergehen sah und bis heute dem Urteil des Vaters und dem Vorurteil der Nachwelt über den Vater und seinen Sohn mit ausgeliefert ist. Das in Kafkas Geschichte gesprochene Urteil bedeutet die Rücknahme all dessen, was Eltern die Kinder lehren können und müssen, schwimmen zu lernen im Wasser des Lebens. Insofern sind Klaus Manns Briefe an den Vater – darin Kafkas Texten ähnlich – Dokumente »größter Intimität«, einer bis zum Inzestwunsch reichenden, innigen und auch stilistisch deutlichen Vaterliebe, und Dokumente »größter Öffentlichkeit«, in der, am Beispiel der eigenen Familie und ihres Zerfalls, modellhaften Darstellung menschlicher Individuation und Sozialisation.[51] Golo Mann hat eindringlich und fast zu genau den Weg des Bruders in die

Einsamkeit beschrieben, die Trennung vom Vater, die vom Bruder, in der Furcht, sie könnten »T. M. contra H. M. spielen«, und schließlich die von der geliebten Schwester Erika, die »sich nun ganz auf den Vater konzentriert« hatte, »seine Assistentin und Editorin, seine Unterhalterin und Hofnärrin«.[52] Der Sprachkampf, von Kafka als ein Grundmodell menschlicher Entwicklung gestaltet, wird wohl vor allem dann als problematisch erfahren, wenn sich die Lehrer-Schüler-Beziehung mit der Vater-Kind-Beziehung mischt. In Klaus Manns Leben scheint der Vater-Sohn-Konflikt unter anderem deshalb nicht ausgetragen zu sein, weil die Zeitverhältnisse Eltern und Kinder in eine Front gegen Faschismus und Nationalsozialismus gezwungen haben. Die drängende Not des Tageskampfes überdeckte den entwicklungsnotwendigen emanzipatorischen Konflikt. So trat eine von der Not der Zeit erzwungene, falsche Generationensolidarität an die Stelle des Sprachkampfes. Die seltsame, fast unnatürliche Solidarität in der Familie Mann ist nichts anderes als die Verkehrung dessen, was im politischen Leben vor sich ging. Als der äußere Druck gewichen war, die alte Konstellation wiederkehrte, war es zu spät für die Erneuerung des Sprachkampfes, zum Versuch völliger künstlerischer Individuation. Die Sprache des Vaters war so sehr die des Sohnes geworden, daß dieser dem Todeswunsch nicht mehr widerstanden hat.

Die kleine Anekdote, die Golo Mann über seinen Bruder berichtet, hat damit nicht nur einen heiteren, sondern auch einen bitteren Ton an sich. »Nach den Septemberwahlen« des Jahres 1930, so berichtet Golo Mann, »hatte mein Vater in Berlin seine ›Deutsche Ansprache‹ gehalten, der Untertitel lautete ›Appell an die Vernunft‹. Während der Veranstaltung kam es zu Krawallen, angeführt durch den Schriftsteller Arnolt Bronnen. Frau Hedwig Fischer, Gattin des Verlegers, die sich zu fürchten begann, schickte durch den Saaldiener einen Zettel zum Rednerpult, mit den Worten ›Möglichst bald Schluß machen!‹, welche Aufforderung in der Familie M. sprichwörtlich wurde. Als viele Jahre später Frau Hedwig in den USA ihren siebzigsten Geburtstag feierte, schrieb mir mein Bruder Klaus, er habe der Jubilarin ein Telegramm mit den Worten ›Möglichst bald Schluß machen!‹ geschickt – worüber ich heute noch lachen kann.«[53] Solch makabre Scherze aber hat Klaus Mann nicht nur mit anderen, sondern auch mit sich selbst gemacht.

Seit Klaus Manns Tod hat die literarische Kritik die gewohnte Perspektive des Vergleichs von Vater und Sohn auf das Werk von Golo Mann übertragen. »Lotte in Eger« wird liebevoll-ironisch, in Anspielung auf Thomas Manns »Lotte in Weimar«, Golo Manns »Wallenstein«-Buch genannt. Dessen Erinnerungen aber umgreifen schon im Titel, trotz der ablenkenden Interpretation von Titel und Untertitel im Vorspruch,[54] jene beiden Welten, die in der Familie Mann prototypisch aufeinandertrafen, an deren Konflikt Klaus Manns Leben zerbrochen ist und von deren Spannung sein Werk wie das des Vaters lebt. Der Haupttitel nämlich evoziert im nicht zu überhörenden Anklang an Bismarcks »Gedanken und Erinnerungen« die Welt von gestern, die Welt scheinbarer Sicherheit, in welcher moralische und ökonomische Normen noch übereinstimmten, der Untertitel aber, im wörtlichen Zitat von Ernst Tollers durch Klaus Mann besprochene Autobiographie »Eine Jugend in Deutschland«, verweist auf die Vertreibung der Künstler und Wissenschaftler aus Deutschland, der ganze Titel mithin auf jene tiefe Spaltungserfahrung, die Klaus Mann in seinem Leben und seinem Werk bedacht hat, an der er zerbrochen ist und an welcher unser Land, trotz äußerlicher Wiedervereinigung, sichtbar bis heute leidet.

Die im vorstehenden Text am Beispiel der Familie Mann belegte These also lautet: Was zur Zeit Lessings mit der großen Vision begonnen hatte, daß am literarischen Modell und im literarischen Experiment der Familie das friedliche Zusammenleben der Menschheit, der unterschiedlichen Völker und Weltanschauungen erprobt werden könnte, endet mit der Zerstörung realer Familienstrukturen im zitatumstellten Leben, dessen ästhetische Integration nicht mehr gelingt. Von dieser Katastrophe bildungsbürgerlicher Kultur berichtet das Werk Klaus Manns schärfer perspektiviert noch als das seines Vaters Thomas. Die bildungsbürgerliche Kultur, mit dem zentralen literarischen Bild der friedlich, in humaner Spannung vereinten, bürgerlichen Kleinfamilie, scheint an ein Ende gekommen. An ihre Stelle treten jene Mächte, denen Frido Manns Interesse gilt: die Naturwissenschaft, die Religion, die Psychologie, die Psychiatrie. Diesen lebensbestimmenden Kräften werden alle, welche sich mit Geisteswissenschaft als einer anthropologischen Kulturwissenschaft befassen, in Zukunft vermehrt begegnen.

---

* Thomas Manns Erzählung »Unordnung und frühes Leid«, um die es in diesem Beitrag unter anderem geht, ist vor allem auf dem Hintergrund zu lesen, daß das München der zwanziger Jahre keine Stadt der Industriearbeiter gewesen ist, wohl aber eine Stadt der Rentner; diese Bevölkerungsgruppe war für Inflationsschäden (und den daraus resultierenden Fremdenhaß) besonders anfällig. Wertesturz und Krisenängste wurden in München deutlicher erfahren als in den anderen Städten Deutschlands.

1 Golo Mann: Erinnerungen und Gedanken. Eine Jugend in Deutschland. Frankfurt am Main 1986, S. 59.
2 Wolfgang Frühwald und Friedhelm Kemp (Hgg.): Clemens Brentano. Werke. Bd. 2. 3. Auflage. München 1980, S. 781 f.
3 Golo Mann: Erinnerungen und Gedanken, S. 59.
4 Zum bildungsbürgerlichen Repräsentationsdenken bei Thomas Mann vgl. Herbert Lehnert: Thomas Mann und die deutsche Literatur seiner Zeit. In: Helmut Koopmann (Hg.): Thomas Mann-Handbuch. Stuttgart 1990, S. 137–141.

5 Vgl. dazu Wolfgang Frühwald: Kunststadt München. Von der Entstehung und der Dauerhaftigkeit eines romantisch-literarischen Mythos. In: Michael S. Batts, Anthony W. Riley, Heinz Wetzel (Hgg.): Echoes and Influences of German Romanticism. Essays in Honour of Hans Eichner. New York, Bern u.a. 1987, S. 274 f.
6 Frido Mann: Professor Parsifal. Autobiographischer Roman. München 1985, S. 7.
7 Ebd. S. 11 f.
8 Ebd. S. 8.
9 Ebd. S. 189.
10 Thomas Mann: Unordnung und frühes Leid. In: ders.: Gesammelte Werke. Bd. 12. Berlin 1955, S. 382. Das folgende Zitat ebd.
11 Frido Mann: Professor Parsifal, S. 185.
12 Ebd. S. 184 f.
13 Klaus Mann: Kind dieser Zeit. Mit einem Nachwort von William L. Shirer. München 1965, S. 7.
14 Golo Mann: Erinnerungen an meinen Bruder Klaus. In: Martin Gregor-Dellin (Hg.): Klaus Mann: Briefe und Antworten 1922–1949. München 1987, S. 658 f.: »Die Frage, die ich ihm am Bahnhof von Palo Alto stellte, ist später mir gestellt worden. Ebenso, unter welchen Bedingungen er es vielleicht *nicht* getan hätte; was etwas sinnvoller gefragt, etwas leichter zu beantworten ist. [...] wenn er nur noch etwas wartete – ja, dann vielleicht nicht. Auch nicht: wenn der Vater, sagen wir im Winter 1949 gestorben wäre. Zum geringeren Teil wegen der Erbschaft, die ihm dann zufließen mußte, zum anderen aus tiefergreifenden Gründen.«
15 Zu dieser – bei aller Einfachheit komplizierten – Erzählung Thomas Manns gibt es nur wenige zureichende Deutungen und Kommentare. Ich nenne: Herbert Lehnert: Thomas Manns ›Unordnung und frühes Leid‹. Entstellte Bürgerwelt und ästhetisches Reservat. In: Rolf Wiecker (Hg.): Text & Kontext 6.1/6.2. Festschrift für Steffen Steffensen. München 1978, S. 239–256; Hans Rudolf Vaget: Thomas Mann – Kommentar zu sämtlichen Erzählungen. München 1984, S. 211–219; ders. in : Thomas Mann-Handbuch, S. 594–596. Nach Vaget (Kommentar, S. 213) hat Ernst Bertram die Widmung der Novelle mit der Begründung abgelehnt, sie sei ihm »nicht lieb wegen der Preisgabe der Kinder«. Mir scheint diese Begründung, auch außerhalb der wachsenden ideologischen Differenzen zwischen Thomas Mann und Ernst Bertram, durchaus glaubhaft.

16 Thomas Mann: Unordnung und frühes Leid, S. 382.

17 Über die alptraumartigen Angstzustände, die ihn in der Dunkelheit auch nach dem Ende von Kindheit und Pubertät überfielen, berichtet Klaus Mann häufig in seinen Tagebüchern. Vgl. z.B. Joachim Heimannsberg, Peter Laemmle und Wilfried F. Schoeller (Hgg.): Klaus Mann: Tagebücher 1931 bis 1933. München 1989, S. 77 u.a. Zu Golo Manns Angstzuständen vgl. das Kapitel »Angst« in: Erinnerungen und Gedanken, S. 81–90.

18 Klaus Mann: Kind dieser Zeit, S. 24.

19 Ebd. S. 25.

20 Klaus Mann: Der Wendepunkt. Ein Lebensbericht. Mit einem Nachwort von Frido Mann. Reinbek bei Hamburg 1984, S. 487. Curt Riess, der als deutscher Emigrant während des Krieges beim amerikanischen Geheimdienst arbeitete, hatte die unappetitliche Feststellung gemacht, daß im Haus der Familie Mann in der Münchner Poschinger Straße »the SS baby factory« einquartiert war. Zum Stilisierungsgrad des Textes im »Wendepunkt« vgl. den ursprünglich englisch geschriebenen Brief Klaus Manns vom 16.5.1945 (an seinen Vater). In: Klaus Mann: Briefe und Antworten, S. 535–541.

21 Klaus Mann: Der Wendepunkt, S. 488. Das folgende Zitat ebd. S. 485 f.

22 Klaus Mann: Kind dieser Zeit, S. 260.

23 Klaus Mann: Der Wendepunkt, S. 437.

24 Golo Mann: Erinnerungen an meinen Bruder Klaus, S. 652.

25 Klaus Mann: Der Wendepunkt, S. 440.

26 Golo Mann: Erinnerungen an meinen Bruder Klaus, S. 650.

27 Über den gescheiterten Selbstmordversuch Klaus Manns 1948 berichtet Golo Mann ebd. S. 565.

28 Thomas Mann: Unordnung und frühes Leid, S. 382.

29 Herbert Lehnert: Thomas Manns ›Unordnung und frühes Leid‹, S. 256, Anm. 5.

30 Thomas Mann: Unordnung und frühes Leid. In: ders.: Die Erzählungen. Bd. 2. Frankfurt am Main 1967, S. 500.

31 Herbert Lehnert: Thomas Manns ›Unordnung und frühes Leid‹, S. 253.

32 Hans Rudolf Vaget: Thomas Mann-Kommentar, S. 216.

33 Herbert Lehnert: Thomas Manns ›Unordnung und frühes Leid‹, S. 253.

34 Vgl. dazu Michel Grunewald: Klaus Mann 1906–1949. Eine Bibliographie. München 1984, S. 23.

35 Bert Brecht: »Wenn der Vater mit dem Sohne mit dem Uhu ...« In: Das Tagebuch, Berlin 14.8.1926 (Brecht: Gesammelte Werke 18. Schriften zur Li-

teratur und Kunst 1. Frankfurt am Main 1967, S. 40–42; vgl. ebd. S. 43 f. die fragmentarische Replik auf Thomas Manns Antwort im »Berliner Tageblatt«. Brechts Ton ist charakteristisch für jenen Typus des Autors, den Klaus Mann das »revolutionäre Kind« genannt hat: »Heute, […] wo eine auch nur einigermaßen befriedigende Unordnung noch nicht einmal in Sicht steht, sind diese Knaben schon müde vom Zusehen! Sollten sie sich aber wirklich erdreisten, etwa gar ebenso stille und feine Menschen werden zu wollen wie ihre Opapas (deren Häuschen, das sei ein für allemal gesagt, unwiederbringlich versoffen sind), so werden wir unserem umstrittenen Ruhm als Vatermörder den ganz unbestreitbaren als Kindesmörder hinzufügen. Damit mir jung bleim.«)
36 Thomas Mann: Erzählungen. Bd. 2, S. 501.
37 Vgl. Fredric Kroll: 1906–1927. Unordnung und früher Ruhm (= Klaus-Mann-Schriftenreihe Bd. 2). Wiesbaden 1977, S. 122; vgl. auch Lehnert: Thomas Manns ›Unordnung und frühes Leid‹, S. 256.
38 Klaus Mann: Mein Vater. Zu seinem 50. Geburtstag. In: Martin Gregor-Dellin (Hg.): Klaus Mann: Woher wir kommen und wohin wir müssen. Frühe und nachgelassene Schriften. München 1980, S. 20.
39 Klaus Mann: Kindernovelle. In: Martin Gregor-Dellin (Hg.): Klaus Mann: Abenteuer des Brautpaars. Die Erzählungen. München 1976, S. 103. (Die Erzählung erschien zuerst mit einer Widmung an René Crevel in Hamburg 1926).
40 Klaus Mann: Die neuen Eltern. In: Woher wir kommen und wohin wir müssen, S. 34.
41 Zu geschehener und geschehender Geschichte vgl. Thomas Mann: Erzählungen. Bd. 2, S. 478 f. Zu Süskind vgl. Die neuen Kinder. Ein Gespräch unseres Mitarbeiters mit Thomas Mann über den Aufsatz seines Sohnes »Die neuen Eltern«. In: Klaus Mann: Woher wir kommen und wohin wir müssen, S. 41.
42 Thomas Mann: Die Erzählungen Bd. 2, S. 473: »Die Großen nennen ihre Eltern ›die Greise‹ – nicht hinter ihrem Rücken, sondern anredeweise […] ›Geschätzter Greis!‹ sagen sie, ›treuherzige Greisin!‹, und die Eltern des Professors […] heißen in ihrem Munde ›die Urgreise‹.«
43 Klaus Mann: Die neuen Eltern, S. 35.
44 Herbert Lehnert: Thomas Manns ›Unordnung und frühes Leid‹, S. 252.
45 Erich Maria Remarque: Im Westen nichts Neues. Berlin 1928, S. 5.
46 Ernst Glaeser: Jahrgang 1902. Potsdam 1928. Motto des Ersten Teiles: Der Aufmarsch, S. 5.

47 Klaus Mann: Kind dieser Zeit, S. 8.
48 Ebd. S. 5.
49 Ebd. S. 260 f.
50 Zu dieser Deutung von Franz Kafkas Erzählung »Das Urteil« vgl. Gerhard Neumann: Franz Kafka: ›Das Urteil‹. Text, Materialien, Kommentar. München 1981, S. 44 u.ö.
51 Vgl. ebd. S. 139.
52 Golo Mann: Erinnerungen an meinen Bruder Klaus, S. 655.
53 Golo Mann: Erinnerungen und Gedanken, S. 389 f.
54 Ebd. S. 7: »Wer sich erinnert, denkt über das Erinnerte nach; daher der Obertitel. Meine Jugend verbrachte ich fast ausschließlich in Deutschland; daher der Untertitel.«

Goethe im Exil.
Zur Rezeption eines Klassikers in finsteren Zeiten

1. Die Sprachheimat Goethe

In einem kleinen New Yorker Park, dem Bryant Park, steht eine Büste. Auf ihrem Sockel ist zu lesen: »Goethe 1749 – 1832. Erected 1932 by the Goethe Society of America.« Als der 1880 in Berlin geborene Theaterkritiker Julius Bab, noch 1940 aus Frankreich den Nazis auf der bekannten Flüchtlingsstraße über Lissabon in die USA entkommen, in diesem Jahr (1940) aus einem New Yorker U-Bahn-Schacht stieg, glaubte er seinen Augen nicht zu trauen:

> »Als ich zuerst dem Subwayschacht entstieg,
> zuerst mich unter Wolkenkratzern fand,
> war mir wie dem Gescheiterten am Strand –
> viel Niederlage war in meinem Sieg.
>
> Die großen Häuserfelsen ragten dicht
> und engten steinern meinen Himmel ein,
> und ringsherum hört' ich die Brandung schrein –
> sie sprachen, aber meine Sprache nicht.
>
> Da ist ein Eiland: ausgesparter Raum,
> ein wenig Grün – ich rette mich hinüber.
> Da steht ein Denkmal. Noch im halben Fieber
> tret ich heran – und glaub mich ganz im Traum.
>
> Kann es denn sein, daß diesen Namen hier
> dies Land mir als sein erstes Denkmal böte?
> Und doch: sein großes Haupt blickt her zu mir,
> der Herr und Meister meiner Sprache: Goethe!

Und nun ist nicht mehr alles fremd und wild.
Es lebt hier jenseits wütender Gewässer
ein Geist, der auf Europas Wappenschild
einst schrieb: ›Amerika, du hast es besser!‹«[1]

Julius Babs zunächst privat erschienenes Gedicht sagt mehr aus über die mentale Lage der deutschsprachigen Emigranten in den USA, als auf den ersten Blick wahrzunehmen ist. Es umfaßt *in nuce* eine Rezeptionsgeschichte, die vom Goethe-Jahr 1932, dem in aller Welt gefeierten 100. Todestag Goethes, bis in die sechziger und noch in die siebziger Jahre des letzten Jahrhunderts, bis zum Aufstieg und zum Niedergang der Germanistik in Nordamerika, reicht. Goethes Büste steht nicht nur auf einer grünen Insel in den Häuserschluchten der großen Stadt, Goethe *ist* dieses Eiland im Ozean der fremden Sprache. Er ist der Garant der Weltgeltung deutscher Sprache inmitten der Brandung fremder Laute und der Sprachzerstörung des Nationalsozialismus. Elias Canetti, wie er selbst sagt »nur Gast in der deutschen Sprache, die [er] erst mit acht Jahren erlernt« hatte, berichtete von »Wortanfällen«, die ihn im Exil in England überfielen und ihn zwangen, »Seiten um Seiten mit deutschen Worten« vollzuschreiben. Es waren isolierte Worte, eingegeben von dem Schrecken, die Muttersprache zu verlieren, geleitet von der Erfahrung, daß Worte »mit einer besonderen Art von Leidenschaft geladen sind«.[2] Goethes Sprache hat im Exil nicht nur Elias Canetti die Kraft des Überlebens geschenkt. »Ich kann ihn aufschlagen, wo ich will«, notierte Canetti über seine Goethe-Lektüre 1943, »ich kann Gedichte hier und Briefe oder ein paar Seiten Bericht dort lesen, nach wenigen Sätzen erfaßt es mich und ich bin so voll Hoffnung, wie sie keine Religion mir geben kann.«[3] Vermutlich hat ihn diese enge, existentielle Bindung an Goethe auch in die Lage versetzt, Georg Büchners Novellenfragment »Lenz« fast autobiographisch genau zu verstehen. Es sei eine »Landschaft der Angst«, sagt Canetti, durch die Lenz im

Gebirge ging. Lenz ist ihm der Inbegriff des Emigranten, er ist auf der Flucht, er »ist aus seiner Heimat verbannt. Seine Heimat, die einzige Region, in der er frei zu atmen vermochte, war Goethe, und Goethe hat ihn aus sich verbannt«.[4]

Daß Goethe die Sprachinsel der Vertriebenen und der Verbannten im Exil werden konnte, daß sein Wort, seine Sprache »Heimat« war, lag unter anderem darin begründet, daß die Führungsriege des Nationalsozialismus in ihren Reden zwar den in Büchmann-Zitate zertrümmerten Schiller mißhandelte, Goethe aber kaum zu mißbrauchen vermochte. Da der Nationalsozialismus keine eigenständige Ideologie entwickelt hat, sondern lediglich eine Kampf- und Machtorganisation gewesen ist, eine »negative Synthese«[5] der beiden einflußreichsten Ideologien des bürgerlichen Zeitalters, des Nationalismus und des Sozialismus, oder anders ausgedrückt, da diese Bewegung ein um den Kampf- und Todestrieb gelagertes Agglomerat aller (von ihm verhunzten[6]) massenwirksamen Ideen und Gedanken des 19. Jahrhunderts gewesen ist, finden sich in den Reden ihrer Führer die entfremdeten Reste jenes bürgerlichen Bildungsdialektes, den zuerst Georg Büchmann im »Citatenschatz des deutschen Volks« 1864 kodifiziert hat.[7] Schiller, nicht Goethe, der sich einer Nationalisierung noch zu Lebzeiten widersetzt hatte, war der Nationalisierung[8] anheimgefallen, Schillers sentenzenreiche Sprache war zu Beginn des 19. Jahrhunderts die Beute jenes mit Antisemitismus und Chauvinismus verbündeten Philistertums geworden, das sich im nationalsozialistischen Kämpfertypus noch einmal manifestierte.[9] Als ein Kennzeichen der (dichtenden) Philister aber hatte der romantische Lyriker Clemens Brentano schon 1811 (in einem Jahr des anschwellenden Antisemitismus in Preußen) gesagt, sie liebten »den herrlichen Schiller vorzüglich, weil sie seine sentenziöse reflektierende Diktion in lauter Stammbuchstückchen zerknicken und verschlingen können [...]«.[10]

In einer der wenigen Stegreifreden, die wir von Hitler kennen, ist ein Schiller-Zitat prominent plaziert. Als am 23. März 1933 der sozialdemokratische Parteiführer Otto Wels seine mutige Erklärung abgegeben hatte, mit der sich die SPD weigerte, dem Ermächtigungsgesetz zuzustimmen, trat der Reichskanzler Adolf Hitler zum zweiten Mal in dieser Debatte an das Rednerpult des Deutschen Reichstags, deutete mit dem Zeigefinger auf die sozialdemokratische Fraktion – und begann zum Gaudium seiner Anhänger mit einem Zitat aus Schillers »Die Piccolomini«: »Spät kommt ihr, doch ihr kommt.«[11] *Entstellte* Schiller-Zitate also setzen die Akzente in den Reden der nationalsozialistischen Parteiführer, denn der Bildungsdialekt, der einst Zugehörigkeit und Besitz (durchaus bourgeoisen Bildungsbesitz) signalisiert hatte, war zum Machtjargon derer verkommen, die das durch Krieg und Inflation deklassierte Bürgertum beerbt hatten. Der Meister zynischer Entstellung war Goebbels, der sich im Wahlkampf, im Juli 1932 in München, höhnisch gegen die Sozialdemokraten wandte: »Vierzehn Jahre haben sie nur von Ruhe und Ordnung gesprochen und von Frieden, und jetzt reden sie wieder von Barrikaden und von Aufstand und Widerstand und ›weichen nur der Gewalt‹ und ›werden die Röcke ausziehen‹. Aber wenn man vierzehn Jahre in der Regierung saß, dann hat man den Geruch der Massen aus der Nase verloren. Hier gilt das Wort von Schiller aus ›Kabale und Liebe‹: ›Deine Limonade ist matt, Luise!‹«[12]

Das Goethe-Jahr 1932, das manche Literaten vergeblich zu einem Goethe-Schutzjahr hatten erklären wollen, war zugleich ein Jahr nationalsozialistischer Wahlsiege, ein Jahr mit einem Heer von Arbeitslosen, ein Jahr der Weltwirtschaftskrise und der Straßenschlachten in Deutschland.[13] Kurt Tucholsky hatte den um Goethe entstehenden Rummel der Gebildeten, der Politiker und der Boulevard-Presse schon 1931 satirisch treffend vorausgesagt:

»Und es wimmelt von Bezüglichkeiten:
›Goethe und ...‹ so tönt es immerzu.
Auf den bunten Marken muß er schreiten,
und dann sagen alle zu ihm Du!

Böte, Kröte, Nöte, Röte, Flöte ...
wochenlang reimt alles sich auf Goethe.
Dann verstummen Prosa und Sonett.
Von den deutschen Angestellten-Massen
hat man keinen weniger entlassen.
Klassiker sind nur fürs Bücherbrett.

Nächstes Jahr, da kannst du was erleben!
So im März, April und Mai ...
Lieben Freunde, das wird etwas geben!
Wär es schon vorbei – !«[14]

Er selbst hat sich dann am 17. Mai 1932 an dem internationalen »Goethe und...«-Wettbewerb mit einem Aufsatz in der »Weltbühne« beteiligt. »Hitler und Goethe« ist dieser Schulaufsatz eines Berliner Hitler-Jungen überschrieben, der »zwischen dem mausetoten Goethe und dem mauselebendigen Hitler einen Vergleich« langzieht. Der geht natürlich zu Ungunsten des dezidiert so genannten »*von* Goethe« aus, weil Goethe »niemals sein Leben aufs Spiel gesetzt« habe. »Hitler aber hat dasselbe auf dasselbe gesetzt. Goethe war ein großer Deutscher. Zeppelin war der größte Deutsche. Hitler ist überhaupt der allergrößte Deutsche.« Tucholsky hat den patriotischen Gestus des deutschen Gymnasialunterrichts, der nahtlos in die Bewunderung Hitlers übergeht, ähnlich beschrieben wie Heinrich Mann und andere Satiriker des Kaiserreiches und der Republik. Der Gliederungspunkt »Gleichnis« des mit »Sehr gut« bewerteten Aufsatzes enthält denn auch die bittere, wenige Monate später reale Prophetie:

»Zwischen Hitler und Goethe bestehen aber auch ausgleichende Berührungspunkte. Beide haben in Weimar gewohnt, beide sind Schriftsteller und beide sind sehr um das deutsche Volk besorgt, um welches uns die andern Völker so beneiden. Auch hatten beide einen gewissen Erfolg, wenn auch der Erfolg Hitlers viel größer ist. Wenn wir zur Macht gelangen, schaffen wir Goethe ab.«[15]

2. Goethe und der deutsche Patriotismus

Der Widerstand, den Goethe seiner »Nationalisierung« und einer platten Politisierung entgegensetzte, gründet in seinem Abscheu vor Krieg und Gewalt, in seiner Abneigung gegen jenen forcierten Patriotismus, der im Verlauf der Nationbildung der Deutschen seit etwa 1806 wellenartig das Land überschwemmte. 1806 schon, im Vorfeld des preußisch-französischen Krieges, hat ihm das patriotisch aufgeregte Weimar, hat ihm sogar Wieland die nihilistische Tendenz seines Soldatenliedes »Vanitas! Vanitatum Vanitas!« übelgenommen.[16] Den panischen Lebensschrecken[17] aber, der ihn seit der Besetzung und der Plünderung Weimars durch französische Truppen in der Nacht vom 14. auf den 15. Oktober 1806 nicht mehr verlassen hat, haben nur wenige ihm nahestehende Beobachter, etwa Charlotte Schiller, verstanden. Die Intrige gar, die er gesponnen hat, um seinen erwachsenen Sohn, der sich 1813 mit den Studienfreunden freiwillig zum Kampf gegen Napoleon gemeldet hatte, von der kämpfenden Teilnahme am Befreiungskrieg abzuhalten, hat die Zeitgenossen und mit ihnen das deutsche Bürgertum ebenso irritiert wie später Sozialisten und Nationalsozialisten. Diese Episode aus Goethes Leben erhielt dadurch fast groteske Züge, daß der Vater den Sohn, August, der in der Uniform der freiwilligen Jäger durch Weimar stolzierte, wenig später auch am Duell gegen den Studenten gehindert hat, der tatsächlich gegen Napoleon mitgeritten war und August deshalb provozierend öffentlich beleidigt hatte.[18] So avancierte die Episode in den Kämpfen des 19. und 20. Jahrhunderts um Goethes reale oder auch nur vermutete politisch-ideologische Parteinahme zum Leitmotiv seiner Haltung zu Nationalismus und Patriotismus. Dem Weltbürger wurde die aufrechte und ehrliche Vaterlandsliebe abgesprochen. Für Alfred Rosenberg, der sich selbst bis zum Kriegsverbrecherprozeß in Nürnberg für den Chefideologen der Nationalsozialisten gehalten hatte,[19] war Goethe zwar, zusammen mit Meister Eckhart, Hölderlin und anderen, eine der Inkarnationen der germanischen Rassenseele, doch hat er ihm bereits 1930 für die Epoche des Faschismus jede Vorbildfunktion abgesprochen. In Rosenbergs »Mythus des 20. Jahrhunderts« ist zu lesen:

»Wenn die Zeiten erbitterter Kämpfe einst vorüber sein werden, wird Goethe auch wieder nach außen bemerkbar zu wirken beginnen. In den kommenden Jahrzehnten jedoch wird er zurücktreten, weil ihm die Gewalt einer typenbildenden Idee verhaßt war und er sowohl im Leben wie im Dichten keine Diktatur eines Gedankens anerkennen wollte, ohne welchen jedoch ein Volk nie ein Volk bleibt und nie einen echten Staat schaffen wird. Wie Goethe seinem Sohn verbot, an dem Freiheitskriege der Deutschen teilzunehmen, und den Stein, Scharnhorst und Gneisenau den Schmiedehammer der Geschichte überlassen mußte, so wäre er – heute unter uns weilend – nicht ein Führer im Kampf um die Freiheit und Neugestaltung unseres Jahrhunderts. Es gibt keine echte Größe ohne beschränkende Opfer; der unendlich Reiche konnte sich nicht zusammenballen und ein einziges rücksichtslos verfolgen.«[20]

Unabhängig davon, wie man die reale Wirkung Rosenbergs auf den Nationalsozialismus einschätzt,[21] Goethe war damit gleichsam »auf den Index gesetzt«,[22] und seine schüchtern versuchte »Umarbeitung« für den Gebrauch der Staatsjugend HJ erntete weltweit nur Hohn und Spott. Baldur von Schirach, der als Reichsjugendführer und später als Gauleiter von Wien eine vergleichsweise intellektuelle Spielart[23] des geistfeindlichen Nationalsozialismus verkörperte, versuchte am 14. Juni 1937, bei der Eröffnung der Weimar-Festspiele der deutschen Jugend, sein Erziehungsprinzip der »Selbstführung der Jugend« in Goethes Gedankenwelt zu verwurzeln und ihm dadurch Dignität zu verschaffen. Schirach, der damit die »Mischung aus Gleichgültigkeit, Unkenntnis und Berührungsangst«[24] aufzubrechen versuchte, die bei der nationalsozialistischen Prominenz gegenüber Goethes Person und Werk herrschte, berief sich auf Goethes »Sprüche in Prosa«, in denen es heiße: »Die Jugend bildet sich wieder an der Jugend. Es ist seltsam, daß mehr als ein Jahrhundert vergehen mußte, bevor ein solches Wort in seinem ganzen Gewicht verstanden werden konnte. Seltsam, daß das Erziehungssystem Adolf Hitlers begründet wird durch Gedanken und Ratschläge, die dieses ganze Jahrhundert hindurch von den zukünftigen Erziehern überlesen oder gar mißachtet wurden.«[25] Obwohl Schirachs Aufruf, besser sogar: sein Befehl an die Führer der Hitlerjugend, »die Begegnung mit dem *Menschen* Goethe herbeizuführen«, im nationalsozialistischen Herrschaftsbereich nur geringes Echo fand, hat er sich noch im Prozeß gegen die Hauptkriegsverbrecher in Nürnberg zur Verteidigung seines Prinzips »Die Jugend erzieht sich selbst« auf Goethes Vorbild berufen. Es blieb dem sowjetischen Chefankläger, General R. A. Rudenko, überlassen, diese Rechtfertigung als das zu bezeichnen, was sie war, als »zynisch«.

3. Das »Binom Weimar – Buchenwald«

1937 nämlich war Goethe längst zur Leitfigur der deutschen Emigranten geworden, die insbesondere Goethes Situation nach den Befreiungskriegen hellsichtig interpretierten, auch wenn Heinrich Manns Darstellung der Stadt Weimar allzusehr von der eigenen Erfahrung dieses früh dem Nationalsozialimus anheimgefallenen Ortes geprägt war. »Nach dem Sieg des deutschen Nationalismus«, schrieb Heinrich Mann 1938 in der in Paris erscheinenden »Deutschen Volkszeitung«, »war [Goethe] verdächtig und hat für sein Leben gefürchtet. Weimar – unterschied sich von einer inneren Emigration nur allenfalls durch die amtlichen Würden des Emigranten.«[26]

Goethe im Exil, Goethe im KZ, Goethe in den Folterkellern der Gestapo, Goethe als das Urbild des aufsässigen Literaten – all das sind Vorstellungen, die jetzt durch die Emigrantenpresse geistern. Die Prätexte auch für solche Alpträume aber sind, wie so oft in den Passions- und Leidensszenerien deutscher Literatur, die Gefangennahme, die Verspottung, die Geißelung und die Kreuzigung Jesu.[27] Das Prinzip mehrfach gebrochener Post- und Präfiguration herrscht in dieser Leidensliteratur. Einen dieser Alpträume hat Irene Herzfeld im »Neuen Vorwärts« (1935) publiziert. Darin wagt es ein Literat namens Goethe, der nationalsozialistischen Parteizeitung, dem »Völkischen Beobachter«, ein Gedicht einzusenden, in dem es heißt: »edel sei der Mensch, / hilfreich und gut, denn das allein / unterscheidet ihn / von allen Wesen, / die wir kennen«, – worauf eine wilde Treibjagd nach dem »Provokateur« beginnt[28]:

> »Trupps der SA schwärmten nach allen Seiten des Landes aus, mit Steckbrief: langnasig, jüdisch verseucht, marxistisch infiziert. Meckerten Sie das? schrie der Redakteur. Haben Sie das
>   geschmiert?
> Denn das Subjekt Goethe war schon im Gefangenenverließ, schweigsam verharrend (er wußte wohl gar nicht was
>   meckern hieß),
> von Gummiknüppeln bedroht, Hände zusammen gebunden.
>
> Krumm hielt er sich, ein SA-Mann trat ihm kräftig ins Gesäß und plötzlich hatte er eine blutige Schramme auf der Stirn,

der Kritikaster, der Literat mit asphaltiertem Hirn!
  So quatsch doch Krause! riet ihm gutmütig ein kleiner
                                                      Feister,
  der fand, die Bande, frech und faul, werde tagtäglich dreister.
  Doch Goethe schwieg und sann und war sehr weit entrückt
                                                      dem Treiben.«

Solche Bilder aus dem Alltag des Nationalsozialismus wurden dichter und häufiger, seit 1937 in Sichtweite Weimars, auf dem im Gedächtnis des deutschen Bildungsbürgertums ungemein traditionsträchtigen Ettersberg, das Konzentrationslager Buchenwald errichtet wurde. Am 16. Juli 1937 hatten dreihundert sogenannte Schutzhäftlinge damit begonnen, den Wald auf dem Ettersberg zu roden, um Baracken für das dort zu bauende KL Ettersberg zu errichten. Gegen die amtliche Bezeichnung »KL Ettersberg« soll der nationalsozialistische Kulturbund von Weimar protestiert haben. Der Name Ettersberg sei so eng verbunden mit Goethes Leben und Werk, daß dessen Verwendung für ein »Umerziehungslager, wo sich der Abschaum der Menschheit versammeln werde, [...] nur die Erinnerung an den Dichter beschmutzen« werde. Die Reichsführung der SS soll dann entschieden haben, daß das Lager auf dem Ettersberg »KL Buchenwald/Weimar« genannt werden solle. »So werde das kulturelle Gewissen der Bevölkerung [...] nicht verletzt«, und die Wachmannschaften könnten das ihrer Stellung angemessene Quartiergeld beziehen. Das Lager Buchenwald, dessen Krematoriumsrauch von Weimar aus zu sehen war, auch wenn die Flamme bei Fliegeralarm gelöscht werden mußte, war zwar kein Vernichtungslager, doch war es berüchtigt durch das sadistische Regiment von Ilse Koch, der Frau des Kommandanten, und vor allem durch die Menschenversuche, die dort in einer Abteilung des Hygiene-Instituts der Waffen-SS an Häftlingen vorgenommen wurden. Die Blutstraße von Buchenwald ist mehr als einmal beschrieben worden: »Am Rande der Straße, auf der die Frauen und Kinder der SS-Männer ihren Einkaufsbummel machten, lagen Eisenbahnschwellen aufgeschichtet, eine lange Reihe von Stößen, je eine Lage quer über der anderen, vier zu vier, zwei Meter hoch. Aber es waren Leichen.«[29]

In deutschen Feuilletons wird gelegentlich der Automatismus beanstandet, mit dem Buchenwald und Weimar zu einem »Binom« zusammengeführt werden, so daß keines ohne das andere mehr genannt werden könne. Solche Klagen verkennen, daß das von Jorge Semprún so genannte »Binom Weimar – Buchenwald«[30] in der Literatur der Shoa und des Widerstands gegen Hitler mit gutem Grund topisch geworden ist. Schon Joseph Roth hat in seiner vermutlich letzten Glosse (1939) die 1944 durch einen Luftangriff zerstörte, legendäre Goethe-Eiche im Lager Buchenwald beschrieben, die von der Rodung ausgenommen worden sei, weil in ihrem Schatten noch Goethe und die Frau von Stein gesessen hätten.[31] Der in Buchenwald inhaftierte französische Maler Léon Delabre hat den Baum 1944, kurz vor seiner Zerstörung, gezeichnet.[32] Mitten in einem der Terrorlager des nationalsozialistischen Regimes also blieb ein Denkmal der Humanität und der Liebe erhalten, und die Häftlinge aus den Widerstandsbewegungen Europas waren sich dessen – wie die Memoirenliteratur belegt – durchaus bewußt. Das Humanitätsdenken der deutschen Klassik, das bekanntlich an den Marmorstatuen der Antike Maß genommen hat, war getragen von dem Grundgedanken der schönen Gestalt des menschlichen Körpers. Im weimarischen Kunststaat war dieses Humanitätsdenken so tief verwurzelt, daß die Muschelkalkberge um Jena im 19. Jahrhundert künstlich mediterranisiert waren. Deren Wiederaufforstung soll der Großherzog Carl Alexander von Sachsen-Weimar, zu dessen Erziehung noch Goethe beigetragen hat, »mit den Worten verhindert haben: ›Da können Sie auch der Venus von Milo Kleider anziehen‹«.[33] Als sie die Verwertung des menschlichen Körpers industrialisierten, wußten die Nationalsozialisten, mit welchem Denken und welchen Landschaften sie in Konkurrenz traten. Das Lager Buchenwald wurde bewußt auf dem Ettersberg gebaut. Nationalsozialismus ist nichts anderes als programmatische Antihumanität.³⁴

George Steiner hat in seiner »Grammatik der Schöpfung« als die beunruhigende Erfahrung von Moderne und Nachmoderne das Faktum beschrieben, daß alle Axiome »vernünftiger Hoffnung« sich als falsch erwiesen haben. »Prachtvolle Konzerte, Ausstellungen in großen Museen, die Veröffentlichung gelehrter Bücher und der akademische Forschungsbetrieb sowohl in den Naturwissenschaften als auch in den Geisteswissenschaften gedeihen in enger Nachbarschaft der Todeslager. Technokratischer Erfindungsreichtum steht auf Geheiß des Unmenschlichen zu Diensten oder bleibt neutral. Die Symbolfigur unseres Zeitalters ist die Erhaltung einer Eiche, unter der Goethe gesessen haben soll, auf dem Gelände eines Konzentrationslagers.«³⁵ Das blutige zwanzigste Jahrhundert, das blutigste in der Reihe der neueren Jahrhunderte, hat – wie Steiner sagt – »den Tod entwertet«. Die Hekatomben von Toten, an die wir (seit der Zeit unserer Großeltern) unser Bewußtsein und unser Gedächtnis gewöhnen mußten, haben den Tod mechanisiert, industrialisiert und trivialisiert. »Diese Trivialisierung«, sagt George Steiner, »ist vielleicht selbst ein Abwehrmechanismus angesichts des Unbegreiflichen und des Unerträglichen. Doch sie hat, glaube ich, die Aura, die Würde des Todes in unserer Kultur verändert.« Und damit – fügen wir hinzu – hat sie nicht nur die Aura des Todes, sondern auch die Würde des menschlichen Leibes, des Sterbens, des Gedankens der Sterblichkeit und sogar den der Unsterblichkeit verändert. Wir hätten vermutlich heute keine Forschungsdebatte um Embryonenverbrauch und präimplantive Selektion, um therapeutisches und reproduktives Klonieren, um aktive Sterbehilfe, Eugenik und Euthanasie, hätte es diese Entwürdigung des Todes nicht gegeben. Daß die Goethe-Philologie seit Walter Benjamins großer Studie über den Roman »Die Wahlverwandtschaften« den Lebensschrecken und die Todesangst des großen Weisen von Weimar als die untergründige Hauptströmung seines späten Werkes entdeckt hat, fügt sich dieser Grunderfahrung des 20. Jahrhunderts nahtlos ein.[36]

4. Thomas Mann, der Dichter des Sterbens

Der große Dichter des Sterbens im 20. Jahrhundert war Thomas Mann. Seine Lieblingslektüre unter den Werken Goethes war somit auch dessen Roman der Todesreflexion, »Die Wahlverwandtschaften«, in dem schon die Namen der Figuren anagrammatisch auf den Tod verweisen. Eduard, der mit zweitem Namen Otto heißt, der Hauptmann, der Otto heißt, das in der Gedankensünde gezeugte Kind, das auf den Namen seines Vaters, Otto, getauft ist, Charlotte und Ottilie, in all diesen Namen ist kaum verschlüsselt »tot« enthalten.[37] Um nur wenige, bekannte Beispiele für die Beschreibung des Sterbens bei Thomas Mann zu nennen: vom Tod Gustav von Aschenbachs im »Tod in Venedig« (1912) über die Beschreibung von Goethes Tod in der öffentlichen Rede »Goethe als Schriftsteller« (1932), den Tod Rahels in »Die Geschichten Jaakobs« (1933) bis zum Tod Rosalie von Tümmlers in der Erzählung »Die Betrogene« (1953) durchziehen Szenen eines würdigen Sterbens, eines Todes, von dem die Mitwelt respektvoll erschüttert Kenntnis nimmt,[38] Thomas Manns ganzes Werk. Wieder einmal gestaltet die Literatur Verlusterfahrungen. Thomas Mann und viele seiner Zeitgenossen schreiben an gegen die Entwürdigung des Todes. In der Beschreibung von Todesfällen, meinte Thomas Mann in einem Brief an René Schickele im August 1935, sei er »nun einmal stark«.[39] Das mag mit der Grundregel der Dekadenzliteratur zusammenhängen, wie sie schon Schiller in seiner Beschreibung des Mannheimer Antikensaals formuliert hat, Schönheit aus dem Untergang, also auch aus Krankheit und Tod, zu gewinnen, das verweist aber letztlich auf die skizzierte Kernerfahrung des 20. Jahrhunderts.

Thomas Mann hat versucht, im 20. Jahrhundert jene Repräsentation der humanen Kultur zu gewinnen, wie er sie Goethe für die bekannte »Sattelzeit« der Moderne (zwischen etwa 1770 und 1830) zugeschrieben hat. Er hat deshalb in der Parodie Goethes dessen Repräsentation der Welt durch Bildung und Humanität abgebildet. Am schlüssigsten ist ihm dies in der von ihm selbst so genannten »unio mystica« des siebenten Kapitels von »Lotte in Weimar« (1939) gelungen.[40] In diesem siebenten Kapitel, durch die pathetische Schreibweise der Kapitelüberschrift (»Das siebente Kapitel«) aus der Folge der Romankapitel herausgehoben, erscheint im inneren Monolog Goethe in Person. Thomas Mann hat sich nicht gescheut, diese Nachahmung Goethes seiner Familie regelrecht vorzuspielen. Klaus Mann berichtet in seiner Autobiographie »Der Wendepunkt«, daß in Princeton (1938) unter den politischen Flüchtlingen europäische Kontinuität gewahrt blieb. Auch wenn Weimar, »das hochberühmte Musenstädtchen [...] zur Zeit ins Unbetretbare und Unvorstellbare entrückt sein mochte, so fühlte man sich doch immer noch recht zu Hause in seiner traulicherhabenen Vergangenheit«[41]. In dieser Autobiographie ist der Unterschied zwischen dem politisch-militärischen Kampf der jüngeren Emigranten-Generation und der auf den Ruhm Europas und die Kraft seiner Bildung vertrauenden, älteren Generation, die mit ihren nationalsozialistischen Gegnern eher einen exemplarischen »Kulturkampf« führte, scharf markiert. So erinnert sich Klaus Mann an den Weihnachtsabend des Jahres 1938, an dem Thomas Mann in Princeton seiner Familie Teile des siebenten Kapitels aus dem entstehenden Roman »Lotte in Weimar« vorgelesen hat: »Auf die sonore Erzähler-Stimme war Verlaß, sie ließ nichts aus, jedes Detail wurde gewissenhaft hervorgehoben.« Der »Zauberer«, wie Thomas Mann in seiner Familie genannt wurde, hat sich an diesem Weihnachtsabend seinen Beinamen verdient. Dem Sohn nämlich schien es, als sitze durch die Worte des Vaters, in der von diesem ersehnten und stilistisch auch erreichten »unio mystica«, Goethe mitten unter ihnen:

»Welch sonderbarer Klang erfüllte da unseren etwas gar zu großen, gar zu pompösen ›living room‹ in Princeton, New Jersey! Welch geisterhafte Wort-Musik! Welch magisches Geraune! Goethe sprach. Goethe träumte, sinnierte, meditierte. Er saß vor uns, ward uns gegenwärtig, im heilig-nüchternen Licht der Morgenstunde. Sein Arbeitstag begann, einer seiner vielen, fast unzähligen, gesegneten und schweren Arbeitstage. Es kamen der Barbier, der Sohn, der Kammerdiener; er redete zu ihnen; wir hörten, was er sagte, geisterhafter Laut! Er blieb allein! Wir durften ihn belauschen; magische Indiskretion enthüllte sein Geheimnis. Goethe vertraute uns seine Sorgen an, auch seine Ahnungen, Fragmente seiner Weisheit, etwas von seinem Glück. Seltsame Konfession unterm Lichterbaum! Wir naschten amerikanisches Gebäck, eine heimatlose Familie in fremdem Land, das Heimat werden sollte. Und der Genius der verlorenen Heimat, der deutsche Mythos sprach ...«

Das war es, was Thomas Mann erreichen wollte und erreichte: auch die rätselhaften Schlußworte von Goethes »Wahlverwandtschaften« so zu interpretieren, daß die Liebenden auferstanden im Wort des modernen, weil parodierenden Dichters. Der nazarenisch fromme, schon die Zeitgenossen Goethes und seither alle Interpreten des Romans irritierende Schluß der »Wahlverwandtschaften« lautet bekanntlich: »So ruhen die Liebenden nebeneinander. Friede schwebt über ihrer Stätte, heitere, verwandte Engelbilder schauen vom Gewölbe auf sie herab, und welch ein freundlicher Augenblick wird es sein, wenn sie dereinst wieder zusammen erwachen.«[42] Jetzt, sagt Thomas Mann im Exil, in seinem ersten ganz im Exil entstandenen Roman, jetzt ist dieser Augenblick des Erwachens gekommen. Der (in »Lotte in Weimar«) von der alternden Charlotte Kestner – mit etwas zittrigem, ja in Momenten der Aufregung gar mit »wackelndem« Kopf hat sie Thomas Mann beschrieben – im Wagen imaginierte alte Goethe wiederholt (zu ihr, zu uns) die Schlußworte seines

Romans: »In meinem ruhenden Herzen, teure Bilder, mögt ihr ruhen – und welch ein freundlicher Augenblick wird es sein, wenn wir dereinst wieder zusammen erwachen.«[43]

5. »Translatio educationis«

Die ganze Familie Mann, auch der ehemals in Feindschaft geschiedene Bruder Heinrich, hat im Exil zusammengewirkt, um den Gedanken und den Willen der gegen Hitler und seinen Messianismus gerichteten Repräsentation eines europäischen Deutschtums zu verwirklichen. Schon 1936, im Jahr der Ausbürgerung Thomas Manns aus seinem Vaterland, hat Heinrich den Bruder in der Emigration begrüßt: »Seien wir bescheiden. Thomas Mann, seit Neuestem kein ›Deutscher‹ mehr, hat mit Goethe wenigstens, allerwenigstens gemein, daß er sich müht und trägt die auferlegte Last. Wo ist er, der sich müht, und trägt die Last, die wir getragen haben? Dieser Goethesche Satz ist hier nicht wörtlich wiedergegeben, er ist zurückübersetzt. In dem Manifest an die Europäer, verfaßt von Thomas Mann zu ihrer Warnung, war der Satz in allen ihren Mundarten zu lesen. Ein Deutscher, im Begriff ausgebürgert zu werden, macht gemeinsame Sache mit einem anderen Deutschen, Goethe, der jetzt auch nicht in Weimar säße, sondern Haus und Hof wären ihm fortgenommen, er teilte mit uns allen das Exil.«[44] Was hier unternommen wurde, von Thomas Mann angeführt, von seiner Familie unterstützt, war nicht weniger als der Versuch einer *translatio* des deutschen, des europäischen Bildungs- und Humanitätsgedankens in das Exil, die Rettung dieses Gedankens vor der in Deutschland zur Herrschaft gelangten Barbarei. Diese *translatio*, die durchaus Maß genommen hat an der mittelalterlichen Vorstellung einer *translatio imperii*, hat an Wucht und Bedeutung gewonnen, als um 1938 die Europa-Flucht begann und die USA das Ziel großer Emigrationswellen wurden.[45] Denn nun wurde jenes von Goethe gepriesene

Amerika Ziel einer europäischen Bildungsinvasion, die an der Ostküste und teilweise auch im Westen der USA für wenigstens zwei Jahrzehnte erfolgreich war. Thomas Mann hat mit den Vorlesungen in Princeton, deren erste Goethes »Faust« gegolten hat, die von Richard Wagner, Sigmund Freud und schließlich dem eigenen Erfolgsroman, »Der Zauberberg«[46], handelten, eine Rezeptionsgeschichte angestoßen, die zwar heute weitgehend abgeklungen ist, in deren Verlauf es aber zu den Kennzeichen des gebildeten Amerikaners gehörte, zumindest den »Zauberberg« gelesen zu haben. Vielleicht ist der beste Beleg dafür eine Folge der populären Kriminalserie mit Pierce Brosnan als dem Detektiv Remington Steele.[47] Steele findet die Leiche eines Freundes in der Pathologie, und der Arzt zeigt sie ihm mit den Worten: »Hier hast Du Dein Stück Fleisch!« Wutentbrannt packt der Detektiv den Pathologen an seinem weißen Mantel und brüllt ihm ins Gesicht: »Dieses Stück Fleisch war noch vor wenigen Stunden ein atmender Mensch, er war mein Freund und – er hat den ›Zauberberg‹ gelesen.« Die Lektüre des »Zauberberg« als Beleg des Menschseins, mehr an Popularität kann sich ein Autor kaum wünschen! Wenn Thomas Mann von Allan Bloom vorgeworfen wurde, er gehöre zu jenen Europäern, die den amerikanischen Geist weniger mit den antiken Originalen als mit deren modernen Ableitungen, mit den Gedanken Nietzsches und Freuds, infiziert hätten, so ist dies nur zum Teil richtig.[48] Thomas Mann suchte in der Verbreitung des eigenen, im europäischen Humanitätsdenken wurzelnden Werkes dieses Denken in der neuen Welt zu verwurzeln und es somit zugleich vor den Barbaren, die das alte Rom [Europa] erobert hatten, in Sicherheit zu bringen. Der berühmt-berüchtigte Satz, den Thomas Mann gesprochen haben soll, als er auf der Flucht vor Hitler amerikanischen Boden betrat: »Wo ich bin, ist die deutsche Kultur«, wurde zwar vermutlich so nicht gesprochen, aber gemeint ist er im Sinne einer *translatio* des europäischen Bildungsgedankens in die Neue Welt. In der eben zitierten Fassung wird dieser Satz nur durch

Heinrich Mann (im Juni-Heft 1945 der »Neuen Rundschau«) überliefert.[49] Daß Thomas Mann aber davon überzeugt war, die durch das neuhumanistische Bildungsideal und eine noch ältere Tradition geprägte deutsche Kultur zu repräsentieren, kann nicht zweifelhaft sein.[50] In einem Brief an Wilhelm Buller hat er am 22. Februar 1949 geschrieben: »Was muß ich auch leiblich in Deutschland sein? ›Wo ich bin, da ist Deutschland‹, und wo meine Bücher sind, da bin ich. Sie sind ja schließlich das Destilliert-Beste von mir, und die Deutschen sollen sie nur lesen, als ob ich schon ein abgeschiedener Geist wäre. Gar so weit ist es ja sowieso nicht mehr dahin.«[51] Mit dem durch Anführungsstriche als Zitat kenntlich gemachten Satz hat er nur wiederholt, was er schon im April 1938 in (damals unveröffentlichten) »Tagebuchblättern«[52], also zur Zeit der Flucht in die USA,[53] über das Gefühl der Heimatlosigkeit und die Heimat in der Sprache niedergeschrieben hatte. Im Exil hat er den alten Streit mit Gerhart Hauptmann um die Repräsentantenrolle der deutschen Kultur für sich entschieden. Die tragische Attitude Hauptmanns, seine bis in die Physiognomie hineinreichende Imitation des alten Goethe, war der ironischen Distanz, die Thomas Mann auch Goethe gegenüber stets bewahrte, weit unterlegen.

6. »Lotte in Weimar« – das »deutscheste Buch der Gegenwart«?

»Lotte in Weimar« (1939), der Roman, mit dem Thomas Mann an die Pläne eines Goethe-Romans aus der Zeit des »Tod in Venedig« anknüpfte, wurde zum Testfall der geglückten oder mißglückten *translatio educationis*. In diesem ersten Exilroman gestaltete Thomas Mann tatsächlich einen europäischen, mehr noch: einen deutschen Bildungsstoff. In Europa gab es mit dem von Thomas Mann gewählten Titel keine Schwierigkeiten. Das gebildete europäische Publikum assoziierte damit sogleich den Besuch von »Werthers Lotte«

im Weimar des zu Würde und Ansehen gelangten Goethe. Auch wenn die anekdotischen Zusammenhänge dem Publikum nicht geläufig waren, die Voraussetzungen zur kenntnisreichen Lektüre des Romans waren in Europa (bis etwa in die Mitte der fünfziger Jahre des 20. Jahrhunderts) andere als in den dem europäischen Bildungsstandard fernen USA. Dort gruppierte sich das an solchen Stoffen interessierte Publikum um die Leser der »Washington Post« und der »New York Times«. In beiden großen, bis heute an Europa interessierten Zeitungen erschien denn auch im August 1940 Agnes E. Meyers Besprechung der englischsprachigen Erstausgabe von »Lotte in Weimar«. Doch während die italienische Übersetzung des Romans den Titel »Carlotta a Weimar«, die französische ganz selbstverständlich die Überschrift »Charlotte à Weimar« trugen, lautete der Titel der amerikanischen Edition »The Beloved Returns«, mit dem in kleinerer Schrift daruntergesetzten originalen Titel »Lotte in Weimar«. Der Titel der englischsprachigen Ausgaben war lange umrätselt. »The wondrous pilgrimage of Lotte Buff« wurde im Dezember 1939 erwogen, »Journey towards youth« sollte der Roman im März 1940 genannt werden, ehe sich Thomas Mann mit dem Titel »The Beloved Returns« angefreundet hat. »Das Buch heißt ›Lotte in Weimar‹ und kann garnicht anders heißen«, schrieb er an Agnes E. Meyer im Mai 1940. »Von den englischen Roman-Titeln aber ist ›The beloved returns‹ noch der beste, weil er der spirituellste ist und die Idee der Wiederkehr überhaupt durchschimmern läßt.«[54]

Der englische Titel, der ihm zeitlebens fremd geblieben ist, schien Thomas Mann der Probierstein für seine Popularität in den USA, an der er das Gelingen der *translatio* gemessen hat. Noch 1944 hat er beklagt, daß dieses Buch der »angelsächsischen Welt« nichts zu sagen habe.[55] Es ging ihm nicht so sehr um die Übermittlung von Gedanken und Ideen, sondern um jene Aufregung, die vom Stil und der Stil-Imitation auszugehen schien. An Caroline Newton, die ihm offensichtlich davon berichtet hatte, wie stark der Roman auf einen amerikanischen Freund gewirkt hatte, schrieb er am 28. Juli 1940: »Sie hatten recht zu erwarten, daß mich Ihr Bericht über den Erfolg, den Lotte bei Ihrem Freunde gehabt hat, interessieren und freuen würde. / Was ich mich frage, ist nur, ob er sich das Buch in der deutschen Ausgabe verschafft oder ob er es schon auf englisch gelesen hat. [...] Dieser Fall nämlich, daß er das Buch in der englischen Übertragung gelesen hätte und davon so begeistert wäre, würde eine noch weit größere Bedeutung für mich haben; denn die Erfahrung daß das Buch auf deutsch eine gewisse Aufregung erzeugt, habe ich schon mehrfach gemacht; die Bewegung Ihres Freundes durch die englische Ausgabe aber würde mir eine starke Garantie dafür bedeuten, daß die Eigenschaften des Buches unter der Übersetzung nicht allzusehr gelitten haben.«[56]

Thomas Mann wußte, daß eine *translatio educationis* nur über die Sprache gelingen konnte, über die Einwurzelung des europäischen Bildungsgedankens in die Sprache der amerikanischen Leser. So diente ihm jener Roman, der zunächst als ein lustspielartiges Intermezzo während der Entstehungszeit der homerischen »Joseph«-Tetralogie dienen sollte, nun als Testfall für die Wirkungen der Emigrierten auf ihr anderssprachiges Gastland. Das »deutscheste Buch, das beste und vollendetste, das seit Jahren und Jahren in unserer Sprache geschaffen wurde«,[57] wurde zugleich zum Probierstein von Thomas Manns Wirkung auf die amerikanischen Leser. Thomas Mann schuf sich in diesem Roman jenes prototypisch-portative Vaterland der Exilierten[58], als das Goethe, sein Leben, seine Sprache und sein Werk, den aus Deutschland verbannten und vertriebenen, an Leib und Leben bedrohten Schriftstellern erschien. Er schuf aber sich und den Exilierten über die englische Übersetzung, die er Satz für Satz begleitet hat, auch einen Ort, an dem er ausruhen, an dem er sich durch sein Werk in fremder Sprache zu Hause fühlen konnte. Die Popularität Thomas

Manns in den USA erstreckte sich schon bald nicht mehr nur auf die beiden von den Amerikanern bevorzugten Werke, »Death in Venice« und »Magic Mountain«, sondern auch auf die früheren und die späteren Texte. Voll Stolz erzählte Katia Mann einem Reporter, daß sich nach der Zerstörung des Buddenbrook-Hauses in Lübeck durch einen Luftangriff britischer Bomber (1942)[59] selbst ihr amerikanischer Tankwart teilnehmend geäußert habe.[60]

Das Stichwort vom »deutschesten Buch der Gegenwart« konnte Thomas Mann auch in Raoul Auernheimers Rezension von »Lotte in Weimar« in der New Yorker Zeitschrift »Aufbau« am 12. April 1940 lesen. In solchen Rezensionen fand er zwar die eigene Verbitterung über den Verlust des größeren deutschen Publikums gespiegelt, doch hat er sich, darin mit seinem Verleger einig, mit diesem Verlust niemals resignativ abgefunden. Er hat darauf vertraut, daß seine Texte auch im Untergrund ihren Weg nach Deutschland finden würden, und zugleich die Chance ergriffen, das Weltbürgertum, das Goethe und Schiller vorentworfen und vorgelebt hatten, in der Realität des 20. Jahrhunderts zu bewähren. Daß dieser Wunsch nach einem europäischen Deutschland und nicht nach einem von Deutschland vergewaltigten Europa auch Antrieb für die Widerstandsbewegung der »Weißen Rose« gewesen ist, wird durch den Gleichklang der Zitate (in den Flugblättern der Geschwister Scholl und ihrer Freunde hier, in Thomas Manns Roman »Lotte in Weimar« dort) belegt. Sie zeugen bis heute von der Existenz eines »anderen«, eines geistigen Deutschland, dessen sprachliche Heimat eben – Goethe war. »Nichts ist eines Kulturvolkes unwürdiger«, heißt es im ersten Flugblatt der »Weißen Rose« (1943), »als sich ohne Widerstand von einer verantwortungslosen und dunklen Trieben ergebenen Herrscherclique ›regieren‹ zu lassen. [...] Goethe spricht von den Deutschen als einem tragischen Volke, gleich dem der Juden und Griechen, aber heute hat es eben den Anschein, als sei es eine seichte, willenlose Herde von Mitläufern [...].«[61] In »Lotte in Weimar« denkt Goethe in einem langen inneren Monolog über sein Verhältnis zu den Deutschen nach: »Unseliges Volk, es wird nicht gut ausgehen mit ihm, denn es will sich selbst nicht verstehen, und jedes Mißverstehen seiner selbst erregt nicht das Gelächter allein, erregt den Haß der Welt und bringt es in äußerste Gefahr. Was gilts, das Schicksal wird sie schlagen, weil sie sich selbst verrieten und nicht sein wollten, was sie sind; es wird sie über die Erde zerstreuen wie die Juden, – zu Recht, denn ihre Besten lebten immer bei ihnen im Exil, und im Exil erst, in der Zerstreuung werden sie die Masse des Guten, die in ihnen liegt, zum Heile der Nationen entwickeln und das Salz der Erde sein [...].«[62]

In diesem Nachdenken von Thomas Manns Goethe über Deutschland und die Deutschen gipfelt die literarische Tradition der Scheltrede auf die Deutschen, die mit Hölderlins Scheltrede im »Hyperion« begonnen und über Nietzsche, George und Karl Kraus eine Wendung gegen den Typus des Bildungsphilisters genommen hatte. Von Anfang an, das heißt seit dem Ende des 18. Jahrhunderts, gehörte die literarische »Scheltrede« als integraler Bestandteil zum Bildungsdiskurs in Deutschland. »Deutschland« und »die Deutschen« traten in diesem Diskurs auseinander, die Staatsnation trennte sich von der Kulturnation, und das »heilige Deutschland« wurde schon im 19. Jahrhundert zu einem Bildungsziel, das von dem Volk der »Richter und Henker« früh an seiner Realisierung gehindert wurde.[63] »So traun sie deinem Deutschtum nicht«, sagt der Exilant im amerikanischen Princeton mit der Stimme Goethes, »spürens wie einen Mißbrauch, und der Ruhm ist unter ihnen wie Haß und Pein. Leidig Dasein, im Ringen und Widerstreit mit einem Volkstum, das doch auch wieder den Schwimmer trägt. Soll wohl so sein, wehleidig bin ich nicht. Aber daß sie die Klarheit hassen, ist nicht recht. Daß sie den Reiz der Wahrheit nicht kennen, ist zu beklagen, – daß ihnen Dunst und Rausch und all berserkerisches Unmaß so teuer, ist widerwärtig, – daß sie sich jedem verzückten Schurken gläubig hingeben, der ihr Niedrigstes aufruft, sie in ihren Lastern bestärkt und sie lehrt, Nationalität als Isolierung und Roheit zu begreifen, [...] ist miserabel. [...] Ich hab mein Deutschtum für mich – mag sie mitsamt der boshaften Philisterei, die sie so nennen, der Teufel holen. Sie meinen, sie sind Deutschland, aber ich bins, und gings zu Grunde mit Stumpf und Stiel, es dauerte in mir.«[64]

Thomas Mann hatte das bittere Vergnügen zu erleben, daß gerade diese Stellen seines Romans, daß der »bewußte Anachronismus«[65], den er sich mit seiner Anspielung auf Hitler, den »verzückten Schurken«, geleistet hatte, als originale Goethe-Zitate von Sir Hartley Shawcross, dem britischen Chefankläger im Nürnberger Prozeß gegen die Hauptkriegsverbrecher, gegen die Angeklagten gewendet wurden. Die (damals) gebildete und aufmerksame britische Presse hat die Verwechslung sogleich bemerkt und entsprechend spöttisch kommentiert. Die britische Regierung hat betreten in Pacific Palisades nachgefragt, wie es sich mit den Zitaten denn verhalte. »Ich habe geantwortet«, schrieb Thomas Mann am 25. September 1946 an Alexander Moritz Frey, »ich verbürgte mich dafür, daß Goethe alles, was er bei mir denkt und sagt, ganz gut wirklich hätte denken und sagen können, und in einem höheren Sinn habe der Prosecutor also doch richtig zitiert. Ich weiß nicht recht, ob das Lord Inverchapel und den Foreign Secretary, in dessen Auftrag er schrieb, getröstet hat. Es bleibt ein peinliches Vorkommnis.«[66] In allen privaten und öffentlichen Äußerungen Thomas Manns über die Zitatverwechslung in Nürnberg manifestiert sich der kaum unterdrückte Stolz, daß seine Stimme, unter der täuschend echten Maske Goethes, nun die Feinde der Menschheit im Namen des Weltgewissens angeklagt und Sühne von ihnen gefordert hat. Vermutlich hat Thomas Mann diese späte Wirkung einer *translatio* als den Sieg seines Lebenswerkes über die Barbarei verstanden.

7. Der »Bildungsreisende« in den USA

In den USA traf (1938) Thomas Manns forcierter Wille zur Übertragung europäischen Bildungsdenkens auf eine Situation, die Saul Bellow mehr oder weniger ironisch im Vorwort zu Allan Blooms Bestseller »The Closing of the American Mind« so formuliert hat: »America had many advantages over Europe, it was more productive, more energetic, more free, largely immune from pathogenic politics and ruinous wars, but as far as art was concerned it would be better, as Wyndham Lewis put it, to have been born an Eskimo than a Minnesota Presbyterian who wanted to be a painter.«[67] Auf diesen gleichsam jungfräulichen Boden suchte Thomas Mann zunächst Goethe und dann, mit der eigenen Interpretation des »Magic Mountain«, auch den Bildungsroman, die Figur des »Bildungsreisenden«, den Sucher nach dem Heiligen Gral zu verpflanzen. Der Deutung eines jungen Gelehrten der Harvard University folgend, hat er den Studenten in Princeton seinen Hans Castorp (aus dem »Zauberberg«) als einen der Sucher nach dem Heiligen Gral, nach dem innersten Kern der Bildung, zu erklären versucht: »He is forever searching for the Grail – that is to say, the Highest: knowledge, wisdom, consecration, the philosopher's stone, the *aurum potabile*, the elixir of life. [...] And my Hans Castorp, the *Bildungsreisende*, has a very distinguished knightly and mystical ancestry: he is the typical curious neophyte – curious in a high sense of the word – who voluntarily, all too voluntarily, embraces disease and death, because his very first contact with them gives promise of extraordinary enlightenment and adventurous advancement, bound up, of course, with correspondingly great risks.«[68] Was den schon damals virulenten Streit um die Menschenwürde betrifft, so fügte er hinzu: »The Grail is a mystery, but humanity is a mystery too. For man himself is a mystery, and all humanity rests upon reverence before the mystery that is man.«

Wenig später hat Agnes Meyer den Lesern der »Washington Post« und des »New York Times Book Review« mit »The Beloved Returns« ein kosmopolitisches Lesevergnügen versprochen, das alles übertreffe, was Hollywood jemals geträumt habe. Das nämlich war und ist die Bastion des Publikumsinteresses, mit der die Literatur in den USA zu konkurrieren hat, in die sie nach Möglichkeit einzudringen versucht: die Traumfabrik in Hollywood, die sich auch von einem Nobelpreisträger der Literatur nicht beeindrucken läßt. Doch hat Agnes E. Meyer auch die zeitnahen Bezüge des Romans verdeutlicht, die in den USA, im Jahr vor der deutschen Kriegserklärung (11. Dezember 1941), die Aufmerksamkeit des Lesepublikums auf sich zu ziehen vermochten, schon deshalb weil sie auf die Politik Roosevelts anspielten: »Here is a literary event of the first magnitude, the revitalization of ancient mythical material in terms of universal and therefore also in terms of contemporary needs. [...] But purely as narrative and background there is a magnificent story here which exceeds in drama, opulence and movement anything that Hollywood has ever dreamed. [...] It marks the establishment of a truly universal literature such as Goethe foresaw and such as Nietzsche aspired to when he fulminated against the restrictions of nationalism. It is limited neither in the qualities of its time element nor in its special environment. It belongs to the whole world, to life itself.«[69]

Der Tenor der amerikanischen Rezensionen blieb im Zeitalter des Nationalismus auf Weltliteratur gestimmt, nachdem Thomas Mann selbst den Roman »ein trotzig-reaktionäres Buch – vielleicht auch wieder [...] ein zukünftiges« genannt hat. Die Entscheidung zwischen diesen Alternativen hänge »von den Ergebnissen der Weltgeschichte ab.«[70] Dem Verleger und der Übersetzerin allerdings schien für die amerikanische Edition nicht nur ein lustspielartiger Titel, sondern auch ein Vorwort angebracht, das sich auf William Makepeace Thackeray's Goethe-Verehrung berief, den berühmten Rivalen von Charles Dickens, den Verfasser von »Vanity Fair«. In diesem Vorwort werden die *Vorgeschichte* und die *Geschichte* des im Roman beschriebenen Besuches von Charlotte Kestner, geborene Buff, in Weimar im September/Oktober 1816 beschrieben. Die *Vorgeschichte* des Besuches, als Goethe vor 44 Jahren der jungen Charlotte Buff, dem Urbild der Lotte in »Die Leiden des jungen Werthers«, begegnete:

»The scene of the meeting, as portrayed in ›Werther‹, was pertly parodied by Thackeray:

›Werther had a love for Charlotte,
Such as words could never utter;
Would you know how first he met her?
She was cutting bread and butter.‹

In real life, the meeting took place at a country ball, and Lotte, a young ›spindle-shanks‹ of seventeen, wore a white frock trimmed with pink ribbon bows. One of these, or the absence of it, plays a coquettish role in the present novel.«[71]

Und die *Geschichte* des Besuches der inzwischen verwitweten Hofrätin Kestner in Weimar, 44 Jahre später, wie sie Goethe eher beiläufig in seinem Tagebuch 1816 festgehalten hat. Charlotte Kestner, die den Jugendfreund zu besuchen meinte, traf, so jedenfalls suggeriert es das Vorwort für die amerikanischen Leser, den weltberühmten Poeten, den Staatsmann, die Exzellenz Goethe: »His stature ranked with Napoleon's and Beethoven's; his house was the shrine of pilgrims all over the globe […] And Lotte? Her life had been as private as Goethe's was public […] And so the beloved returned – this novel, with its crowded allusiveness, tells the tale of her three week's sojourn in Weimar in the autumn of 1816, and its singular – even uncanny – satisfactions. But above all, it tells, with devastating psychological acuity, how genius thinks and feels, and those who live and breathe in its air.« So vorbereitet werden 1940 amerikanische Leser in eine deutsche Kleinstadt namens Weimar geführt, die ihnen noch nicht als der Ort Buchenwalds, jedoch eher als die Stadt der Weimarer Verfassung denn als Wohnort Goethes und Schillers bekannt sein mochte. Sie werden Zeugen, wie am Morgen eines Herbsttages im Jahre 1816 Mager, dem Kellner des Hotels »Zum Elephanten«, das Erlebnis widerfährt, in einer der mit der Postkutsche ankommenden Damen leibhaftig Werthers Lotte zu erkennen. Und Zug um Zug entrollt sich dann vor ihnen das Charakterbild Goethes, gespiegelt im Bericht von Friedrich Riemer, Adele Schopenhauer, August von Goethe und schließlich im inneren Monolog, im Blick des Autors selbst. Die zeitgenössischen amerikanischen Leser werden kaum sogleich das ironische Spiel zwischen Möglichkeit und Wirklichkeit durchschaut haben, das Thomas Mann mit seinen Figuren und seinen Lesern treibt. Doch die »schwarze« Novelle, die Adele Schopenhauer hier über die Beziehung von Goethes Sohn zu Ottilie von Pogwisch erzählt, bei der das »happy ending«, die Hochzeit der »Liebenden«, tragisches Opfer und Entsagung zugleich ist, werden sie, weil zeitlos, unmittelbar verstanden haben. Schließlich hat die Stimme des imaginierten Goethe im Schlußkapitel des Romans auch im Englischen nichts von ihrem betörenden Klang eingebüßt: »In my quiet heart, dear visions, may you rest – and what a pleasant moment that will be, when we anon awake together.«[72]

*

Für Thomas Mann endete der mit dem Roman »Lotte in Weimar« und den Mühen seiner englischen Übersetzung begonnene Versuch der Einwurzelung des europäischen Humanitätsdenkens im demokratischen Amerika mit der Verdüsterung seiner neuen Heimat durch die hysterische Kommunistenjagd McCarthy's. Von ihr wurde er schließlich aus den USA nach Europa vertrieben. Vielleicht endete dieser große Versuch einer *translatio educationis* und ihrer Repräsentation durch den in Sprache und Gedanken vorbildlichen Schriftsteller sichtbar mit jenem Wanderwitz, der von der Hollywood-Diva Ava Gardner erzählt wird. Sie wollte sich, wird berichtet, von einem ihrer Ehemänner unter Hinweis auf Thomas Mann's »The Magic Mountain« wegen seelischer Grausamkeit scheiden lassen. Worin die seelische Grausamkeit denn bestanden habe, fragte sie der Scheidungsrichter und bekam zur Antwort: »He forced me, to read this damn'd book!« Die Ehe wurde geschieden. Thomas Mann und Goethe sind seither wieder ganz und gar europäische Autoren. Und die Geschichte der Verbindung zwischen den USA und Europa ist seit dem Ende der Marshall-Plan-Hilfe im Jahre 1952 eine Geschichte leiser, aber stetig fortschreitender Entfremdung.

---

1 »... er teilte mit uns allen das Exil«. Goethebilder der deutschsprachigen Emigration 1933–1945. Eine Ausstellung des Deutschen Exilarchivs 1933–1945 der Deutschen Bibliothek. Begleitbuch: Brita Eckert und Werner Berthold. Mitarbeiterin Mechthild Hahner. Wiesbaden 1999, S. 73, zitiert als »Begleitbuch«. Ebd. S. 72 eine Abbildung der Goethe-Büste von Karl Fischer im Bryant-Park in New York, die 1932 (zu Goethes 100. Todestag) von der Goethe-Society of America errichtet wurde.
2 Elias Canetti: Wortanfälle. In: ders.: Das Gewissen der Worte. Essays. München o.J., S. 159 f.
3 Elias Canetti: Die Provinz des Menschen. Aufzeichnungen 1942–1972. München 1982, S. 49–51.
4 Ders.: Georg Büchner. In: Das Gewissen der Worte, S. 217.
5 Der m.E. zutreffende Begriff der »negativen Synthese« zur Kennzeichnung des Nationalsozialismus und seiner Massenwirksamkeit zuerst bei Karl Dietrich Erdmann: Die Zeit der Weltkriege. Bd. 4 von Bruno Gebhardts Handbuch der deutschen Geschichte. 8., völlig neubearbeitete Auflage, hg. von Herbert Grundmann. Stuttgart 1959, S. 184. Erdmann bezieht sich auf Friedrich Meinecke.
6 Der von Thomas Mann für die Wirksamkeit von Hitler und Goebbels im

Reich des Geistes gerne gebrauchte Terminus ist wörtlich gemeint und besagt »behandeln wie einen Hund«, »auf den Hund kommen«.
7 Vgl. dazu Wolfgang Frühwald: Büchmann und die Folgen. Zur sozialen Funktion des Bildungszitates in der deutschen Literatur des 19. Jahrhunderts. In: Reinhart Koselleck (Hg.): Bildungsbürgertum im 19. Jahrhundert. Teil II: Bildungsgüter und Bildungswissen. Stuttgart 1990, oben S. 222 ff.
8 Ich verweise auf den informativen und spannend geschriebenen Beitrag »Schiller« von Otto Dann in: Etienne François und Hagen Schulze (Hgg.): Deutsche Erinnerungsorte II. München 2002, S. 171–186. Otto Dann bezeichnet vor allem die Phase seit den sechziger Jahren des 19. Jahrhunderts als die »Zeit der Nationalisierung Schillers«. Bei ihm ist zu lesen: »Der französische Germanist Robert d'Harcourt formulierte 1928: ›Goethe est Européen, Schiller est Allemand‹ – eine Nationalisierung Schillers mit negativem Vorzeichen: Schiller, der typisch Deutsche.« (S. 172 f.) Die »Entnationalisierung« Goethes also war schon in den zwanziger Jahren des 20. Jahrhunderts vollendet.
9 Karl Löwith: Von Hegel zu Nietzsche. Der revolutionäre Bruch im Denken des 19. Jahrhunderts. 7., unveränderte Auflage, erweitert mit einer Gesamtbibliographie Karl Löwith von Klaus Stichweh. Hamburg 1978, S. 326. Der »Bildungsphilister« schien Karl Löwith in den dreißiger Jahren des 20. Jahrhunderts »als der politisch formierte Mensch mit vorgeschriebener Weltanschauung eine massenhafte Erscheinung geworden«.
10 Clemens Brentano: Der Philister vor, in und nach der Geschichte. In: Wolfgang Frühwald und Friedhelm Kemp (Hgg.): Clemens Brentano. Werke. Bd. II. München 1980, S. 1009.
11 Das Schiller-Zitat ist in seiner zynischen Verwendung hier besonders eindrucksvoll, weil die Erklärung von Otto Wels tatsächlich »das letzte freie Wort« war (Erdmann, S. 188), das (bis zum Ende der Naziherrschaft) im Deutschen Reichstag gesprochen wurde und weil der deutsche Sozialismus durch die dem Ermächtigungsgesetz vorangehende Terrorwelle bereits geschwächt war. S. oben S. 223.
12 Vgl. dazu oben S. 223.
13 Die Ereignisse des Goethe-Jahres 1932 in Deutschland sind informativ dokumentiert und kenntnisreich kommentiert in: Klassiker in finsteren Zeiten. 1933–1945. Eine Ausstellung des Deutschen Literaturarchivs im Schiller-Nationalmuseum Marbach am Neckar. Ausstellung und Katalog: Bernhard Zeller in Zusammenarbeit mit Friederike Brüggemann, Eva Dambacher, Hildegard Dieke und Friedrich Pfäfflin. Bd. 1. Stuttgart 1983, S. 49–83.

14 Kurt Tucholskys Gedicht »Goethe-Jahr 1932« (»Nächstes Jahr, da werden wir was erleben!«) erschien zuerst in der »Weltbühne« am 22. September 1931.
15 Mary Gerold-Tucholsky und Fritz J. Raddatz (Hgg.): Kurt Tucholsky: Gesammelte Werke. Bd. III 1929–1932. Stuttgart und Hamburg 1967, S. 1058 f.
16 Vgl. dazu u.a. den Kommentar in Karl Eibls Ausgabe von Goethes Gedichten (1800–1832). Frankfurt 1988, S. 946 (Frankfurter Goethe-Ausgabe 1. Abteilung: Sämtliche Werke. Bd. 2).
17 Charlotte Schiller an Friedrich von Stein am 24. November 1806: »Die Trauung [Goethes mit seiner langjährigen Lebenspartnerin Christiane Vulpius, die offiziell als seine Haushälterin galt, am 19. Oktober 1806 in Weimar] hat mir etwas Grausenhaftes, gesteh ich. In einer Kirche, wo Tote, Verwundete tags vorher lagen, wo man sicher erst alle Spuren der vorhergehenden Tage sorglich verwischt hatte, eine Zeremonie vorzunehmen, die jeder Mensch nur in den glücklichsten Tagen seines Lebens oder nie feiern sollte, dieses ist mir ein Gefühl, das ich nicht ganz verdrängen kann. [...] Ich habe nicht Glück wünschen können wie andere und schwieg lieber. Es war etwas Unberechnetes in diesem Schritt, und ich fürchte, es liegt ein panischer Schrecken zum Grund, der mir des Gemüts wegen wehe tut, das sich durch seine eigene große Kraft über die Welt hätte erheben sollen.« (Goethe in vertraulichen Briefen seiner Zeitgenossen. Zusammengestellt von Wilhelm Bode. Bd. II 1794–1816. München 1982, S. 339).
18 Thomas Mann hat in seinem Roman »Lotte in Weimar« (erstmals erschienen in Stockholm 1939) die von den Zeitgenossen und seither in der zünftigen und der weniger zünftigen Goethe-Literatur heftig diskutierten Vorkommnisse (nämlich Goethes schroffe öffentliche Absage an Patriotismus und Kriegsbegeisterung) aus der Sicht Adele Schopenhauers (das heißt aus der Perspektive des Weimarer Publikums, welches Goethes Haltung als »tassohaft« beurteilt und verurteilt hat) und aus der Perspektive August von Goethes dargestellt. August ist hier fast karikaturistisch überzeichnet, das Gespräch läßt ihn als die Kreatur seines Vaters erkennen. Goethe wollte bekanntlich die »irdische Existenz« seines Sohnes »irdisch fortgeführt« sehen. Thomas Mann hat sich gegenüber dem Kriegsdienst der eigenen Kinder anders verhalten als Goethe. Für Klaus Mann war die Zeit bei der amerikanischen Armee vermutlich die glücklichste Zeit seines unglücklichen Lebens. (Thomas Mann: Lotte in Weimar. Roman. Frankfurt am Main 1967, S. 171 ff. und 213).
19 Vgl. dazu die unveraltete Arbeit von Reinhard Bollmus: Das Amt Rosen-

berg und seine Gegner. Zum Machtkampf im nationalsozialistischen Herrschaftssystem. Stuttgart 1970.
20 Alfred Rosenberg: Der Mythus des 20. Jahrhunderts. Eine Wertung der seelisch-geistigen Gestaltenkämpfe unserer Zeit (Erstausgabe: München 1930). München 1933 (13.–16. Auflage), S. 515. Die Frage, wie sich Goethe »heute« (im Nationalsozialismus) verhalten hätte, ist dann eines der großen Themen der Exilliteratur, vgl. Begleitbuch (s. Anm. 1), S. 8 ff.
21 Hitler selbst hat (ebenso wie seine Gauleiter) den »Mythus« nach eigenem Eingeständnis nur angelesen; er hielt das Buch für schwer verständlich (Bollmus, S. 25 f.). Rosenberg entdeckte erst beim Nürnberger Prozeß gegen die Hauptkriegsverbrecher, daß keiner der dort angeklagten Parteiführer sein Buch (in dem er die Grundlagen einer nationalsozialistischen Ideologie gelegt glaubte) gelesen hatte. Baldur von Schirach, lange Zeit der für die Jugenderziehung in Hitlers Reich verantwortliche Reichsführer, hat auf eine entsprechende Frage von Rosenbergs Verteidiger geantwortet, er habe das Buch »angefangen zu lesen [...] Die Jugendführer haben den ›Mythus‹ bestimmt nicht gelesen« (Bollmus, S. 259). Trotzdem erschien dieses Buch bis Ende 1944 in einer Auflage von 1,1 Millionen Exemplaren und durfte als »relativ bekannt« gelten.
22 So äußerte sich Kurt Kersten (ein in der Weimarer Zeit bekannter, sozialistischer Publizist, 1891–1962, der 1933 in die Tschechische Republik und 1937 nach Frankreich geflohen war) am 9. September 1937 in der Moskauer Zeitschrift »Internationale Literatur. Deutsche Blätter« (Begleitbuch, S. 35).
23 Eine der Quellen dafür ist das von Carl Zuckmayer gelobte Buch von Henriette von Schirach: Der Preis der Herrlichkeit. Erfahrene Zeitgeschichte (München und Berlin 1975), in dem der Nationalsozialismus und seine Verbrechen gleichsam aus der Familienperspektive beschrieben werden.
24 Karl Robert Mandelkow: Goethe in Deutschland. Rezeptionsgeschichte eines Klassikers. Bd. 2. 1919–1982. München 1989, S. 78 f. Vgl. Begleitbuch, S. 19.
25 Baldur von Schirach: Goethe an uns. Rede, gehalten am 14. Juni 1937 zur Eröffnung der Weimar-Festspiele der deutschen Jugend (1937). In: Goethe im Urteil seiner Kritiker. Dokumente zur Wirkungsgeschichte Goethes in Deutschland. Teil IV 1918–1982. Hg., eingeleitet und kommentiert von Karl Robert Mandelkow. München 1984, S. 178.
26 Heinrich Mann: Über Goethe. In: Deutsche Volkszeitung. Paris (13. November 1938), S. 3 (Begleitbuch, S. 41).
27 Die deutschsprachige Exilliteratur hat diese Stilisierung des Dichters zur

Erlösergestalt dem literarischen Expressionismus entnommen, wo solche messianischen Stilelemente toposartig (insbesondere im Drama) gebraucht werden. Vom Expressionismus allerdings hat auch die nationalsozialistische Propaganda in ihrer Stilisierung Hitlers zum völkisch-arischen Messias der Welt gelernt.

28 Argo: Mir träumte ... (Gerhart Hauptmann, Wilhelm Furtwängler und vielen anderen Geistesgrößen des Dritten Reiches gewidmet.) In: Neuer Vorwärts. Karlsbad (30. Juni 1935). Begleitbuch, S. 13.

29 Fred Wander: Der siebente Brunnen. Erzählung. Frankfurt am Main 1972, S. 51 f. Zitiert bei: Hans Eichner: Der Blick auf den Ettersberg. Der Holocaust und die Germanistik. In: Walter Schmitz (Hg.): Modernisierung oder Überfremdung? Zur Wirkung deutscher Exilanten in der Germanistik der Aufnahmeländer. Stuttgart und Weimar 1994, S. 199 f.

30 Jorge Semprún: Buchenwald: 1944–1945 und danach. In: Goethe-Jahrbuch 112 (1995), S. 36. Vgl. auch ders.: Was für ein schöner Sonntag! Süddeutsche Zeitung/Bibliothek. München 2004, bes. S. 21 f.

31 Joseph Roth: Die Eiche Goethes in Buchenwald. Aus Roths Nachlaß gedruckt in: Begleitbuch, S. 46.

32 Abbildung der Zeichnung von Léon Delabre in: Begleitbuch, S. 45.

33 Ulf Zahn: Die Landschaft der Walhalla im Wandel. In: Jörg Traeger (Hg.): Die Walhalla. Idee, Architektur, Landschaft. Regensburg 1980. 2. Auflage, S. 95.

34 Von einem »unvorstellbaren Rückfall der Menschheit in längst vergessen gemeinte Barbarei mit ihrem bewußten und programmatischen Dogma der Antihumanität« spricht Stefan Zweig in »Die Welt von gestern« (Stockholm 1944). Heinrich Himmler soll vor den Kommandeuren der SS-Einsatzkommandos den berüchtigten Satz gesprochen haben: »Wir wissen wohl, wir muten euch ›Übermenschliches‹ zu, wir verlangen, daß ihr ›übermenschlich unmenschlich‹ seid.«

35 George Steiner: Grammatik der Schöpfung. München 2001, S. 10. Das folgende Zitat ebd. S. 331.

36 Walter Benjamin: Goethes Wahlverwandtschaften. In: ders.: Gesammelte Schriften I,1. Hgg. von Rolf Tiedemann und Hermann Schweppenhäuser. Frankfurt am Main 1972, S. 123–201.

37 Eine buchstäbliche Lektüre von Goethes Roman »Die Wahlverwandtschaften« hat schon J. Hillis Miller (A ›buchstäbliches‹ Reading of ›The Elective Affinities‹, in: Glyph 6 [1979], S. 1–23) empfohlen. Der Kommentar zur Ausgabe der »Wahlverwandtschaften« in der Frankfurter Goethe-Ausgabe (J. W. Goethe: Die Leiden des jungen Werthers, Die Wahlverwandtschaften, Kleine Prosa, Epen. In Zusammenarbeit mit Christoph Brecht hg. von Waltraud Wiethölter. Frankfurt am Main 1994) empfiehlt, den Roman »als semiotisches Gebilde zu begreifen, das seine Leser auffordert, über die Bedingungen des Sprechens und der Sprache, über die Eigenart des Zeichens und die Regularien seines Gebrauchs nachzudenken« (S. 1005). Zur Deutung der Buchstabenfolge *ott als* »Imprese oder graphisches Emblem des wahlverwandten Quartetts«, das »vor dem Hintergrund der übrigen Letternsortimente legitimerweise in das Kennzeichen *tot*« verwandelt werden kann, vgl. ebd. S. 1008.

38 »Und noch desselben Tages empfing eine respektvoll erschütterte Welt die Nachricht von seinem Tode«, lautet der Schlußsatz im »Tod in Venedig«.

39 Thomas Mann aus Küsnacht an René Schickele am 31. Oktober 1935. In: Thomas Mann: Briefe 1889–1936. Hg. von Erika Mann. Frankfurt am Main 1979, S. 402.

40 Thomas Mann aus Princeton an Ferdinand Lion am 15. Dezember 1938. In: Thomas Mann: Briefe 1937–1947. Hg. von Erika Mann. Frankfurt am Main 1979, S. 72: »Das Siebente Kapitel [von »Lotte in Weimar«] bringt noch nicht das Mittagessen beim Alten, spielt aber doch schon bei ihm, eigentlich in ihm. Er ist schon da, aber nicht von außen, sondern ausschließlich von innen [...]. Ich schreibe sehr langsam an dem Kapitel und genieße die Intimität, um nicht zu sagen: die unio mystica, unbeschreiblich.« Vgl. auch Thomas Manns Hinweis in »On Myself«: »Es ist ein Joseph-Spiel, dieser Roman [›Lotte in Weimar‹]. Der imitatio Gottes, in der Rahels Sohn sich gefällt, entspricht meine imitatio Goethes, eine Identifizierung und unio mystica mit dem *Vater*.«

41 Klaus Mann: Der Wendepunkt. Ein Lebensbericht. Mit einem Nachwort von Frido Mann. Reinbek bei Hamburg 1984, S. 390. Das folgende Zitat ebd.

42 Frankfurter Goethe-Ausgabe 1. Abteilung Bd. 8, S. 529.

43 Thomas Mann: Lotte in Weimar, S. 397.

44 Heinrich Mann: Begrüßung des Ausgebürgerten. In: Die neue Weltbühne. Prag, Zürich, Paris 32 (1936), S. 1564–1566. Begleitbuch, S. 16. Thomas Mann war am 2. Dezember 1936, zusammen mit seiner Frau und den vier jüngeren Kindern, der deutschen Staatsbürgerschaft für verlustig erklärt worden (Völkischer Beobachter, 3. Dezember 1936). Heinrich, Erika und Klaus Mann waren bereits früher ausgebürgert worden. Das von Heinrich Mann apostrophierte »Manifest an die Europäer« ist vermutlich Thomas

Manns Text »La formation de l'homme moderne«, der in deutscher Sprache unter dem Titel »Achtung, Europa!« in dem gleichnamigen Essay-Band in Stockholm 1938 gedruckt wurde (Begleitbuch, S. 55). Vgl. dazu auch Helmut Koopmann: Das Phänomen der Fremde bei Thomas Mann. Überlegungen zu dem Satz: »Wo ich bin, ist die deutsche Kultur«. In: Wolfgang Frühwald und Wolfgang Schieder (Hgg.): Leben im Exil. Probleme der Integration deutscher Flüchtlinge im Ausland 1933–1945. Hamburg 1981, S. 103–114, und Sybille Schneider-Philipp: Überall heimisch und nirgends. Thomas Mann – Spätwerk und Exil. Bonn 2001.

45 Die Geschichte der deutschsprachigen Emigration seit 1932/33 ist zu unterteilen in die Phase des europäischen Exils (seit 1932/33), in der sich die Emigranten-Kolonien wie ein Ring um Deutschland gruppierten, in die Phase der Europaflucht, die seit dem Anschluß Österreichs 1938 die überseeischen Länder zum Ziel der Emigration machte, und schließlich in die Phase von Rückkehr oder »Nicht-Wiederkehr«, wie Thomas Mann seine Rückkehr nach Europa und seine Niederlassung in der Schweiz genannt hat, seit 1944/45.

46 Unter dem Titel »The Magic Mountain« erstmals 1927 in den USA erschienen.

47 Ich zitiere die Filmpassagen aus dem Gedächtnis.

48 Allan Bloom: The Closing of the American Mind. Foreword by Saul Bellow. New York, London, Toronto, Sydney, Tokyo 1987. Allan Bloom vermittelt eine streng konservative Sicht der Entwicklung in den USA. Die in die USA vor Hitler geflohenen Emigranten und ihre amerikanischen Schüler hat Bloom eine »German connection« genannt (S. 141–156). Sie habe den amerikanischen Geist mit den Gedanken von Nietzsche, Freud und Weber infiziert. Carsten Zelle resümiert mit Recht: »Keineswegs lehrten die ›German refugees from Hitler‹ [...] durchgängig nach den Büchern von Nietzsche, Freud und Max Weber, – das hieße eine ideologische Homogenität unter den in die USA Geflüchteten zu unterstellen, die es nicht gegeben hat, zumindest nicht unter den Germanisten.« (Schmitz: Modernisierung oder Überfremdung, S. 134).

49 »Als mein Bruder nach den Vereinigten Staaten übersiedelt war, erklärte er schlicht und recht: ›Wo ich bin, ist die deutsche Kultur.‹« Vgl. Klaus Schröter: Thomas Mann im Urteil seiner Zeit. Dokumente 1891–1955. Hamburg 1969, S. 327. Die Anmerkung Schröters (S. 516) klärt den Zusammenhang und verweist auf den Problembereich jener Sprachheimat, welche sich die

Flüchtlinge aus Nazi-Deutschland als ihre Heimat in der Fremde zugeeignet haben. Diese Entterritorialisierung des Heimatbegriffes hängt zusammen mit dem Torah-Verständnis des in die Diaspora zerstreuten Judentums. Bekanntlich hat Heinrich Heine die Torah ein »portatives Vaterland« genannt. »Unter den vielbehandelten ›Folgen der Schriftkultur‹ ist diese Erschließung eines extraterritorialen oder ›geistigen‹ Raumes der Beheimatung wohl die bedeutendste.« (Jan Assmann: Das kulturelle Gedächtnis. Schrift, Erinnerung und politische Identität in frühen Hochkulturen. München 1992, S. 214). Goethes von den deutschen Emigranten dann aufgegriffener Vergleich von Deutschtum und Judentum hat damit eine Basis in der Typologie des Exils.
50 Vgl. dazu u.a. Helmut Koopmann: Lotte in Weimar, Thomas Mann in Amerika. Erläuterungen zu dem Satz »Wo ich bin, ist die deutsche Kultur«. In: Heinz Gockel, Michael Neumann, Ruprecht Wimmer (Hgg.): Wagner – Nietzsche – Thomas Mann. Festschrift für Eckhard Heftrich. Frankfurt am Main 1993, S. 324–342; ders.: Exilspuren in Thomas Manns Goethe-Roman. In: Gert Sautermeister und Frank Baron (Hgg.): Goethe im Exil. Deutsch-amerikanische Perspektiven. Bielefeld 2002 [recte: 2003], S. 141–159.
51 Thomas Mann aus Pacific Palisades an Wilhelm Buller am 22. Februar 1949. In: Thomas Mann: Briefe 1948–1955 und Nachlese. Hg. von Erika Mann. Frankfurt am Main 1979, S. 73.
52 Der Text »Tagebuchblätter« wurde zusammen mit »Bruder Hitler« verfaßt, aber in seiner ursprünglichen Form dann nicht veröffentlicht. Er wurde erstmals mitgeteilt von Herbert Lehnert: Thomas Mann in Exile 1933–1938. In: The Germanic Review 38 (1963), S. 291.
53 Das offizielle Einwanderungsdatum Thomas Manns in die USA (wie damals üblich über Kanada) war der 5. Mai 1938.
54 Zu den unterschiedlichen Titeln vgl. Hans Wysling unter Mitwirkung von Marianne Eich-Fischer (Hgg.): Thomas Mann. Selbstkommentare: ›Lotte in Weimar‹. Frankfurt am Main 1996, S. 42, 51, 58.
55 Thomas Mann aus Pacific Palisades an Meno Spann am 24. Oktober 1944 (Wysling, S. 74).
56 Thomas Mann aus Brentwood an Caroline Newton am 28. Juli 1940 (Wysling, S. 60).
57 Stefan Zweig: Thomas Mann ›Lotte in Weimar‹. In: Schröter, S. 317. Vgl. dazu Thomas Manns Dankesbrief an Zweig vom 4. Januar 1940 bei Wysling, S. 42 f.
58 Vgl. oben Anm. 49.

59 Vgl. Thomas Mann: Deutsche Hörer. Sondersendung im April 1942. In: Thomas Mann: Politische Schriften und Reden. Dritter Band. Frankfurt am Main 1968, S. 223 f. (Thomas Mann. Werke: Das essayistische Werk. Taschenbuchausgabe in acht Bänden. Hg. von Hans Bürgin).
60 Otto Basler: Wiedersehen mit Thomas Mann. In: Volkmar Hansen und Gert Heine (Hgg.): Frage und Antwort. Interviews mit Thomas Mann 1909–1955. Hamburg 1983, S. 276. (Ursprünglich: Interview für die Zeitschrift »Sie und Er« in Zürich am 30. Mai 1947).
61 Vgl. den Text des Flugblattes in: Richard Hanser: Deutschland zuliebe. Leben und Sterben der Geschwister Scholl. Die Geschichte der Weißen Rose. München 1982, S. 330. Thomas Mann hat am 27. Juni 1943 in einer seiner Reden über BBC London der Münchner Absage an die »nationalsozialistische Lügenrevolution« gedacht. Seine Kenntnis vom Widerstand der Geschwister Scholl basierte vermutlich auf schwedischen Zeitungsberichten.
62 Thomas Mann: Lotte in Weimar, S. 299. Zu dem Goethe-Wort, daß es der beste Rat sei, der zu geben sei, »die Deutschen wie die Juden, in alle Welt zu zerstreuen; nur auswärts seien sie noch erträglich [...]«, vgl. den Brief Wilhelm von Humboldts an seine Frau vom 19. November 1808. Bode, Bd. II 1794–1816, S. 410.
63 Karl Kraus: Dritte Walpurgisnacht (hg. von Heinrich Fischer). München 1967, S. 28.
64 Thomas Mann: Lotte in Weimar, S. 292.
65 Wysling, S. 104. Thomas Mann aus Pacific Palisades an Eberhard Hilscher am 28. November 1950.
66 Wysling, S. 79–81. Der britische Ankläger hatte aus einer während des Krieges erschienenen Tarnschrift zitiert, die Auszüge aus Thomas Manns Roman in Hitler-Deutschland verbreitete und den Titel trug »Aus Goethe's Gesprächen mit Riemer«. Thomas Mann hat die Zitatverwechslung am 15. November 1947 in »The German-American« (New York) öffentlich richtiggestellt (vgl. Wysling, S. 82 f.): »Es kann mir recht sein, wenn man, Goethe citierend, meinen Goethe citiert. Und doch muß ich aus Ehrerbietung für Wahrheit und Wissenschaft zu verhindern suchen, daß es ganz und gar zur Gewohnheit wird.«
67 Bloom: The Closing of the American Mind, S. 14.
68 Thomas Mann: The Making of The Magic Mountain. In: Thomas Mann: The Magic Mountain [Der Zauberberg]. Translated from the German by H. T. Lowe-Porter. New York 1969, S. 726 f. Dieser ursprünglich als Vorlesung

in Princeton vorgetragene Text erscheint hier als Nachwort einer amerikanischen Paperback-Ausgabe des »Magic Mountain«.

69 Der Text von Agnes E. Meyers von Thomas Mann gerühmter Rezension ist abgedruckt auf der hinteren Umschlagklappe der amerikanischen Ausgabe von Thomas Manns Roman: The Beloved Returns. Lotte in Weimar. Translated from the German by H. T. Lowe-Porter. Alfred A. Knopf: New York 1940 (Published August 26, 1940).

70 Thomas Mann aus Princeton an Julius Wolfgang Schülein am 19. Januar 1940. Wysling, S. 45.

71 Helen T. Lowe-Porter: Preface, in: Thomas Mann: The Beloved Returns, S. VI, das folgende Zitat ebd. S. VII–X.

72 Thomas Mann: The Beloved Returns, S. 452.

Katia Mann:
Ungehaltene Rede an die Nachgeborenen

Vorbemerkung

Christine Brückner hat 1983 ein weithin bekanntes Buch mit dem Titel geschrieben: »*Wenn du geredet hättest, Desdemona. Ungehaltene Reden ungehaltener Frauen*«. In diesem Buch reden berühmte, aber in der Geschichte schweigende Frauen über ihr Leben, über ihre Männer, über ihre Familie, darüber, warum sie geschwiegen haben. Sie erinnern sich, durchaus kritisch, an das, was gewesen ist, wie sich das uns scheinbar bekannte Leben berühmter Männer aus der anderen Perspektive ausnimmt, aus der der Frauen, von denen wir oft nur die Lebensrolle kennen, die sie spielten und zu spielen hatten, nicht ihren eigenen Lebensentwurf. Stichworte zu einer solchen ungehaltenen Rede versuche ich zu rekonstruieren, Stichworte zu einer ungehaltenen Rede der Katharina Hedwig (genannt Katia) Pringsheim, die sich später gerne Frau Professor Thomas Mann nannte. Die ungehaltene Rede der ungehaltenen (alten) Katia Mann ist die Rede eines Mitgliedes dieser ausgedehnten Familie, das nicht geschrieben hat und deshalb hier redet. Es ist die Rede einer Münchnerin, die mit einem »unverleugneten Norddeutschen« verheiratet war und der Heimatstadt, aus der sie mit ihrer Familie vertrieben wurde, mehr gegrollt hat als ihr Mann. »Was« in dieser Rede gesagt wird, habe ich den Quellen und den in reicher Zahl vorhandenen Biographien entnommen, »wie« es gesagt wird, habe ich erfunden und Überleitungen auch dort gesucht, wo sie die Quellen nicht enthalten.

Katharina Hedwig, genannt Katia, Pringsheim wurde (am gleichen Tag wie ihr Zwillingsbruder Klaus) am 24. Juli 1883 in Feldafing bei München geboren. Sie heiratete Thomas Mann am 11. Februar 1905, in einer nüchternen, unkirchlichen Zeremonie. Die Mutter ihres

Mannes und dessen älterer Bruder Heinrich haben an der Hochzeit nicht teilgenommen. Beide waren mit der Brautwahl von Thomas nicht so recht einverstanden. Der Mutter von Thomas Mann war – so schreibt Hermann Kurzke – »Katia zu kühl, die Familie Pringsheim zu reich und rücksichtslos. Sie fürchtet, Thomas könne ihr entfremdet werden.« Thomas Mann hat diese Sicht der Mutter auf seine Schwiegereltern zeitlebens beibehalten. Auch er fühlte sich von der Hochzeitszeremonie, vom Eingriff des Schwiegervaters in sein Leben bedrängt. Der reiche Professor Alfred Pringsheim nämlich hat die Wohnung des jungen Paares nach eigenem Geschmack, samt Telefon, eingerichtet. »Klapperwerk« nennt Samuel Spoelmann in »Königliche Hoheit« (1909) das Mobiliar des Bräutigams, das ihm nicht in die Wohnung kommen soll. Katia Mann hat 50 Jahre mit ihrem Mann Thomas gelebt, sie hat ihren 70. und seinen 80. Geburtstag und die gemeinsame Goldene Hochzeit in dieser Ehe gefeiert. Sie hatte mit Thomas Mann (zwischen 1905 und 1919) sechs Kinder (und zwei Fehlgeburten): Erika, geboren 1905, gestorben – von der Mutter aufopferungsvoll gepflegt – 1969; Klaus, auch genannt Eissi, geboren 1906, freiwillig aus dem Leben geschieden 1949; Golo (eigentlich Angelus Gottfried Thomas), geboren 1909; Monika, genannt Moni, geboren 1910, deren Mann Jenö Lányi 1940 bei der Torpedierung eines Auswandererschiffes auf dem Weg in die USA ertrunken ist, während sie selbst gerettet wurde; Elisabeth, genannt Lisa, Medi, das Kindchen, geboren 1918; Michael, genannt Bibi, geboren 1919, gestorben 1977. Diese große Familie, in welcher der Ehemann im Grunde das siebente Kind gewesen ist, hat sie mit eiserner Energie, unter widrigsten Umständen, Krieg, Inflation, Ruhm, Verfolgung, Emigration, zusammengehalten. Sie hat ihren Mann – und auch das verweist auf ihre Selbständigkeit, auf ihre Energie und Tatkraft – um 25 Jahre überlebt. Gestorben ist sie, zuletzt von Gedächtnisverlust heimgesucht, mit 97 Jahren am 25. April 1980 in Kilchberg bei Zürich.

Katia Manns ungehaltene Rede an die Nachgeborenen

Umzüge

Kilchberg bei Zürich, 24. Dezember 1977. Ein nebliger Tag ist heute, wie damals an Weihnachten 1953, als wir endlich zur Ruhe gekommen waren. In Erlenbach bei Zürich hatte Erika ein Haus gefunden, so daß wir wenigstens Weihnachten gemeinsam feiern konnten. Aber das Haus war zu klein, vor allem das Wohnzimmer war beengt. Ich vermißte die geräumigen amerikanischen »closets«, den »garbage disposer«, den Verbrennungsofen und andere amerikanische Bequemlichkeiten. In Tommys Arbeitszimmer hatte die Couch aus Pacific Palisades, auf der er den »Doktor Faustus« und den »Erwählten« zu großen Teilen geschrieben hat, keinen Platz mehr.

Die Bücher, diese Flut von Büchern! Nachts träume ich noch immer, daß sie zu allen Fenstern hereinquellen. Die Umzüge (vor allem die über den Atlantik und der Umzug quer über den amerikanischen Kontinent) haben die Möbel und viele Gegenstände der Erinnerung an unser bewegtes und oft auch aufgeregtes Leben beschädigt. Zweimal umgezogen ist einmal abgebrannt, heißt es im Sprichwort. Der Einzugstermin in Erlenbach, der 24. Dezember 1952, war nicht gerade gut gewählt. Aber wir wollten endlich wieder »zu Hause« sein, wenigstens auf Miete, auch wenn sie 9000 Franken pro Jahr kostete. Früh am Morgen des 24. Dezember 1952 bin ich noch einmal in Zürich zum Einkaufen gegangen und erst spät zurückgekommen. Tommy war sehr unruhig, wie überhaupt die Jahre 1951/1952 für ihn anstrengende, an Entscheidungen reiche Jahre gewesen sind. Er wollte weg aus Amerika. Erika und ich sprachen dagegen. Wir hatten Streit deswegen an Weihnachten 1951. Damals, am zweiten Weihnachtsfeiertag, hat er sogar gesagt, er erwache morgens nicht gerne. Das war ein Warnsignal. Er wollte weg aus Amerika, er war nun einmal, auch in Amerika, ein Europäer. Er sprach 1952 von »dem fast ängstlichen Wunsch nach Heimkehr zur alten Erde«, in der er ruhen wolle. Auf die Aufregungen des Umzugs 1952 hat er wie immer mit Krankheit reagiert. Erst am späten Nachmittag des 24. Dezember 1952 sind wir in Erlenbach eingetroffen, schon am nächsten Tag kamen Bibis Söhne aus dem Internat zu Besuch. Am 23. Dezember (dieses mühseligen Jahres) bin ich mit dem Auto im Graben hängen geblieben, mußte mich abschleppen lassen. Das war ein Weihnachten, das ich in böser Erinnerung habe. Mit einer unsinnigen Menge von zugesandten Büchern und Briefen. Doch schließlich war Tommy zufrieden mit seiner neu gewonnenen »privacy«.

Im Januar 1953, als die Möbel aus den USA ankamen und Tommy zusammen mit Erika den Schreibtisch auspackte, den Bibi mit tausend Dingen vollgestopft hatte, war Tommy rasch ermüdet und bekümmert über Beschädigungen. Er war viel mehr als ich abhängig von der genauen Ordnung und der Schönheit der Dinge. Seinen Schreibtisch in Erlenbach hat er genau nach dem kalifornischen Muster wiederhergestellt. Jetzt hatte er wieder den siamesischen Krieger mit der schönen Schulterlinie vor sich und die Münchner Empire-Leuchter. Die Münzen und der große chinesische Aschenbecher standen an ihrem Platz. Die Briefe hatte er mit dem Pflanzenabdruck in Schiefer und den anderen Steinen beschwert. Nur durch eine solch pedantische Ordnung konnte er dort anknüpfen, wo er die Arbeit unterbrechen mußte. Wenn er wie unser Freund Hermann Hesse einfach aufgehört hätte zu schreiben, wenn er sich zur Ruhe gesetzt hätte, wäre er vor der Zeit gestorben. Er brauchte diese Ordnung und die Möglichkeit, morgens und vormittags Ideen, Vorstellungen, Geschichten niederzuschreiben, täglich eine, zwei, auch schon einmal drei Seiten, nicht mehr, aber auch nicht weniger. Also habe ich mich damals noch einmal aufgemacht und ein größeres Haus gesucht. Es sollte endgültig das letzte sein. Man ist schließlich nicht mehr jung, wenn man gerade 70 Jahre alt geworden ist.

70. Geburtstag

Die Feier meines 70. Geburtstages im Hotel Eden au Lac in Zürich (im Juli 1953) war schön. Und Tommy hat mir freundschaftlich für lebenslange Mühe gedankt. Alle Kinder und die Enkelkinder waren da. Klaus, der 1949 nicht mehr leben wollte, und Heinrich, der 1950 nicht mehr leben konnte, fehlten mir. Daß Klaus da war (der Dirigent Klaus Pringsheim, nach dem unser Klaus, der nicht leben wollte, benannt war), daß mein Zwillingsbruder da war, hat mich an die unbeschwerten Kinderjahre erinnert. Nun ist auch er schon tot. Was hat Thomas 1953 in seiner Geburtstagsrede gesagt? Ich weiß es auswendig. »Solange Menschen meiner gedenken [meinte er], wird ihrer gedacht sein. Die Nachwelt, hat sie ein gutes Wort für mich, ihr zugleich wird es gelten, zum Lohn ihrer Lebendigkeit, ihrer aktiven Treue, unendlichen Geduld und Tapferkeit.« »Treue«? »Geduld«? »Tapferkeit«? Er hat meine Ungeduld oft nicht bemerkt oder wohl nicht bemerken wollen. Um tapfer zu sein, wirklich tapfer, fehlte mir die Zeit nachzudenken. Treu, ja, treu war ich ihm, selbst in Gedanken. Bleibt nicht viel Zeit an anderes zu denken und auf sich selbst zu hören, wenn man sechs Kinder hat, zwei von ihnen in Kriegs- und Hungerjahren geboren, wenn man die Flucht aus München und dann um die ganze Erde organisieren muß, den Ruhm verwalten, das Haus führen, die Kinder beraten, den Schwager versorgen, die Eltern vor den Mördern in Sicherheit bringen, dem Mann die Last der Alltagspost, der Reiseplanung, der allzu vielen Besuche abnehmen und ihn noch durch die Welt chauffieren muß. Einen Führerschein hat er nicht gemacht. War so bequemer für ihn. Mit der Zeit hat er alles aufgegeben, nur nicht das Schreiben. Er hat einmal ganz passabel Geige gespielt, dann erholte er sich nur noch manchmal am Klavier. Im »Felix Krull« läßt er sogar die Karriere des Hochstaplers mit der genauen Imitation eines Orchester-Violinisten beginnen. So schlecht (oder soll ich sagen: so gut?) hat er nun doch nicht gespielt.

Reichtum

Die Leute hielten uns für reich und unabhängig. Einen hartnäckigen Villenbesitzer hat der liebenswürdige Hermann Kesten meinen Tommy einmal genannt und so das Vorurteil in die Welt gesetzt, wir müßten auf Geld nicht achten. Nur weil meine Eltern reich gewesen sind, nicht nur wohlhabend, sondern tatsächlich reich, ehe ihnen das Gesindel, das dann in Deutschland zur Macht gekommen ist, alles genommen und sogar das Vaterhaus in der Arcisstraße abgerissen hat, alles haben die Nazis den Eltern genommen, beinahe auch das nackte Leben. Wir, Thomas und ich und die Kinder, waren nicht reich. Wir konnten leben, gut leben, und wir hatten Personal, auch wenn es mit diesem nicht immer geklappt hat. Tommy hat das Erika verhaßte Mädchen in Erlenbach bei Zürich, Charlotte hieß sie (wie symbolisch!), als »graziös, kriecherisch und faul« bezeichnet. Das Auto fuhr ich selbst, in den Graben rutschen auch jüngere Leute. Der kleine Unfall 1952 schreckte mich nicht. Ich fuhr meistens selbst, das gab mir ein Gefühl der Selbständigkeit, und die Erinnerungen an den Chauffeur in München, der ein Nazispitzel war, sind nicht gerade die besten. Hin und wieder nahm mir Erika das Fahren ab, auch Golo, wenn er da war und Zeit hatte. Aber Erika war keine Fahrerin, sie war eine *Renn*fahrerin, wegen Raserei sogar rechtskräftig zu 30 Mark Strafe oder sechs Tagen Gefängnis verurteilt. Seit sie damals als junge Frau, 1930, die große, vom ADAC ausgeschriebene Europa-Rallye, mit Ricki Hallgarten als Beifahrer, gewonnen hat, war sie »autonärrisch«. Auch als Automechanikerin war sie ausgebildet. Ihre Fahrweise war noch immer die einer Rallye-Fahrerin in

Nordafrika. Und ihre Launen, die in der Schweiz schlimmer wurden, konnte ich kaum noch ertragen. Aber nicht ihr, mir haben sie 1962 wegen einer harmlosen Kollision den Führerschein weggenommen und mich immobilisiert. In Europa werden die Menschen nämlich nach ihrem Alter beurteilt, in Amerika nach ihren Fähigkeiten!

Wohlhabend sind wir gewesen, aber nicht wirklich reich. Es war mühsam genug, das Geld zusammenzuhalten, seit wir (und das heißt auch die Bankkonten) von den Nazis geplündert worden sind. Und dabei mit einem Mann verheiratet, der zu stolz war, seinen Verleger um einen Vorschuß zu bitten! Wie war das damals, als wir uns das Haus in Tölz bauen wollten und nicht genügend Eigenkapital hatten? Um sage und schreibe 3.000 Mark hat Thomas Mann seinen Verleger Samuel Fischer in einem unglaublich gedrechselten und geschraubten Brief gebeten. Sie haben sich wohl verschrieben, hat der sofort geantwortet und einen Scheck über 30.000 Mark geschickt. Das Geld des Nobelpreises (im November 1929), das in Schweden anzulegen mir der junge Berliner Journalist geraten hatte, haben wir aus Gewissenhaftigkeit nach Deutschland mitgenommen. Dort ist es den Mördern und Räubern in die Hände gefallen. Ein wenig war das wie bei meinen Schwiegereltern, der Konkurs stand auch uns unmittelbar bevor.

Die Leute regten sich immer auf, wenn ich mich an den Einkaufsschlangen nicht hinten anstellte, sondern mich einfach vordrängte, indem ich sagte: »Ich bin Frau Professor Thomas Mann.« Manchmal muß so ein Nobelpreis doch zu etwas nütze sein! Die Leute (zumal die etwas langsamen Schweizer) waren dann meist so konsterniert, daß ich längst bezahlt hatte, wenn sie zu schimpfen begannen. Ich frage mich oft, wo ich diese das Leben erleichternde Arroganz gelernt habe? Vielleicht in den harten Zeiten des Ersten und des Zweiten Weltkrieges, der Emigration und der Flucht vor den Nazis, der Inflation und der Hungerjahre nach dem Ersten Weltkrieg oder im Umgang mit der Tommy so ermüdenden Besucherschlange, die ich immer energisch unterbrechen mußte, um ihm und mir Ruhe zu verschaffen?

An den jungen Schwarzhändler in München, der uns 1918/19 mit kostbaren Lebensmitteln belieferte, mit Butter und Eiern in der Zeit der Margarine, der Magermilch und des Dotschengemüses, erinnere ich mich gut. Er war höchstens siebzehn Jahre alt, ein echter Münchner Strizzi, wie ihn Tommy im »Doktor Faustus« gezeichnet hat. Eine Familie mit vier Kindern zu versorgen erschien ihm schon schwer genug. Elisabeths, Medis Geburt im April 1918, im letzten Kriegsjahr, hat er noch gnädig hingenommen, aber als ich kurz darauf mit Michael, mit Bibi, wieder schwanger war, der ja nur 12 Monate nach Elisabeth zur Welt gekommen ist, da – ich werde das nie vergessen – hat er mich ganz streng angeschaut und gesagt: »Scho wieder, Frau Doktor? Den kann i nimmer ernährn.« Dann kamen die Zeiten, in denen ich am liebsten den Verleger gebeten hätte, uns in Naturalien zu bezahlen, weil das Geld, kaum empfangen, schon wieder abgewertet war und die galoppierende Inflation Nerven und Gesundheit ruinierte. Tommy war stolz, vor allem im Andenken an seinen Vater stolz, daß er am Ende des Jahres 1921 notieren konnte: »Meine Einnahmen dieses Jahr betragen 300.000 Mark.« Aber die Inflation hatte schon begonnen, die Summe scheint größer, als sie tatsächlich war.

Dichter oder Schriftsteller?

Weihnachten haben wir stets, auch in schlimmsten Zeiten, als ein Familienfest gefeiert: zuerst mit den Kindern, dann mit den Enkeln, anfangs war noch meine Mutter dabei. Mein Vater scheute den Kindertrubel, und überhaupt war ihm die Feier des Weihnachtsfestes zu christlich. Der 24. Dezember war für uns stets ein großer Feiertag, das heißt ein Tag, an dem ich bis zur Erschöpfung gearbeitet habe. Kaum etwas – höchstens Tommys Streit mit den großen Kindern um das Verhältnis zu Nazideutschland in den ersten Jahren des Exils – hat mich so angestrengt wie die Vorbereitung der Weihnachtsfeste. 1918 – Tommy hat es mir aus dem alten Tagebuch einmal vorgelesen – war Medis, des Kindchens, erstes Weihnachtsfest. Acht Monate war sie alt, ich war schon wieder im fünften Monat schwanger. Eine Photographie seiner fünf Kinder war damals Tommys liebstes Weihnachtsgeschenk.

Er schrieb gerade am »Gesang vom Kindchen«, einer Idylle in Hexametern, Goethes »Herrmann und Dorothea« und Mörikes Versepen nachempfunden. Ich weiß noch, wie er über den Verszwang gejammert hat, daß er »mit einer metrischen Ahnungslosigkeit sondergleichen in dies kleine Unternehmen hineingegangen« sei. Dieser »Gesang« ist nicht sein bestes Werk. Er hat lange gebraucht, ehe er sich von dem Gedanken verabschiedete, ein Dichter zu werden, ein Künder, ein Weiser, ein Prophet. Ein Dichter mußte Dramen schreiben und Verse. Also hat er schlecht und recht ein Drama und sogar Verse geschrieben und Hugo von Hofmannsthal zeitlebens beneidet, daß der konnte, was er nicht konnte, eben Dramen und Verse schreiben. Hat alles nicht so recht zu ihm gepaßt und schon gar nicht zu mir, die Frau des Propheten zu sein? Er hat dann das Schriftstellerische kultiviert; darin allerdings hat er es zur Meisterschaft gebracht. Und wer spricht heute schon noch von Josef Ponten, dem Nachbarn in München, der sich betont einen Dichter nannte? Der »Gesang vom Kindchen« ist kein bedeutendes Werk, aber er bewahrt eine gute Erinnerung, die Liebe des Vaters zu seiner jüngsten Tochter, Elisabeth. Sie hat jetzt selbst zwei Kinder, Angelica und Dominica, 1952 haben wir ihren Mann begraben, Giuseppe Antonio Borgese, meinen Schwiegersohn. Er war ein Jahr älter als ich.

»Lebensdinge« hat Tommy damals (1919) das mir liebste Kapitel aus dem »Gesang vom Kindchen« überschrieben, obwohl er selbst besonders stolz war auf die Beschreibung der Taufe, die er Medis Paten, dem später so ungetreuen Ernst Bertram, noch vor dem Druck vorgelesen hat. Aber das Kapitel »Lebensdinge« beschreibt ihn und die Kinderschar, die ihn im Leben befestigt hat, am besten. Keine guten, etwas holpernde Hexameter, aber ein Stück unseres Lebens:

»Letztgeborenes du und Erstgeborenes dennoch
Mir erst in Wahrheit! Denn bedeutende Lebensjahre
Waren mir hingegangen, dem reifenden Manne, seitdem ich
Vater geworden zuletzt; derweilen deine Geschwister
Wuchsen heran: Es sind vier und kluge, gutartige Kinder,
Zwischen dreizehn und sieben, nicht weit voneinander im Alter.
Staunend sah sie der Jüngling-Vater zusammen sich finden
Binnen so kurzem, Jahr fast um Jahr, – der eben noch einzeln,
Und mit kindischem Stolz ob ihrer muntren Versammlung,
Wie ob aller Wirklichkeit, welche dem Träumer je zufiel.
(Denn den Menschen des Traums dünkt Wirklichkeit nun
                                      einmal immer
Träumerischer als jeder Traum und schmeichelt ihm tiefer).«

Weihnachten

Die große, kinderreiche Familie, die Tommy so staunend empfangen und in ihrer Entfaltung so staunend beobachtet hat, ist außer in diesem »Gesang« nur noch in der von den großen Kindern (mit gutem Recht) abgelehnten Novelle »Unordnung und frühes Leid« (zu Tommys 50. Geburtstag) ähnlich stark, realitätsnah und wohl allzu kenntlich beschrieben. Im Grunde ist er mit seiner eigenen Familie so verfahren wie mit der Familie seiner Eltern, deren Untergang als Kaufmannsfamilie den Aufstieg der Literatenfamilie ja erst ermöglicht hat. Er konnte wohl nicht anders, das war die Substanz seines »Träumens«. Da der Roman »Buddenbrooks« seinen Ruhm begründete, sogar (wegen dieses seltsamen schwedischen Professors) fast eine Generation später noch als Grund für den Nobelpreis genannt wurde, hat uns dieses Buch durch unser ganzes Leben begleitet. Mir scheint, Tommy hat es immer noch einmal geschrieben und immer noch einmal variiert, im Milieu der Inflation, im Milieu des alten Ägypten, im Milieu der Kunststadt München um die Jahrhundertwende.

Im Grunde haben wir Weihnachten in München, in Küsnacht, in Princeton, in Pacific Palisades, in Erlenbach und in Kilchberg in der Schweiz stets nach dem Vorbild von Hannos Bescherung in »Buddenbrooks« gefeiert. Bei Schriftstellern geht es anders zu, als es sich ihre Leser vorstellen. Die Poesie folgt nicht dem Leben, das Leben aber allzu oft der Poesie! Zwar schoben wir nicht wie der Senator Mann die Schuppen des Fisches in unser Portemonnaie, »damit während des ganzen Jahres das Geld nicht darin ausgehe«, doch der Truthahn, der Puter oder die Gans sind uns als Festbraten erhalten geblieben. Tommy hat oft genug über den harten Gänsebraten geklagt, der ihm im Magen liege. Tatsächlich stopfte er an Weihnachten alles so in sich hinein wie einst sein Spiegelbild Hanno. So war das »weihevolle Programm, das der verstorbene Konsul für die Feierlichkeit festgesetzt hatte«, später zwar leicht verändert, aber in den Grundzügen blieb es immer so wie damals, in Lübeck:

»Der ganze Saal, erfüllt von dem Dufte angesengter Tannenzweige, leuchtete und glitzerte von unzähligen kleinen Flammen, und das Himmelblau der Tapete mit ihren weißen Götterstatuen ließ den großen Raum noch heller erscheinen. Die Flämmchen der Kerzen, die dort hinten zwischen den dunkelrot verhängten Fenstern den gewaltigen Tannenbaum bedeckten, welcher, geschmückt mit Silberflittern und großen, weißen Lilien, einen schimmernden Engel an seiner Spitze und ein plastisches Krippenarrangement zu seinen Füßen, fast bis zur Decke emporragte, flimmerten in der allgemeinen Lichtflut wie ferne Sterne. Denn auf der weißgedeckten Tafel, die sich lang und breit, mit den Geschenken beladen, von den Fenstern bis zur Türe zog, setzte sich eine Reihe kleinerer, mit Konfekt behängter Bäume fort, die ebenfalls von brennenden Wachslichtern erstrahlten.«

Selbst die kleineren Bäume waren später wieder da, neben dem einen großen Familien-Lichterbaum. Denn Golo und Moni hatten sich als Kinder eigene Bäumchen gewünscht und waren beglückt darüber, sie zu bekommen. Vor allem das Vorlesen der alten Geschichte aus Bethlehem und das der neuen von Tommy selbst geschriebenen Geschichten gehörte unverrückbar zur Familienfeier. Und die Lieder der Kinder im dunklen Arbeitszimmer, Erika am Klavier, dann die Bescherung in der Diele, im Wohnzimmer oder dort, wo sonst Platz war! Es war, als sollten wir Jahr für Jahr die Stimmen der Lübecker Chorknaben noch einmal hören: »Jauchze laut, Jerusalem.« Klaus, der 1949 nicht mehr leben wollte, hat in seinem Lebensbericht »Der Wendepunkt« (1949) die ihn so tief berührende Weihnachtsfeier des Jahres 1938 in Princeton recht realistisch beschrieben. Kurz vor der Stelle, wo er vom »Zauberer«, seinem Vater, spricht und freundlich hinzufügt: »Was Mutter Mielein trieb und leistete, nicht nur von neun bis zwölf, sondern den ganzen Tag und jeden Tag aufs neue, hatte wohl gleichfalls mit Zauberei zu tun. Eine Energie, die aus Liebe kommt, bewährt zauberische Kraft und Zähigkeit.« Armer Klaus! Ich konnte dir nicht helfen. Aber diesen Weihnachtsabend des Jahres 1938 habe ich in so zauberischer Erinnerung wie du:

»Ich erinnere mich des Weihnachtsabends (Weihnachten 1938! das Christfest des Wartejahres!), an dem der Vater uns Teile aus dem siebenten Kapitel der ›Lotte in Weimar‹ las. Welch sonderbarer Klang erfüllte da unseren etwas gar zu pompösen ›living room‹ in Princeton, New Jersey! Welch geisterhafte Wortmusik! Welch magisches Geraune! Goethe sprach. Goethe träumte, sinnierte, meditierte.«

Ach, Klaus! Du warst heimatlos, hattest nie eine eigene Wohnung, zogst von Hotel zu Hotel, von Liebe zu Liebe und fandest den Weg nicht mehr.

Die angeblich »gute, alte Zeit«?

Thomas hat mir in der Schweiz auch aus dem Tagebuch vom 24. Dezember 1919 vorgelesen. Die Stimmung des bevorstehenden Festes, gemischt aus Hektik und Erwartung und Kindersehnsucht, kommt noch in der Erinnerung über mich. Gute, alte Poschi! Thomas mußte im Januar 1914 alleine mit den Kindern dort (in das Haus in der Münchner Poschinger Straße) einziehen. Ich mußte wegen meiner schwachen Lunge noch einmal zur Hochgebirgskur, nach Arosa, mehrere Monate. Es war die »Zauberberg-Zeit«. 1919 war der Roman noch nicht fertiggestellt, aber der Titel stand längst fest. Also Weihnachten 1919, das erste Nachkriegsweihnachten: »Nach der Mittagsruhe [so las Tommy aus seinem alten Tagebuch] sorgfältige Toilette [das galt nicht nur für ihn, sondern für uns alle, für die Kinder, für mich, für die Gäste, die Freunde]. Katia im Fieber des Aufbaues [wenigstens das hat er bemerkt]. Späterer Tee. Ich schenke an K[atia]: Einen Regenschirm, Briefpapier, ein paar gute Stiefel und einen Kodakapparat, ferner die Luxusausgabe von ›Herr und Hund‹.« Im Grunde hatte er es leicht mit seinen Geschenken. Er nahm sein neuestes Buch, schrieb eine freundliche Widmung hinein und war stets der Star des Abends. Ich aber bin vorher wochenlang durch die Straßen der mir oft noch fremden Städte gelaufen, um für jeden, auch für ihn, die passenden Geschenke zu finden. Aber ich gebe zu: Tommy gehörte zu den Menschen, die sich freuen konnten. Sein Tagebuch 1919:

»Um halb 7 Uhr K[atias] Mutter und [älterer Bruder] Peter, der das Anzünden des Baumes beaufsichtigte. Gesang der 4 älteren Kinder im verdunkelten Arbeitszimmer. Eintritt in die Diele, alles wie immer. Ich holte die Kleinen, Elisabethchen auf meinem Arm, tief benommen vom Anblick des brennenden Baumes, dann beglückt von ihrem Spielzeug und beschäftigt damit. Auch die anderen Kinder glücklich, in der Tat vorkriegerisch reich beschenkt. Ich bekam einen Reise-Tee-Koch-Apparat nebst anderem Gerät, Unterzeug, Taschentücher, viel Confitüren, Cigaretten, ausgezeichnete Photographien von K[atia] mit den Sechsen und von Lisa allein. Gedichtrezitationen Golo's und Moni's. Verspätetes Abendessen mit Gänsen, Chokoladekuchen, Mosel und französ. Champagner. Alles hatte recht reichen Charakter. Noch nach Weggang von K[atias] Angehörigen blieben die Kinder lange auf. Erika [sie war damals 14 Jahre alt] erklärte mein Buch für ihr schönstes Geschenk. Eissi [Klaus war 13 Jahre alt] hoch erfreut über Hauptmanns Werke. ½ 12. Über der Stadt läuten die Weihnachtsglocken.«

Ja, »alles wie immer« hat er geschrieben, denn die Ordnung des Lebens war ihm wichtig, und hat dabei kaum bedacht, wieviel Schweiß und Mühe und Phantasie und Lebenskraft dieses »wie immer« in vielen Jahren, in diesem Revolutionsjahr 1919 besonders, wie dann 1933 und 1952 und noch in vielen Jahren mehr, gekostet hat?

Wir beide, Thomas und ich, waren nicht lange allein, wir haben kein einziges Weihnachtsfest alleine gefeiert. Im Februar 1905 haben wir geheiratet, im November 1905 kam Erika zur Welt, ein Jahr später, im November 1906, dann Klaus. Und trotzdem ist der Roman unserer Ehe »Königliche Hoheit« (1909, nach der Geburt von Golo) so geschrieben, als habe es außer Thomas, Heinrich und mir keine Personen im Drama der jungen Ehe gegeben. Der Film, der über das Buch gedreht wurde, hat mir nicht recht gefallen. Tommy fand Dieter Borsche als Klaus Heinrich »durchaus richtig und gewinnend«. Mir schien er etwas zu edel und schmalzig, und so schnippisch wie Irma Spoelmann (schon im Buch) dargestellt ist, war ich nun einmal nicht. Der Ausritt, als ich ihn in diesem etwas zu dunklen Farbfilm sah, brachte mich noch einmal zum Lachen. Denn in Wirklichkeit war dieser hier geschilderte Ausritt eine Radtour, und das anschließende Wettrennen hat Thomas natürlich verloren. Er war nicht sportlich, überhaupt nicht. Ich sehe ihn vor mir, den Schüler mit der Note »mangelhaft« im Fach Turnen. Ich sehe ihn vor mir, wie er von einem Mitschüler beim Turnunterricht, beim Felgaufschwung, beim Oberarmstand, bei der Kippe, geschildert wird: »Er übte diesem Unfug gegenüber souverän passive Resistenz, faßte Reck und Barren nur gleichsam symbolisch mit den Fingerspitzen an und streifte dieses seiner unwürdige Gerät mit einem vor Verachtung förmlich blinden Blick.« Das war tatsächlich sein Verhältnis zu Leibesübungen, denen noch sein Felix Krull »von jeher durchaus abhold« gewesen ist. Einem, für den die Schule »eine Angstpartie« war, konnte eine junge Frau wie ich gefallen, die sportlich war, vom Vater die mathematische Begabung geerbt hatte, gerne in die Schule ging und überhaupt nicht heiraten wollte. Aber er hat hartnäckig um mich geworben, denn die Szene in der Münchner Trambahn hat ihn so fasziniert, daß er sich angeblich sagte: die muß ich haben. Ich habe den Kindern die Geschichte oft erzählt, es ist fast eine »Urszene« der Straßenbahn. Sie geht so:

»Ich fuhr, wenn nicht mit dem Rad, immer mit der Trambahn vor- und nachmittags ins Kolleg, und Thomas Mann fuhr auch oft mit

derselben Bahn. An einer bestimmten Stelle, Ecke Schelling-, Türkenstraße mußte ich aussteigen und ging dann zu Fuß mit der Mappe unterm Arm. Als ich aussteigen wollte, kam der Kontrolleur und sagte: ›Ihr Billet!‹
Ich sag: ›Ich steig hier grad aus.‹
›Ihr Billet muß i ham!‹
Ich sag: ›Ich sag Ihnen doch, daß ich aussteige. Ich hab's eben weggeworfen, weil ich hier aussteige.‹
›Ich muß das Billet –, Ihr Billet, hab ich gesagt!‹
›Jetzt lassen Sie mich schon in Ruh!‹ sagte ich und sprang wütend hinunter.
Da rief er mir nach: ›Mach daß d' weiterkommst, du Furie!‹
Das hat meinen Mann so entzückt, daß er sagte, schon immer wollte ich sie kennenlernen, jetzt muß es sein.«

So ist es halt gekommen. Alles in allem war ich zufrieden. Ob es das große Glück, die große Liebe gewesen ist, von der junge Mädchen gelegentlich träumen? Ich weiß es nicht, aber es war mein Leben, mit ihm.

Herrn Partheys vergeblicher Besuch bei Thomas Mann

Kilchberg, 24. Dezember 1977: 22 Jahre ist Tommy nun tot. Der Strom der Besucher, die in unser Haus kommen, um mich nach ihm und nach meinem Leben mit ihm zu befragen, um jedes Detail aus unserem Leben zu erkunden, reißt nicht ab. Dieser junge Martin Schmidt – Martin Gregor-Dellin nennt er sich jetzt –, der uns seit 1949 mit Briefen verfolgte und von Tommy anscheinend geschätzt wurde, weil er kluge Dinge über seine späten Arbeiten gesagt hatte und sich für den Nachlaß von Klaus interessiert, hat eine Erzählung geschrieben und mir das Manuskript zugesandt. »Partheys völlig verfehlter Besuch bei Thomas Mann«. »Párthey« spricht die Hauptperson der Geschichte ihren Namen aus, weil Erika das Wort »Partéi« wirklich nicht mehr hören konnte. Die »Partéi« war für sie, und nicht nur für sie, sondern für alle Welt, eben die Nazi-Partei. Das ist eine Novelle in der Art von Tommys »Lotte in Weimar«. Die Schilderung einer ganz und gar vergeblichen Wallfahrt zur Größe, einer Wallfahrt, die in Banalitäten erstickt, das heißt eine »Lotte in Weimar«, die gleichsam mit dem achten Kapitel endet, ohne die imaginäre und alles versöhnende Begegnung Lottes mit Goethe im Wagen. Und der böse Zerberus, der verhindert, daß der schöpferische Funke zwischen Thomas Mann und seinem Besucher überspringt: bin ich.

Es ist ja wahr: ich habe diese erschöpfenden, für Tommy meist unbedeutenden Besuche der Verehrer und Studenten immer jäh unterbrochen. In der Art von: »Böse Uhr, vertreibst mir die liebsten Gäste!« Tommy hat mir in seiner Rede zu meinem 70. Geburtstag ausdrücklich auch dafür gedankt. Die Nachwelt sollte mich, das war sein Wille, nicht als Zerberus in Erinnerung behalten. Dieser Parthey in Herrn Schmidts Erzählung ist ein Antiquar und Buchhändler, der nicht nur jedes Werk, sondern jedes Wort von Thomas Mann auswendig weiß und gegen den Willen seiner Frau nach Kilchberg fährt, um nach dem mißglückten Besuch geistesabwesend zu verunglücken. Der Schluß ist noch nicht endgültig, es scheint, der Autor wünscht sich von mir eine Idee dazu. Ich bin hin und her gerissen zwischen Ärger und Lachen. Aber ob die Parodie der Parodie, die Ironie der Ironie tatsächlich guter Stil ist, ob sie überhaupt Stil hat, bezweifle ich. Vielleicht sollte Herr Schmidt mit der Publikation noch warten.

Erikas Porträt ist ihm allerdings gut gelungen. Mit solchen Leuten hat sie wirklich bayerischen Dialekt gesprochen, und das so schnell, daß die Besucher nicht dazwischenkamen:

»Schaung S'« – verfiel Erika in ihr geliebtes Altbairisch, als habe sie es bisher nur mühsam zurückgehalten, wie eine ganz Gemeine aus Hinterpfuideifi, die nun wieder in ihren gewöhnlichen Putzfrauenjargon einschwenkte – schaung S', neamt, neamt, sagte sie, neamt unter den Deitschen hat doch geschnallt, wie's wirklich war. Ich war noch kurz nach der Besetzung in München, da wollte keiner in der Partei – Verzeihung – gewesen sein, und als man sie nach den Büchern fragte, die sie vielleicht gestohlen hatten, wunderten sie sich: Was? Buddenbruch? Mehr war nicht in Erinnerung geblieben.«

Erika und ihr satirisch-komödiantisches Talent! Schade, daß sie die Glossen und Satiren, die über die Kommunisten-Hysterie der Amerikaner, die über die Bayern, die sie das »Wort im Gebirge« genannt hat, nicht publiziert hat. Es gibt so wenig zu lachen – Tommy hätte gesagt: so wenig »höhere Heiterkeit« – in der Welt. Wenn Erika zugehört hat, mußte Tommy beim Vorlesen eigener Texte immer herzhaft lachen. Erika! Trotz Medi, Erika war seine Lieblingstochter, Erika, die bis zuletzt tapfer war und sich gegen den Gehirntumor gewehrt hat, dem sie dann doch unterlegen ist.

Ob ich wirklich der Hausteufel mit tiefer Stimme war, als der ich von Herrn Schmidt dargestellt werde? Ich bin zu müde, mich zu erinnern. Immerhin, so könnte es gewesen sein:

»Hervor trat aus dem Dunkel eine zierliche ältere Dame von kleinerem Wuchs als die Hausangestellte. Parthey erkannte sie sofort als die Frau des Dichters, was ihn zu einer Verbeugung veranlaßte. Wer sind Sie denn? fragte sie mit einem niedlichen Baß, der so harsch nicht klingen sollte, wie er herauskam. [...].«

Über meine tiefe und kräftige Stimme haben sich manche Menschen amüsiert. Aber wachsen Sie einmal als einziges Mädchen mit vier

Brüdern auf! Der älteste, Erik, wurde im Jahr unserer Hochzeit wegen seiner Spielschulden nach Argentinien geschickt und ist dort 1909 gestorben. Vielleicht an Heimweh! Das alles genügt doch für eine kräftige und rauhe Stimme! Und erziehen Sie sechs Kinder, ohne eine kräftige und laute Stimme zu bekommen! Wer in diesem Trubel gehört werden will, muß schreien. Und wer wollte bezweifeln, daß Thomas Mann sich für das Leben entschieden hat, wie dieser Christian Parthey des Herrn Schmidt sagt, ein für allemal, auch wenn ihm die Sterbeszenen in seinem Werk am besten gelangen und er ein Dichter des würdigen Sterbens ist. Die Beschreibung von Rahels Tod ist eine dieser so gut gelungenen Sterbeszenen: »Jaakob aber hielt Rahels Haupt im Arm, bis sie sie ihm nahmen.« Wann immer er diese Szene vorgelesen hat, und er tat es oft und gern, mußte er vor Rührung über die selbst geschriebenen Sätze weinen. So schmelze man bei seinen eigenen Kohlen, hat Goethe von solchen Zuständen gesagt. Immer wieder spricht die Stimme des Erzählers: »Arme Rahel.« Und fragt sogar: »War sie wohl glücklich?« Und bildet die 36 Stunden dauernde Geburt des Joseph der schweren Geburt Erikas nach: »Schweißbedeckt und wie vom Tode verklärt, sang sie ein kurzatmig Lied der Erschöpfung. Zerfleischt war die Pforte ihres Leibes [...].«

Alles wie immer?

Ist alles wie immer? Nichts ist wie immer! Geburt und Sterben und Leben liegen lange zurück. Die Einsamkeit wächst im immer schneller zerrinnenden Leben, und die Erinnerung wird schwächer. Wir haben wahrhaftig lernen müssen, was es heißt: »Der Mensch soll um der Güte und Liebe willen dem Tode keine Herrschaft einräumen über seine Gedanken.« Rings um uns sind die Geschwister, die Kinder, die Freunde früh dem Sog des Todes erlegen; auch wir waren nicht immer so lebenskräftig, wie es schien. So, wie es der junge Germanist aus Mainz mir unlängst einzureden versuchte, ist es nicht gewesen. Was sagte er doch über die Ehe von Tommys unglücklicher Schwester Julia, die er mit unserer Ehe verglichen hat?

»Das Pochen auf das, was der erfolgreiche Autor später keck seinen ›Instinktanspruch auf Würde und behaglichen Überfluß der materiellen Lebensführung‹ nennt, führte in Julias Fall in eine Katastrophe. In Thomas' Fall nicht, widerwillig geben wir das zu [›wir‹ sagt er, obwohl er nur ›ich‹ meint]. Immer lebte er geborgen im Wohlstand. Ein paar Jahre Armut hätten wir ihm schon gegönnt, nur so zum Kennenlernen. Hätten ja auch literarisch etwas eingebracht, wären sicher höchst verwertbar gewesen.«

Um der Literatur willen, um des Verwertbaren willen einer Familie mit sechs Kindern noch nachträglich die Armut an den Hals zu wünschen! Ein böser Ausrutscher in dem auch sonst nicht gerade zaghaften Gewerbe der Thomas-Mann-Kritik! Im Wohlstand haben wir gelebt, mehr durch meine als durch Tommys Kunst! Aber geborgen? Geborgen waren wir nur selten. Das alles ist so kurios wie die dumme Frage des amerikanischen Journalisten, der meinem Mann vorgeworfen hat, daß er nicht – wie einmal in einem Lebensbild von ihm angekündigt – mit 70 Jahren gestorben sei, sondern der Welt sein Dasein noch einmal 10 Jahre zugemutet habe. Es waren Jahre, die ich nicht missen möchte, die Jahre nach der gerade noch gelungenen Lungenoperation, als ihn der kalifornische Arzt schon aufgegeben hatte, ich mich aber damit nicht abfinden wollte. Und was diese jungen Leute nicht wissen: Man kann heiraten, weil man sich liebt, man kann sich aber auch lieben, jeden Tag mehr, weil man verheiratet ist. Und in der Erinnerung, der der Ärger über eine verständnislose Nachwelt guttut, ist wirklich alles wie immer. Wer will, kann ja die Stimme Thomas Manns noch hören, die Stimme des alten Charmeurs, die heiser ist vor Rührung und der es damals (bei der Rede zu meinem Geburtstag, 1953) doch bitter ernst gewesen ist:

»Wenn dann die Schatten sich senken und all das Verfehlte und Ungeschehene und Ungetane mich ängstet, dann gebe der Himmel, daß sie bei mir sitzt, Hand in Hand mit mir, und mich tröstet, wie sie mich hundertmal getröstet und aufgerichtet hat in Lebens- und Arbeitskrisen, und zu mir sagt: ›Laß gut sein, du bist ganz brav gewesen, hast getan, was du konntest.‹«

Der Himmel hat es gegeben: ich durfte ihn trösten, als es zum Sterben kam, habe ihm die Hand gehalten, ihm noch die Lesebrille hingerichtet, am Abend vor seinem Tod, weil er am Morgen, nach dem Erwachen, weiterlesen wollte. Er ist nicht mehr aufgewacht, ist im Schlaf aus der Welt gegangen. Wer wird mich trösten, wenn die Schatten des Todes dunkeln, wer wird meine Hand halten? Aber auch daran hat er gedacht, und es tut gut, es zu wiederholen:

»Wir werden zusammenbleiben, Hand in Hand, auch im Schattenreich. Wenn irgendein Nachleben mir, der Essenz meines Seins, meinem Werk beschieden ist, so wird sie mit mir leben, mir zur Seite. Solange Menschen meiner gedenken, wird ihrer gedacht sein. Die Nachwelt, hat sie ein gutes Wort für mich, ihr zugleich wird es gelten, zum Lohn ihrer Lebendigkeit, ihrer aktiven Treue, unendlichen Geduld und Tapferkeit.«

Der vorstehende Text wurde in einer veränderten Fassung als Weihnachtsvorlesung an der Universität München am 17. Dezember 2002 vorgetragen und anschließend ins Internet gestellt. Als Quellen habe ich u.a. verwendet die Lebenschronik Thomas Manns von Hans Bürgin und Hans-Otto Mayer

(Frankfurt am Main 1974); die in zehn Bänden (1977–1995) veröffentlichten Tagebücher Thomas Manns, deren sichtbarer innerer Bezugspunkt Katia Mann ist, so daß sie zu Lebzeiten Thomas Manns diese Bücher nicht berühren durfte. Sie werden ihr daher im vorstehenden Text nur auszugsweise vorgelesen. Rudolf Hirsch erzählte mir die Anekdote, daß Katia Mann einmal diese Tagebücher vom Deckel des Flügels auf die Seite gelegt habe, um diesen Deckel zu öffnen, weil die Kinder den Gästen vorspielen sollten. Thomas Mann, der sonst stets beherrschte Gastgeber, habe vor allen Gästen seine Frau angefahren: Sie wisse genau, daß sie diese Bücher nicht berühren dürfe.

Benutzt wurden für die ungehaltene Rede auch das von Elisabeth Plessen und Michael Mann geschriebene Buch »Meine ungeschriebenen Memoiren« (Frankfurt am Main 1974); Hermann Kurzkes informative und kurzweilig zu lesende Biographie: »Thomas Mann. Das Leben als Kunstwerk« (München 1999) sowie Irmela von der Lühes ebenso sorgfältig recherchierte wie aufregend geschriebene Biographie Erika Manns (in der Fassung von 2001, als Fischer Taschenbuch). Martin Gregor-Dellins Erzählung »Partheys völlig verfehlter Besuch bei Thomas Mann« wurde 2002 in der Marbacher Bibliothek herausgegeben von Ulrich von Bülow. Ich verweise auch auf Marianne Krüll: Im Netz der Zauberer. Eine andere Geschichte der Familie Mann. Frankfurt am Main 1993, und Donald A. Prater: Thomas Mann. Deutscher und Weltbürger. Eine Biographie. München und Wien 1995. Überprüft habe ich meine etwas frei schweifende Phantasie über das Leben der Katia Mann an der faszinierenden Biographie von Inge und Walter Jens: »Frau Thomas Mann. Das Leben der Katharina Pringsheim« (Reinbek 2003) und an Heinrich Breloers und Horst Königsteins kunstvoller Filmerzählung »Die Manns. Ein Jahrhundertroman« (Frankfurt am Main 2001).

Zu den Abbildungen

S. 45 Umschlag zu Eric Carles Kinderbuch »Hello, Red Fox«, aus der Serie Simon & Schusters Books for Young Readers (New York 1998), dem Goethes Entdeckung der komplementären Gegensatzfarben zugrunde liegt.

S. 80 Zwei (gegenüberliegende) Seiten aus Goethes »Großherz. Weimarischem Schreib-Calender für das Jahr 1822 / mit einigen sehr nützlichen Rechnungs- und Interessen-Tabellen etc. etc., und einem berichtigten Jahrmarkts-Verzeichniß« (Weimar, bei Fr. Albrecht, Hofbuchdrucker). Der Kalender enthält die ersten Entwürfe zu der »Marienbader Elegie«, die Goethe, im Reisewagen, auf der Rückfahrt von der letzten Begegnung mit Ulrike von Levetzow in Karlsbad (zwischen dem 5. und dem 17. September 1823, wohl schon am 5. September) niedergeschrieben hat. Die Notizen enthalten sichtbare Spuren einer inneren und (durch das Rütteln der Kutsche) auch der äußeren Erschütterung. Der abgebildete Text mit Entwürfen zu den Versen 53–57 der »Elegie« lautet:

»[So bl] So fest beweglich bleibt das Bild der Lieben
Nicht Starr ins Erz ins weiche Herz geschrieben
Ins Herz das fest wie zinnenhohe Mauer
Sich ihr bewahrt und Sie in Sich bewahrt
In Ihr sich freut an seiner eignen Dauer«.

(Abb.: Freies Deutsches Hochstift/Frankfurter Goethe-Museum.)

S. 169 Joseph Karl Stieler (1781–1858): Ludwig I., König von Bayern, im Krönungsornat, 1826 (aus der Alten Pinakothek in München). Das Bild hat für das mäzenatische Wirken des Königs (auch über die liberale Epoche seiner Herrschaft hinaus) symbolische Kraft: die rechte Hand mit dem Zepter ruht auf der bayerischen Verfassungsurkunde, die linke Hand hat der König zum Zeichen der Entschlossenheit an das Schwert gelegt. An der Wand im Hintergrund rechts der Wahlspruch seiner Herrschaft »Gerecht und Beharrlich«, durch das Säulenfenster links sieht man die (damals erst geplante) Walhalla mit dem der Akropolis nachgebildeten Tempel. Stieler war seit 1820 Münchner Hofmaler. Der König liebte, auch in den Bildnissen seines Hofmalers, starke Zeichenhaftigkeit.

S. 174 Die Begegnung Goethes mit König Ludwig I. von Bayern, der in Begleitung des Weimarer Großherzogs Carl August am 28. August 1827 in Goethes Weimarer Haus am Frauenplan zum Geburtstagsbesuch gekommen war. Die Zeichnung ist enthalten im Brief des Theologiedozenten Ernst Ludwig Theodor Henke an seine Mutter, datiert 3. September 1827. Sie zeigt rechts den Großherzog, in der Mitte Goethe und mit dem Rücken zum Betrachter den bayerischen König, »heftig perorirend über Kunst und dgl., auch selbst darstellend, wie die Statuen aussähen von denen er sprach, sonst costümirt daß man ihn für einen Studio angesehn hätte, mit altem Oberrock und Hut, schwarzes Halstuch umgeknüllt, Haare schlicht zurückgestrichen und hinten wie mit der Gartenscheere beschnitten, und großer Schnurrbart:«. Henke, der zusammen mit den Professoren Niemeyer und Göttling und dem Hofrat Gries an diesem 28. August von Jena nach Weimar zur Geburtstagscour bei Goethe gefahren war, stand im Vorzimmer, eingereiht unter die übrigen Gratulanten, und sah der von ihm gezeichneten Szene durch die geöffnete Türe zu. »Uns standen«, heißt es in Henkes Brief weiter, »nach allen Seiten Reihen von Zimmern offen, in dem einen eine Sammlung von Gipsabgüssen, in dem andern waren die Geschenke aufgestellt, unter anderm die beiden großen Ordenssterne; auch wurden in kleinen Gläsern seltene Schnäpse, wie auch feuchter Obstkuchen auf Tellern mit Gabeln präsentiert, und ich war ein rechter Narr, daß ich nicht meine Anlage losließ: die Engländer fraßen in den Ecken wie die Schmiede.« (Abb.: Goethe-und Schiller-Archiv 96/1155. Foto: Stiftung Weimarer Klassik und Kunstsammlungen.)

S. 201 François Gérard (1770–1837): Zeichnung Alexander von Humboldts im Alter von 26 Jahren (1795). Zwei Jahre später ist Humboldt Goethe und Schiller erstmals in Jena begegnet. Gérard war als Schüler von Jacques Louis David später Hofmaler Napoleons. Am bekanntesten ist sein Bildnis der Madame Récamier, 1802.

S. 259 Edouard Pingret (1788–1875): Bildnis des Pariser Mode-Zahnarztes George Fattet (1850).

S. 261 Joseph Carl Stieler: Johann Wolfgang von Goethe, Weimar 1828 (Neue Pinakothek, München). Das wohl berühmteste Porträt des alten Goethe, bestellt von Ludwig I., König von Bayern. In der rechten Hand hält Goethe die Abschrift einer (d.h. der vorletzten) Strophe von König Ludwigs Gedicht »An die Künstler«. Nach Stielers Brief vom 2. Juli 1828 an seinen Auftraggeber hat Goethe zu diesem Bild gesagt: »Sie zeigen mir, wie ich sein könnte. [...] Vortrefflich, dies ist nicht mehr gemalt, es ist ein Körper, es ist das Leben.« (Biedermann/Herwig: Goethes Gespräche. Bd. III, 2. Zürich und Stuttgart 1972, S. 312). Auch Rudolf Marggraff erzählt (1858) über Stielers Gespräche mit Goethe während der Entstehung des Bildes.»Wir müssen eilen«, habe Goethe schon bald nach dem ersten Besuch Stielers gesagt, »wir müssen eilen«, das Gesicht zu bekommen. Der Großherzog ist weggegangen (mit Bezug auf dessen Tod, den er wie bekannt männlich und standhaft ertrug) und nicht mehr wiedergekommen. Wer verbürgt einem, ob man morgen erwacht.« (Ebd. S. 317)

Vgl. zur Intention, zur Entstehung und zur unmittelbaren Wirkung des Bildes im vorliegenden Band auch Kapitel 5 des Aufsatzes über »Die Praxis ästhetischer Erziehung. Schiller, Goethe und Ludwig I., König von Bayern«.

S. 291 Jean Fouquet (etwa 1420 – etwa 1481): Rechter Flügel des Diptychons von Melun. Johan Huizinga hat dieses Jean Fouquet zugeschriebene Bild der Antwerpener Madonna als Ausdruck jener prototypisch spätmittelalterlichen Annäherung des religiösen Fühlens an das erotische Fühlen bezeichnet, aus dem der Madonna-Venus-Typus in der Malerei (und der Literatur) der Renaissance, der Präraffaeliten und des Renaissancismus um die Wende vom 19. zum 20. Jahrhundert entstanden ist. »Eine alte, im siebzehnten Jahrhundert durch den Altertumskenner Denis Godefroy aufgezeichnete Tradition will wissen, daß die Madonna die Züge der Agnes Sorel trägt, der königlichen Mätresse, für die [der Stifter des Altarbildes, der königliche Schatzmeister Etienne] Chevalier eine unverhohlene Leidenschaft empfand. Es ist in der Tat, bei allen hohen malerischen Qualitäten, eine Modepuppe, die wir vor uns sehen, mit der gewölbten, kahlgeschorenen Stirn, den weit auseinanderstehenden kugelrunden Brüsten, der hohen dünnen Taille.« Das Gemälde enthalte »einen Hauch dekadenter Gottlosigkeit«, eine »blasphemische Freimütigkeit dem Heiligen gegenüber, die durch keinen Renaissancegeist zu überbieten war« (Johan Huizinga: Herbst des Mittelalters. Studien über Lebens- und Geistesformen des 14. und 15. Jahrhunderts in Frankreich und in den Niederlanden. Hg. von Kurt Köster. Stuttgart 7. Auflage 1953, S. 167).

Drucknachweise

Sprachen der Wissenschaft oder Über die Verwandtschaft von Poesie und Wissenschaft. Erstdruck einer Vorfassung unter dem Titel »Die Sprache der Wissenschaft«, in: Werner Köhler (Hg.): Was kann Naturforschung leisten? Nova Acta Leopoldina. Neue Folge. Nummer 303. Bd. 76 (1997), S. 383–394. In der vorliegenden, überarbeiteten Fassung ungedruckt.

Das Talent, Deutsch zu schreiben. Über die Sprache Goethes. Erstdruck einer Vorfassung unter dem Titel »Das Talent, Deutsch zu schreiben. Über den Dichter Johann Wolfgang Goethe«, in: Études Germaniques 34 (1999), S. 55–74 (Jean-Marie Valentin [Hg.]: Johann Wolfgang Goethe zum 250. Geburtstag. Vorträge im Frankfurter Römer. April–Juli 1999). In der vorliegenden, überarbeiteten Fassung ungedruckt.

Südlicher Himmel. Die italienischen Tagebücher der Familie Goethe. Unter dem Titel »Wer es gesehen hat, der hat es auf sein ganzes Leben‹. Die italienischen Tagebücher der Familie Goethe« auch in: Jahrbuch des Historischen Kollegs 2004 (München 2005). Überarbeitete Fassung.

Friedrich Schiller – der Schwabe. Überarbeitete Fassung der Marbacher Schillerrede 2002 (Ulrich Ott [Hg.]: Marbacher Schillerreden. Deutsche Schiller-Gesellschaft. Marbach 2002).

Die Praxis der ästhetischen Erziehung. Schiller, Goethe und Ludwig I., König von Bayern. Eine Vorfassung unter dem Titel »›Sittliche Herrlichkeit‹ und ›unmoralische Weibsbilder‹. Zum Goethe-Bild Ludwigs I., Königs von Bayern«, in: Literatur in Bayern. Nr. 65. München, September 2001, S. 2–11. In der vorliegenden Fassung ungedruckt.

»Die Einheit des Menschengeschlechtes«. Alexander von Humboldt und der Jenaer Kosmopolitismus. Überarbeitete Fassung eines Vortrags beim Collegium Europaeum Jenense der Friedrich Schiller-Universität Jena am 2. November 2004.

Büchmann und die Folgen. Zur sozialen Funktion des Bildungszitats in der deutschen Literatur des 19. Jahrhunderts. Leicht überarbeitete Fassung des Erstdrucks, in: Reinhart Koselleck (Hg.): Bildungsbürgertum im 19. Jahrhundert. Teil II: Bildungsgüter und Bildungswissen. Stuttgart 1990, S. 197–219 (Industrielle Welt. Schriftenreihe des Arbeitskreises für moderne Sozialgeschichte. Bd. 41: Bildungsbürgertum im 19. Jahrhundert. Teil II).

»Die gesunde Vollständigkeit«. Über Zahnlücken, Zahnschmerzen und Zahnersatz in der deutschen Literatur von Goethe bis Grass. Ungedruckt.

»Der christliche Jüngling im Kunstladen«. Milieu- und Stilparodie in Thomas Manns Erzählung »Gladius Dei«. Überarbeitete Fassung des Erstdrucks, in: Günther Schnitzler in Verbindung mit Gerhard Neumann und Jürgen Schröder (Hgg.): Bild und Gedanke. Festschrift für Gerhart Baumann zum 60. Geburtstag. München 1980, S. 324–342.

Eine Kindheit in München. Die Familie Mann und das Genre der Inflationsliteratur. Erstdruck in: Andreas Kablitz und Ulrich Schulz-Buschhaus (Hgg.): Literarhistorische Begegnungen. Festschrift zum sechzigsten Geburtstag von Bernhard König. Tübingen 1993, S. 43–56.

Thomas Manns »Moses«-Phantasie. Zu der Erzählung »Das Gesetz«. Erstdruck in: Christoph Bultmann, Walter Dietrich und Christoph Levin (Hgg.): Vergegenwärtigung des Alten Testaments. Beiträge zur biblischen Hermeneutik. Festschrift für Rudolf Smend zum 70. Geburtstag. Göttingen 2002, S. 296–309.

Goethe im Exil. Zur Rezeption eines Klassikers in finsteren Zeiten. Leicht überarbeitete Fassung des unter dem Titel »›So traun sie deinem Deutschtum nicht ...‹. Die Goethe-Rezeption in der deutschsprachigen Exilliteratur« erschienenen Vortragstextes (Paderborn, München, Wien, Zürich 2002. Nordrheinwestfälische Akademie der Wissenschaften. Geisteswissenschaften Vorträge G 382).

Katia Mann: Ungehaltene Rede an die Nachgeborenen. Erstdruck in: Carolin Raffelsbauer und Waldemar Fromm (Hgg.): Literatur in Bayern. Sonderheft »Moser in Bayern«. München 2004, S. 7–12.

Namenregister

Abel, Carl von 163
Abraham 84
Abraham a Santa Clara
 (Johann Ulrich Megerle) 258
Achilles 144
Adonis 144
Adramelech, Figur bei Klopstock 54
Aeneas 212
Alba, Herzog von,
 Bühnenfigur Goethes 129
Albrecht, Dietrich 123
Aldobrandino, Figur in Thomas
 Manns Schauspiel »Fiorenza«
 290
Alexander, Figur in Frido Manns
 »Professor Parsifal« 337
Alkinoos, König der Phäaken 111
Alt, Peter-André 153, 156 f., 159
Amalekiter 325, 327
Amor 73, 76, 93
Anchises, Vater des Aeneas 212
Andersen, Hans Christian 278
Andree, Christian 252
Angelika, Figur bei Wilhelm Busch
 249
Angelus Silesius
 (Johann Scheffler) 341
Apel, Friedmar 125
Aphrodite 144
Apollonia, Heilige 264
Ariadne 120
Arminius, Wilhelm 158
Arnim, Achim von 106
Arnim, Bettine von
 (geb. Brentano) 86

Aschenbach, Gustav von,
 Figur in Thomas Manns »Der
 Tod in Venedig« 269–272, 326,
 335, 369
Assmann, Aleida 8, 36
Assmann, Jan 391
Auernheimer, Raoul 377
Auersperg, Anton Alexander Graf
 (Anastasius Grün) 247
Augustenburg,
 Friedrich Christian von 77
Augustin, Ernst 306 f., 314
Augustus, römischer Kaiser
 (augusteisch) 167, 181 f.

Baader, Franz von 341
Baal, Bühnenfigur
 Bertolt Brechts 347
Bab, Julius 357 f.
Bahrdt, Carl Friedrich 70
Barner, Wilfried 153, 157, 331
Baron, Frank 391
Basler, Otto 392
Batts, Michael S. 353
Bayern, Caroline, Königin von 172
Bayern, Ludwig I., König von
 162–198, 246, 260 f., 285,
 416–418 f.
Bayern, Marie und Sophie,
 Prinzessinnen von 172
Bayern, Max I. Joseph,
 König von 172
Bayern, Maximilian II.,
 König von 165
Bayern, Therese, Königin von 170

421

Becker, Corona 155
Becker, Rudolf Zacharias 136
Beer, Michael 177
Beethoven, Ludwig van 382
Behr, Wilhelm Joseph 170
Behrens, Jürgen 93
Behrisch, Ernst Wolfgang 241
Behschnitt, Wolfgang 155
Bellow, Saul 380, 390
Benedikt XIV., Papst 126
Benjamin, Walter 128 f., 154, 221, 368, 388
Berduschek, Moritz 310
Berthold, Werner 384
Bertram, Ernst 338, 353, 403
Bevin, Ernest, britischer Außenminister 379
Beyer, Andreas 123 f.
Beyer-Ahlert, Ingeborg 252
Beyme, Carl Friedrich von 191
Beyreuther, Konrad 90
Biedermann, Flodoard Freiherr von 155, 196, 418
Biedrzynski, Effi 92
Bienzle, Ernst, Hauptfigur der Kriminalromane von Felix Huby 127
Birus, Hendrik 94
Bismarck, Otto Fürst von 351
Blanco, Alberto 9
Blennerhasset, Lady 293
Bloch, Ernst 128, 147, 154, 159
Bloom, Allan 373, 380, 390, 392
Bludau, Beatrix 312
Blüthenzweig, M., Figur in Thomas Manns »Gladius Dei« 285, 289, 294, 298, 303, 310

Böcklin, Arnold 109
Bode, Dietrich 250 f.
Bode, Wilhelm 90, 196, 198, 219, 386
Böhme, Jakob 341
Bohnenkamp, Anne 197
Bohr, Niels 10
Boisserée, Sulpice 189
Boleyn, Anne 148
Bolivar, Simón 199
Böll, Heinrich 106
Bollmus, Reinhard 386 f.
Bonpland, Aimé 199 f., 204
Borchmeyer, Dieter 124
Borgese, Angelica 402
Borgese, Dominica 402
Borgese, Giuseppe Antonio 403
Börne, Ludwig 246 f., 253
Borsche, Dieter 408
Borst, Arno 37
Botting, Douglas 218, 220
Braubach, Max 221
Brecht, Arnold 31
Brecht, Bertolt 128, 146, 159, 240, 249, 279, 343–345, 347, 354 f.
Brecht, Christoph 92, 220, 389
Brecht, Zahnarzt in Thomas Manns Roman »Buddenbrooks« 267–269
Breloer, Heinrich 415
Brentano, Clemens 83 f., 123, 238, 246, 334, 359, 385
Brentano, Sophie 238
Brie, Maria 313
Briegel, Manfred 39
Britten, Benjamin 269
Bromfield, Louis 331

Bronnen, Arnold 350
Brosnan, Pierce 373
Brückner, Christine 394
Brüggemann, Friederike 385
Brunner, Otto 89
Brünnhilde, Figur in Wagners Oper »Die Walküre« 303
Bucher, Max 250
Büchmann, Georg 171, 186, 224 f., 228–231, 235, 238, 251 f., 359
Büchner, Georg 23–28, 38, 64, 83, 170, 231, 246, 358 f.
Buddenbrook, Hanno, Romanfigur Thomas Manns 404
Buddenbrook, Thomas, Senator, Romanfigur Thomas Manns 267–269, 272, 313, 404
Buddenbrook, Tony, Romanfigur Thomas Manns 295, 313
Buff, Charlotte, s. Kestner, Charlotte
Buller, Wilhelm 374, 391
Bullerstiebel, Figur bei Wilhelm Busch 249
Bülow, Ulrich von 415
Burckhardt, Jacob 231 f., 308
Burger, Heinz Otto 154
Bürgin, Hans 86, 154, 308, 312, 392, 414
Busch, Wilhelm 248 f., 253
Bußmann-Brentano, Auguste 83
Byron, George Gordon Noël, Lord 76

Calypso 106
Canetti, Elias 33, 39, 272–274, 278, 358, 384
Cannon, Susan Faye 216
Carle, Eric 44–47, 87, 416
Carossa, Hans 347 f.
Cassidy, David C. 39
Castorp, Hans, Figur in Thomas Manns Roman »Der Zauberberg« 380
Celan, Paul 27 f.
Cervantes Saavedra, Miguel de 65
Charlotte, Dienstmädchen bei Familie Mann 399
Charlotte, Figur in Goethes Roman »Die Wahlverwandtschaften« 369
Chevalier, Etienne 418
Chiarloni, Anna 91
Christensen, Inger 8
Circe 106
Claude Lorrain 113, 125
Clemens XII., Papst 126
Coleridge, Samuel Taylor 9
Coligny, Gaspard de 236
Conze, Werner 89
Cornelius, Abel, Figur in Thomas Manns »Unordnung und frühes Leid« 338, 343, 345
Cornelius, Peter von 169
Corti, Egon Cäsar Conte 195
Cotta, Johann Friedrich von 179 f., 203, 226, 228
Coudray, Clemens Wenzeslaus 193
Coulmas, Peter 220
Courths-Mahler, Hedwig 238
Crevel, René 355
Crick, Francis 34
Cromwell, Oliver 236

Dacheröden, Caroline von, s. Humboldt, Caroline von 88
Dahnke, Hans-Dietrich 219
Dambacher, Eva 385
Damm, Sigrid 50, 88, 154
Damon, Balladenfigur Schillers 222
Dane, Gesa 257, 277 f.
Dann, Otto 91, 157, 385
Dante Alighieri 65
Danton, Georges 23 f., 38
Darwin, Charles (darwinisch, Darwinismus) 119, 228, 245
David, Jacques Louis 417
Delabre, Léon 367, 388
Demmer, Sibylle 194
Desmoulins, Camille, Bühnenfigur Büchners 25f.
Desmoulins, Lucile, Bühnenfigur Büchners 25–28, 38
Deuerlein, Ernst 123
Dewitz, Hans-Georg 92, 122, 125, 277
Dichgans, Johannes 90
Dickens, Charles 382
Dieke, Hildegard 385
Dietelmair, J. A. 92
Dionys, Balladenfigur Schillers 222
Diotima, Figur in Hölderlins Roman »Hyperion« 132
Dittmann, Ulrich 265, 268, 277 f.
Dock, Renate 154
Domarus, Max 250
Donatello 289
Doria, Gianettino, Bühnenfigur Schillers 146

Dorothea, epische Figur Goethes 213 f.
Drews, Wolfgang 159
Drude, Otto 252
Du Bois-Reymond, Emil 30
Dudley, Robert, Graf von Leicester, Bühnenfigur Schillers 147, 149 f.
Dürer, Albrecht 167

Ebermayer, Erich 343
Eckermann, Johann Peter 76, 195, 202, 219
Eckert, Brita 384
Eduard, Figur in Goethes Roman »Die Wahlverwandtschaften« 369
Egmont, Graf, Prinz von Gavre, Bühnenfigur Goethes 129
Eibl, Karl 37, 88, 93, 122, 158, 195, 197, 218, 386
Eichendorff, Joseph Freiherr von 99, 109, 124, 246
Eich-Fischer, Marianne 391
Eichner, Hans 353, 388
Einem, Herbert von 277
Eisner, Kurt 225
Elisabeth (I.), Königin von England, Bühnenfigur Schillers 128, 145–149
Engelhardt, Ulrich 232 f., 251
Enzensberger, Hans Magnus 8 f., 36 f., 90, 200, 219
Erdmann, Karl Dietrich 384 f.
Erichsen, Johannes 252
Erinnyen 164
Eroms, Hans-Werner 94

Erskine, John 331
Ette, Ottmar 199, 216, 218, 221
Eva-Maria-Typologie 292, 311
Evers, Adalbert 89

Fabricius, Hans 223
Fallada, Hans 345
Fallbacher, Karl-Heinz 177, 197
Fattet, Georges, Zahnarzt in Paris 258, 417
Fauchard, Pierre 264
Fehling, Bodo 197
Feuchtwanger, Lion 315
Fibel, Figur bei Wilhelm Busch 249
Filuzius, Pater, Figur bei Wilhelm Busch 249
Fink, Gonthier-Louis 213, 220
Fiore, Figur in Thomas Manns Schauspiel »Fiorenza« 293
Fischel, Bert 342
Fischer, Hedwig 350 f.
Fischer, Heinrich 37, 93, 392
Fischer, Hermann 130
Fischer, Karl 384
Fischer, Marianne 308
Fischer, Samuel 350, 400
Fischer, Wolfgang 264, 277
Flaubert, Gustave 232
Fleig, Horst 196
Fleißer, Marie Luise 129, 154
Fontane, Martha (Mete), Tochter Theodor Fontanes 234
Fontane, Theodor 109 f., 234, 238–241, 244, 249, 252, 345
Fouquet, Jean 291, 418

Franckh, Louise Dorothea (geb. Schiller) 151
François, Etienne 157, 385
Frank, Bruno 315, 322, 329–331
Frank, Liesl 322
Fränkel, Ludwig 250
Fraunhofer, Joseph 199
Frenzel, Karl 227, 251
Freud, Anna 32
Freud, Sigmund 32, 323, 330, 373, 390
Frey, Alexander Moritz 379
Fricke, Gerhard 253
Friedrich II. (der Große), König von Preußen 65–68, 91, 177
Friedrich Wilhelm III., König von Preußen 191
Frisch, Max 24, 99, 240
Fröhlich, Harry 124
Frühwald, Wolfgang 39, 90, 94, 122, 194, 197, 250, 252, 277, 311, 333, 352 f., 385, 390
Füchtbauer, Hans 33, 39
Fuks, Maler in München 293
Furtwängler, Wilhelm 388

Gadamer, Hans-Georg 77
Gajek, Bernhard 94
Galilei, Galileo, Bühnenfigur Bertolt Brechts 279
Ganne, Louis, Komponist 284
Gantschev, Ivan 43
Gardner, Ava 383
Gasbarra, Felix 159
Gauss, Carl Friedrich 199
Gebhardt, Bruno 221, 384
Gellhaus, Axel 153 f., 156, 158 f.

Genast, Anton 155
George (I., II., III.), Kurfürsten von Hannover, Könige von England 31
George, Stefan 378
Gérard, François 417
Gerold-Tucholsky, Mary 386
Gilman, Sander 92
Glaeser, Ernst 347, 355
Glaser, Horst Albert 250
Gneisenau, August Wilhelm Neidhardt von 363
Gockel, Heinz 391
Godefroy, Denis 418
Goebbels, Joseph 223, 360, 384
Goethe, Alma von 178
Goethe, August von 48, 51 f., 81, 99, 104–109, 114, 123 f., 179, 362 f., 383, 386
Goethe, Catharina Elisabeth 53 f., 68 f., 95, 121
Goethe, Christiane von (geb. Vulpius) 48–52, 61, 74, 76, 88, 138–140, 386
Goethe, Cornelia 54, 73
Goethe, Johann Caspar 53 f., 100–105, 122 f., 126
Goethe, Johann Wolfgang von 29 f., 34, 43–126, 129–132, 135, 138–140, 144 f., 151, 158 f., 162, 165–167, 171–193, 195–200, 202–215, 217–220, 226, 228 f., 234, 237 f., 241 f., 246, 248, 254–257, 259–265, 270 f., 277, 318, 335, 357–389, 391 f., 402, 406, 410, 412, 416–418

Goethe, Ottilie von (geb. von Pogwisch) 81, 106, 108 f., 178, 383
Gollwitzer, Heinz 168, 195–197
Goltschnigg, Dietmar 38
Golz, Jochen 122
Göpfert, Herbert G. 253
Görres, Joseph von 235, 246
Göschen, Georg Joachim 134, 155f.
Gotha, Ernst Herzog von 98, 122
Göttling, Carl Wilhelm, Professor in Jena 417
Gottschall, Rudolf 227, 251
Grabbe, Christian Dietrich 190
Grad, Max 310 f.
Graevenitz, Gerhart von 92
Graff, Johann Jakob 130
Granet, François 310
Grass, Günter 67, 265–267, 278
Graves, Robert (von Ranke-) 111
Gray, Ronald 304
Greenlaw, Lavinia 9
Gregor-Dellin, Martin 353, 355, 409, 411, 415
Greiling, Werner 121
Gretchen (Margarete), Geliebte Fausts, Bühnenfigur Goethes 140, 159, 175, 183, 198
Griep, Wolfgang 253
Gries, Johann Diederich 193, 417
Grillparzer, Franz 231, 239, 246
Grimm, Jacob und Wilhelm 90, 277
Grimm, Ludwig Emil 309
Grosse, Eduard 32, 39
Große, Wilhelm 91

Grünbein, Durs 9, 62, 90
Gründgens, Gustav 26, 38
Grundmann, Herbert 221, 384
Gruner, Wolf D. 123
Grunewald, Michel 354
Grüters, Hans 93, 196
Guggerli, David 89
Gustafsson, Lars 9
Gutzschhahn, Uwe-Michael 44, 86 f.

Habermas, Jürgen 103
Hahl, Werner 250
Hahner, Mechthild 384
Hallgarten, Ricki 399
Hamann, Johann Georg 65
Hamburger, Käte 332
Hamlet, Prinz von Dänemark, Bühnenfigur Shakespeares 239
Hansen, Volkmar 392
Hanser, Richard 392
Häntzschel, Günter 277
d'Harcourt, Robert 385
Hardenberg, Friedrich von, s. Novalis
Hardy, Godfrey Harold 9
Harms, Ingeborg 23, 37
Hase, Ulrike von 197
Hasubek, Peter 197
Hauptmann, Gerhart 335, 374, 388, 407
Hebbel, Friedrich 239
Hederer, Oswald 195
Heftrich, Eckhard 312, 391
Hegel, Georg Wilhelm Friedrich 215, 235
Heigel, Carl Theodor 195

Heimannsberg, Joachim 354
Heine, Gert 392
Heine, Heinrich 83, 93, 158 f., 170, 182, 192, 197, 234, 240, 246 f., 263, 277, 292, 296, 391
Heinrich VIII., König von England 148
Heinse, Johann Jakob Wilhelm 228
Heisenberg, Werner 33, 87, 211
Helena, Gestalt bei Homer 141
Hellge, Manfred 252
Helmholtz, Hermann von 29, 211
Hemings, Sally, Frau (zunächst Sklavin) von Thomas Jefferson 216
Henke, Ernst Ludwig Theodor 173, 175, 196, 417
Henke, Wilhelmine Benedikte 196, 417
Herder, Caroline 49, 51, 79, 97, 115f.
Herder, Johann Gottfried von 44, 49, 51, 58, 61, 64 f., 69, 77–79, 97, 115–117, 179, 208, 212, 229, 262, 277
Hergesell, Max, Figur in Thomas Manns »Unordnung und frühes Leid« 342 f.
Hermes 182
Herrmann, epische Figur Goethes 214
Herwig, Wolfgang 196–198, 418
Herzfeld, Irene 365
Herzl, Iwan, Figur in Thomas Manns »Unordnung und frühes Leid« 342
Hess, Günter 179, 186, 197 f.

Hesse, Hermann 397
Heuss, Theodor 253
Heyse, Paul 238
Hiebel, Figur bei Wilhelm Busch 249
Hieronymus, Figur in Thomas Manns »Gladius Dei« 288, 290, 294 f., 301–304, 311, 313
Hilarie, Romanfigur Goethes 257, 259
Hilscher, Eberhard 392
Hiltiburg, Figur Adalbert Stifters 243
Hilzinger, Klaus Harro 153
Himmler, Heinrich 388
Hinderer, Walter 159
Hirsch, Friedrich, Hofzahnarzt in Weimar 257
Hirsch, Rudolf 252, 415
Hirschmann, Günter 253
Hitler, Adolf 222 f., 320 f., 329, 332, 341, 360–364, 367, 372 f., 379, 384, 387 f., 390
Hobbes, Thomas 273
Hochhuth, Rolf 253
Hoffmann, Ernst Fedor 308 f.
Hoffmann, Ernst Theodor Amadeus 99, 238
Hofmann, Anneliese 122
Hofmann, Michael 153
Hofmannsthal, Hugo von 236 f., 252, 402
Hölderlin, Friedrich 53, 67, 130–132, 363, 378
Holitscher, Arthur 284 f., 309
Hollmer, Heide 93, 125
Holub, Mirsolav 9

Homer 70, 106, 111–113, 141, 229, 376
Homunculus, Bühnenfigur Goethes 60
Hoppe, Marianne 41
Horn, Franz, Romanfigur Martin Walsers 275
Horváth, Ödön von 347
Houwald, Ernst Christoph Freiherr von 228
Huber, Ernst Rudolf 253
Huber, Ludwig Ferdinand 140
Huber, Peter 124
Huber, Wolfgang 253
Hubmann, Gerald 23, 37
Huby, Felix 127
Hucho, Carsten 37
Hucho, Ferdinand 37
Hufeland, Christoph Wilhelm 263
Huizinga, Johan 311, 418
Humboldt, Alexander von 29–31, 57–59, 63, 89, 199–212, 215–221, 228, 417
Humboldt, Caroline von (geb. von Dacheröden) 88, 204, 392
Humboldt, Wilhelm von 29 f., 47, 88, 141, 199, 204, 207, 392
Hurlebusch, Klaus 89

Illuminaten 166
Immermann, Karl 177, 181, 198, 238
Immerwahr, Raymond 311
Imperiali, Julia, Gräfin Witwe, Bühnenfigur Schillers 128, 146
Inter-Nazi, Figur bei Wilhelm Busch 249

Inverchapel, Lord 379
Ippel, Eduard 251
Irmscher, Hans Dietrich 90, 277
Israel (Volk) 325, 328, 330

Jaakob (Romanfigur Thomas Manns) 412
Jagemann, Caroline 143, 146
Jäger, Georg 91, 250
Jäger, Hans-Wolf 253
Jahn, Ilse 219
Jahwe 320, 327
Jannings, Emil 341
Janz, Rolf-Peter 153
Jaumann, Herbert 156
Jean Paul (Friedrich Richter) 79, 205, 237 f.
Jefferson, Martha Wayles Skelton, (erste) Frau von Präsident Jefferson 216
Jefferson, Polly, Tochter Thomas Jeffersons aus der Ehe mit Martha Jefferson 216
Jefferson, Thomas 199, 215 f., 218, 221
Jens, Inge 333
Jens, Walter 415
Jesus von Nazareth 68 f., 164, 246, 303, 365
Jeziorkowski, Klaus 236, 252
Johann, Ernst 38
Johannes 291
Jones, Steve 9
Joseph (Romanfigur Thomas Manns) 412
Joseph II., Kaiser 97
Josephus, Papagei in Thomas Manns Roman »Buddenbrooks« 268
Josua (Joschua) 213, 319, 325
Joyce, James 330
Julia, Tochter des Grafen Capulet, Bühnenfigur Shakespeares 242
Jünger, Friedrich Georg 89
Jussieu, Antoine Laurent de 203

Kadmos (Cadmus) 274
Kafka, Franz 349 f., 356
Kafka, Hans 343
Kahler, Erich von 322
Kalb, Charlotte von 130, 160
Kaleb 325
Kant, Immanuel 79, 212
Karl V., Kaiser 63 f.
Karl VII., König von Frankreich 292
Karl VIII., König von Frankreich 301
Kästner, Erich 67, 91, 345
Käthchen von Heilbronn, Bühnenfigur Kleists 258
Kaulbach, Fritz August von 285, 293, 335
Kay, Lily E. 23, 37
Kayser, Wolfgang 90
Keitel, Walter 252
Keiter, Heinrich 247
Kelber, Ludwig 313
Keller, Gottfried 36, 176, 242–245, 253, 292
Kemp, Friedhelm 94, 352, 385
Kennedy, Hanna, Bühnenfigur Schillers 149
Kersten, Kurt 387

Kesten, Hermann 399
Kestner, Charlotte (geb. Buff) 75, 106 f., 167, 371, 374, 382 f., 410
Kestner, Georg August Christian 107
Kiefer, Klaus 93
Kiesinger, Kurt Georg 265
Kinkel, Gottfried 231 f., 251
Kinkel, Johanna 251
Kirchner, Maler in München 293
Kirms, Franz 136
Klärchen, Egmonts Geliebte, Bühnenfigur Goethes 50, 140, 159, 183, 198
Klaus Heinrich, Figur aus Thomas Manns »Königliche Hoheit« 408
Klauß, Jochen 121
Kleinpeter, Großrat und Statthalter, Romanfigur Kellers 245
Kleist, Heinrich von 228, 258, 277
Klinger, Andreas 213, 220 f.
Klopstock, Friedrich Gottlieb 52–56, 64 f., 67 f., 70, 82, 89, 91, 160, 248
Kluge, Gerhard 153, 155, 158
Knebel, Karl Ludwig von 87, 219
Knopf, Alfred A. 319
Knuth, Gustav 38
Knyphausen, Gräfin 293
Koch, Ilse 366
Kodweiß, Georg Friedrich 128
Kolumbus, Christoph 199, 227
Königstein, Horst 415
Koopmann, Helmut 121, 125, 158, 220 f., 312, 332, 352, 390 f.

Köppel, Roger 274
Koppen, Erwin 312 f.
Koppenhöfer, Maria 38
Körner, Christian Gottfried 49, 140, 152, 155f., 207
Koselleck, Reinhart 56, 89, 385
Köster, Kurt 311, 418
Kraft, Herbert 153
Kraus, Karl 24 f., 37 f., 67, 83, 93, 378, 392
Krause, Gerhard 252
Krause, Gottlieb Friedrich, Diener Goethes 179
Krauthuber, Figur in Thomas Manns »Gladius Dei« 294 f.
Krökel, Fritz 252
Krola, Adolar, Romanfigur Fontanes 242
Kroll, Fredric 355
Kropotkin, Peter 27
Krull, Felix, Romanfigur Thomas Manns 399, 408
Krüll, Marianne 415
Krumhardt, Karl, Romanfigur Wilhelm Raabes 241
Kühn, Dieter 122
Kuhn, Dorothea 89, 100, 122, 219
Kühn, Rudolf A. 194
Kunz, Anneliese 122
Kurscheidt, Georg 153, 194, 219
Kurzke, Hermann 91, 395, 413, 415
Kurzke, Lena 91

Lacroix (Jean-François Delacroix), Bühnenfigur Büchners 24
Laemmle, Peter 354

Lämmert, Eberhard 153
Landauer, Gustav 27
Landmann, Robert von 297
Langen, Adolf 224
Langer, Ernst Theodor 68 f.
Lányi, Jenö 395
Laron, Janier 15f., 37
Laue, Max von 32 f.
Laufhütte, Hartmut 94
Laura, s. Kalb, Charlotte von
Lavater, Johann Caspar 70
Lecaq, Jean, Figur bei Wilhelm Busch 249
Lehmann, Karl Kardinal 90
Lehnert, Herbert 300, 308–311, 313, 332, 343, 346, 352–355
Lenbach, Franz von 285, 292 f., 311, 335
Lenbach, Lolo von 293
Lengefeld, Louise von, Schillers Schwiegermutter 134, 145, 157
Lenz, Jakob Michael Reinhold (auch Figur des Erzählfragments von Georg Büchner) 358 f.
Leone, Figur in Thomas Manns Schauspiel »Fiorenza« 292
Lepsius, M. Rainer 251
Lessing, Gotthold Ephraim 48, 64–66, 81, 226, 228 f., 240, 351
Lester, Lord, s. Dudley, Robert
Levetzow, Amalie von 79, 196
Levetzow, Ulrike von 79 f., 416
Levin-Robert, Rahel, s. Varnhagen von Ense, Rahel
Lewin, Waldtraut 87
Lewis, Wyndham 380

Lichtenberg, Georg Christoph 205
Lichtenthaler, Philipp 165
Liede, Alfred 308
Lili, die Katze (bei Gantschev) 44
Linné, Carl von 60 f., 203
Lion, Ferdinand 389
Littauer, J., Kunstsalon in München 285
Littlejohns, Richard 123
Loeben, Otto Heinrich Graf von 183 f., 247
Logau, Friedrich Freiherr von 48
Loon, Hendrik Willem van 331
Lorchen (auch Loreleyerl), Figur in Thomas Manns »Unordnung und frühes Leid« 338 f., 342 f.
Lorrain, Claude, s. Claude Lorrain
Lotte, Romanfigur Goethes, s. Kestner, Charlotte
Lowe-Porter, Helen T. 319, 393
Löwith, Karl 232 f., 251, 385
Lucile, s. Desmoulins, Lucile
Luckmann, Benita 39
Ludendorff, Mathilde 166, 194
Lühe, Irmela von der 415
Luise, s. Millerin, Luise
Luitpold, Prinzregent von Bayern 284, 297
Luther, Martin 55, 92, 228

Maecenas, Gaius 167
Magdalena 291
Mager, Figur in Thomas Manns Roman »Lotte in Weimar« 383
Mahler, Gustav 335
Mainzer, Klaus 15, 36 f.
Makoschey, Klaus 332

Mandelkow, Karl Robert 198, 387
Manger, Klaus 220
Mann, Anthony (Toni) 397
Mann, Elisabeth 338, 395,
 401–403, 407, 411
Mann, Erika 315, 328, 331,
 343–345, 347, 350, 389, 391,
 395–397, 399, 405, 407,
 410–412, 415
Mann, Familie Thomas Manns
 317, 334–337, 342–346, 371,
 403, 413
Mann, Frido 335–337, 352–354,
 389, 397
Mann, Golo 330, 334–336, 339,
 341, 349–354, 395, 399, 405,
 407 f.
Mann, Heinrich 100, 266, 285,
 294, 307, 309, 328, 346, 350,
 364 f., 372, 374, 387, 389, 395,
 398, 408
Mann, Julia, Schwester Thomas
 Manns 413
Mann, Julia (geb. da Silva Bruhns),
 Mutter Thomas Manns 317,
 394 f., 404
Mann, Katia (geb. Pringsheim)
 328, 334, 377, 389, 394–415
Mann, Klaus 124, 327, 333,
 336–356, 370 f., 386, 389, 395,
 398, 405–409
Mann, Michael 336, 395, 401, 415
Mann, Monika 395, 405, 407
Mann, Thomas 43, 67, 86, 99 f.,
 106, 124, 129, 137, 139, 143 f.,
 154, 157 f., 166, 178, 240, 249,
 267–272, 278, 283–290,
 292–296, 298–340, 342–356,
 369–384, 386, 389–415
Mann, Thomas Johann Heinrich,
 Vater Thomas Manns 404
Marcell, s. Wedderkopp, Marcell
Marek, George R. 316, 319
Marggraff, Rudolf 418
Maria Stuart, Königin von
 Schottland, Bühnenfigur Schillers 128, 145–150
Maria, Mutter Jesu (Madonna, die
 heilige Jungfrau etc.) 289–294,
 302–304, 310 f., 418
Marion, Bühnenfigur Büchners 38
Mars 243
Marshall, George 384
Martialis, Marcus Valerius 48, 68
Matt, Peter von 38
Maurois, André 322, 331
Mayer, Hans-Otto 308, 414
Mayer, Louis B., Gründer der
 Filmfirma Metro-Goldwyn-
 Mayer 315f., 333
Mayer, Mathias 93
McCarthy, Joseph Raymond 383
Mechthild von Magdeburg 341
Meckler, Rolf 197
Medici, Lorenzo von 292
Meier, Albert 93, 101, 123, 125 f.
Meinecke, Friedrich 384
Meister Anton, Bühnenfigur
 Friedrich Hebbels 239
Meister Eckhart 341, 363
Mendelssohn, Moses 65
Mendelssohn, Peter de 300, 312,
 314, 331 f.
Menelaus 141

Menzel, Wolfgang 179
Mephisto, Bühnenfigur Goethes 60
Mercier, Louis-Sébastien,
 Bühnenfigur Büchners 24
Merck, Johann Heinrich 92, 95, 121
Merk, Lili 293
Merkel, Inge 111
Merkle, Hans L. 90
Metternich, Clemens Wenzel
 Nepomuk Lothar, Fürst von
 225
Meyer, Agnes E. 328, 332, 375,
 381, 393
Meyer, Conrad Ferdinand 236
Meyer, Hermann 238, 252
Meyer, Joseph, Verleger 227
Meyer-Kraemer, Rudolf 251
Michael, Gottlieb, Figur bei
 Wilhelm Busch 249
Michel, Christoph 93, 122, 125,
 195
Michelangelo Buonarotti 323
Mignon, Figur in Goethes Roman
 »Wilhelm Meisters Lehrjahre«
 109–111, 124, 237 f.
Milford, Lady, Bühnenfigur
 Schillers 133
Miller, J. Hillis 210, 220, 388
Miller, Norbert 121 f.
Millerin, Luise, Dramenfigur
 Schillers 223, 360
Milton, John 160
Minetti, Bernhard 38
Mino da Fiesole 289
Minor, Jakob 153–156
Moeller, Jean Philippe, Pseudonym
 Goethes 96

Mohammed Resa Pahlewi, Schah
 von Iran 265
Montez, Lola 171
Mörike, Eduard 402
Mose (Moses) 110, 213, 315–321,
 323–330, 332
Möser, Justus 209
Müller, Friedrich Theodor Adam
 Heinrich von, Kanzler in Weimar 175f., 179–181, 184 f.,
 196–198, 202
Müller, Karl Wilhelm, Gymnasiallehrer in Weimar 193
Müller, Klaus-Detlef 89
Munch, Edvard 292
Mursa, Erika 37

Nadler, Josef 154
Nager, Frank 263 f., 277 f.
Napoléon Bonaparte 24, 47, 63,
 168, 362, 382, 417
Naumann, Ursula 154
Nausikaa, Tochter des Alkinoos
 111 f., 141
Nereus 144
Nero, römischer Kaiser 266
Nestroy, Johann Nepomuk 93
Neuffer, Christian Ludwig
 155
Neumann, Gerhard 210, 221, 277,
 356
Neumann, Michael 391
Newton, Caroline 375, 391
Newton, Isaac 46, 87
Niemeyer, Hermann, Professor in
 Jena 417
Nies, Fritz 37 f.

Niethammer, Friedrich Emmanuel 180
Nietzsche, Friedrich 16, 229, 232 f., 244, 286–288, 299, 306, 310, 323, 373, 378, 381, 390
Nipperdey, Thomas 199, 218
Nobiling, Karl Eduard 239
Novalis (Friedrich von Hardenberg) 103, 183, 235, 341
Novotny, Helga 89
Nürnberger, Helmuth 252

Odersky, Walter 333
Odysseus 105, 111 f.
Oellers, Norbert 153 f., 156–159, 220
Opitz, Martin 55
Orkus 164
Orman Quine, Willard van 8
Orpheus 164
Ossian 70
Ossietzky, Carl von 31
O'Sullivan, Tommy, Romanfigur Martin Walsers 275
Ottilie, Figur in Goethes Roman »Die Wahlverwandtschaften« 175, 208, 369
Otto, Figur (bzw. Figuren) in Goethes Roman »Die Wahlverwandtschaften« 369
Otto, Regine 93, 219

Pandora 82
Paris, Sohn des Priamos und der Hekabe 141
Parthey, Christian, Figur einer Erzählung von Martin Gregor-Dellin 409–412
Parthey, Gustav 173
Parthey, Lili 196
Patrona Bavariae (Maria, Mutter Jesu) 294
Pauline, Figur bei Wilhelm Busch 249
Paulus, Apostel 323
Penelope 141
Permaneder, Alois, Figur in Thomas Manns »Buddenbrooks« 295
Peters, Uwe Henrik 39
Petrine, Figur bei Wilhelm Busch 249
Petrus, Apostel 68
Pfäfflin, Friedrich 385
Philine, Figur in Goethes Roman »Wilhelm Meisters Lehrjahre« 131, 140, 159, 183, 198
Philister (Philisterei) 238, 251, 359, 378 f., 385
Piccolomini, Max, Bühnenfigur Schillers 141–143, 159, 183, 215
Pico von Mirandola, Figur in Thomas Manns Schauspiel »Fiorenza« 290
Pikulik, Lothar 310 f., 313 f.
Pingret, Edouard 258, 417
Piscator, Erwin 151 f., 159
Planck, Max 211
Platon (platonisch) 68, 72, 74, 113, 117, 120
Plessen, Elisabeth 415
Pogwisch, Ottilie von, s. Goethe, Ottilie von

Pogwisch, Ulrike von 178
Pörnbacher, Karl 38, 90, 252
Posa, Marquis von, Bühnenfigur Schillers 159, 183, 225
Präraffaeliten 292, 418
Prater, Donald A. 415
Prémontval, André Pierre le Guay de 64
Priapus 88
Pringsheim, Alfred 395, 401 f.
Pringsheim, Erik 412
Pringsheim, Gertrude Hedwig (geb. Dohm) 395, 401, 406
Pringsheim, Katharina, s. Mann, Katia
Pringsheim, Klaus 394
Pringsheim, Peter 407
Proust, Marcel 348
Pückler-Muskau, Hermann Fürst von 247
Puschner, Uwe 252
Pustkuchen, Johann Heinrich Wilhelm 182
Pütz, Peter 309
Pyrker von Oberwart, Johann Ladislav 228
Pythagoras 207

Raabe, Wilhelm 238, 240 f., 244, 249, 252
Raddatz, Fritz J. 386
Radecke, Gabriele 123 f.
Rahel (auch Romanfigur Thomas Manns) 369, 389, 412
Rall, Hans 123
Ratzinger, Georg 297
Rauschning, Hermann 320 f., 331

Rechenberg, Helmut 39
Reclams Universalbibliothek 226
Reed, Terence James 117, 125, 278
Regener, Ursula 124
Rehm, Walther 310, 313
Reich-Ranicki, Marcel 279
Reinhart, Hartmut 91 f., 121
Reinwald, Wilhelm Friedrich Hermann 145
Reiss, Hans 122
Remarque, Erich Maria 347, 355
Renan, Ernest 323
Richter, Bernt 313
Richter, Karl 197
Ridel, Klothilde 178
Riemenschneider, Tilman 298
Riemer, Friedrich Wilhelm 179, 383, 392
Riess, Curt 354
Riley, Anthony W. 353
Robert-tornow, Walter 230, 233 f., 251
Robespierre, Maximilien de, Bühnenfigur Büchners 38
Robinson, Armin L. 315 f., 320 f., 329, 331
Roeck, Bernd 36
Romains, Jules 331
Romeo, Sohn des Grafen Montague, Bühnenfigur Shakespeares 242
Rommel, Erwin 319
Roosevelt, Franklin D. 381
Roquairol, Romanfigur Jean Pauls 237
Rosenberg, Alfred 363, 387
Rossetti, Dante Gabriel 292

Roth, Joseph 367, 388
Rudenko, R. A., russischer General-
 leutnant 364
Rupert, Figur bei Adalbert Stifter
 243
Ruppelt, Georg 250
Rußland, Maria Feodorowna,
 Zarin von (geb. Prinzessin So-
 phie Dorothea von Württem-
 berg) 136

Sachsen-Weimar, Anna Amalia,
 Herzogin von 48, 52, 71
Sachsen-Weimar, Carl Alexander,
 Großherzog von 367
Sachsen-Weimar, Carl August,
 Herzog (dann Großherzog) von
 51, 69 f., 77, 79, 95–98, 101,
 121, 135, 143, 155, 166–168,
 173, 177, 179, 186, 189, 195 f.,
 198, 202, 204, 417 f.
Sachsen-Weimar, Carl Friedrich,
 Großherzog von 136
Sachsen-Weimar, Louise, Herzogin
 von 47, 49, 51, 78, 115, 136
Sachsen-Weimar, Maria Pawlowna,
 Großherzogin von (geb. Groß-
 fürstin von Rußland) 136
Safranski, Rüdiger 154
Saint Just, Louis Antoine Léon de,
 Bühnenfigur Büchners 38
Salomo, König 73
Sauder, Gerhard 92
Sautermeister, Gert 391
Savigny, Friedrich Carl von 63, 90
Savonarola, Girolamo (Frater
 Hieronymus de Ferrara)
 286–288, 290, 298, 300–303,
 305, 307, 310, 313
Schah von Iran, s. Mohammed
 Resa Pahlewi
Schami, Rafik 44, 86 f.
Schardt, Sophie von 49
Scharnhorst, Gerhard von 363
Schaub, Gerhard 38, 90, 195
Schenk, Eduard von 163, 173, 191
Schenzinger, Karl Aloys 347
Scheurmann, Konrad 122
Schickele, René 369, 389
Schieder, Theodor 67, 91
Schieder, Wolfgang 39, 390
Schiller, Caroline 139, 145
Schiller, Charlotte von 78, 136 f.,
 139 f., 143–145, 155, 157, 221,
 362, 386
Schiller, Elisabeth Dorothea (geb.
 Kodweiß) 128, 135, 151, 156
Schiller, Ernst 139, 145
Schiller, Friedrich von 47, 49 f.,
 52, 74, 76–78, 117 f., 120,
 127–166, 172, 175f., 179–194,
 202–208, 211 f., 215, 219–226,
 228 f., 237 f., 244, 253, 260,
 262, 305, 359 f., 369, 385, 417
Schiller, Friedrich, seine Familie
 133–136, 157
Schiller, Johann Caspar 127 f.
Schiller, Karl 139, 145
Schiller, Louise Dorothea, s.
 Franckh, Louise
Schimmelmann, Charlotte, Gräfin
 von 140
Schirach, Baldur von 363 f., 387
Schirach, Henriette von 387

Schlaffer, Heinz 210, 221
Schlechta, Karl 310
Schlegel, August Wilhelm von 47–49, 67, 229
Schlegel, Friedrich von 235
Schleiden, Karl August 89
Schmid, Irmtraut 198
Schmidlin, Yvonne 310
Schmidt, Corinna, Romanfigur Fontanes 241 f.
Schmidt, Jochen 155
Schmidt, Martin, s. Gregor-Dellin, Martin
Schmidt, Wilibald, Professor, Romanfigur Fontanes 241 f.
Schmitz, Walter 388, 390
Schnabel, Ernst 111
Schnabel, Franz 277
Schneider, Johann Kasper (kurbayerischer Rat) 53
Schneider-Philipp, Sybille 390
Schoeller, Bernd 252
Schoeller, Wilfried F. 354
Scholl, Hans und Sophie 377, 392
Scholz, Oliver R. 220
Schönberg, Arnold 330
Schöne, Albrecht 87
Schönert, Jörg 197
Schöning, Jutta 154
Schopenhauer, Adele 383, 386
Schrimpf, Hans Joachim 125, 277
Schröder, Gerhard, Bundeskanzler 271
Schröder, Rudolf Alexander 83
Schröter, Klaus 390 f.
Schülein, Julius Wolfgang 393
Schulze, Hagen 157, 385

Schuster, Peter-Klaus 311
Schwarz, Albert 123
Schwarzenegger, Arnold, Gouverneur von Kalifornien 271
Schweden, Gustav IV. Adolf, König von 136
Schweppenhäuser, Hermann 221, 388
Segebrecht, Wulf 92, 194
Seibt, Gustav 220
Seidel, Philipp, Goethes Diener 98, 114
Semprún, Jorge 367, 388
Seneca, Lucius Annaeus 266
Seng, Joachim 87
Sengle, Friedrich 51, 88, 96, 121 f., 126
Sentze, Geschlechtername bei Adalbert Stifter 243
Sepp, Johann Nepomuk 195
Shakespeare, William (shakespearisch) 19, 60, 65 f., 141, 146, 228 f., 242
Shawcross, Sir Hartley 379, 392
Simm, Hans-Joachim 38, 90
Singer, Wolf 90
Smend, Rudolf 330–333
Snow, Charles Percy 22, 37
Sorel, Agnes 292, 418
Spangenberg, Johann Christian 50
Spann, Meno 391
Spencer, Hanna 311
Spindler, Max 104, 123, 195, 312
Spinoza, Baruch 60
Spoelmann, Irma, Figur in Thomas Manns »Königliche Hoheit« 408

Spoelmann, Samuel, Figur in
　Thomas Manns »Königliche
　Hoheit« 395
Stadler, Arnold 132, 156
Starusch, Eberhard, Romanfigur
　bei Grass 265–267
Steele, Remington, Kinofigur 373
Steffensen, Steffen 353
Stein, Charlotte von 47, 49–51,
　58, 63, 65, 71–74, 77–79, 88,
　95, 98, 101, 109, 113–115,
　117, 120 f., 125, 138 f., 367
Stein, Friedrich (Fritz) von 49, 63,
　113, 221, 386
Stein, Karl Reichsfreiherr vom und
　zum 363
Steiner, George 20, 37, 368, 388
Steinweg, Reiner 159
Sternberger, Dolf 312
Stichweh, Klaus 251, 385
Stieler, Joseph Karl 171, 177, 186,
　188–190, 197, 260–263,
　416–418
Stifter, Adalbert 16, 99 f., 125,
　205, 242 f., 252
Stiller, Anatol Ludwig, Romanfigur
　Max Frischs 99
Stinnes, Hugo 346
Stock, Frithjof 221
Stockum, Theodor van 303, 312 f.
Stolberg, Friedrich Leopold
　Graf zu 164
Stoll, Adolf 309
Stolle, Gottfried 154
Stopp, Elisabeth 313
Strauß, David Friedrich 228 f.,
　233, 239, 251

Strauss, Richard 341
Strecker, Johann Philipp 123
Strobel, Jochen 332
Strohm, Stefan 332
Stuck, Franz von 285, 292, 296,
　311, 335
Stuck, Frau von 292 f.
Süskind, Wilhelm Emanuel 345,
　347, 355
Süßkind, Emma von 293

Tadzio, Figur in Thomas Manns
　»Der Tod in Venedig« 269 f., 272
Tarzan, Romanfigur von Edgar
　R. Burroughs 273
Tasso, Torquato, Bühnenfigur
　Goethes 93, 386
Telemach, Sohn des Odysseus 111
Tell (Walter, Tells Knabe),
　Bühnenfigur Schillers 155
Tell, Wilhelm, Bühnenfigur
　Schillers 155
Teufel, Familienname im
　Schwäbischen 133, 156
Thackeray, William Makepeace 381 f.
Thekla, Tochter Wallensteins,
　Bühnenfigur Schillers
　141–143, 159, 183, 215
Thetis 144
Thiele, Arthur, Romanfigur Martin
　Walsers 275
Thouret, Georg 234
Thule, König in, Balladenfigur
　Goethes 237
Thümmel, Moritz August 228
Thurneck, Kunigunde von, Bühnen-
　figur Heinrich von Kleists 258

Tieck, Dorothea, Tochter Ludwig Tiecks 229
Tieck, Ludwig 99
Tiedemann, Rolf 221, 388
Tizian (tizianisch) 289
Toller, Ernst 351
Trabant, Jürgen 37, 39
Traeger, Jörg 195, 388
Treibel, Jenny, Romanfigur Fontanes 241
Treibel, Leopold, Romanfigur Fontanes 242
Treitschke, Heinrich von 177, 197
Tucholsky, Kurt 360–362, 386
Tümmler, Rosalie von, Figur in Thomas Manns »Die Betrogene« 369

Uhde, Wilhelm 313
Ulyss, s. Odysseus
Undset, Sigrid 322 f., 331
Unrat, Professor, Romanfigur Heinrich Manns 266
Unterberger, Rose 219

Vaget, Hans Rudolf 298, 308–310, 312 f., 326, 332 f., 353 f.
Varnhagen von Ense, Karl August 173, 175, 196, 234
Varnhagen von Ense, Rahel 172, 196, 234
Vasari, Giorgio 308
Veil, Wolfgang 166, 194
Venus 240, 304
Venus von Milo 292, 296, 367
Venus, mediceische 296
Venus-Madonna 289 f., 292 f., 311, 418
Vergilius Maro, Publius 182
Vesper, Bernward 339
Viehweg, Wolfgang 38
Vietta, Silvio 123
Villari, Pasquale 288, 290, 300–302, 308, 310, 312 f.
Visconti, Luchino 269
Voigts, Jenny von 66
Volk, Ludwig 123
Vollmar, Georg von 296 f.
Voß, Heinrich, der jüngere 155
Voss, Jürgen 121
Voßkamp, Almuth 124, 156
Voßkamp, Wilhelm 124, 155
Voßler, Karl 8
Vulpius, Christiane, s. Goethe, Christiane von

Wackenroder, Wilhelm Heinrich 99, 102–104
Wagner, Cosima 335
Wagner, Fausts Famulus, Bühnenfigur Goethes 60
Wagner, Richard 283 f., 298–300, 303, 306, 309, 312 f., 335, 373
Walberer, Ulrich 331
Wallenstein, Albrecht von, Herzog von Friedland, Bühnenfigur Schillers 137–139
Walser, Martin 275, 279
Wander, Fred 388
Wanner, Hans 294, 309, 311
Watson, James 34 f.
Weber, Max 326, 390
Weber, Werner 277

Wedderkopp, Marcell, Romanfigur Fontanes 242
Wedekind, Frank 342
Weidelich, Isidor und Julian, Zwillinge, Romanfiguren Gottfried Kellers 245
Weidig, Friedrich Ludwig 64, 170
Weinberg, Steven 119
Weinrich, Harald 7 f., 11, 13, 34, 36, 39, 63, 90
Weis, Eberhard 123
Weißgerber, Antje 38
Weizsäcker, Carl Friedrich von 31
Wels, Otto 222, 360, 385
Wenzel, Manfred 87
Werfel, Alma 321
Werfel, Franz 321 f., 331
Werner, Abraham Gottlob 204
Werther, Romanfigur Goethes 70, 75 f., 91 f., 167, 382 f.
West, Rebecca 322, 331
Wetter, Friedrich, Graf vom Strahl, Bühnenfigur Heinrich von Kleists 258
Wetzel, Heinz 353
Wich, Joachim 308, 313
Wieacker, Franz 90
Wiecker, Rolf 353
Wieland, Christoph Martin 78 f., 158, 179, 228, 362
Wiese, Benno von 194
Wiethölter, Waltraut 92, 210, 220, 389
Wilhelm I., deutscher Kaiser 239
Wilhelm II., deutscher Kaiser, (wilhelminisch) 230, 241
Wimmer, Ruprecht 391
Wimpffen, Baronin von 293
Winckelmann, Johann Joachim 118, 126, 262
Windfuhr, Manfred 159, 197
Witte, Bernd 82, 93
Wittgenstein, Ludwig 9
Wittmann, Reinhard 250 f.
Wohlgemuth, Michael 298
Wolf, Christa 67
Wolf, Ernest M. 285, 294, 309, 311 f.
Wölfel, Kurt 154
Wolzogen, Caroline von 155, 202, 205
Wotan, Figur in Wagners Oper »Die Walküre« 303
Wulf, Josef 250
Wülfing, Wulf 253
Württemberg, Carl Eugen, Herzog von 133 f.
Wutz, Maria, Schulmeister in Auenthal, Romanfigur Jean Pauls 238
Wysling, Hans 307 f., 310, 391 f.

Zahn, Christian Jakob 138
Zahn, Ulf 388
Zeilinger, Anton 9, 36, 220
Zelle, Carsten 390
Zeller, Bernhard 385
Zeller, Eduard 251
Zeppelin, Ferdinand Graf von 361
Zeus, stygischer (= Hades) 143
Ziegler, Edda 38, 90
Zöhrer, Marlene 87
Zuckmayer, Carl 387
Zweig, Stefan 388, 391